宮内庁正倉院事務所編

正倉院古文書影印集成

十四

続修別集 裏

巻一〜五〇

八木書店刊

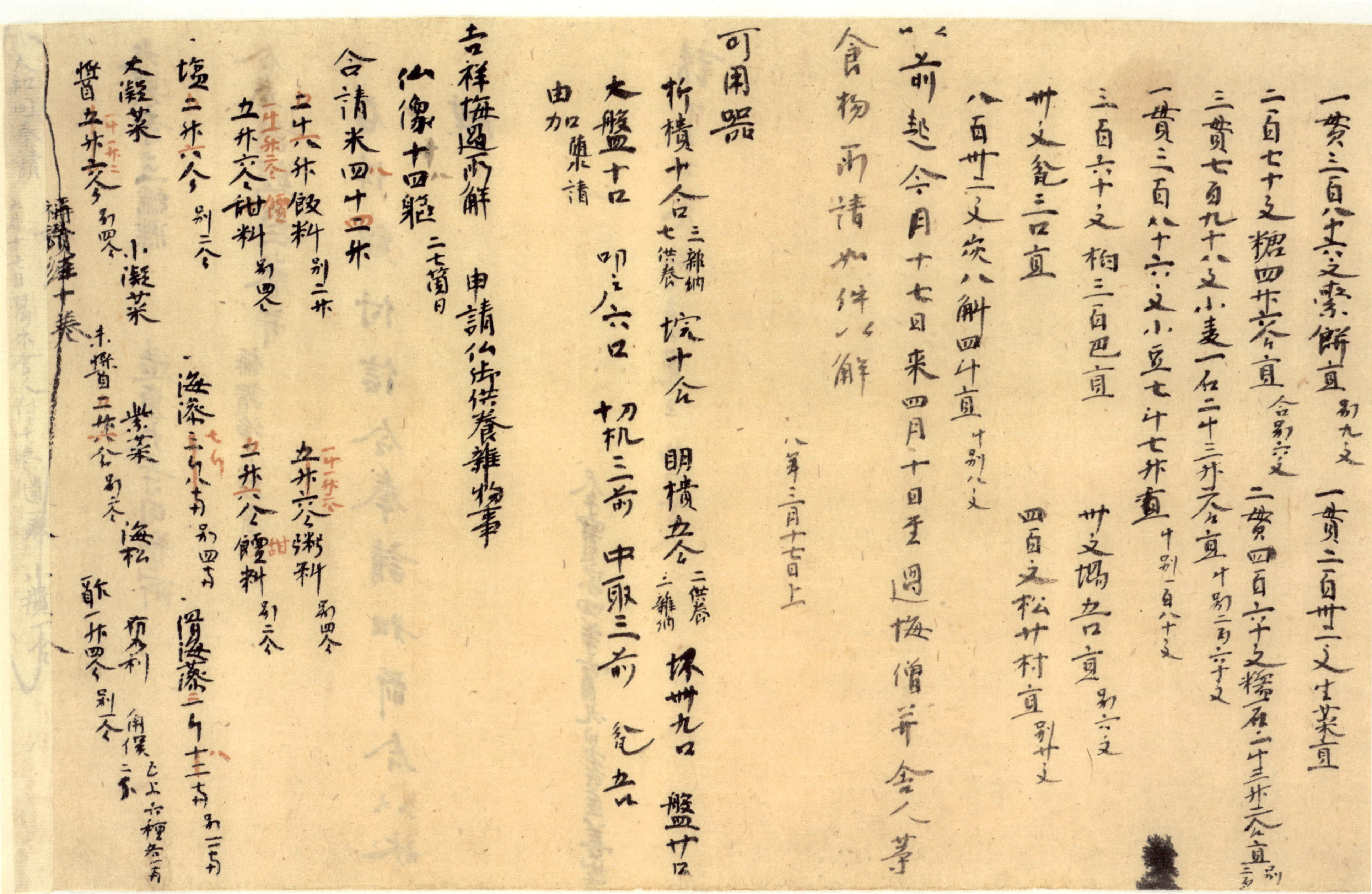

続修別集第一〇巻　裏　請悔過僧并舎人等食物解按・可用器注文・吉祥悔過所請仏御供養雑物解按（五三頁）

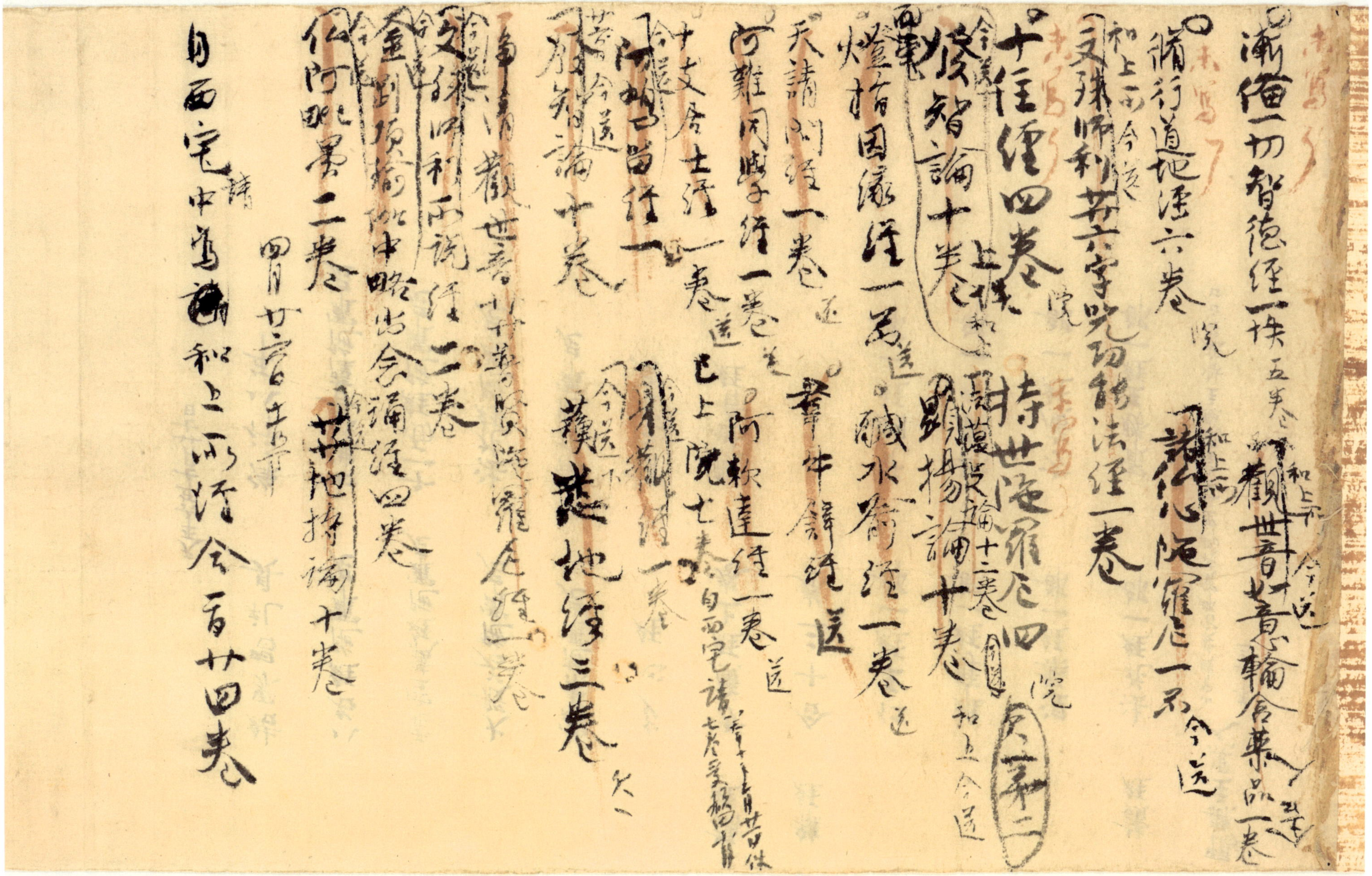

続修別集第四七巻　裏　自西宅請中嶋和上所経巻歴名（現状は天地逆に成巻）（一二一六頁）

凡例

一、『正倉院古文書影印集成』は、正倉院宝庫に伝来した正倉院古文書を影印刊行し、学術研究資料として広く諸方面に提供しようとするものである。本冊は、その第十四冊として、続修別集第一巻～第五十巻の裏を収載した。

一、目次には、文書名・年紀を掲げた。これには、奈良帝室博物館正倉院掛編『正倉院古文書目録』の名称・年紀を採用し、不適切と思われる箇所には、修正を加えた。

一、図版の配列は原本の現状に従い、表は紙数の順、裏は紙数と逆順に配列した。ただし、白紙の部分については、原則として図版を省略した。

一、紙数は、巻首から現状での紙の切れ目ごとに第1紙、第2紙と算え、各紙右端の上方、図版上欄にアラビア数字で注記した。なお括弧付きの紙数は、当該図版にその一紙の途中から写っていることを示す。

一、図版の下欄には、『大日本古文書』所収の箇所を、[1]234のごとく巻・頁で示し、同書に収載されていないものは、未収と注記した。所収箇所の注記は『大日本古文書』の一断簡のまとまりにより、首尾の頁数を示すことを原則とした。なお長大な断簡の場合、途中の箇所でその部分の所収箇所を示すことがあるが、その際の巻・頁数には ＊ を冠して通常の注記と区別した。また、図版の一部分のみを指示する場合は、その箇所の初めと終りを ◁・▷ で示した。

一、柱には、巻数・表裏の別（裏のみ表示）・紙数・文書名（略称）を示した。

一、各冊図版の後には解説を付した。

目次

続修別集　第四十八巻　裏　二二七

13 某牒　(某)六年閏十二月二十三日　二二八
司符盗人勘問事　(某)六年閏十二月二十三日　二二八
経所上日解　天平宝字六年閏十二月二十九日　二二八
(経所上日解)　天平宝字六年閏十二月二十九日　二二八
12 東大寺作石山院所返抄愛智郡租米事　天平宝字六年四月二十八日　二二九
造東大寺司請二月料要劇銭事　天平宝字六年五月二日　二二九
11 常食料下充帳　二二九
10 作石山寺所上日解按　天平宝字六年正月三十日　二三一
牒造寺司政所応施行五経布施按　天平宝字六年二月一日　二三一
造石山寺所役夫充遣状　二三一
9 (空)
8 校経注文　天平十八年三月二十一日始　二三一
7〜6 校経注文　天平十六年十月二十七日始　二三三
5 得考舎人等考内行事　二三四
4 食口按　二三四
3 受紙注文(裏　書入れ)　二三五
2〜1 銭用帳　二三六

続修別集　第四十九巻　裏　二三九

2〜1 福寿寺写一切経所奉写経行事并布施解(端裏書・裏書)　二四〇

続修別集　第五十巻　裏　二四一

4〜1 布施文按　天平勝宝三年十二月十二日　二四二

解説　1

続修別集

第一巻 裏

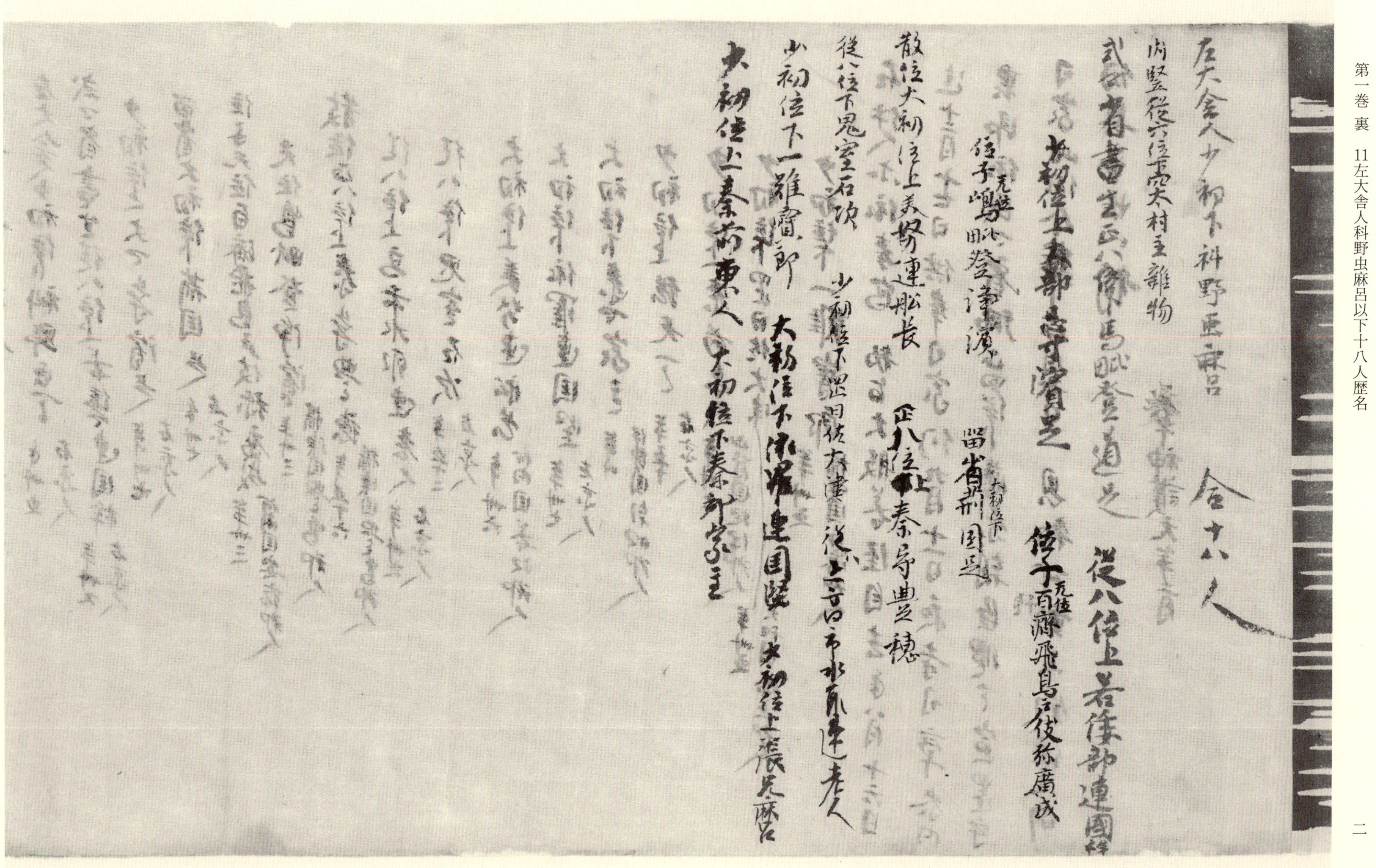

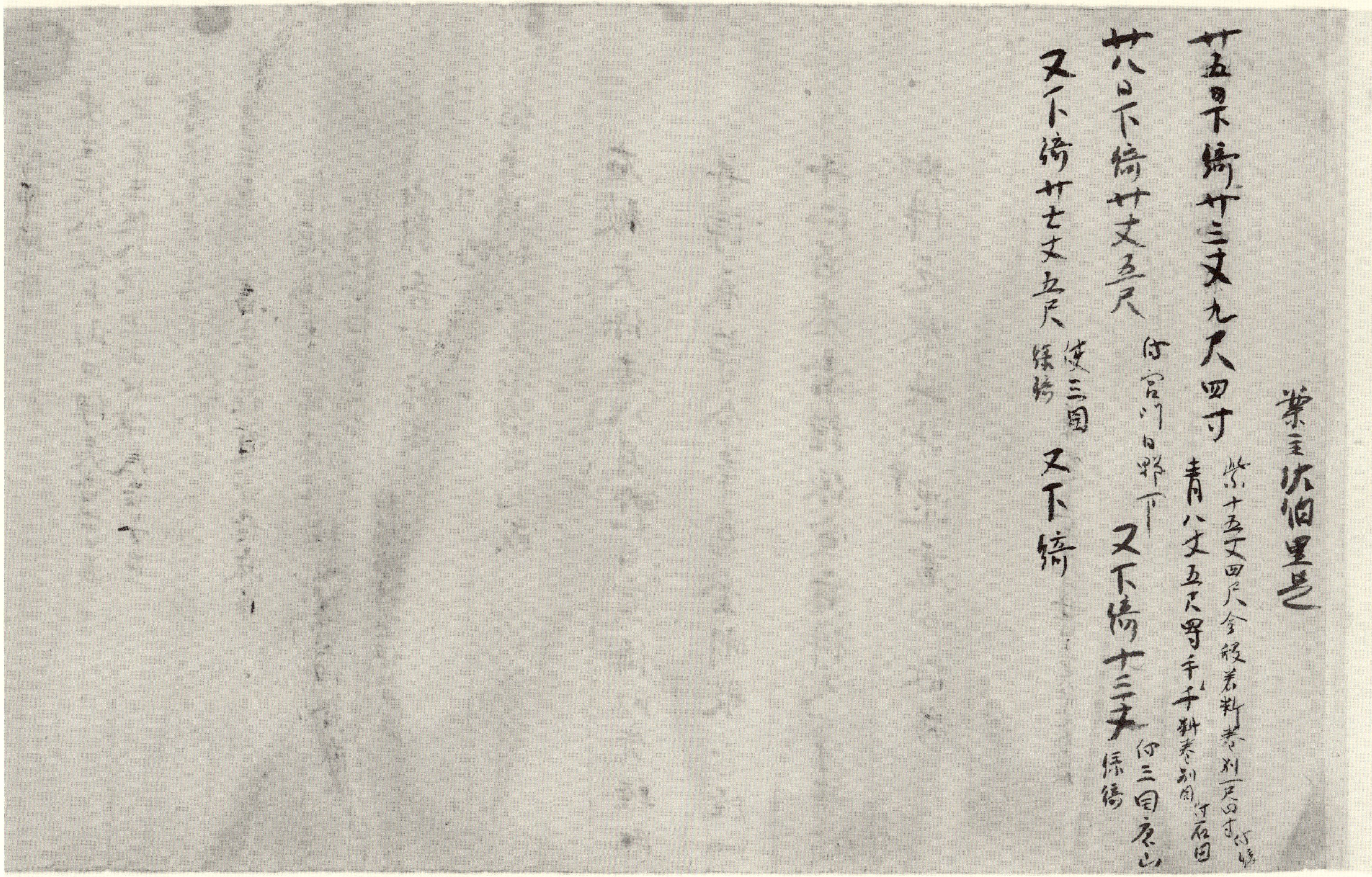
葉王佐伯里邑
廿五日下綺廿三丈九尺四寸
紫十五丈四尺八寸般若料巻別一尺四寸 付縁
青八丈五尺羂索千手料巻別 付石田
又下綺十三丈 付三田原山 係綺
廿八日下綺廿丈五尺 付宮門日野下
又下綺廿七丈五尺 使三国 係綺
又下綺

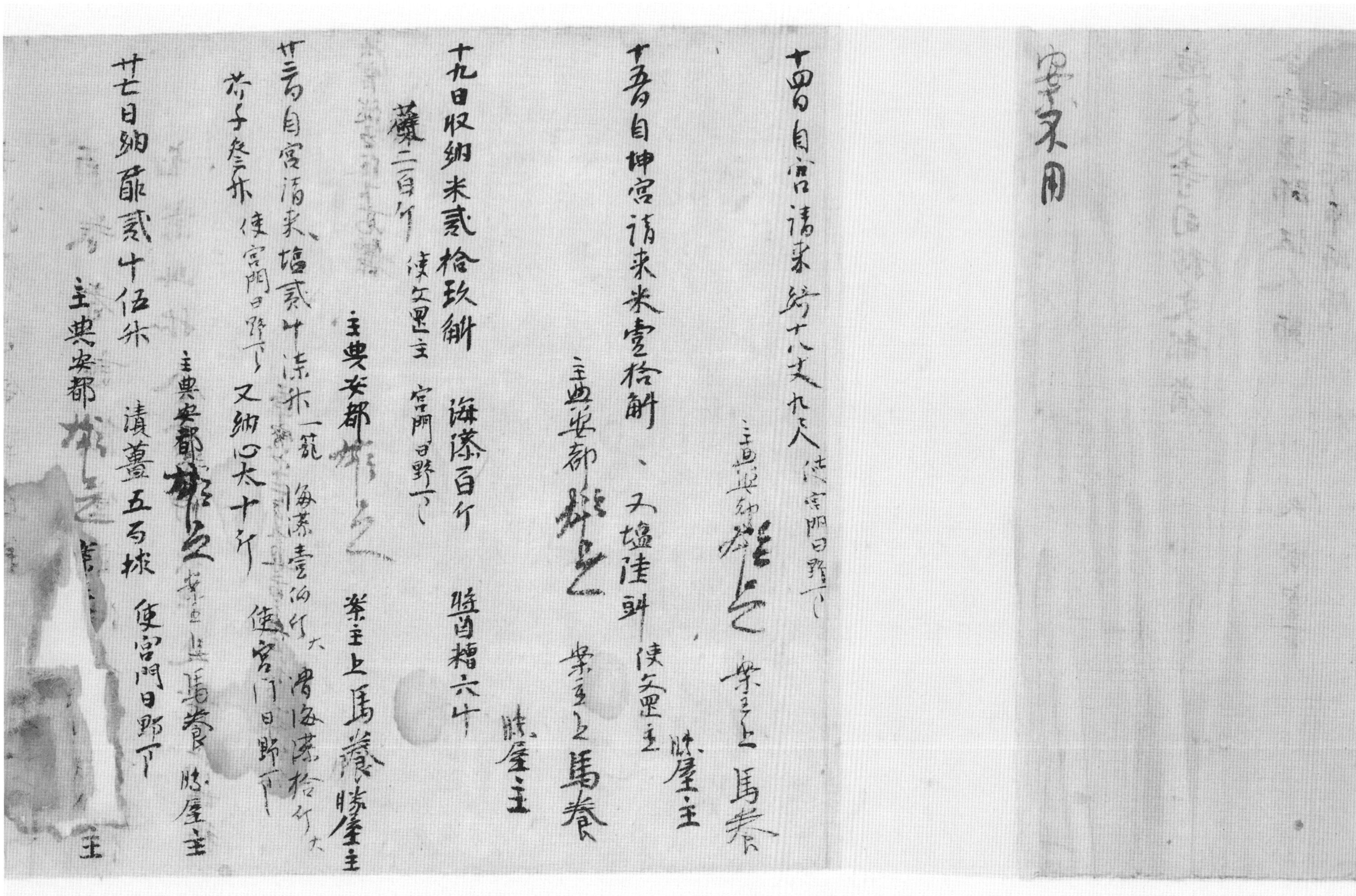

案不用

十四日自宮請来絁十八丈九尺人　使宮門日野下
主典安都雄足　案主上馬養
勝屋主
十五日自坤宮請来米壹拾斛　、又塩陸斗　使文黒主
主典安都雄足　案主上馬養
勝屋主
十九日収納米弐拾玖斛　海藻百斤　醬酒糟六斗
藁二百斤　使文黒主　宮門日野下
主典安都雄足　案主上馬養　勝屋主
廿三日自宮請来塩弐斗柒升一瓶　海藻壹伯斤大　滑海藻拾斤大
芥子参升　使宮門日野下　又納心太十斤　使宮門日野下
主典安都雄足　案主上馬養　勝屋主
廿七日納菲弐斗伍升　漬薑五石掾　使宮門日野下
主典安都雄足　…主

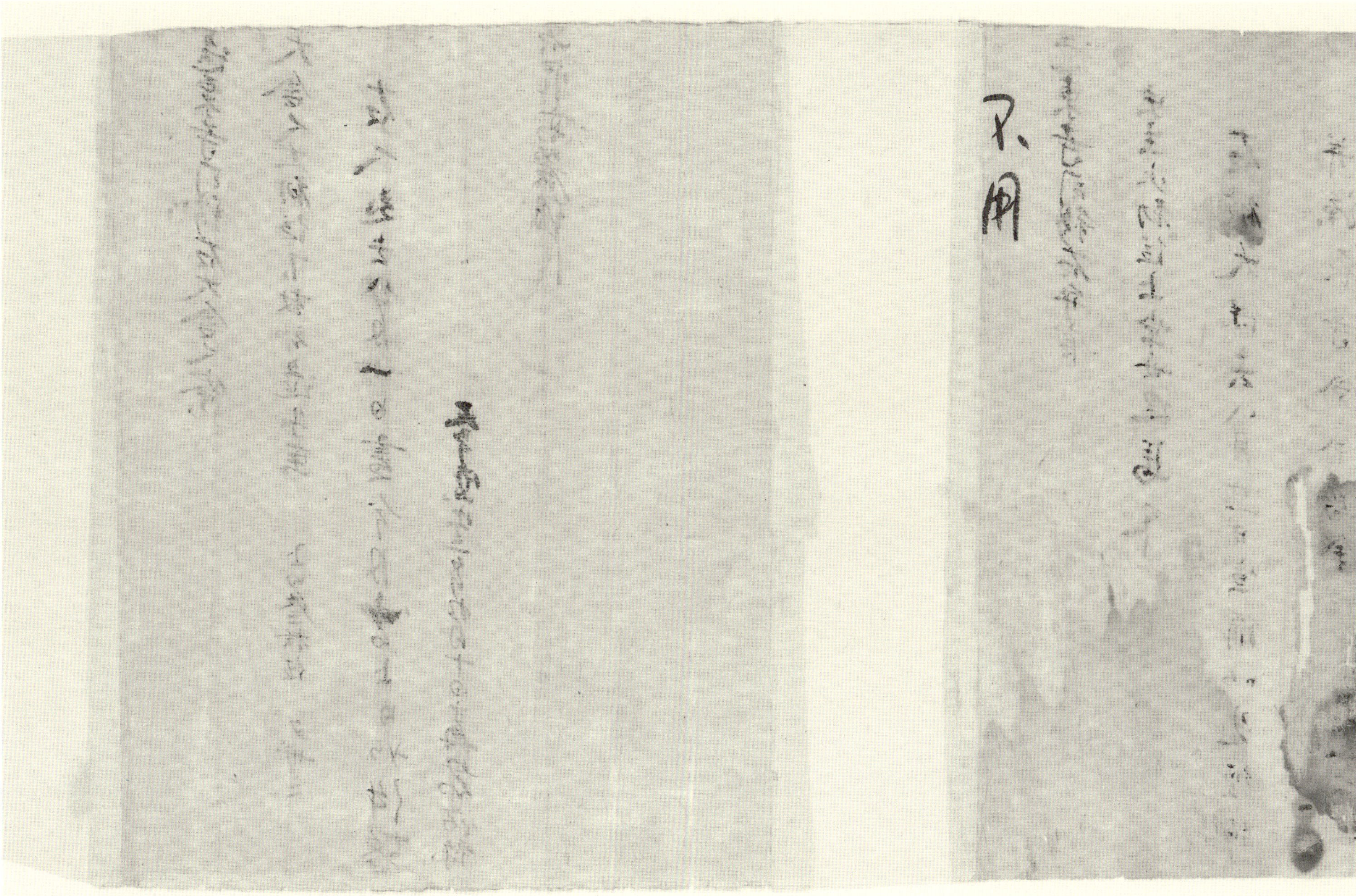

14
174

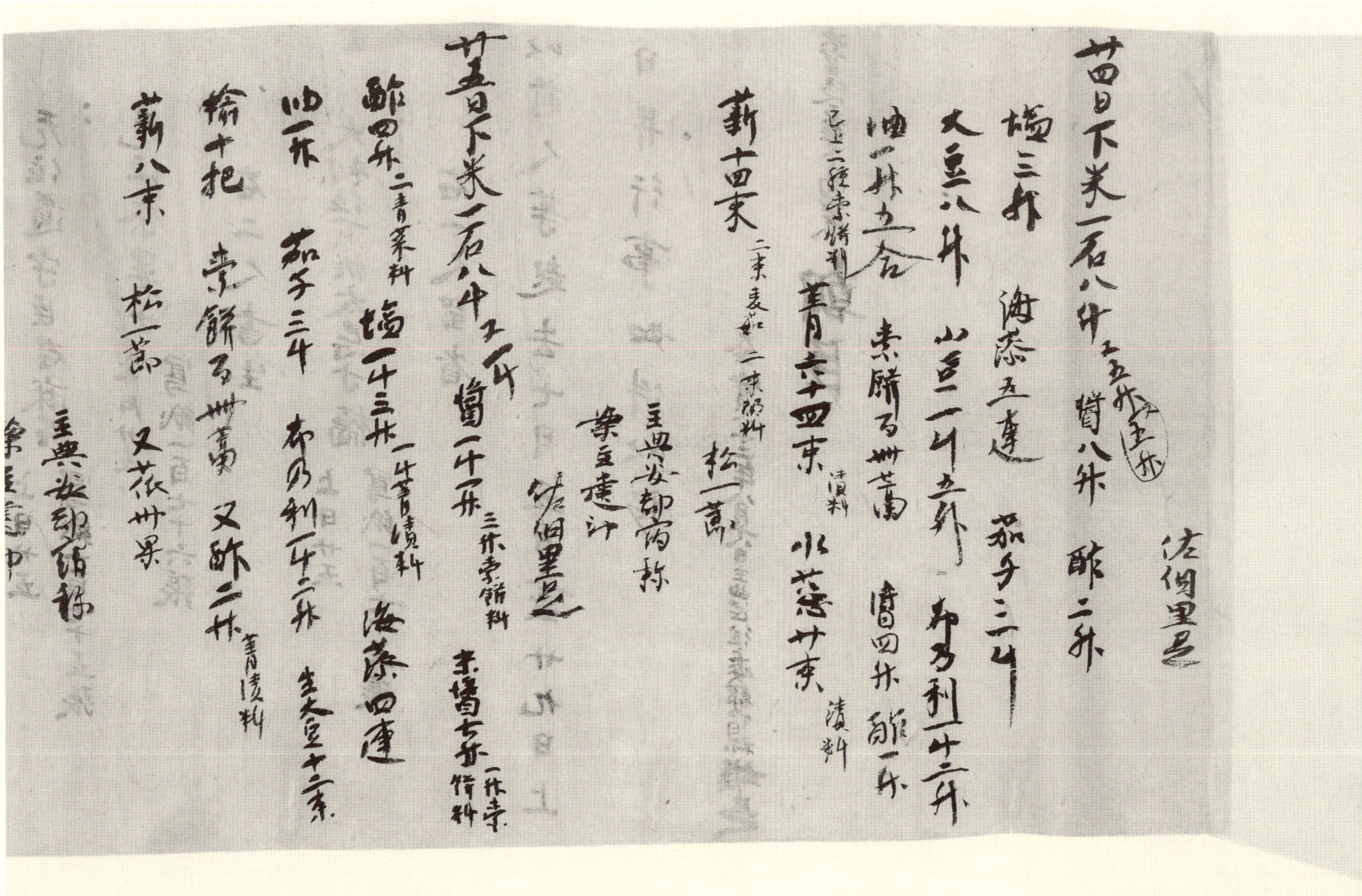
佐伯里足
廿四日下米一石八斗五升 醤八升 酢二升
塩三升 海藻五連 茄子二斗
大豆八升 小豆一斗五升 布乃利一斗六升
油一升五合 己上二種索餅料 索餅百卅藁 醤四升 酢一升
菁六十四束 漬料 水葱卅束 漬料
薪十四束 二束麦和 二束粥料 松一節
主典安都宿祢
染豆逮汁
佐伯里足
廿五日下米一石八斗五升 醤一斗一升 三升索餅料 末醤七升 一升索餅料
酢四升 二升菁菜料 塩一斗三升 一斗菁漬料 海藻四連
小豆一升 茄子三斗 布乃利一斗二升 生大豆十二束
楡十把 索餅百卅藁 又酢二升 菁漬料
薪八束 松一節 又菰卅果
主典安都宿祢

2　　　　3

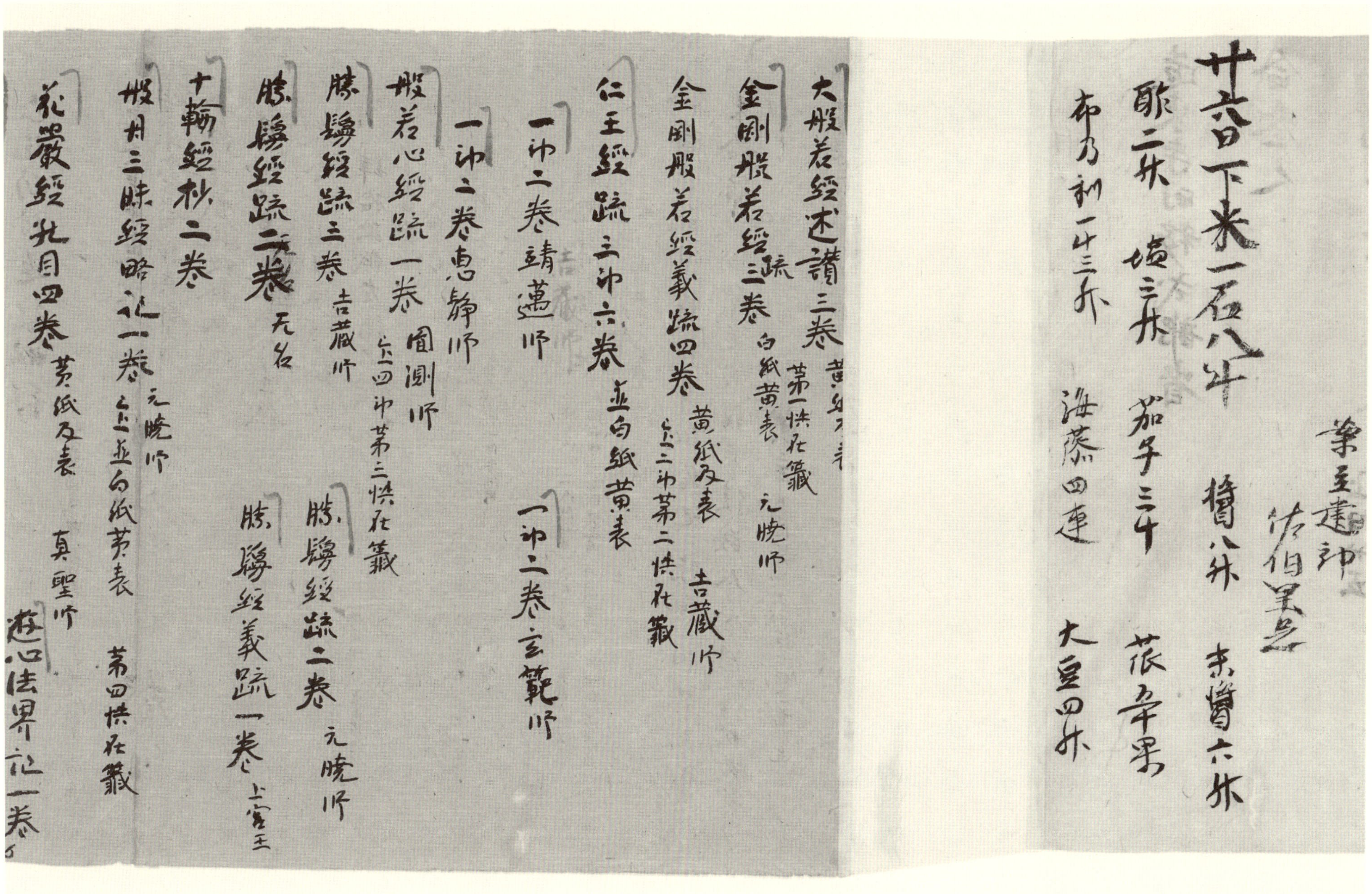

大般若経述讃三巻　黄紙及表
金剛般若経疏三巻　白紙黄表　第一帙在裹　元暁師
金剛般若経義疏四巻　黄紙及表　吉蔵師
上三卯第二帙在裹
仁王経疏三卯六巻　並白紙黄表
一卯二巻靖邁師
一卯二巻玄範師
一卯二巻恵静師
般若心経疏一巻　円測師
上四卯第三帙在裹
勝鬘経疏三巻　吉蔵師
勝鬘経疏二巻　元名
勝鬘経疏二巻　元暁師
勝鬘経義疏一巻　上宮王
十輪経抄二巻
般舟三昧経略記一巻　元暁師
上並白紙黄表
第四帙在裹
花厳経孔目四巻　黄紙及表
真聖師
遊心法界記一巻
廿六日下米一石八斗
醤八升　未醤六升
醋二升　塩三升
茄子三斗
布乃利一斗三升
海藻四連
大豆四升
案主建部
佐伯里足

七

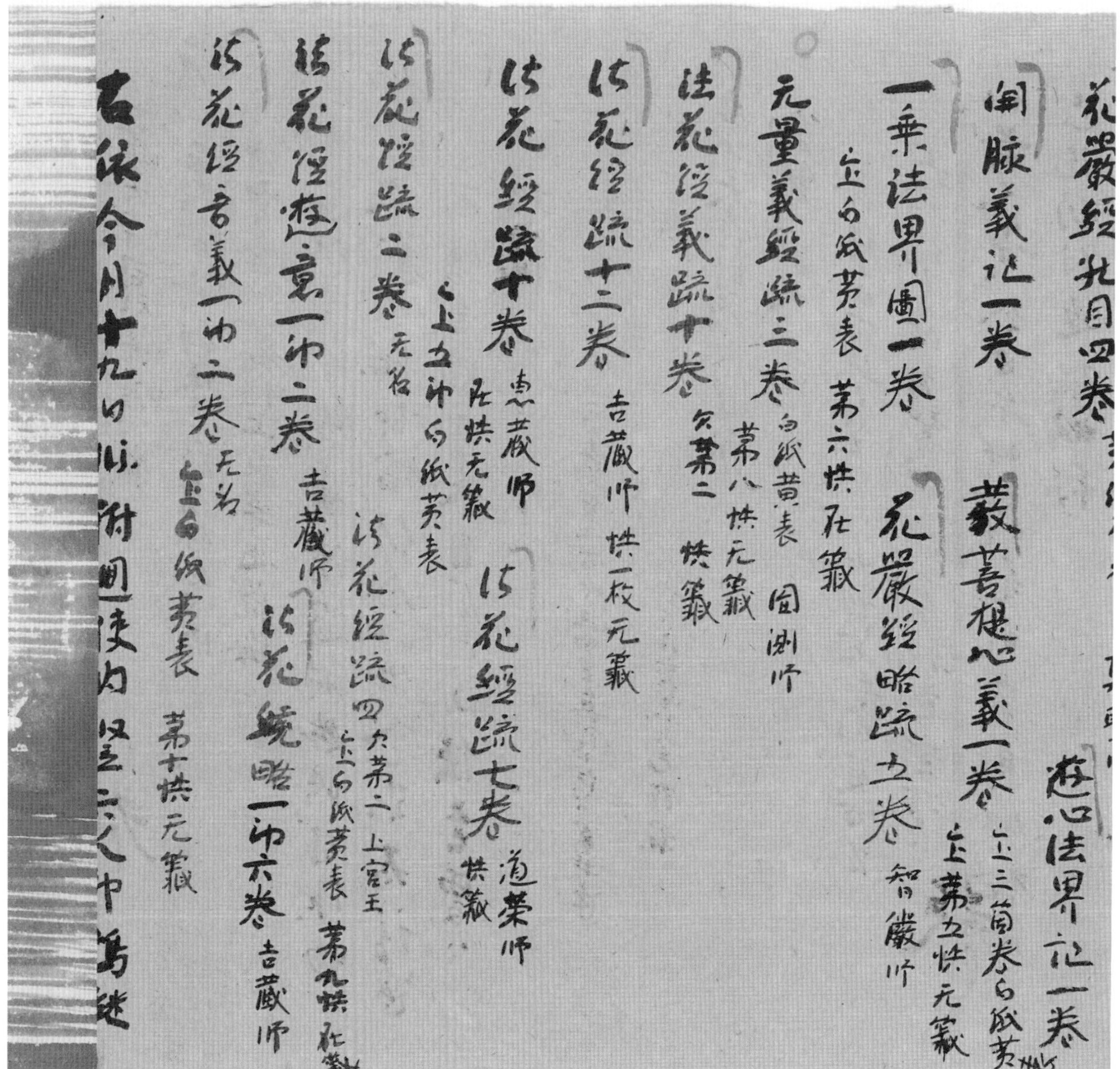

第一巻裏　2～1経巻進送按

八

続修別集

第二巻　裏

一〇

7　　8

5
693

5
693

6　　　　（7）

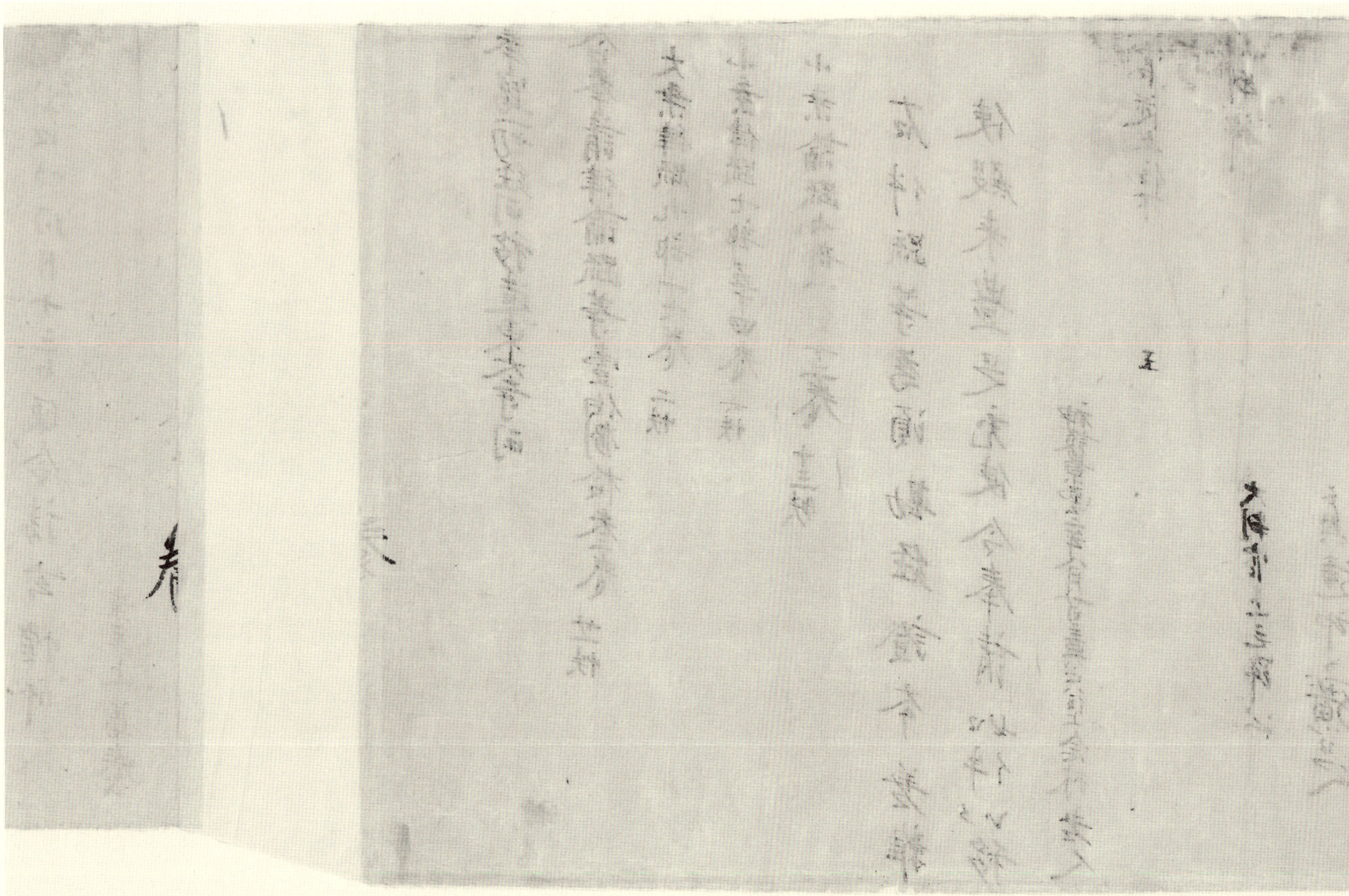

5
693

5

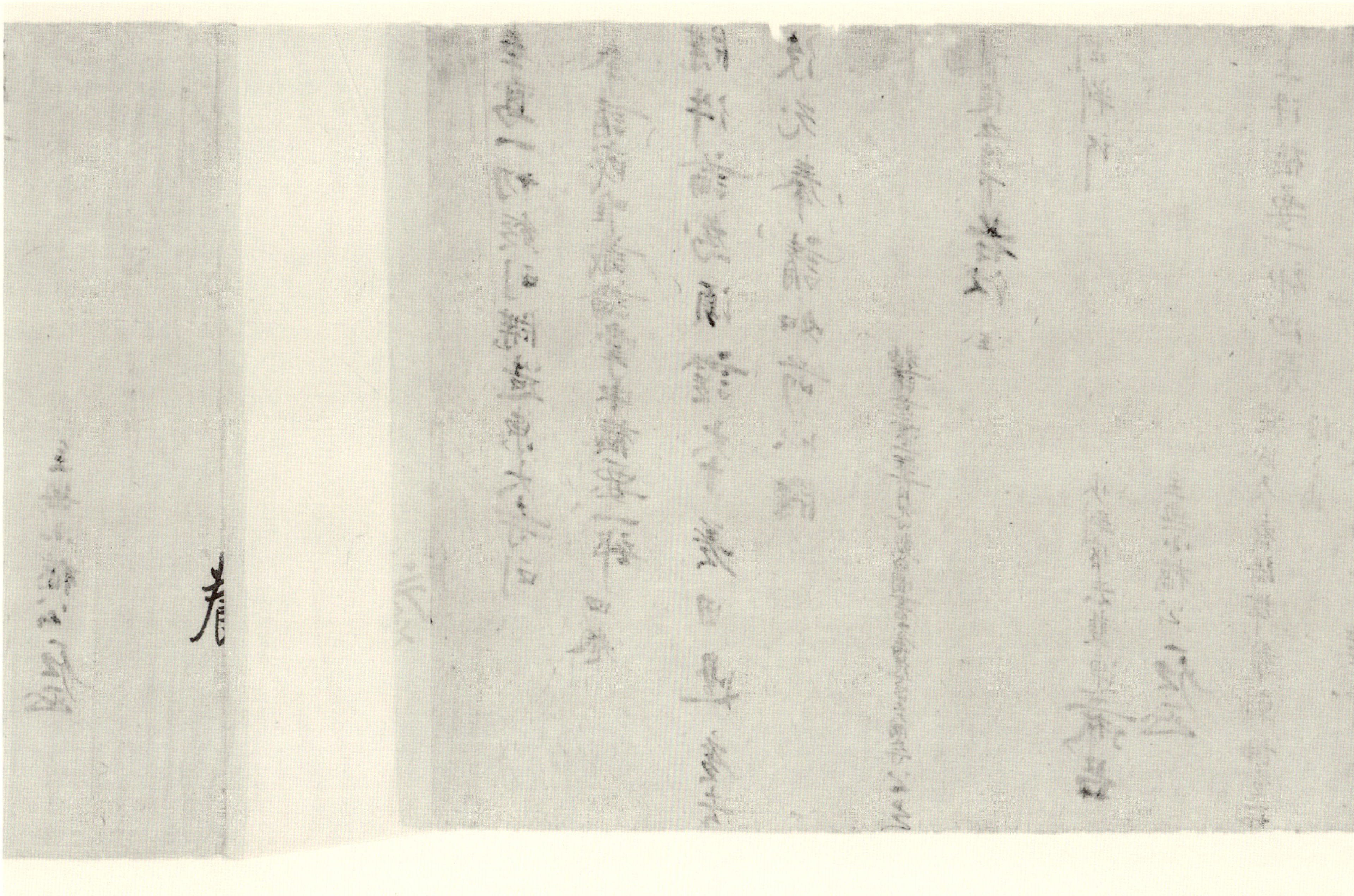

5
693

3　4　（5）

5
693

2

5
693

5
693

未収

続修別集

第五巻　裏

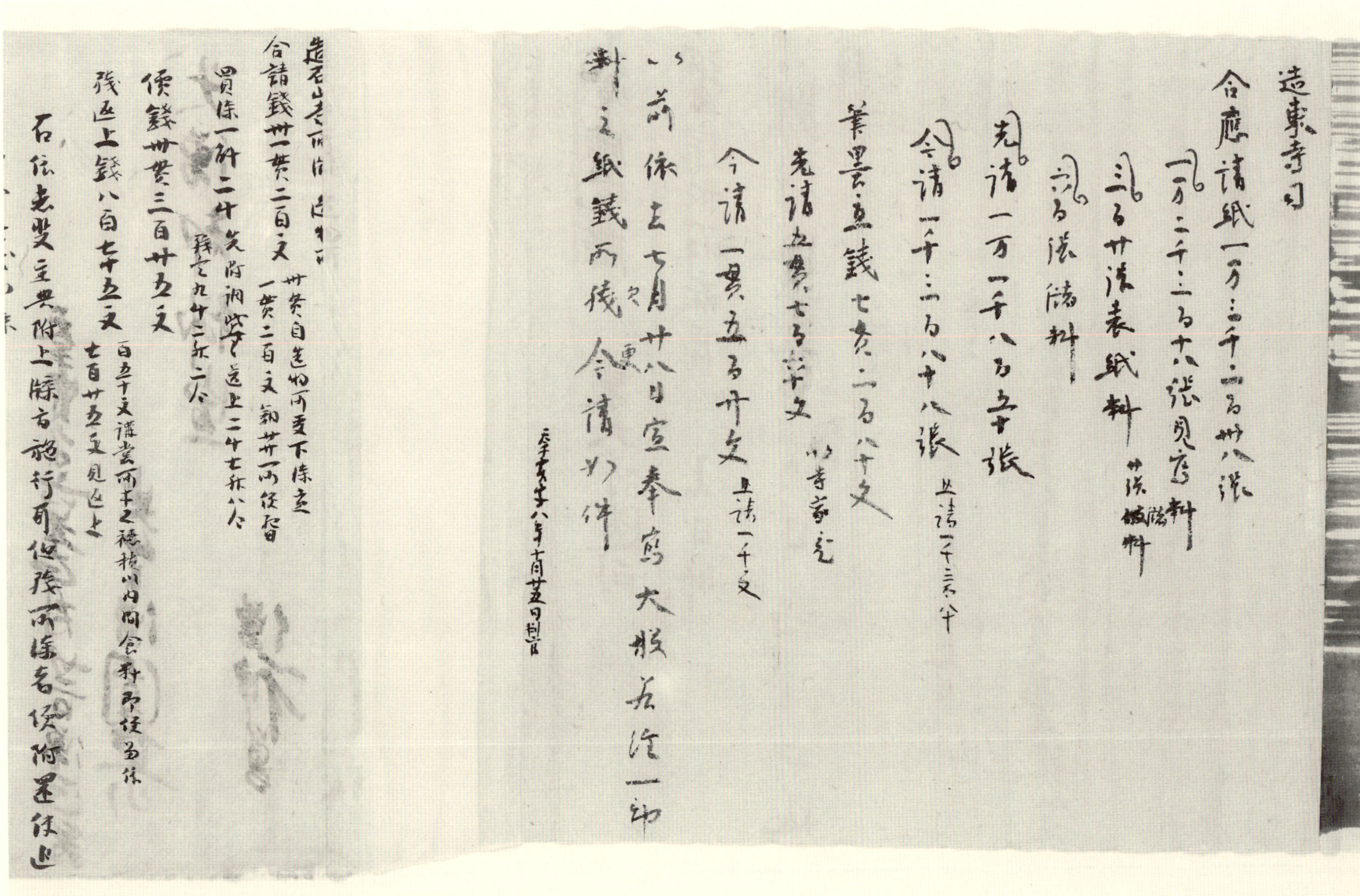

第五巻　裏　7造東寺司請大般若経料紙并筆墨直銭文　6造石山寺所牒

15
140～141

16
559～560

進上令具状以牒

天平寶字六年正月廿三日下

主典安都宿祢

造石山寺所解　申請雑物等事

一木工丈部真犬　縣主石敷　錦秦足人

右人等雖有其身於物作不能、仍請替如件、但替随到来

己身者、將進上之、其間作物可怠之

一仕丁等請国養物事

右、先日依申送、猶未到来、因茲件仕丁等大苦申之、加以

又先請上雑物早可請如件

一應進上新鑄作鐘事

4　　　　（5）

未収

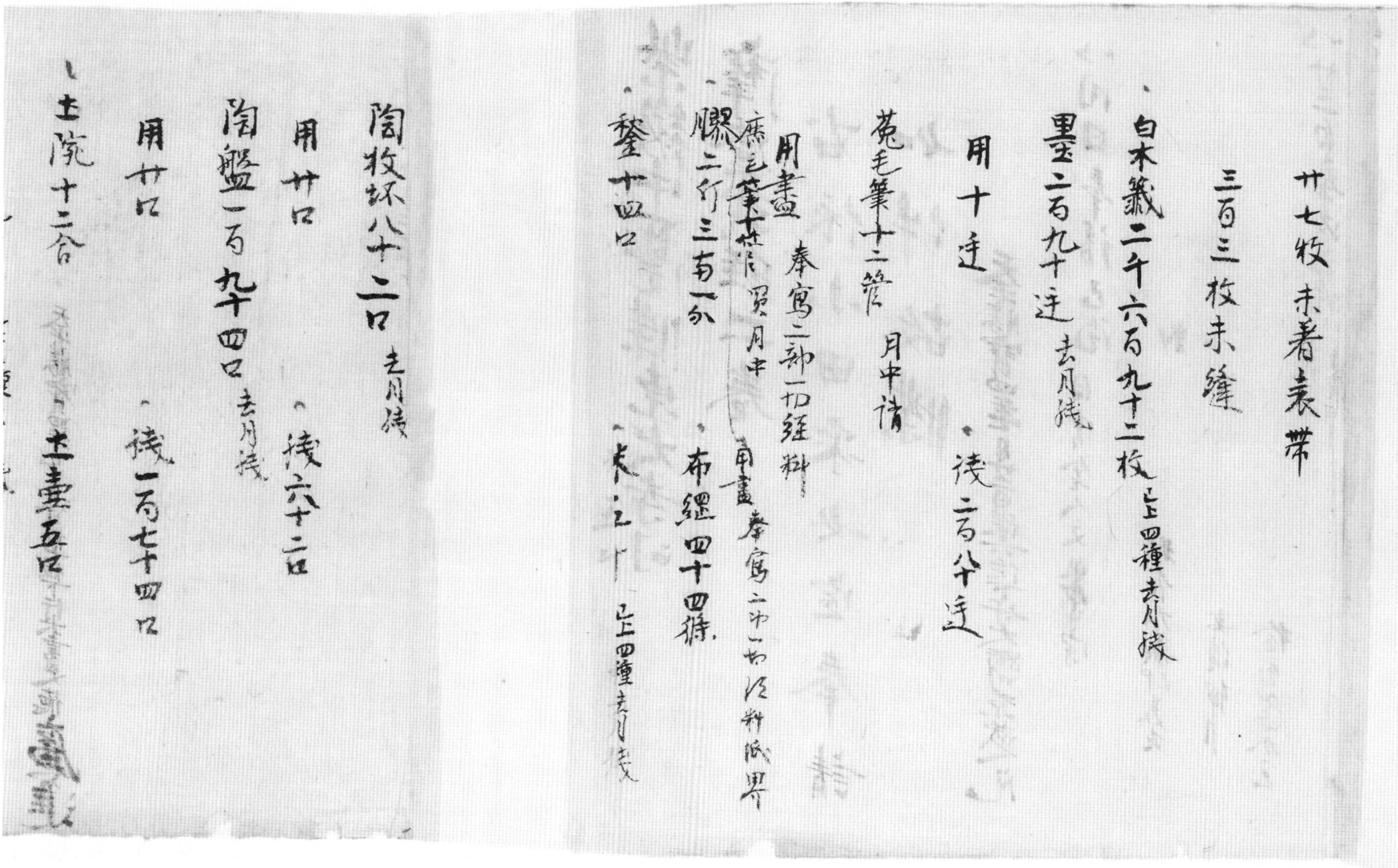

廿七枚　未着表帯
三百三枚未縫
白木軸二千六百九十二枚　已上四種去月残
墨二百九十廷　去月残
用十廷　残二百八十廷
菟毛筆十二管　月中請
用盡　奉写二部一切経料
鹿毛筆十[illegible]管　買月中
膠二斤三両一分
用盡　奉写二部一切経料紙界
布縷四十四絇
甕十四口
[illegible]　已上四種去月残

陶枚坏八十二口　去月残
用廿口　残六十二口
陶盤一百九十四口　去月残
用廿口　残一百七十四口
土碗十二合
土壺五口

土[?]十二合　　土[?]五口
土手洗五口　　已上三種去月残
土枚坏六百卅口　　去月残
用廿口　　残六百廿口
土窪坏一百五十口　　去月残
土鋺形一百六十口　　去月残
用卅口　　残一百卅口
用十口　　残一百五十口

奉写一切経所解　　申八月告朔事
奉写一切経一部四千六百九巻
八百九十八巻見写　　四百卅三巻去月所定
　　　　　　　　　　四百六十五巻月中写
三千七百十一巻未写
銭一百十三文
用尽
廿文鹿毛筆十管直　　管別二文
三合別十九文

廿文鹿毛筆十管直
九十三文小明積五合直　三合別十九文　二合別十八文
錦二丈八尺
縁料錦二條　長各五尺九寸　廣各一寸五分
頭料錦廿二條　長各一尺五寸　廣各一寸五分
頭裏料緋絁一両八十條　長各一尺五寸　廣各一寸五分
裏料纈絁四條　長各一尺九寸　廣各一尺五分
生糸三両　已上六種縫紩料去月残
絁端廿七條　廿三條纈絁　積二丈九尺三寸　四條東絁　積四丈五尺九寸二分
扇并黒綿一両　九十七乇　去月残
扇帊三匹二丈二尺
用一匹　経師一人浄衣料　一具
残二匹二丈二尺
同帊端廿八條　去月残　長四尺五寸已下五寸已上
扇帊十帖

続修別集

第六巻　裏

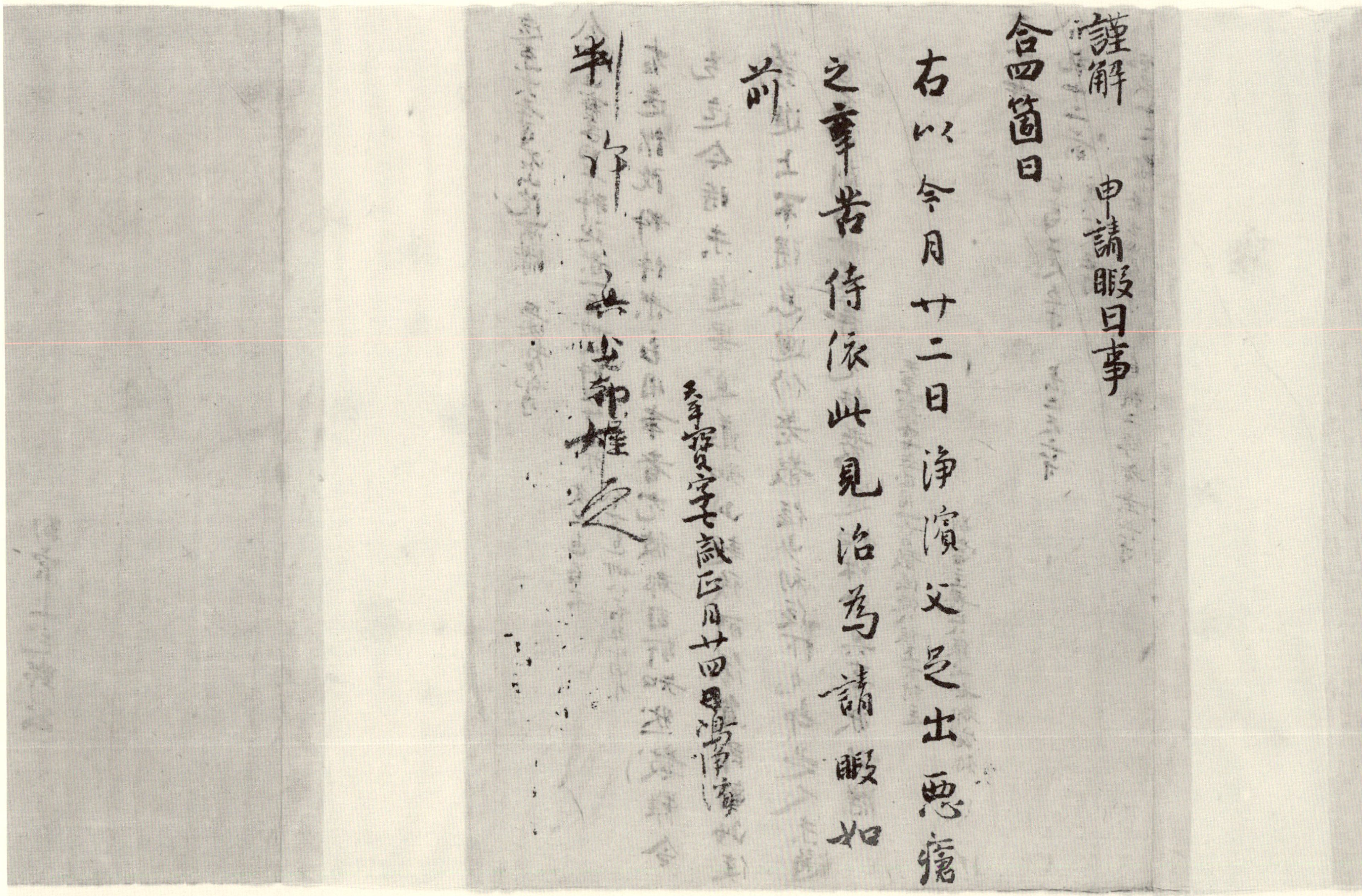

謹解　申請暇日事
合四箇日
右以今月廿二日浄濱父忌出悪瘡
之、羣苦侍依此見治為請暇如
前
天平寶字七歳正月廿四日嶋浄濱
判許　安都雄足

5　6　(7)

続修別集

第七巻　裏

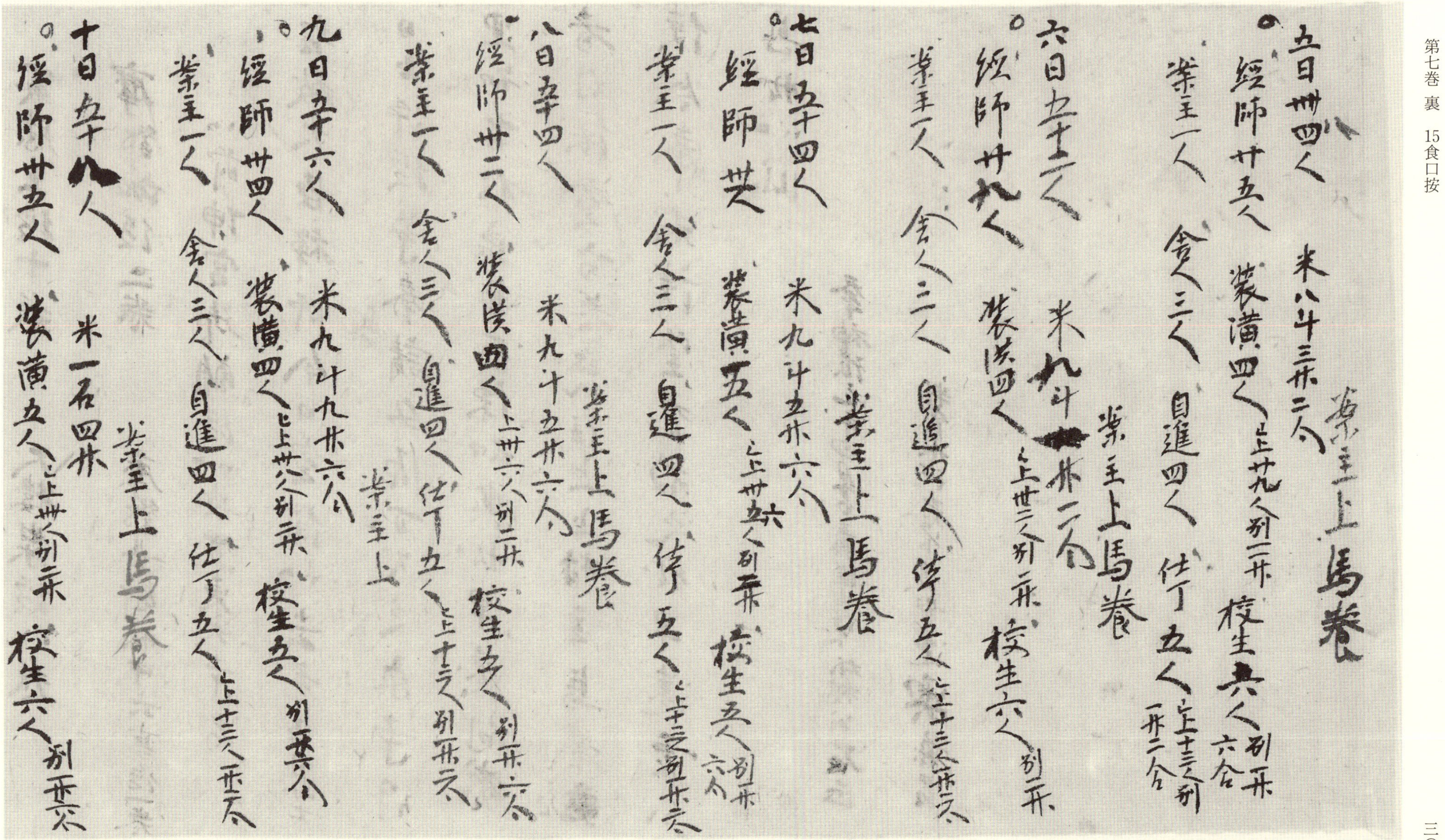

五日卅四人　米八斗三升二合　案主上馬養
経師廿五人　装潢四人　上廿九人別二升　校生六人別二升六合
案主一人　舎人三人　自進四人　仕丁五人　上十三人別一升二合
案主上馬養
六日五十一人　米九斗[illegible]升二合
経師廿九人　装潢四人　上卅三人別二升　校生六人別二升
案主一人　舎人三人　自進四人　仕丁五人　上十三人別一升六合
案主上馬養
七日五十四人　米九斗五升六合
経師卅六　装潢五人　上卅五人別二升　校生五人別一升六合
案主一人　舎人三人　自進四人　仕丁五人　上十三人別一升六合
八日五十四人　米九斗五升六合　案主上馬養
経師卅二人　装潢四人　上卅六人別二升　校生五人別一升六合
案主一人　舎人三人　自進四人　仕丁五人　上十三人別一升六合
案主上
九日五十六人　米九斗九升六合
経師卅四人　装潢四人　上卅八人別二升　校生五人別一升六合
案主一人　舎人三人　自進四人　仕丁五人　上十三人別一升六合
案主上馬養
十日五十八人　米一石四升
経師卅五人　装潢五人　上卅人別二升　校生六人別一升六合

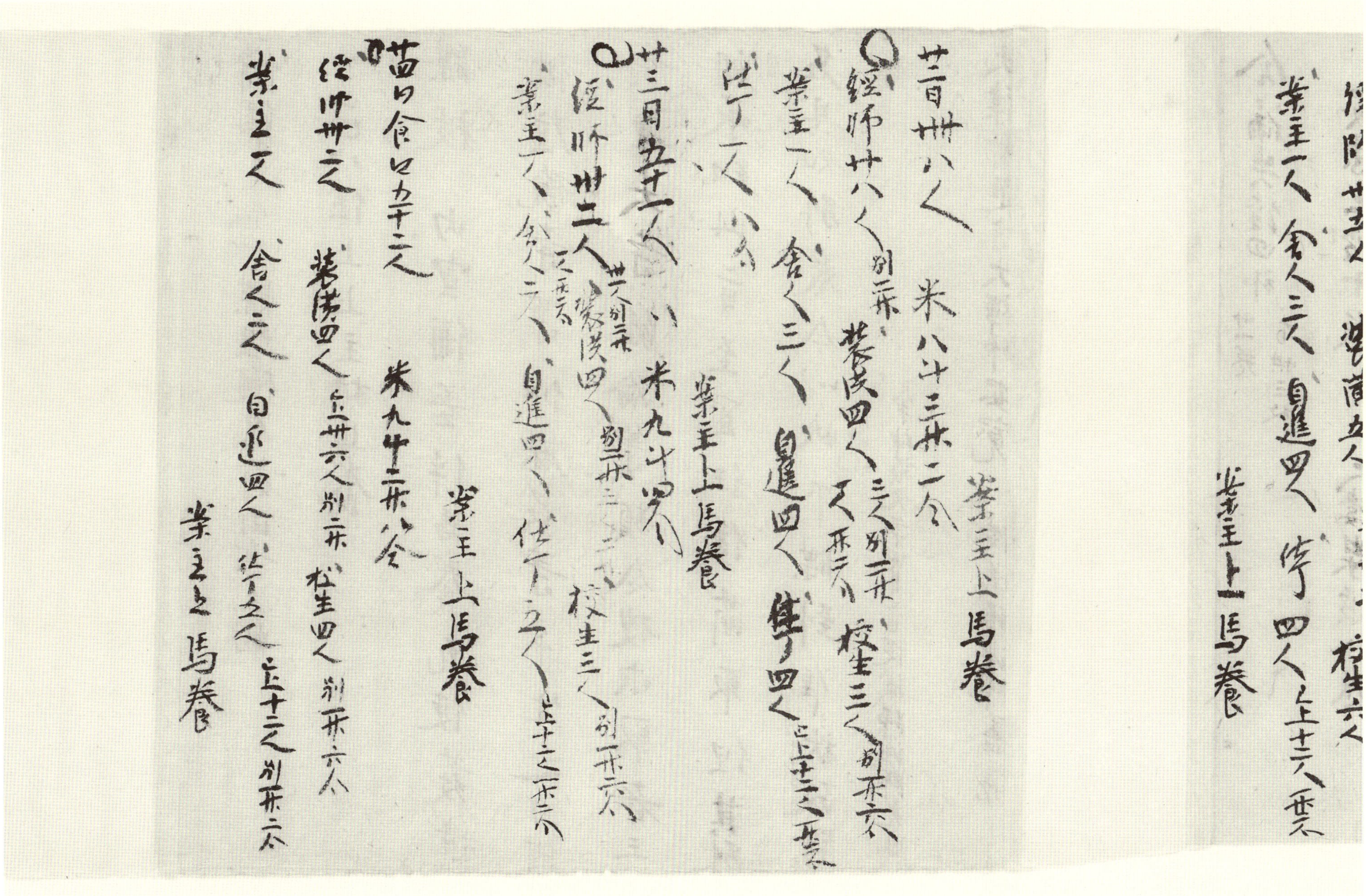
經師廿五人　装潢五人　校生六人
案主一人　舎人三人　自進四人　仕丁四人　上十六人　一升六合
案主上馬養

廿四日卅八人　米八斗三升二合　案主上馬養
經師廿八人　別二升　装潢四人　三人別二升　一人一升六合　校生三人　別一升六合
案主一人　舎人三人　自進四人　仕丁四人　上十二人　一升六合
仕丁一人　八合
廿三日五十一人　米九斗四升八合　案主上馬養
經師卅二人　卅人別二升　二人一升六合　装潢四人　別二升　校生三人　別一升六合
案主一人　舎人三人　自進四人　仕丁一人　上十二人　一升六合
廿二日食口九十二人　米九斗二升八合　案主上馬養
經師卅人　装潢四人　上卅六人　別二升　校生四人　別一升六合
案主一人　舎人二人　自進四人　仕丁五人　上十二人　別一升二合
案主上馬養

12　13　(14)

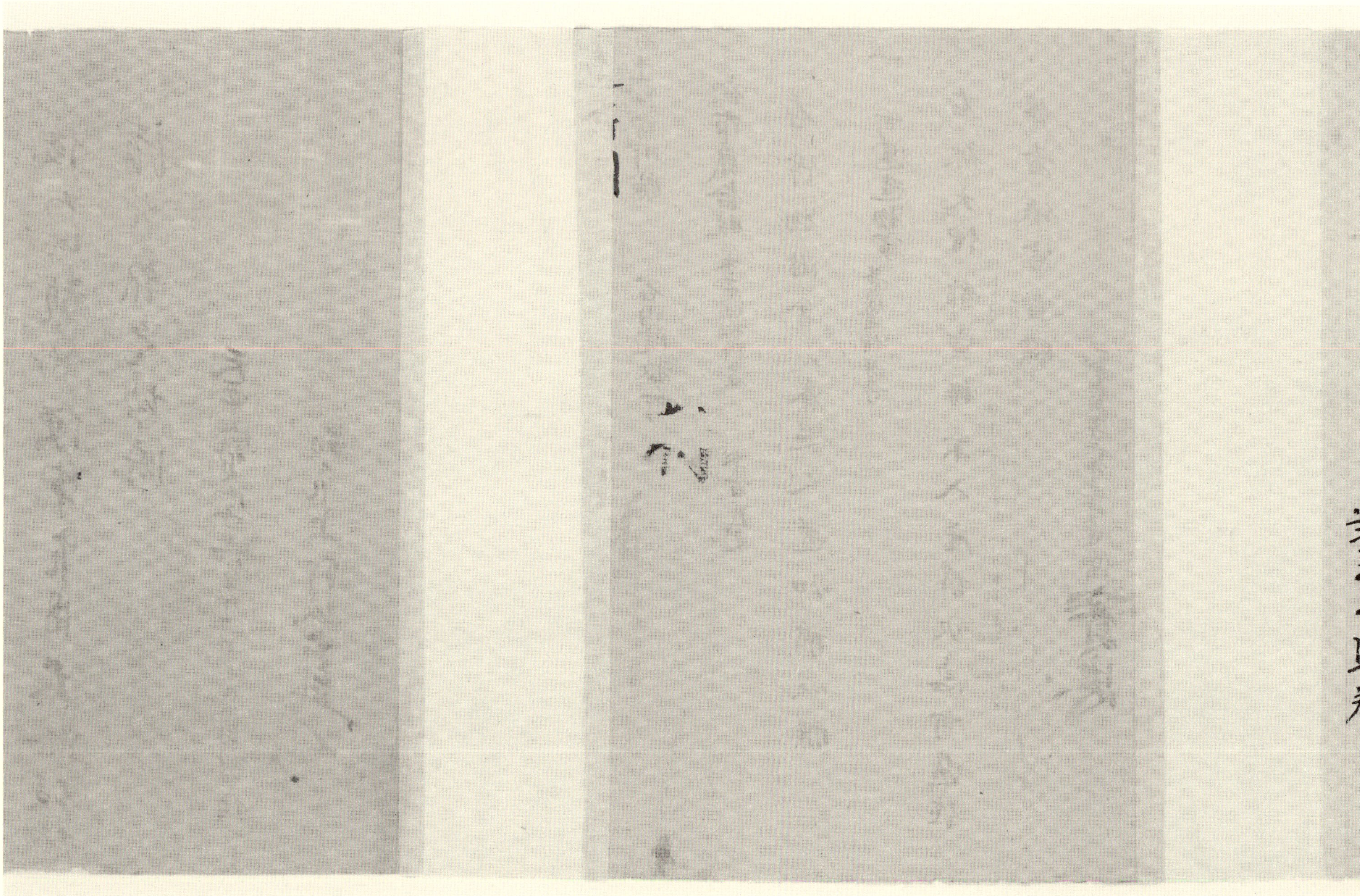

未収

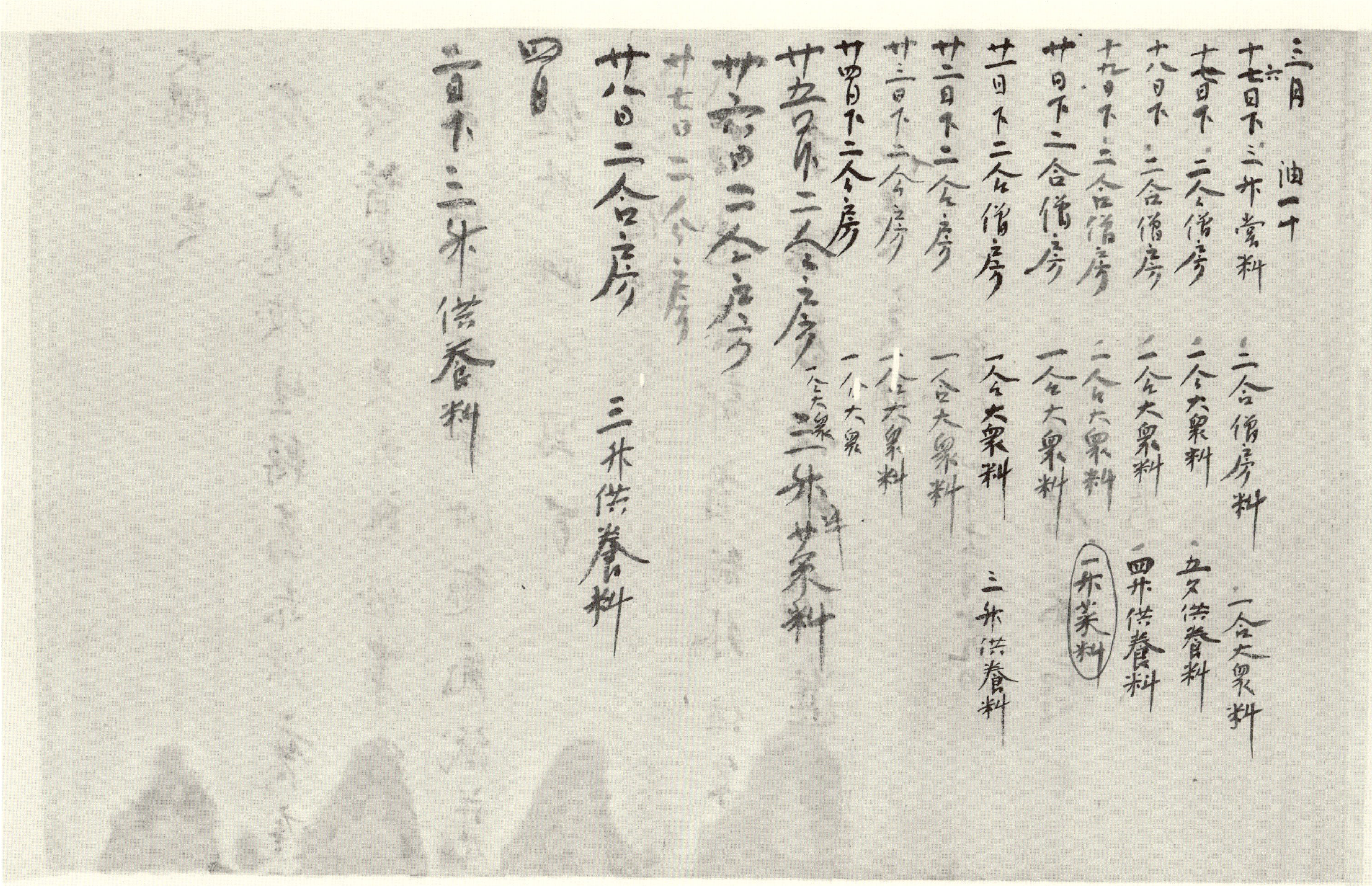
三月　油一斗
十七日下三升営料　二合僧房料　一合大衆料
十七日下　二合僧房　二合大衆料　五夕供養料
十八日下　二合僧房　二合大衆料　四升供養料
十九日下二合僧房　二合大衆料　一升菜料
廿日下二合僧房　一合大衆料
廿一日下二合僧房　一合大衆料　三升供養料
廿二日下二合房　一合大衆料
廿三日下二合房　一合大衆料
廿四日下二合房　一合大衆
廿五日下二合房　一合大衆　二升菜料
廿六日二合房
廿七日二合房
廿八日二合房　三升供養料
四月
一日下二升供養料

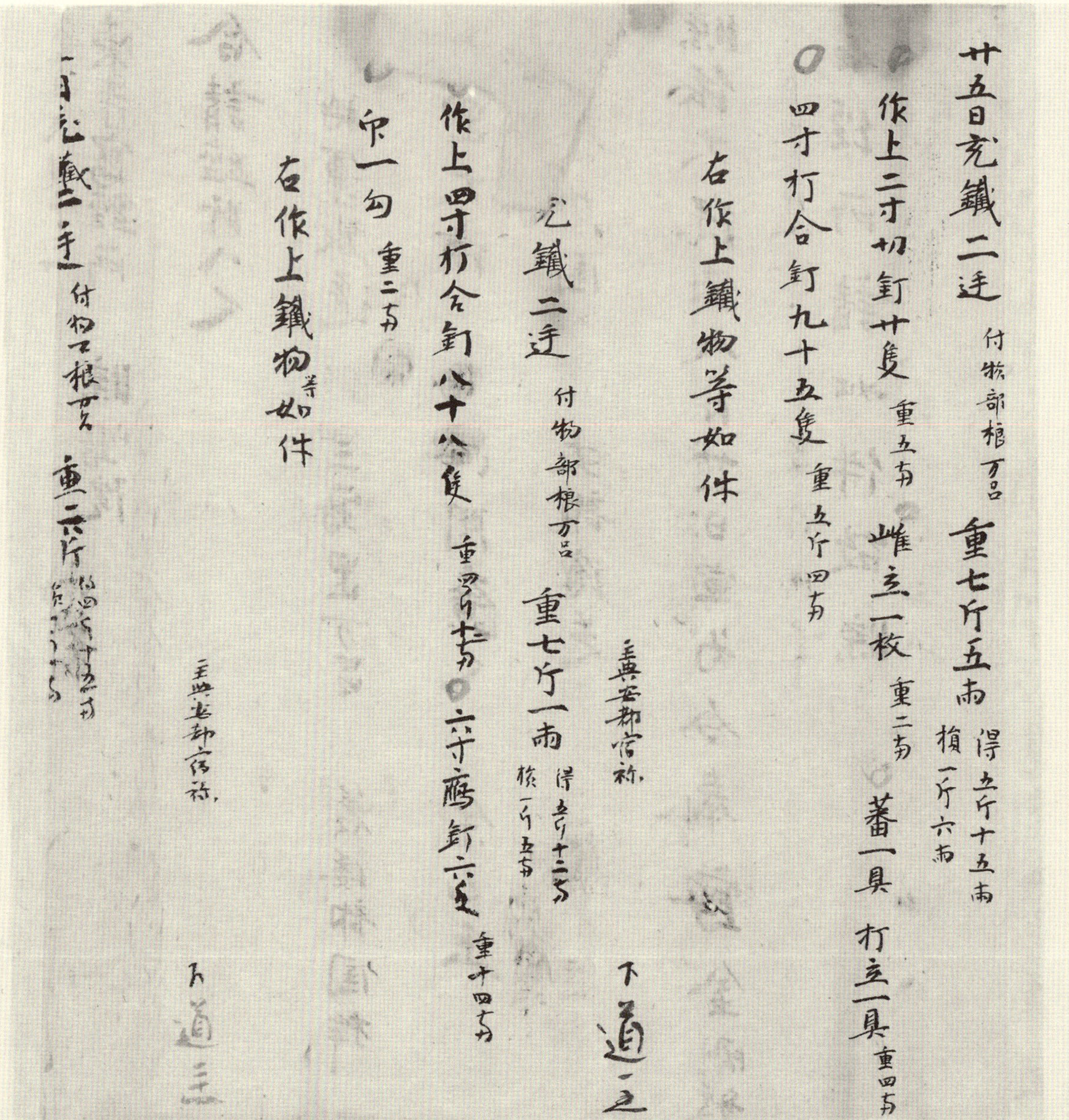

廿五日充鐵二廷　付物部根万呂　重七斤五両　得五斤十五両　損一斤六両
作上二寸切釘廿隻　重五両　雌立一枚　重二両　蕃一具　打立一具　重四両
四寸打合釘九十五隻　重五斤四両
右作上鐵物等如件
主典安都宿祢　下道主
充鐵二廷　付物部根万呂　重七斤一両　得五斤十二両　損一斤五両
作上四寸打合釘八十六隻　重四斤十両　六寸蘑釘六隻　重十四両
戸一勾　重二両
右作上鐵物等如件
主典安都宿祢　下道主
一日充鐵二廷　付物部根万呂　重十六斤

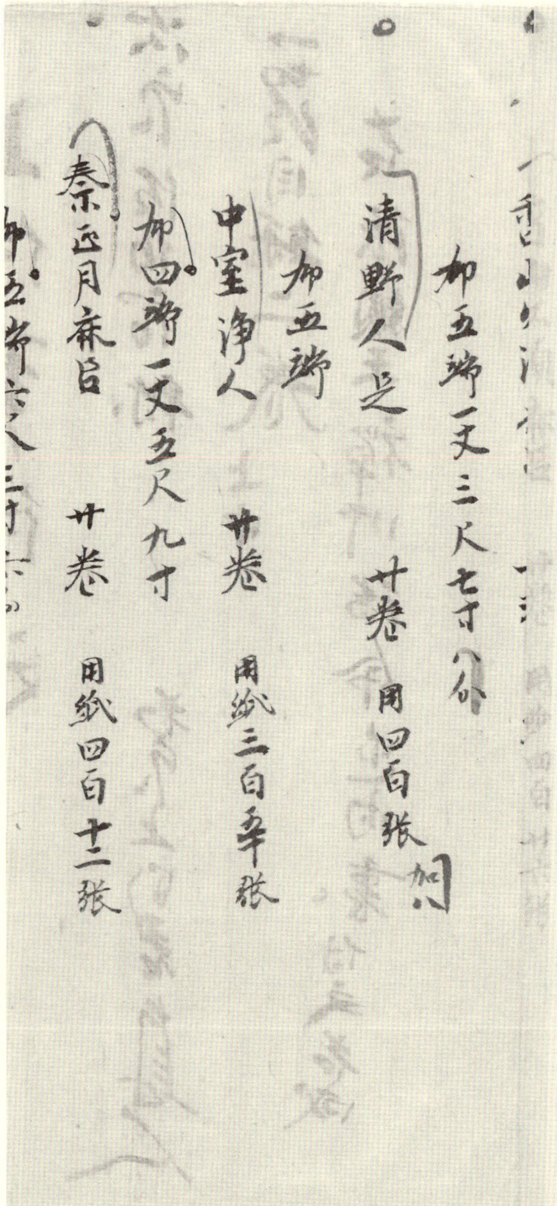

布五端一丈三尺七寸八分
清野人之　廿巻　用四百張　加
布五端
中室浄人　廿巻　用紙三百弐張
加四端一丈五尺九寸
秦正月麻呂　廿巻　用紙四百十二張

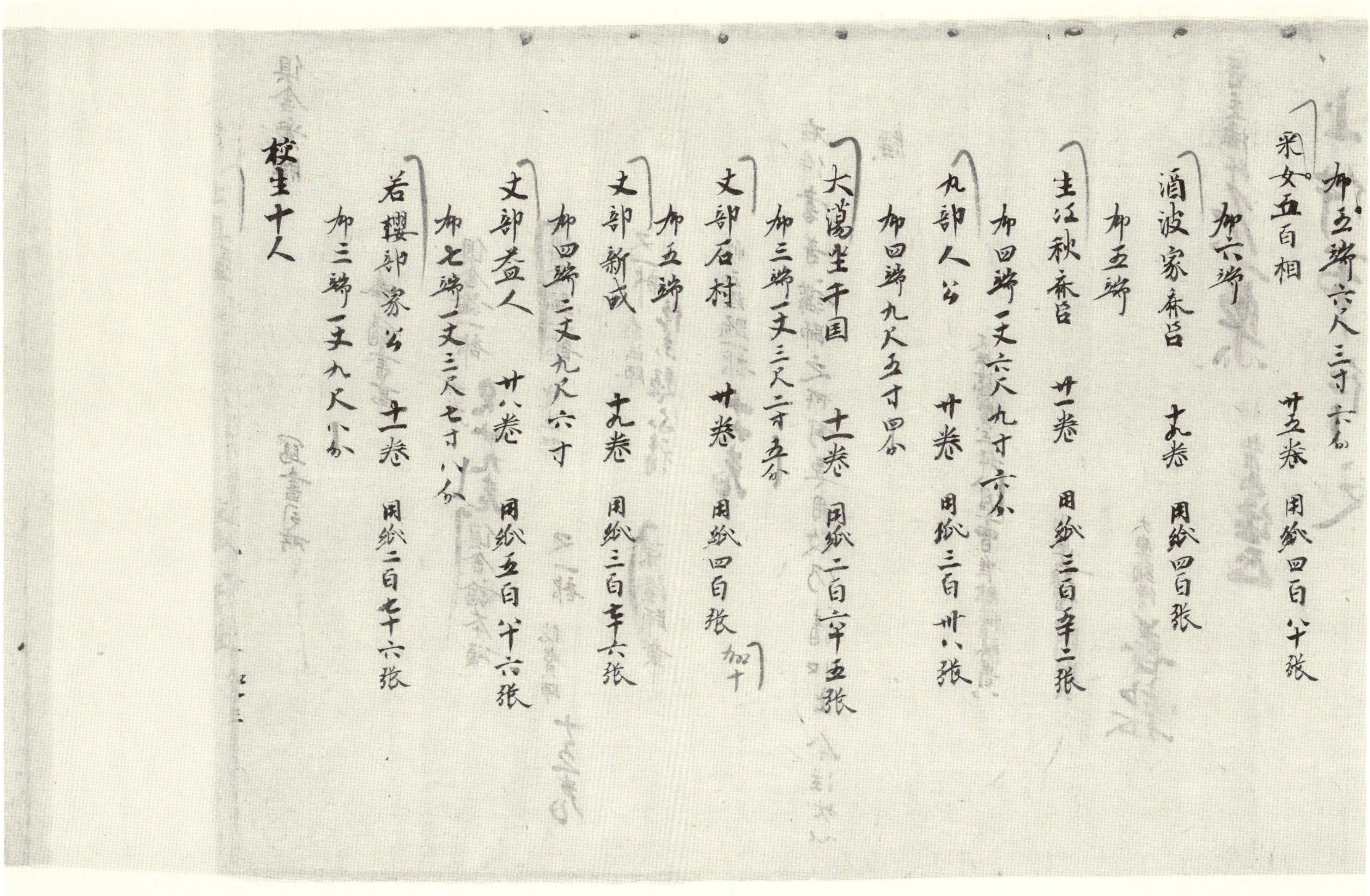
加五端六尺三寸六分
采女五百相　廿五巻　用紙四百八十張
加六端
酒波家麻呂　十九巻　用紙四百張
加五端
生江秋麻呂　廿一巻　用紙三百五十二張
加四端一丈六尺九寸六分
丸部人公　廿巻　用紙三百卌八張
加四端九尺五寸四分
大鳥坐千国　十二巻　用紙二百六十五張
加三端一丈三尺二寸五分
文部石村　廿巻　用紙四百張　加十
加五端
文部新成　十九巻　用紙三百五十六張
加四端二丈九尺六寸
文部益人　廿八巻　用紙五百廿六張
加七端一丈三尺七寸八分
若櫻部家公　十二巻　用紙二百七十六張
加三端一丈九尺八分
校生十人

奉寫一切經所解　申九月告朔事
奉寫一切經一部四千六百九巻
一千二百九十五巻見寫　八百九十八巻去月所定　三百九十七巻月中寫
三千三百十四巻未寫
錦二丈八尺
縁料錦二條　長各五尺九寸　廣各一寸五分
頭料錦卅二條　長各一尺五寸　廣各一寸五分
頭裏料緋絁一百八十條　長各一尺五寸　廣各一寸五分
裏料纈絁四條　長各一尺九寸　廣各一尺五分
生糸三斤　已上六種縫帙料去月殘
絁端廿七條　廿三條纈絁　積二丈九尺三寸　四條東絁　積四丈五尺九寸　去月殘
庸并黒綿百九十七屯　去月殘
庸布二段二丈二尺　去月殘
同布端廿八條　去月殘　長四尺五寸已下五寸已上
商布十段　三
綺四百七十丈
用五十六丈
殘四百十四丈
緋丸組卌六丈
縁帙一千四百九十三枚
一千一百六十六枚縫畢　以十月九日為用様正上殿所　一枚
廿七枚未着表帶
以十月九日就造帙所勘問

第七巻　裏　4写経并用紙勘帳　3（空）

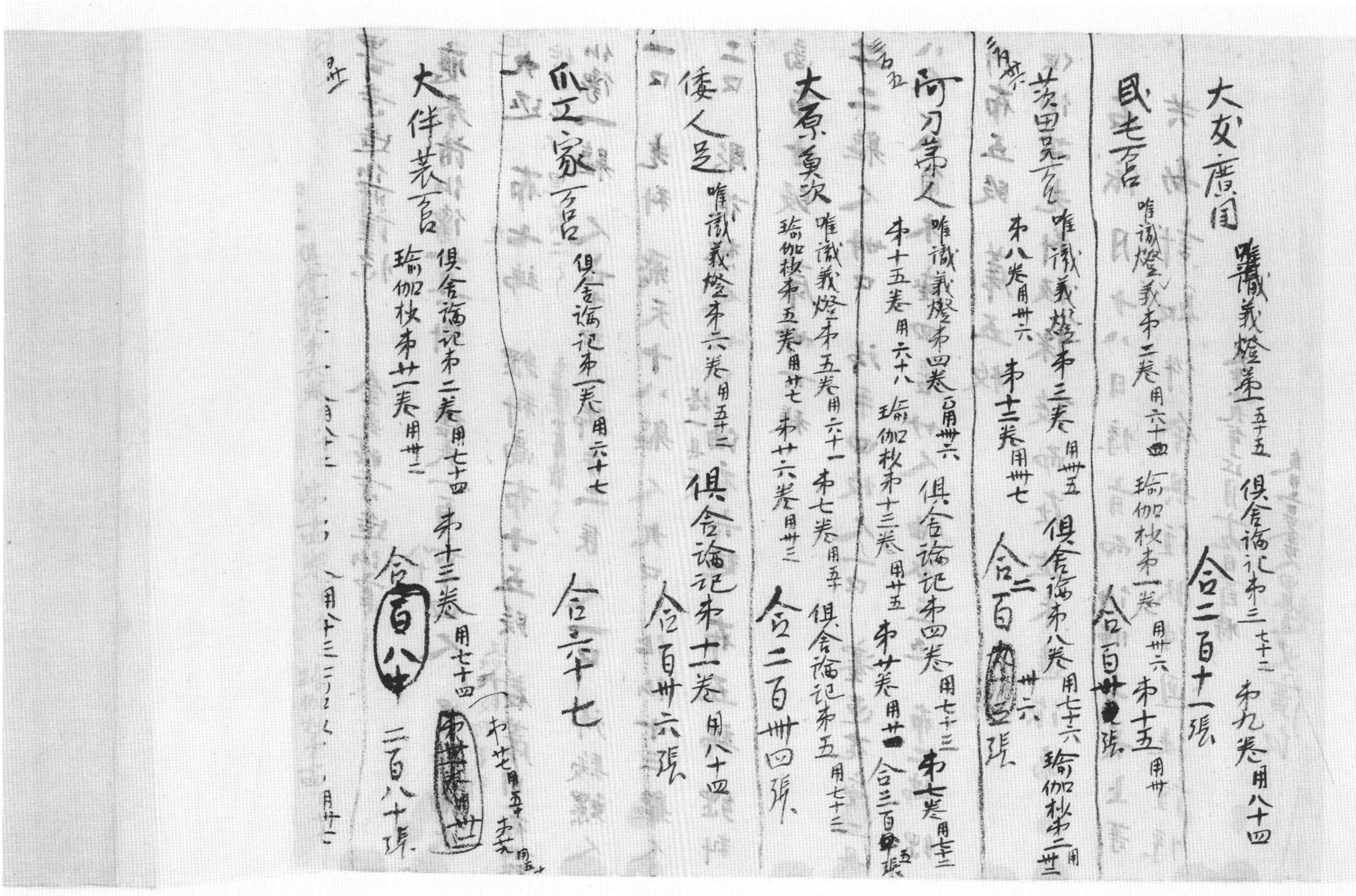

大友廣国　唯識義燈第一 五十五　倶舎論記第三 七十二　第九巻 用八十四　合二百十一張

民老万呂　唯識燈義第二巻 用六十四　瑜伽抄第一巻 用卅六　第十五 用卅　合百卅[illegible]張

三月廿六　茨田兄万呂　唯識義燈第三巻 用卅五　第八巻 用卅六　第十二巻 用卅七　倶舎論第八巻 用七十六　瑜伽抄第二 用卅三　合二百卅六張

三月廿五　阿刀弟人　唯識義燈第四巻 用卅六　第十五巻 用六十八　瑜伽抄第十三巻 用卅五　第廿巻 用廿一　倶舎論記第四巻 用七十三　第七巻 用卅二　合三百[illegible]五張

大原魚次　唯識義燈第五巻 用六十一　第七巻 用五十　倶舎論記第五 用七十三　瑜伽抄第五巻 用卅七　第廿六巻 用卅三　合二百卅四張

倭人足　唯識義燈第六巻 用五十二　倶舎論記第十一巻 用八十四　合百卅六張

爪工家万呂　倶舎論記第一巻 用六十七　合六十七

大伴蓑万呂　倶舎論記第二巻 用七十四　第十三巻 用七十四　瑜伽抄第廿一巻 用卅二　合百八十　二百八十張

9
398～400

続修別集

第八巻　裏

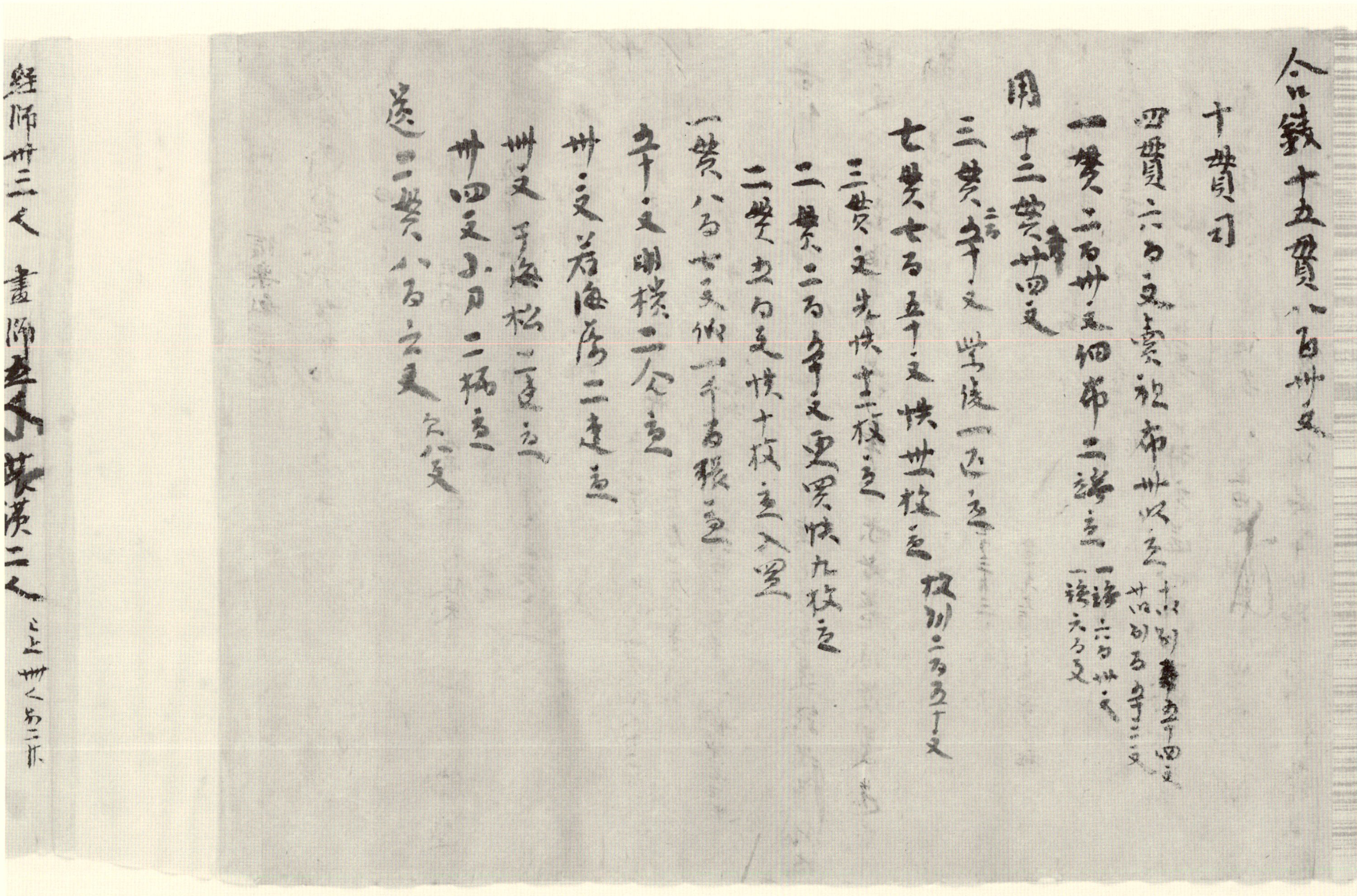

合銭十五貫八百卅文
十貫司
四貫六百文売被布卅以直
一貫二百卅文細布二端直
用十二貫卅四文
三貫五十文　営後一匹直
七貫七百五十文鉄廿枚直　枚別三百五十文
三貫文　生鉄十二枚直
二貫二百五十文更買鉄九枚直
二貫六百文鉄十枚直入置
一貫八百廿文　一斤直
五十文明樸二斤直
卅文若海藻二連直
卅文　干海松一連直
卅四文小刀二柄直
残二貫八百六文　欠八文

経師卅二人　画師五人　装潢二人
已上卅九人

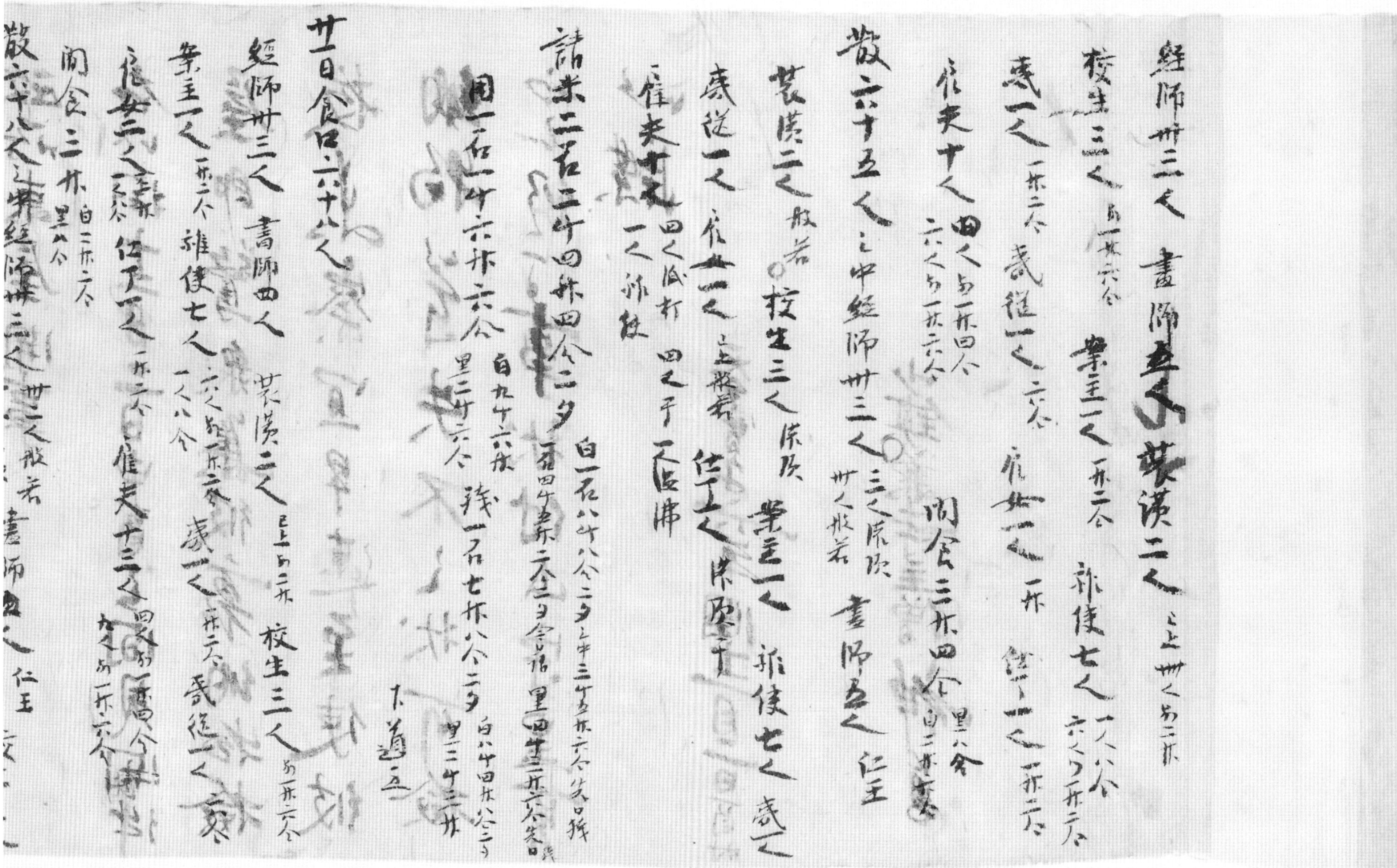

16
43〜44

経師卅三人　書師五人　裝潢二人〈上卅人別三斗〉
校生三人〈別一斗六合〉　業主二人〈別三斗〉　新俉七人〈六人別一斗六合〉
歲一人〈別二斗〉　威從二人〈別一斗六合〉
信夫十八人〈六人別一斗四合〉
散六十五人〈之中経師卅三人〈別三斗〉卅人散若
裝潢二人〈散若〉　校生三人〈散若〉　聞食二斗四合〈白三斗〉
廝從二人〈食一斗〉　業主二人〈別三斗〉　書師五人〈仁王〉
催夫十八人〈四人仁王　四之于二正佛〉
諸米二石三斗四合二夕　白一石八斗八合二夕合三石二斗五合日合格
用一石四斗六合二夕　殘一石七斗八合二夕失日狹
廿日食口六十八人　白八十四升六合二夕
經師卅三人　書師四人　裝潢二人〈上廿三人別六合〉
校生三人〈別一斗六合〉　業主二人　新俉七人〈歲之〉
業主二人〈別三斗〉　雜使七人〈一人別六合〉
信安二人〈別三斗〉　仁王七人　催夫十三人〈四人仁王〉
聞食二斗八合〈白二斗〉
散六十八人〈之中經師卅三人〈別三斗〉書師四人〈仁王〉

打桁五枚　一枚長三丈八尺　三枚各長一丈七尺
一枚長四丈　並方六寸
下桁十一枚　四枚各長二丈　三枚各長一丈　二枚各長一丈九尺
二枚各長一丈六尺　並方五寸

散六十八人之中　経師卅三人　卅二人般若　一人花厳　画師四人　仁王　校生三人
装潢二人　一人般若　一人花厳
仕丁一人　花厳

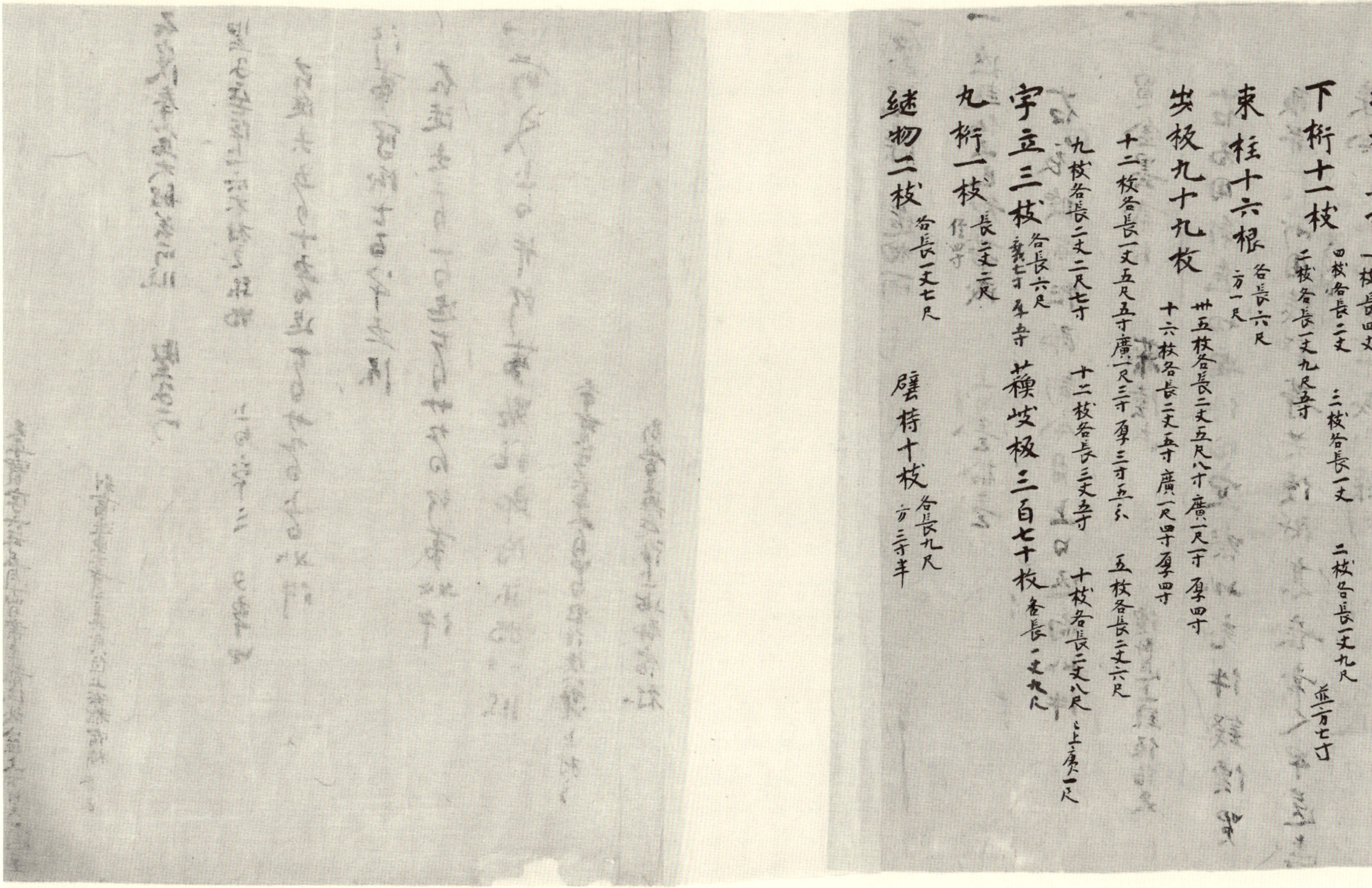
[illegible]五枝　一枝長四丈
下桁十二枝　四枝各長二丈　二枝各長一丈九尺五寸　二枝各長一丈　二枝各長一丈九尺　並方七寸
束柱十六根　各長六尺　方一尺
歩板九十九枚　卌五枚各長二丈五尺八寸　廣一尺一寸　厚四寸
十六枚各長二丈五寸　廣一尺四寸　厚四寸
十二枚各長一丈五尺五寸　廣一尺三寸　厚三寸五分　五枚各長二丈六尺
九枝各長二丈二尺七寸　十二枝各長三丈五寸　十枝各長二丈八尺　已上廣一尺
宇立三枝　各長六尺　廣七寸　厚五寸　蘓岐板三百七十枚　各長一丈九尺
丸桁一枝　長三丈二尺　徑四寸
継物二枝　各長一丈七尺　甓椅十枝　各長九尺　方三寸半

1　　　　　　　　（2）

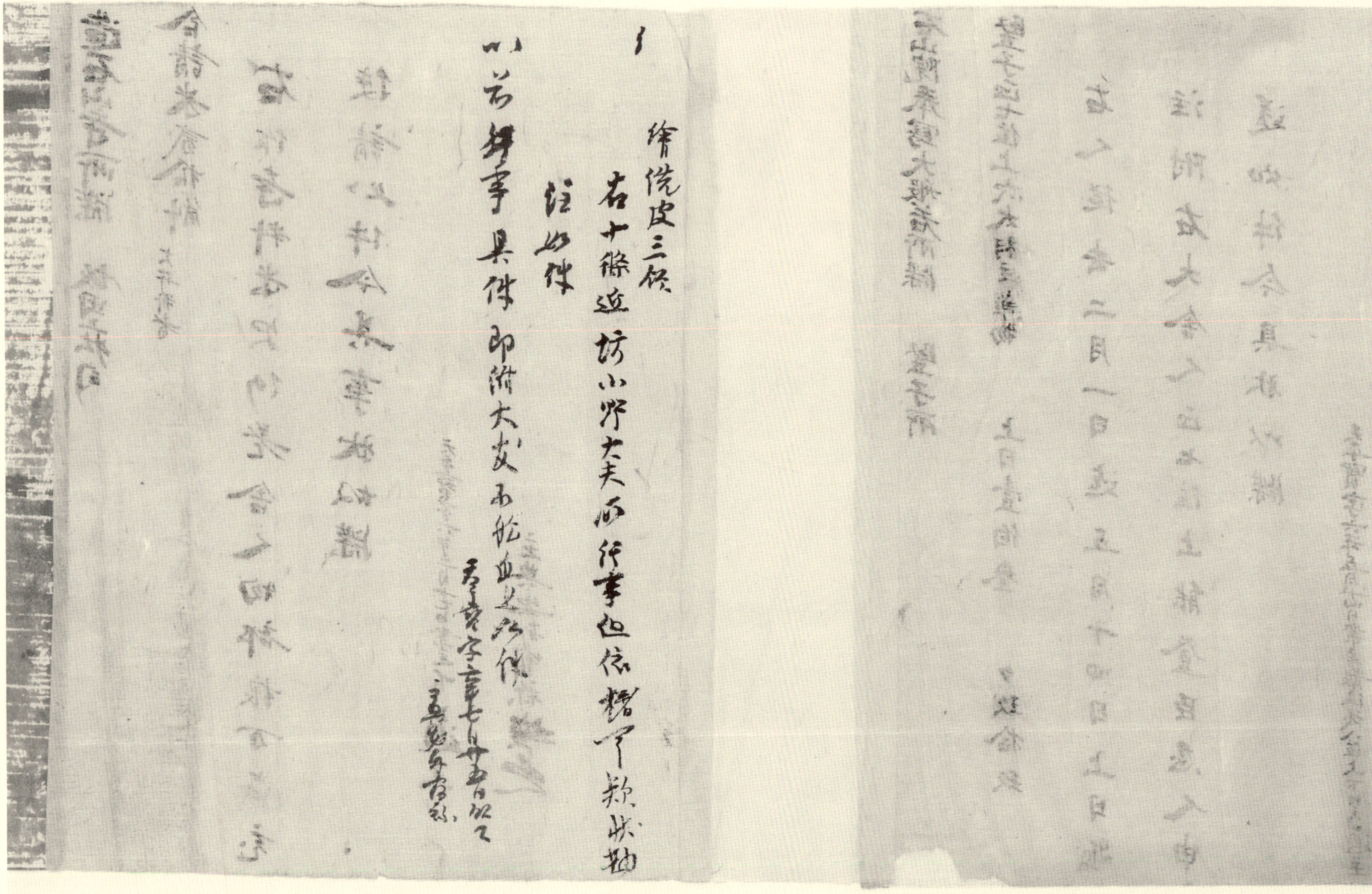

続修別集

第九巻　裏

廿五日卌九人　米八斗六升八合
經師廿九人　装潢四人　上卅三人別二升　校生四人別一升六合
案主一人　舎人二人　自進四人　仕丁五人　上十二人別一升六合
案主上馬養
廿六日食口五十人　米八斗八升
經師廿九人　装潢四人　上卅三人別二升　校生四人別一升六合　案主一人
舎人三人　自進四人　仕丁五人　上十三人別一升六合
案主上馬養
廿七日五十三人　米九斗二升
經師卅三人　装潢四人　上卅七人別二升　校生四人別一升六合　案主一人
舎人三人　自進四人　仕丁五人　上十三人別一升二合
案主上馬養
廿八日五十三人　米九斗二升
經師卅三人　装潢四人　上卅七人別二升　校生四人別一升六合　案主一人
舎人三人　自進四人　仕丁五人　上十三人別一升二合
案主上馬養
廿九日卌九人　料米八斗六升
經師廿九人　装潢三人　上卅二人別二升　校生四人別一升六合
案主一人　舎人三人　自進四人　仕丁五人　上十三人別一升二合
又校生二人　米一升六合
案主上馬養

廿目五十二人 米八斗九升六合
○經師卅人 艾別二米 裝潢三人別二米
業主丈 舍人三人 自進四人 仕丁五人 上十人別卅二合

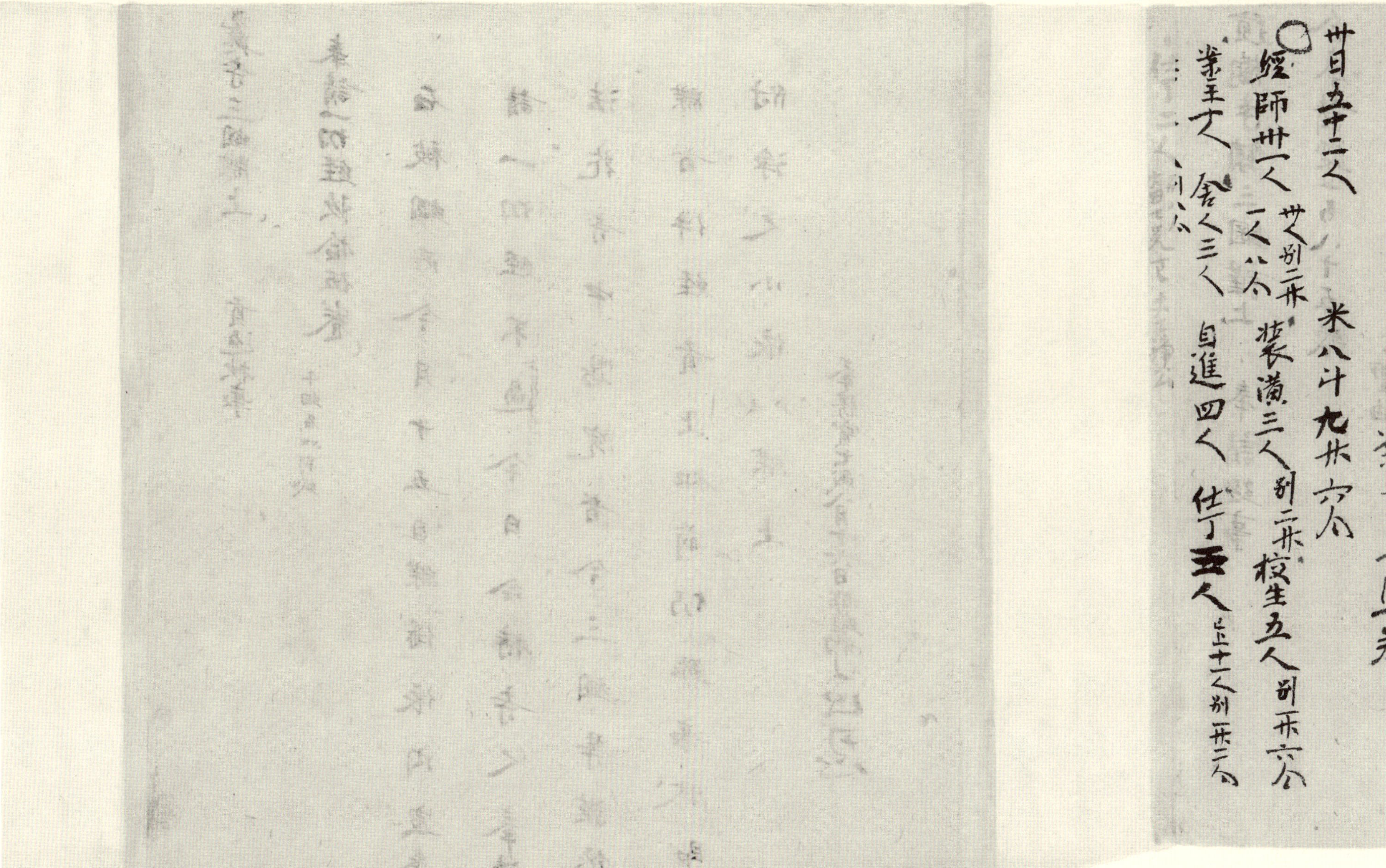

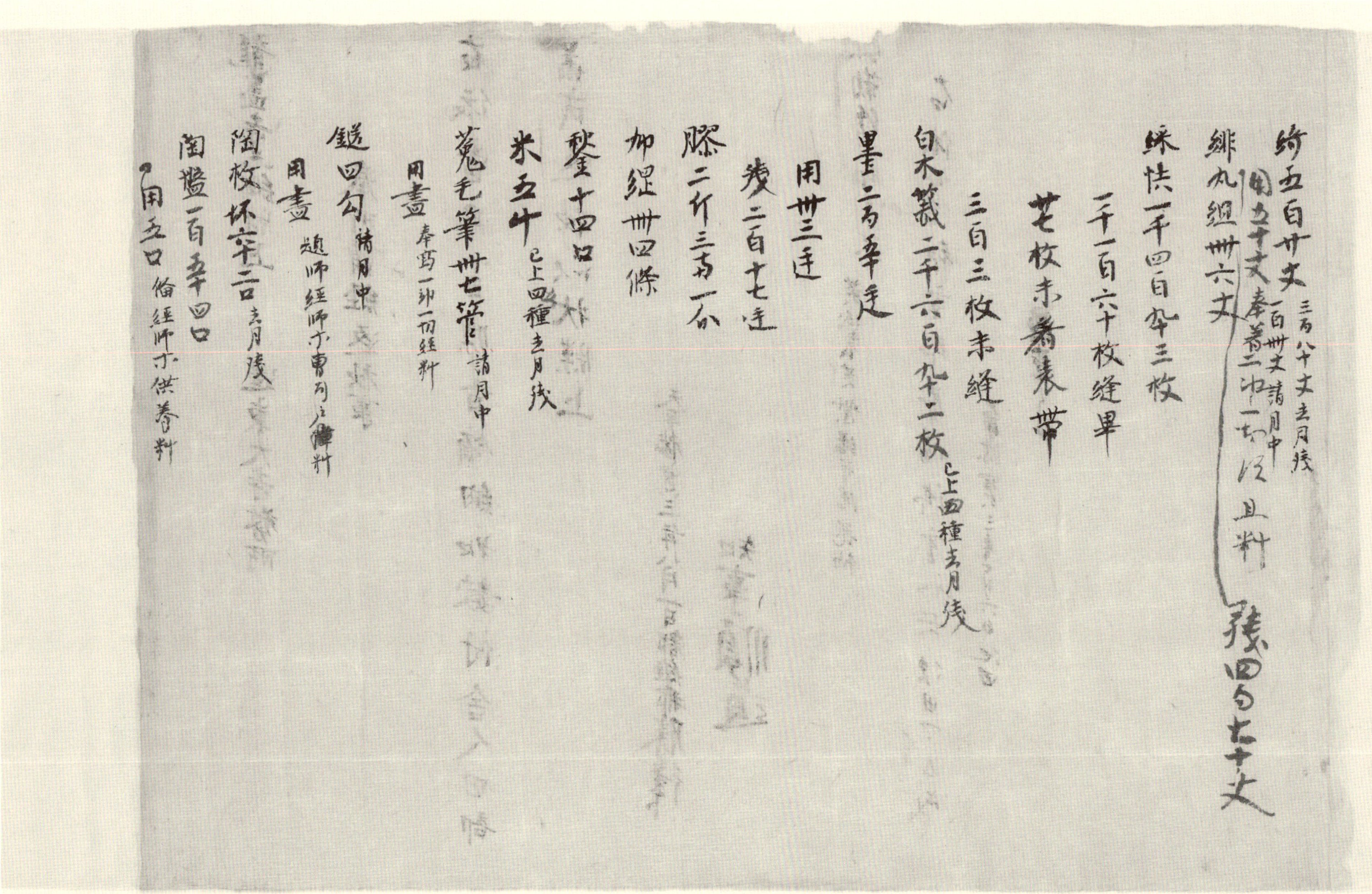

絁五百廿丈　三百八十丈去月残　一百卌丈請月中
用五十丈奉着二部一切経□且料
残四百七十丈
緋丸組卅六丈
紲帙一千四百廿三枚
一千一百六十枚縫畢
廿枚未着表帯
三百三枚未縫
白木軸二千六百廿二枚　已上四種去月残
墨二百五十廷
用卅三廷
残二百十七廷
膠二斤三両一分
加緑卅四條
鏊十四口
米五升　已上四種去月残
菟毛筆卌七管　請月中
用盡　奉写一部一切経料
鎚四勾　請月中
用盡　題師経師并曹司上廚料
陶枚坏五十二口　去月残
陶盤一百五十四口
用五口　備経師并供養料

未収

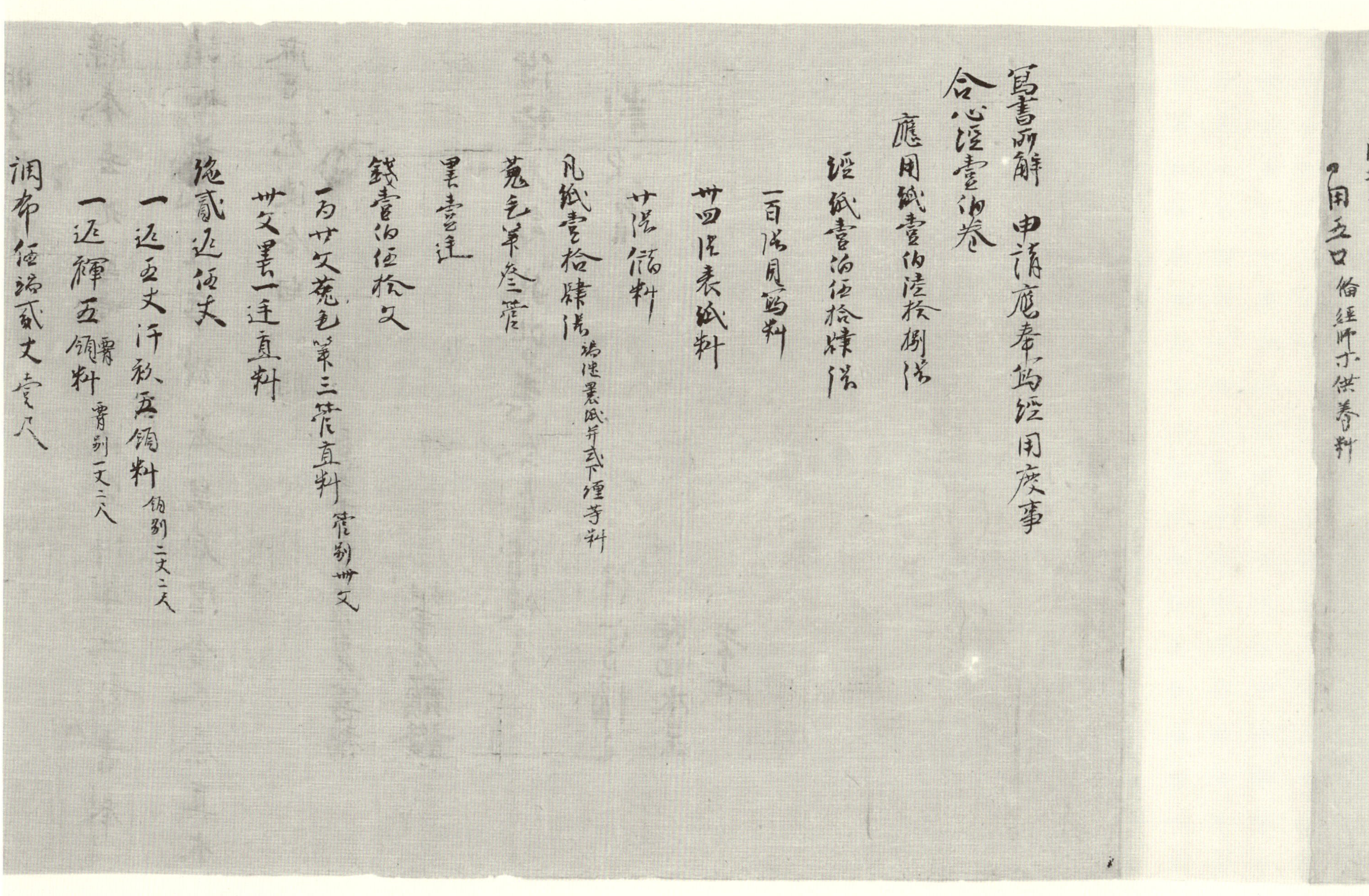
寫書所解　申請應奉寫經用度事
合心經壹伯卷
應用紙壹伯陸拾捌張
經紙壹伯伍拾肆張
一百張見寫料
卌四張表紙料
廿張儲料
凡紙壹拾肆張　端继墨紙并式下纒等料
菟毛筆參管
墨壹廷
錢壹伯伍拾文
一百廿文菟毛筆三管直料　管別卌文
卅文墨一廷直料
絁貳疋伍丈
一疋五丈汗衫五領料　領別二丈二尺
一疋褌五領料　褌別一丈二尺
調布伍端貳丈壹尺

未収

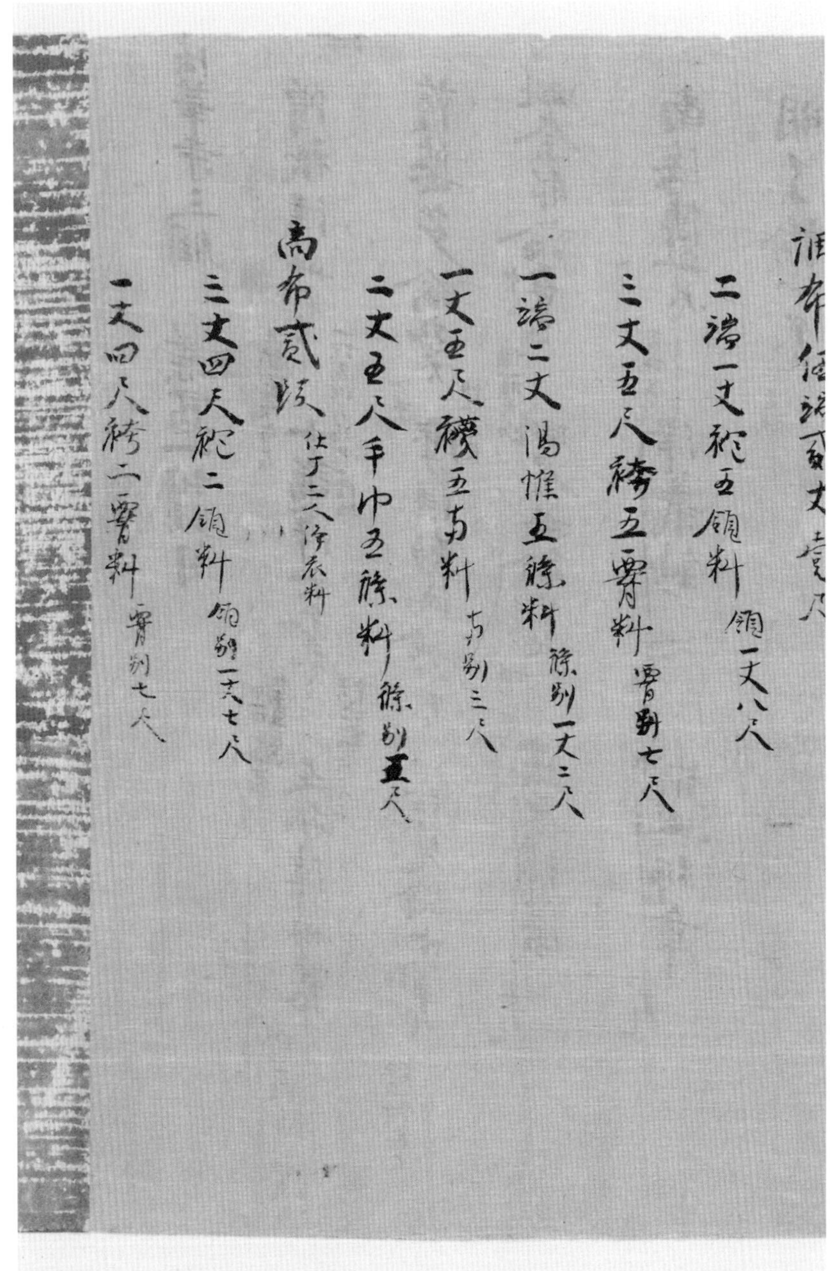
調布伍端弐丈壹尺
二端一丈袍五領料　領別一丈八尺
三丈五尺袴五腰料　腰別七尺
一端二丈湯帷五條料　條別一丈二尺
一丈五尺襪五両料　両別三尺
二丈五尺手巾五條料　條別五尺
高布弐段　仕丁二人浄衣料
三丈四尺袍二領料　領別一丈七尺
一丈四尺袴二腰料　腰別七尺

続修別集

第十巻　裏

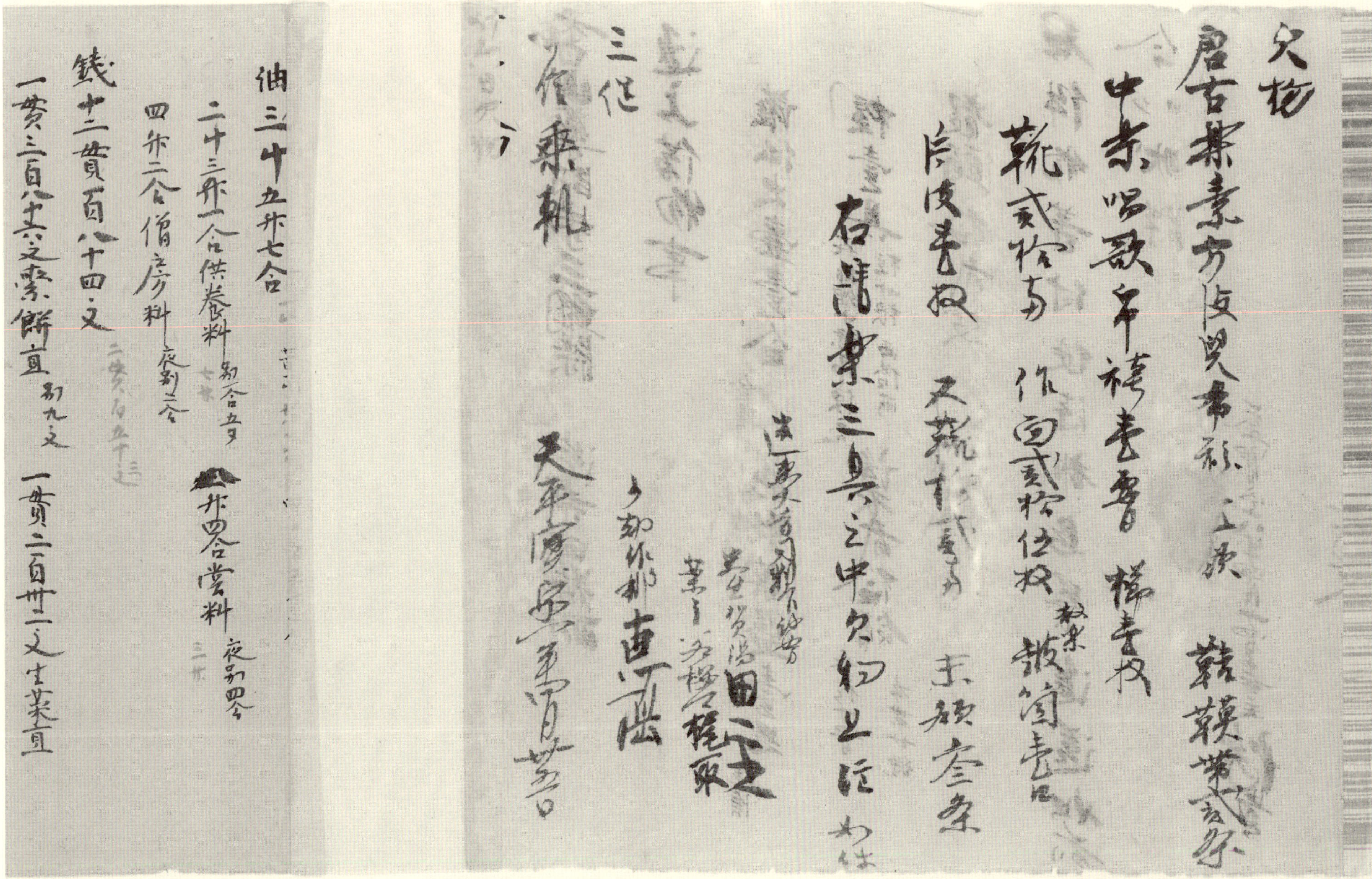

第一〇巻　裏　8楽具欠物注文　7請悔過僧并舎人等食物解按

16
495〜497

◁未収

5
482〜483

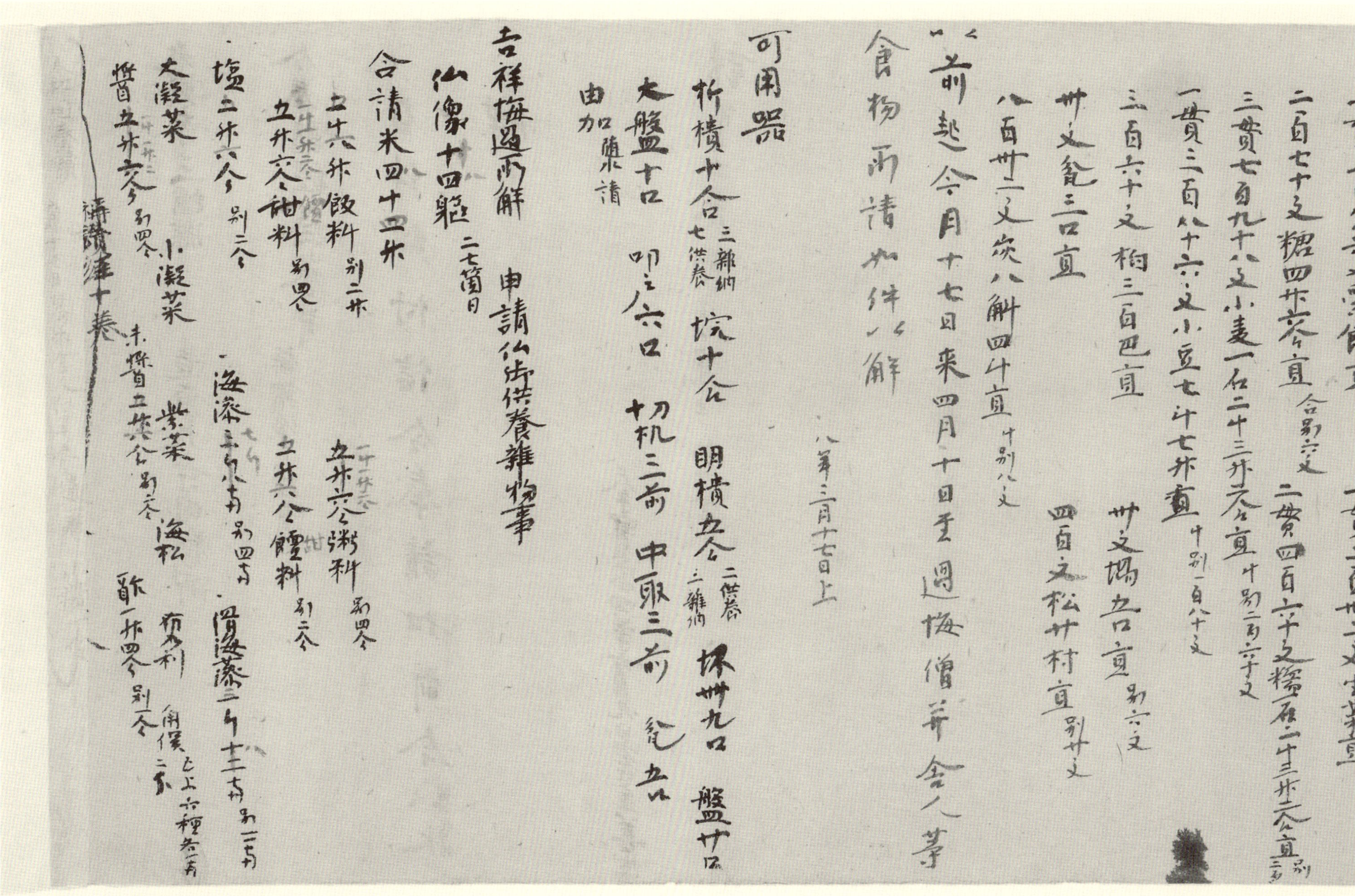

一貫三百八十六文雑餅直　一貫二百卅二文生菜直
二百七十文糯四升五合直 合別六文　二貫四百六十文糯一石二斗三升六合直 別二百
三貫七百九十八文小麦一石二斗三升六合直 升別二百六十文
一貫三百八十六文小豆七斗七升直 升別一百八十文
三百六十文柏三百巴直　卅文堝五口直 別六文
卅文瓫三口直　四百文松廿村直 別廿文
八百卅二文炭八斛四斗直 斗別八文
以前起今月十七日来四月十日至過悔僧并舎人等
食物所請如件以解
八年三月十七日上

可用器
折櫃十合 三雑納 七供養　埦十合　明櫃五合 二供養 三雑納　坏卅九口　盤廿口
大盤十口　叩戸六口　切机三前　中取三前　瓫五口
由加 薬請

吉祥悔過所解　申請仏御供養雑物事
仏像十四躯 二七箇日
合請米四十二升
二十八升飯料 別二升　五升六合粥料 別四合
五升六合甜料 別四合　五升六合饆料 別二合
塩二升八合 別二合　海藻三斤八両 別四両　滑海藻二斤十二両 別一両
大凝菜　小凝菜　紫菜　海松　布乃利　角俣 已上六種各一両
醤五升六合 別四合　末醤五升六合 別四合　酢一升四合 別一合
講讀經十巻

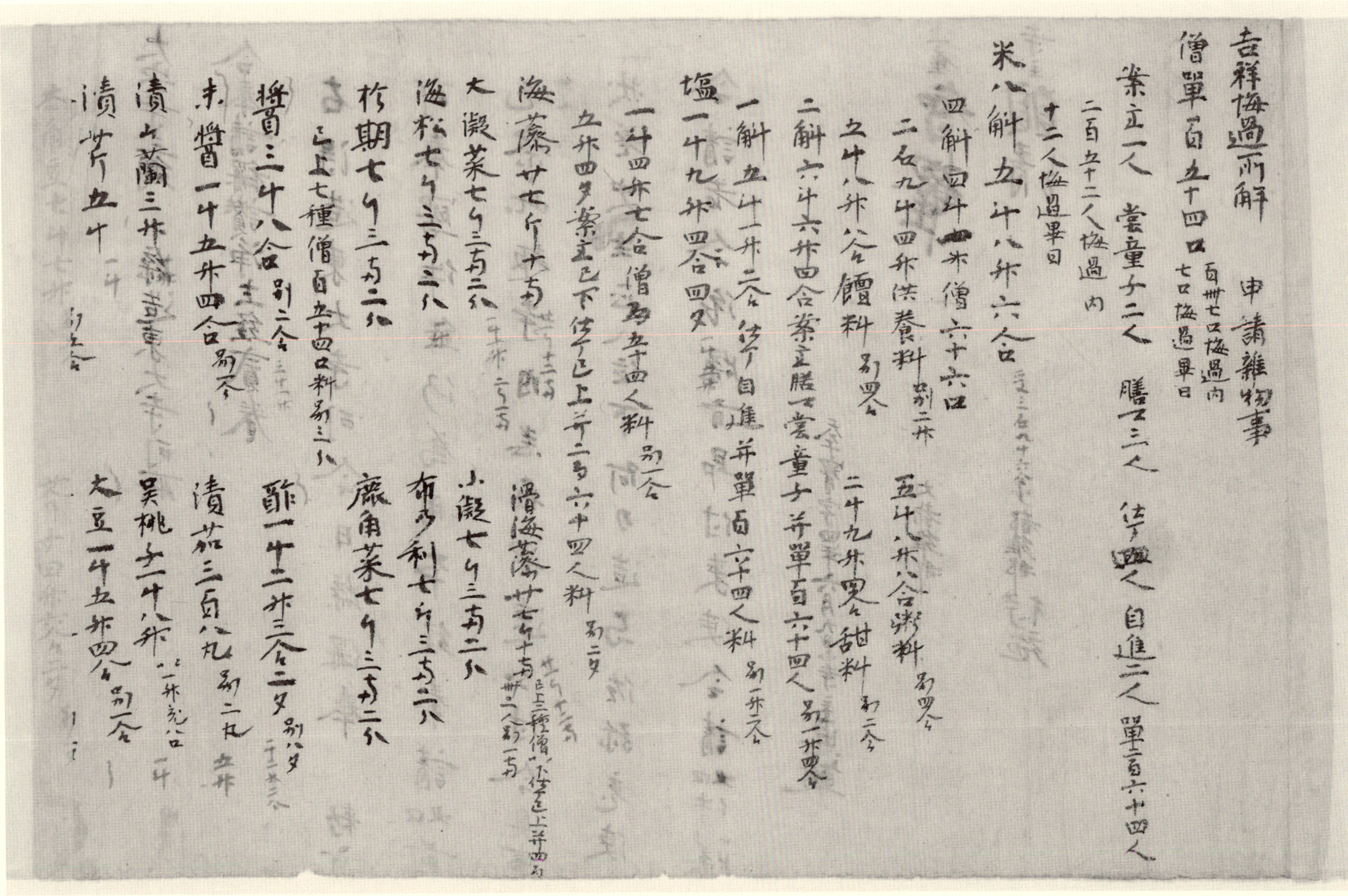

吉祥悔過所解　申請雑物事
僧單百五十四口　百卌七口悔過内　七口悔過畢日
案主一人　堂童子二人　膳部三人　仕丁四人　自進二人　單一百六十四人
二百五十二人悔過内
十二人悔過畢日
米八斛五斗八升六合
四斛四斗四升僧六十六口　五斗八升八合粥料　別四合
二石九斗四升供養料　口別二升　二斗九升四合甜料　別二合
五斗八升八合饘料　別四合
二斛六斗六升四合案主膳部堂童子幷單百六十四人　別一升四合
一斛五斗一升二合　仕丁自進幷單百六十四人料　別一升二合
塩一斗九升四合四夕
一斗四升七合僧百五十四人料　別一合
五升四夕案主已下仕丁已上幷二百六十四人料　別二夕
海藻廿七斤十両　滑海藻廿七斤十両　已上三種僧一、下仕丁已上幷四両　卅二人別一両
太凝菜七斤三両二分
海松七斤三両二分　小凝七斤三両二分
於期七斤三両二分　布乃利七斤三両二分
已上七種僧百五十四口料別三分　鹿角菜七斤三両二分
醤三斗八合　別二合　酢一斗二升三合二夕　別八夕
未醤一斗五升四合　別一合　漬茄三百八丸　別二丸
漬山蘭三升　呉桃子二斗八升
漬□五斗　大豆一斗五升四合　別一合

16
493～495

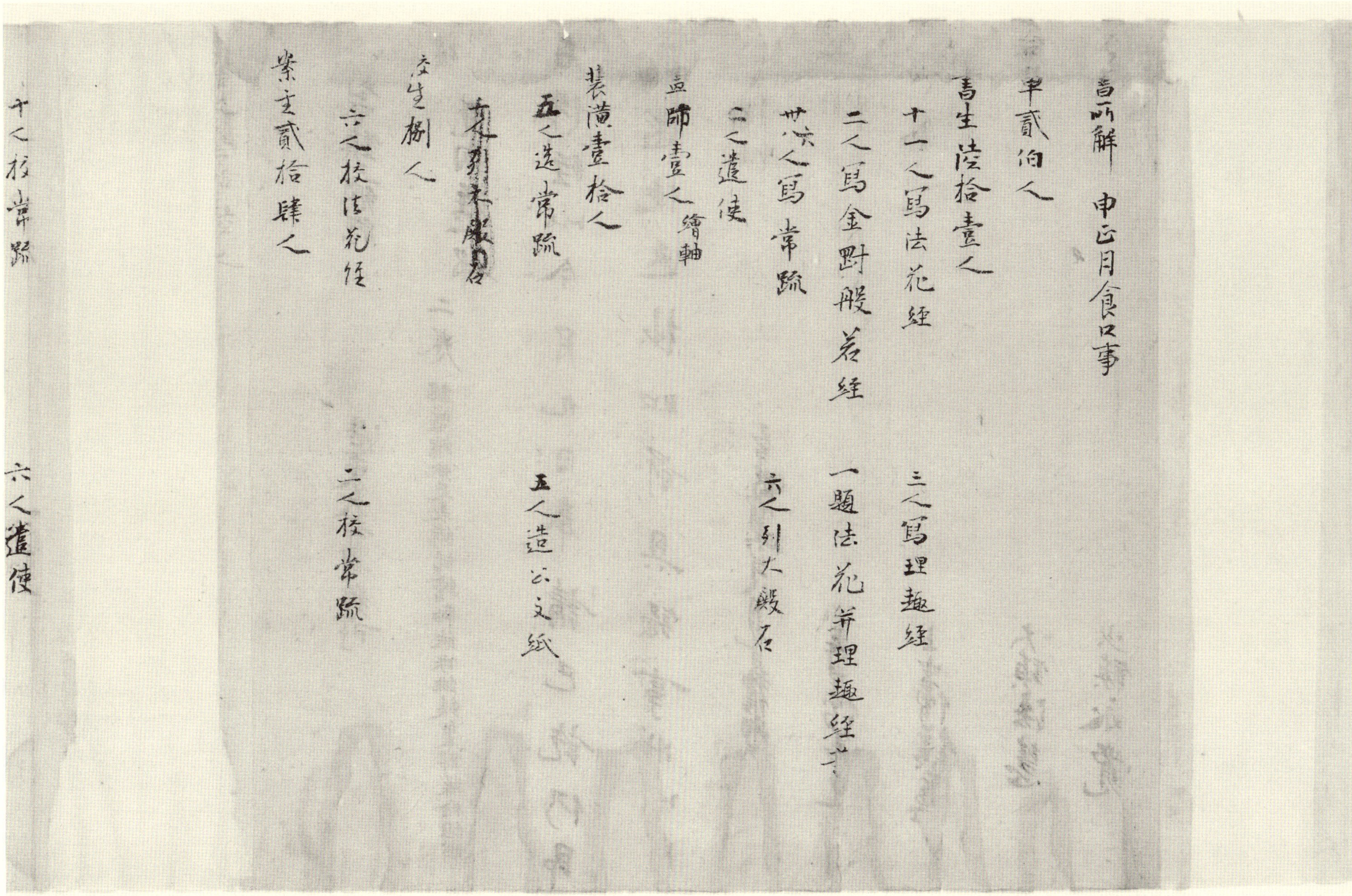

写書所解　申正月食口事
合弐伯人
書生陸拾壹人
十一人写法花経　　三人写理趣経
二人写金剛般若経　一題法花并理趣経
卅六人写常疏　　六人列大般若
二人雑使
画師壹人　繪軸
装潢壹拾人
五人造常疏　　五人造公文紙
~~六人列大般若~~
校生捌人
六人校法花経　　二人校常疏
紫主貳拾肆人

十人校常疏
六人雑使

13 161～162

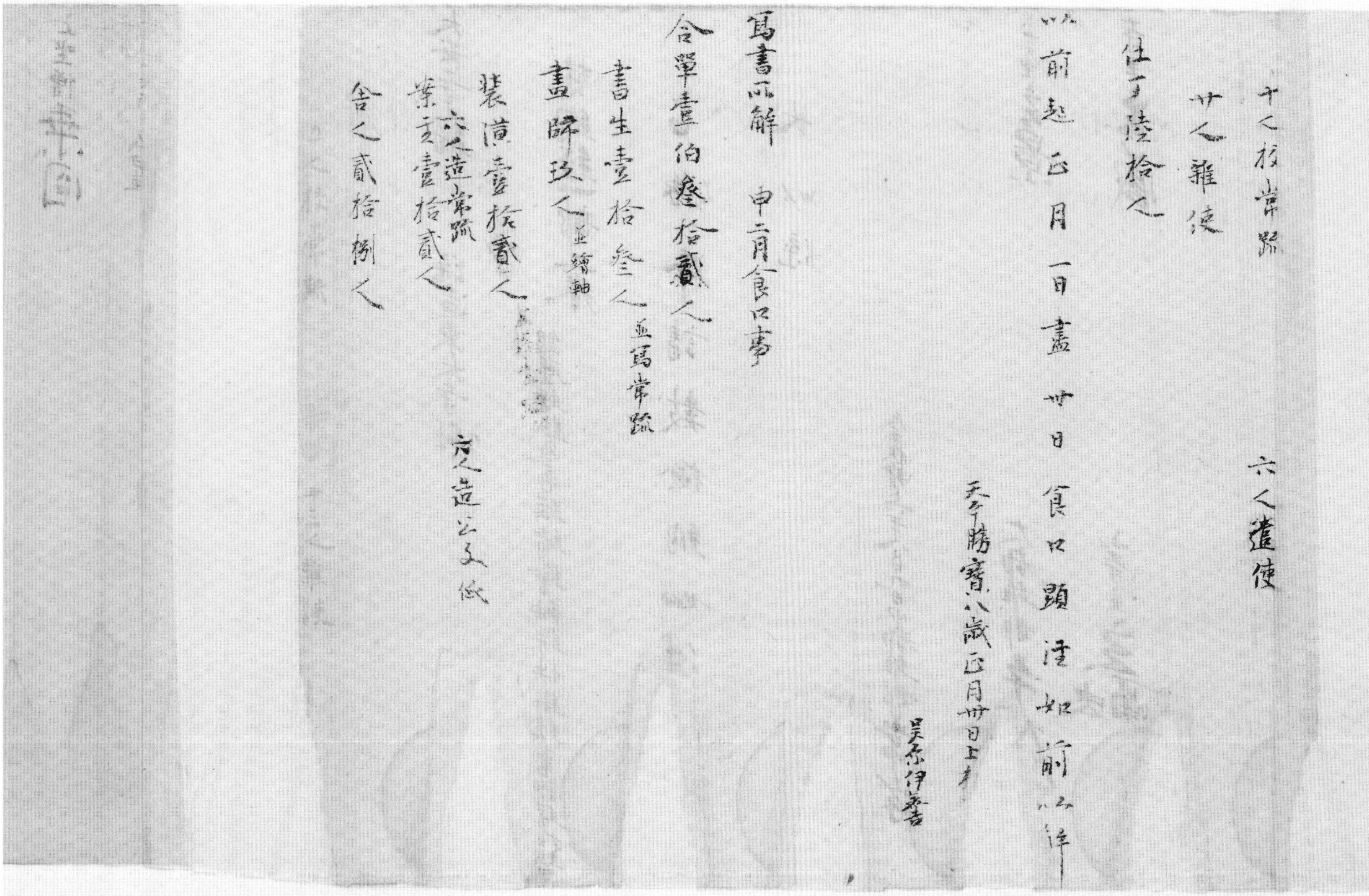
十人校常疏
六人遣使
廿人雑使
仕丁陸拾人
以前起正月一日盡卅日食口顕注如前以解
天平勝宝八歳正月卅日上村
呉原伊香

写書所解　申二月食口事
合單壹伯参拾貳人
書生壹拾参人　並写常疏
画師玖人　並繪軸
装潢壹拾貳人　六人造常疏
案主壹拾貳人
舎人貳拾捌人
六人造公文紙

1

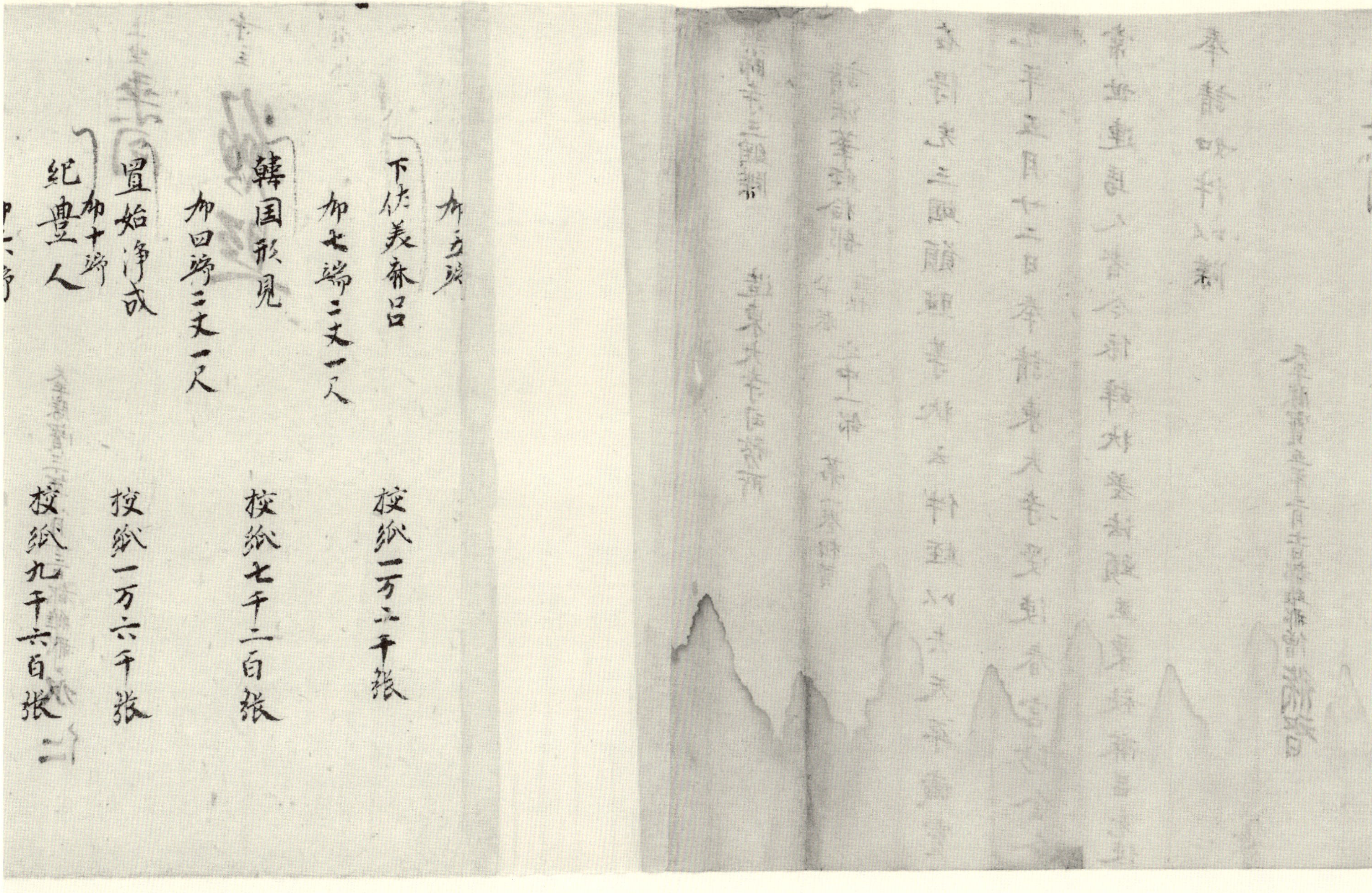
加五端
下佐美麻呂
加七端二丈一尺
校紙一万二千張
韓国形見
加四端二丈一尺
校紙七千二百張
置始浄成
加十端
按紙一万六千張
紀豊人
校紙九千六百張
加六端

未収

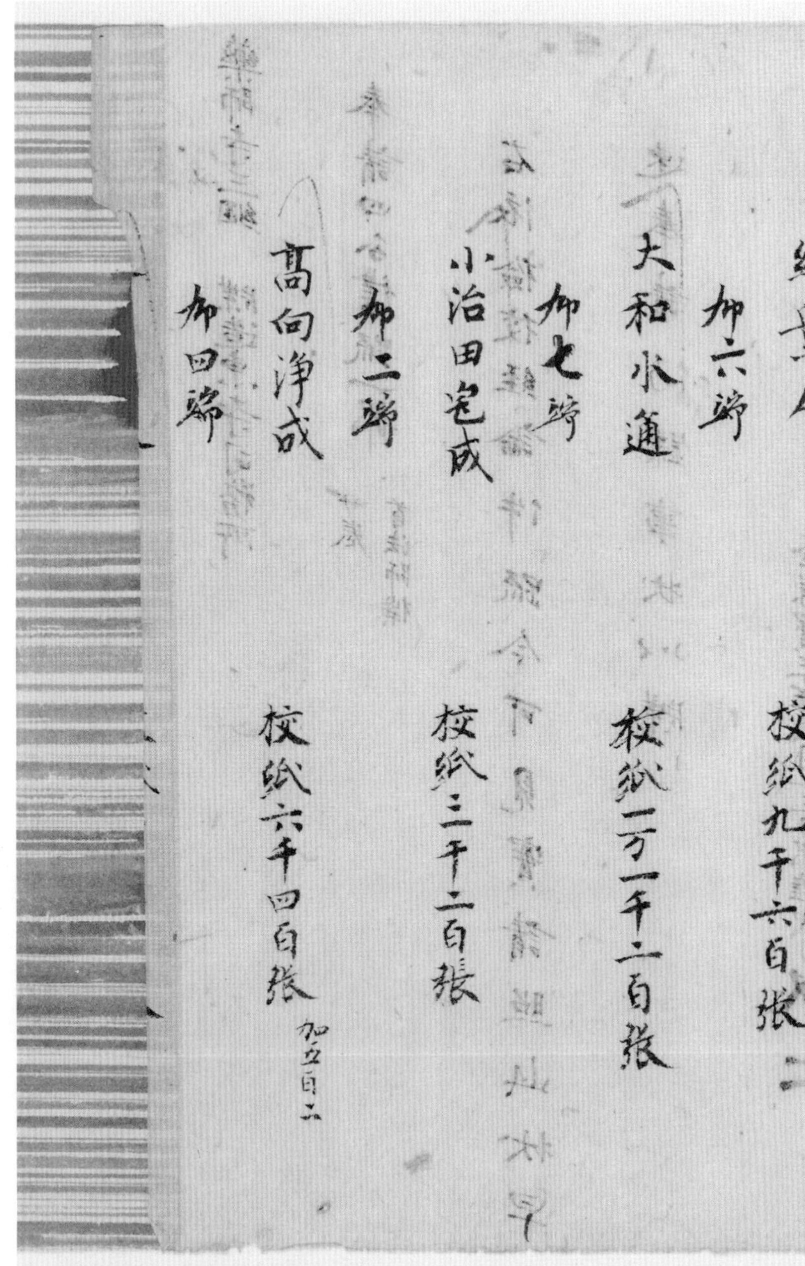
紀豊人　校紙九千六百張
加六端
大和水通　校紙一万一千二百張
加七端
小治田宅成　校紙三千二百張
加二端
高向浄成　校紙六千四百張　加五百二
加四端

続修別集　第十一巻　裏

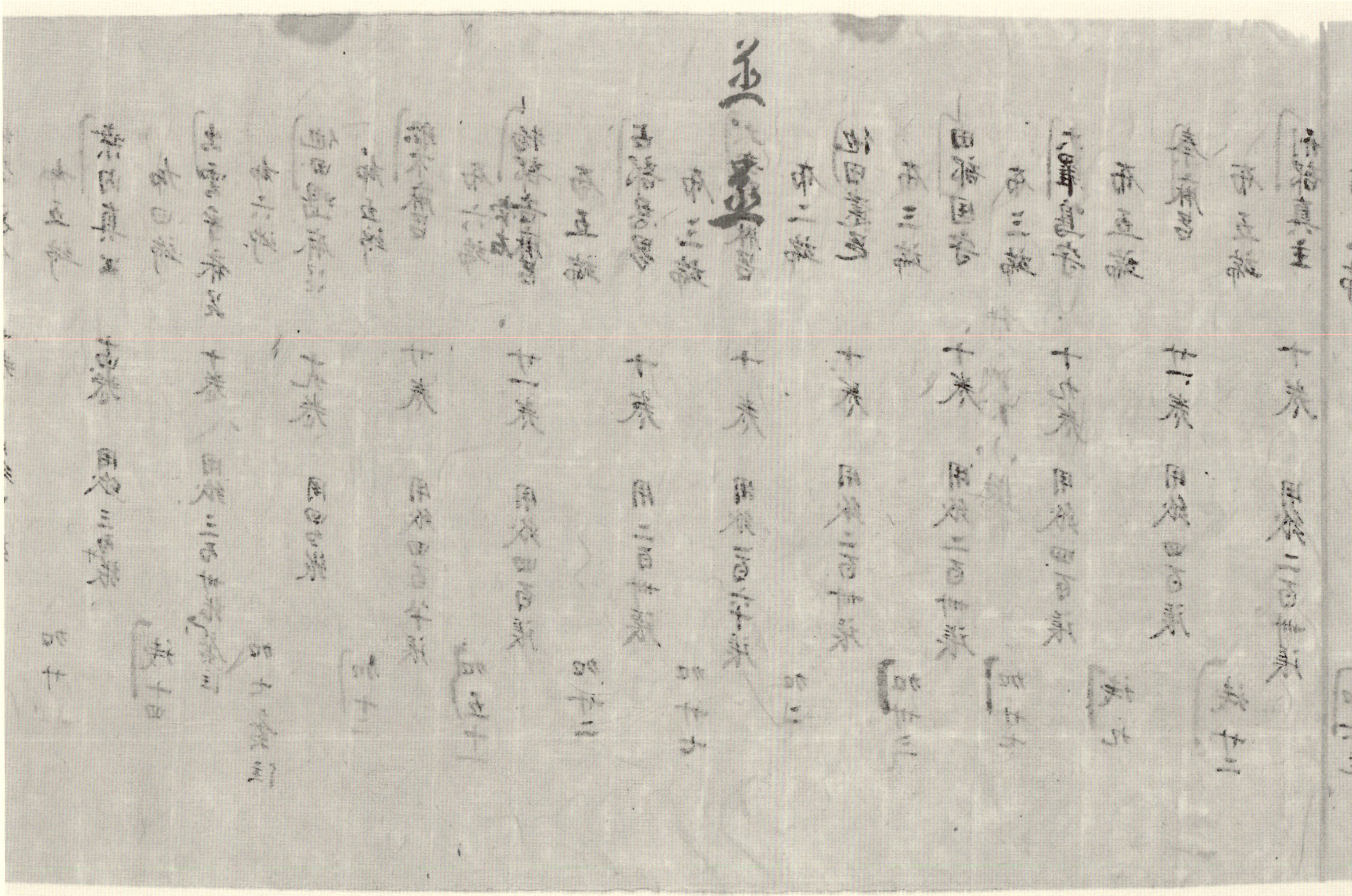

未収

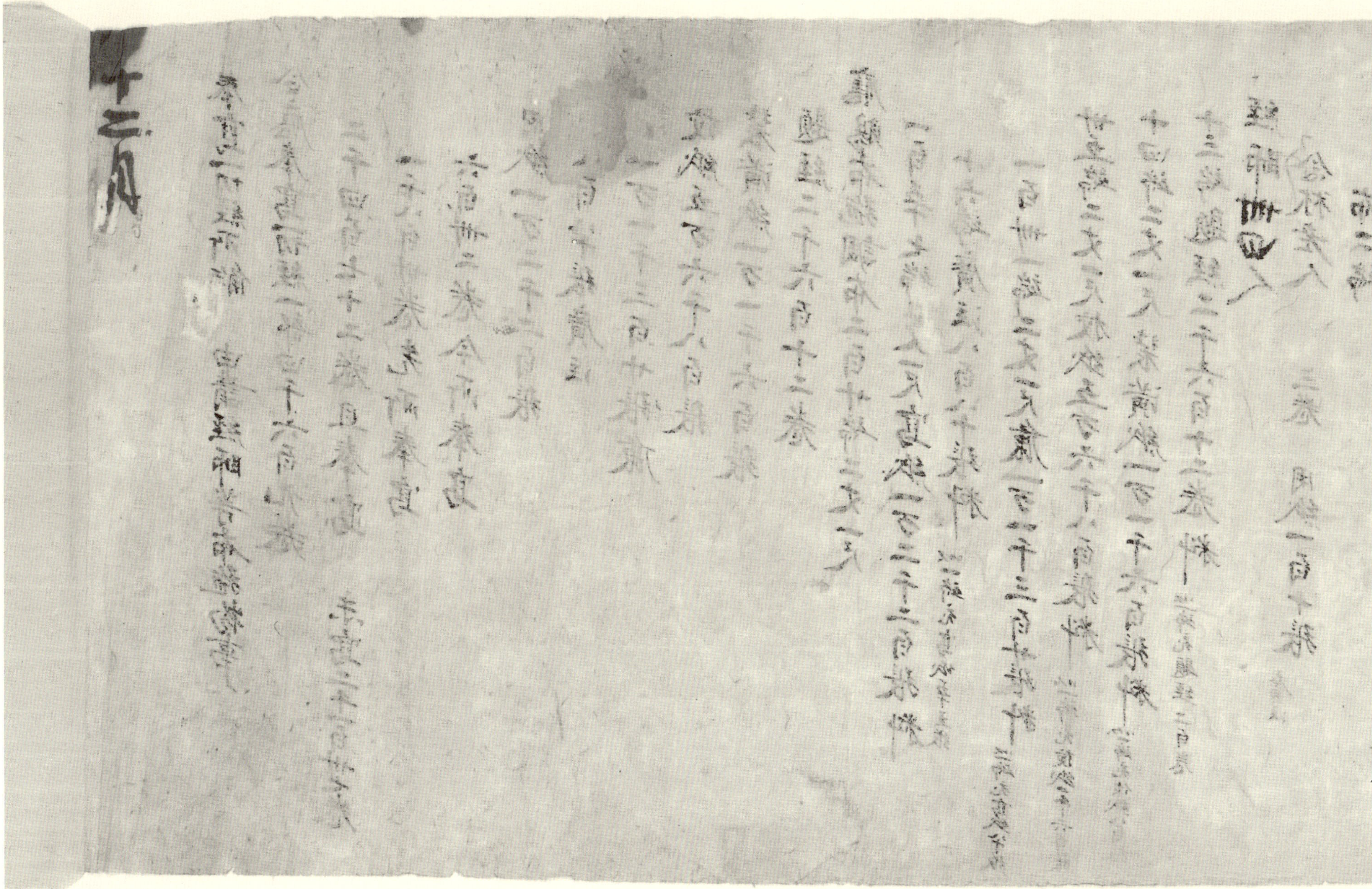

未収

続修別集　第十二巻　裏

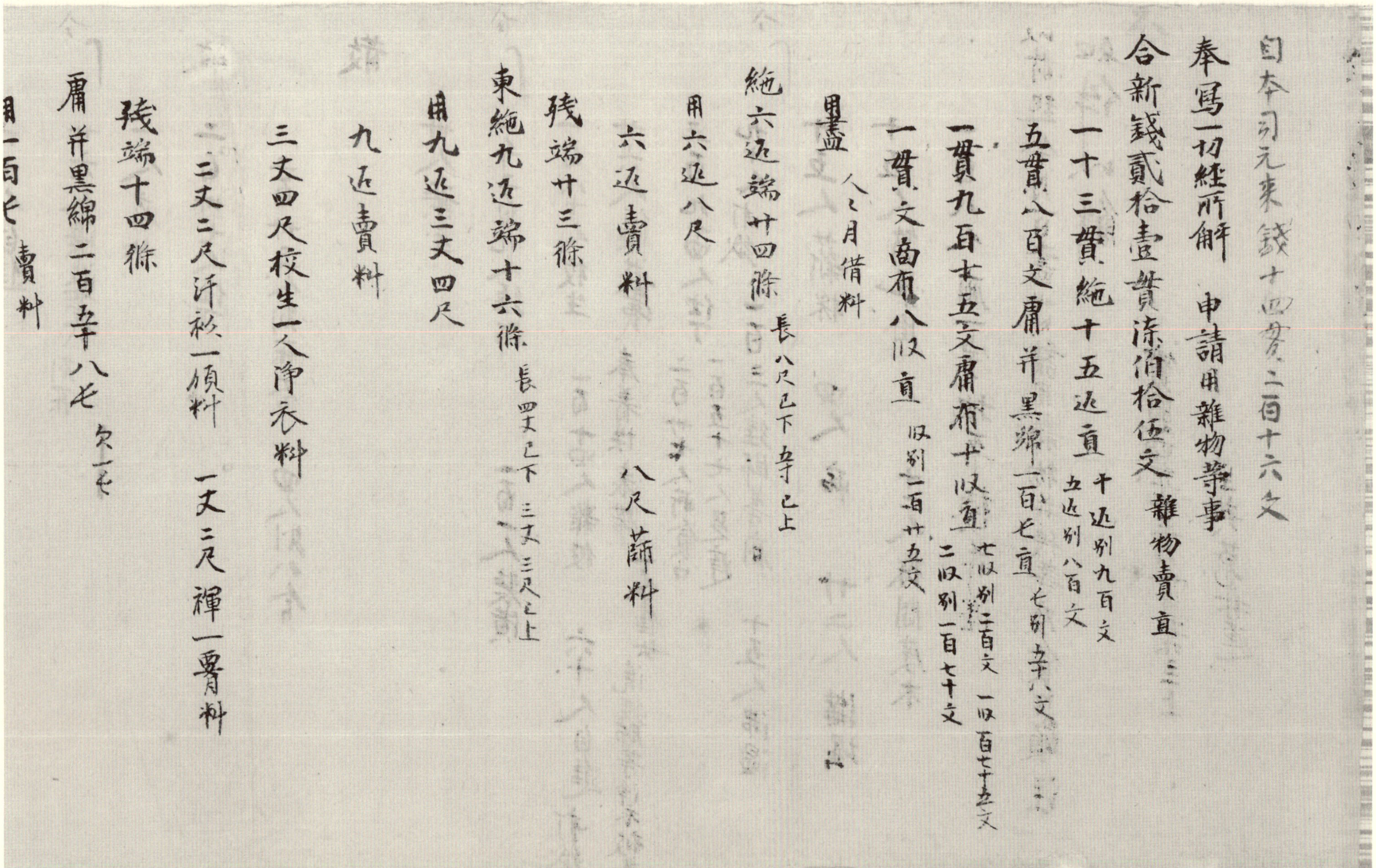

自本司元來錢十四貫二百十六文
奉寫一切經所解　申請用雜物等事
合新錢貳拾壹貫漆伯拾伍文　雜物賣直
一十三貫絁十五疋直　十疋別九百文　五疋別八百文
五貫八百文庸并黑綿一百七屯直　屯別五十八文
一貫九百十五文庸布十段直　七段別二百文　一段百七十五文　二段別一百七十文
一貫文商布八段直　段別一百廿五文
用盡　八之月借料
絁六疋端廿四條　長八尺已下五尺已上
用六疋八尺
六疋賣料　八尺薦料
殘端廿三條
東絁九疋端十六條　長四丈已下三丈三尺已上
用九疋三丈四尺
九疋賣料
三丈四尺校生一人淨衣料
二丈二尺汗衫一領料　一丈二尺褌一要料
殘端十四條
庸并黑綿二百五十八屯　欠一屯
用一百七屯　賣料

6 379〜389

用一百七段　賣料

残一百五十八段

紺布端一條　長三丈五尺代有調布二丈五尺

調布三端　残

又同布端四條　別長二丈残

庸布十五段　十四段見布　一段調布之中

用十二段一丈四尺

一段一丈四尺校生一人浄衣料

一丈八尺單衣一領料　一丈四尺温帳一條料

七尺袴一腰料　三尺襪一両料

一段雑使一人浄衣料

十段賣料

残二段一丈四尺　一段一丈四尺見残　一段有調布之中

又同布端六十二條　長一丈七尺已下一尺已上

用卅三條　長三尺已下一尺已上

卅二條經師卅人校生六人装潢五人并五十一人咽巾料　人別一尺

一條温帳料　長三尺

残廿九條

商布廿段

用十段　賣料

用十収　賣料
残十収
又同布端一條　長一丈　残
黄紙卌七万五千八百卅一張
廿七万五千九百卆一張請経所　用且
九万九千八百八十張収正倉
軸二万三千二百九十九枚
六千二百卆九枚請経所　用且
一万七千卅枚収正倉
墨五百九十二廷
用一百廿七廷
残四百六十五廷
膠三斤三両一分　太
用一斤　依政所判充四王彩色所
奉寫
残二斤三両一分　太
木綿二斤
用盡　奉帙経料
調布単衣二領
用盡　自進二人浄衣料
同布単袴三腰
用二腰　自進二人浄衣料
残一腰

残一箒
温帳四條
用二條　経師二人料
残二條
布経卅四條　残
熟麻一斤
用盡　固辛積料細縄繞料
鍬十四口　残
米廿一石九斗二升八合　十三石四斗二升八合白　八石五斗黒
七石三斗二升四合請経所　十三石収贄殿
六斗四合之代有小豆六斗四合　即請経所
一石未納二　黒
用七石八斗四升
六石造酒料
一石三斗四升経師装潢校生自進優婆塞等賑給料
五斗経師等間食料
可残一十三石四斗八升四合
三斗六升斗所欠
一十三石一斗二升四合見残　七石収贄殿一石未納　五石一斗二升四合請経所
醤三石二斗七升　悪　滓四石一斗二升　交糟

醤三石二斗七升 悪　　醤四石一斗二升 交糟
滑海藻七百十四斤　　大豆四石七斗 已上四種收厨
小豆二石六斗四合
二石見小豆收厨　　六斗四合黒米六斗四合之代 請経所
辛櫃一百六合 卅五合漆塗 六十一合白木
八十四合請経所　　廿二合收正倉
折櫃一百十七合
十合請経所　　一百七合收正倉
長折櫃廿六合
廿口請経所　　六口收正倉
大笥卌六合
廿合請経所　　廿六合收正倉
小明櫃卌一合
十合請経所　　卅一合收正倉
水麻笥廿五口
十口請経所　　十五口收正倉
校麻笥八口　一口破請経所
杓廿二柄
十柄請経所　　十二柄收正倉
書机八十八前 請経所
校書長机四前 請経所
中取六前

中取六前
　四前請経所　二前収政所
酒舩三隻　収政所
樽四口　一口破　二口収経所　二口収政所
陶枚坏九百五十四口
　用八十二口
　残八百七十二口
陶盤四百十八口
　用七十二口
　残三百卌六口
土瓫廿二合　残　土臺七合　残
土手洗八口　残　堝四口　用盡
瓫四口
　用盡
土長坏九百六十口
　用七十口
　残八百九十口
土窪坏三百卌口　用卅口　残三百十口
　土盤一百八十九口　用五十口　残一百卅口
土鋺形三百六十八口　用卌八口　残三百廿口
腥十五口　四口破　十一口今収厨
缶六口　一口破　五口今収厨
砥九顆　四顆請経所　五顆収政所

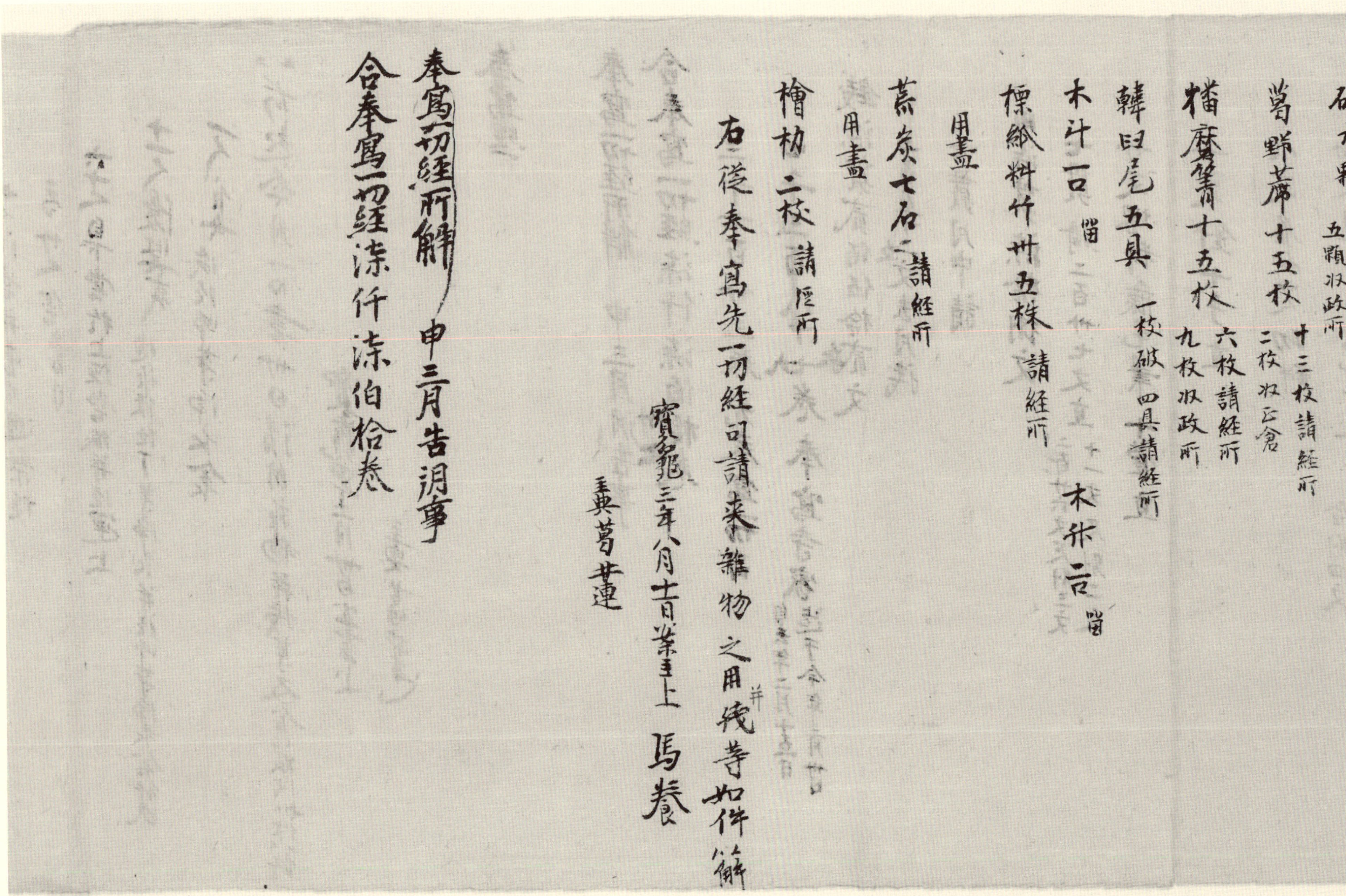

碌九顆　五顆収政所
葛野薦十五枚　十三枚請経所　二枚収正倉
楢麻簀十五枚　六枚請経所　九枚収政所
韓臼尾五具　一枚破　四具請経所
木斗一口　留　木弁二　留
標紙料竹卅五株　請経所
用盡
蒿灰七石　請経所
用盡
檜杓二枚　請経所
右、従奉写先一切経司請来雑物并之用残等如件、以解
宝亀三年八月十二日案主上　馬養
主典葛井連

奉写一切経所解　申三月告朔事
合奉写一切経漆仟漆伯拾巻

◁未収

奉寫一切經所解　申請用雜物等事
合新錢貳拾玖貫肆伯叁拾叁文
六貫四百卅三文去季残
卅三貫當季請
五貫六月廿二日
五貫七月十八日
三貫八月中　一貫廿一日　二貫廿八日
十貫十月中　五貫九日　五貫廿日
用廿四貫六百九十一文
三貫二百九十文菟毛筆九十四管直　管別卅五文
四文鹿毛筆二管直　管別二文
九百五十文墨廿八廷直　廷別卅五文
六十文菲四両直　両別十五文
五十文箕一舌直　七十八文水筩麻五口　三口別十六文　二口別十五文
卅文杉十柄直　別三文　十六文食薦二枚直　別八文
八十四文瓮七口直　別十二文
廿六文堝七口直　五口別四文　二口別三文
四貫九百卅二文索餅二千四百七十二藁直　藁別二文
二百文荒醤二斗直　升別十文
三百二文末醤三斗二升直　一斗四升〻十文　一斗八升〻九文
十八文鼓二升直　升別十四文

廿八文鼓二升直　升別十四文
四百卌五文布乃利一石五升直　一斗五升〻五文　九斗升別四文
卌文糖一升直　卅五文李子七升直　升別五文
一百文槲櫚二斗直　斗別五十文
一十六文小豆二升直　升別八文
六十二文生大豆八束直　六束別八文　二束別七文
一百廿文生大角豆六十把直　別二文
二百文黄苽卌顆直　顆別五文
二貫一百五十文生苽二千二百卌顆直　二千八十顆別一文　七十文別二顆
四貫廿五文茄子廿二石八斗直　六石三斗別廿文　二石斗別十五文　十四石五斗別十七文
二百五十一文生薑卌一把直　十一把〻別七文　廿四把〻別六文　六把〻別五文
五貫六百卅七文菁二百廿五園直　卒七園〻別廿六文　一百卅九園廿五文　九園〻別廿文
八十文茶二石直　斗別四文
三百七十一文檎皮一百卅八園直　九十五把〻別三文　卌三把〻別二文
一百廿文雇工六人功　人別廿文
一百九十四文雇夫并女單廿五人價　夫四人〻別十五文　女八人〻別七文　十三人〻別六文
六百六十文萆薢百十編直　編別六文
卌九文萆薢買求舎人一人自進二人并三人二箇日食米六升直　三升〻別七文　三升〻別六文
六十文自山背国綴喜郡運園薑一百十編雇馬一匹價
廿六文薪二荷直
銭四貫七百卌二文
絁一十三匹五丈　以廿六日返上三丈二尺依誤余返上如件
定十三匹一丈八尺　六月廿二日請

絁一十三迊五丈　定十三迊一丈八尺　六月廿日請

用盡

一十二迊四丈三尺別当僧一人校生僧十三人并十四人袍袴褌等料

七迊単袍十四領料　領別三丈

二迊五丈五尺単袴十四要料　要別一丈二尺五寸

二迊四丈八尺褌十四要料　要別一丈二尺

三丈四尺菲王一人汗衫褌等料

二丈二尺汗衫一領料

一丈二尺褌一要料

調布五百八十八端三丈五尺三寸

一百七十二端三丈三尺　六月廿二日請

三百六端三丈四尺二寸　九月廿六日請

一百九端一丈一寸　十月十九日請

用盡

四百廿四端三丈四尺二寸写紙三万四千卌三張料

卌九端二丈三尺一寸廣注二千一百七十五張料　以一端充五十五張

四端二丈九尺八寸麁注三百四張料　以一端充六十五張

三百八十端二丈三尺三寸麁紙三万一千五百五十四張料

九千九百九十張以一端充写紙九十張

二万一千五百六十四張以一端充写紙八十張

廿四端装潢紙二万四千張料　以一端充作紙一千張

一百十三端一丈六尺一寸校紙二十五万二百八張料

一十万一千四百端以一端充校紙二千六百張

一十四万八千八百八張以一端充校紙二千張

一千四万八千八百八張 以一端充校紙二千張

廿二端三丈七尺題経四千五百八十五巻料 以一端充題経二百巻

二端三丈五尺更加校経僧七人温帳袜等料

二端一丈四尺温帳七條料 條別一丈四尺

二丈一尺袜七両料 両別三尺

四丈経堂并曹司手巾四條料 條別五尺

米一百七十四石四斗一升八合

廿三石二斗一升八合去季残

一百卌石当季請

廿三石 六月十一日

六十三石七月中 卅三石 三日　卅石十九日

廿石 八月十二日　十六石九月八日

三石十月十八日　五石同月廿九日

一十石十一月十八日

一十一石二斗一百卌石之余米 石別八升

用一百六十七石二斗二升四合

廿四石七斗九升二合校経僧一千卅三人料 人別二升四合

五斗五升別当大判官辛五人料 人別一升

二石二斗三升二合案主一百八十六人料 人別一升二合

七十二石八斗七升二合経師三千七百六人料

三千五百卌人別二升　廿人別一升六合

一百卌六人別一升二合

二石二斗六升題師一百十三人料 人別二升

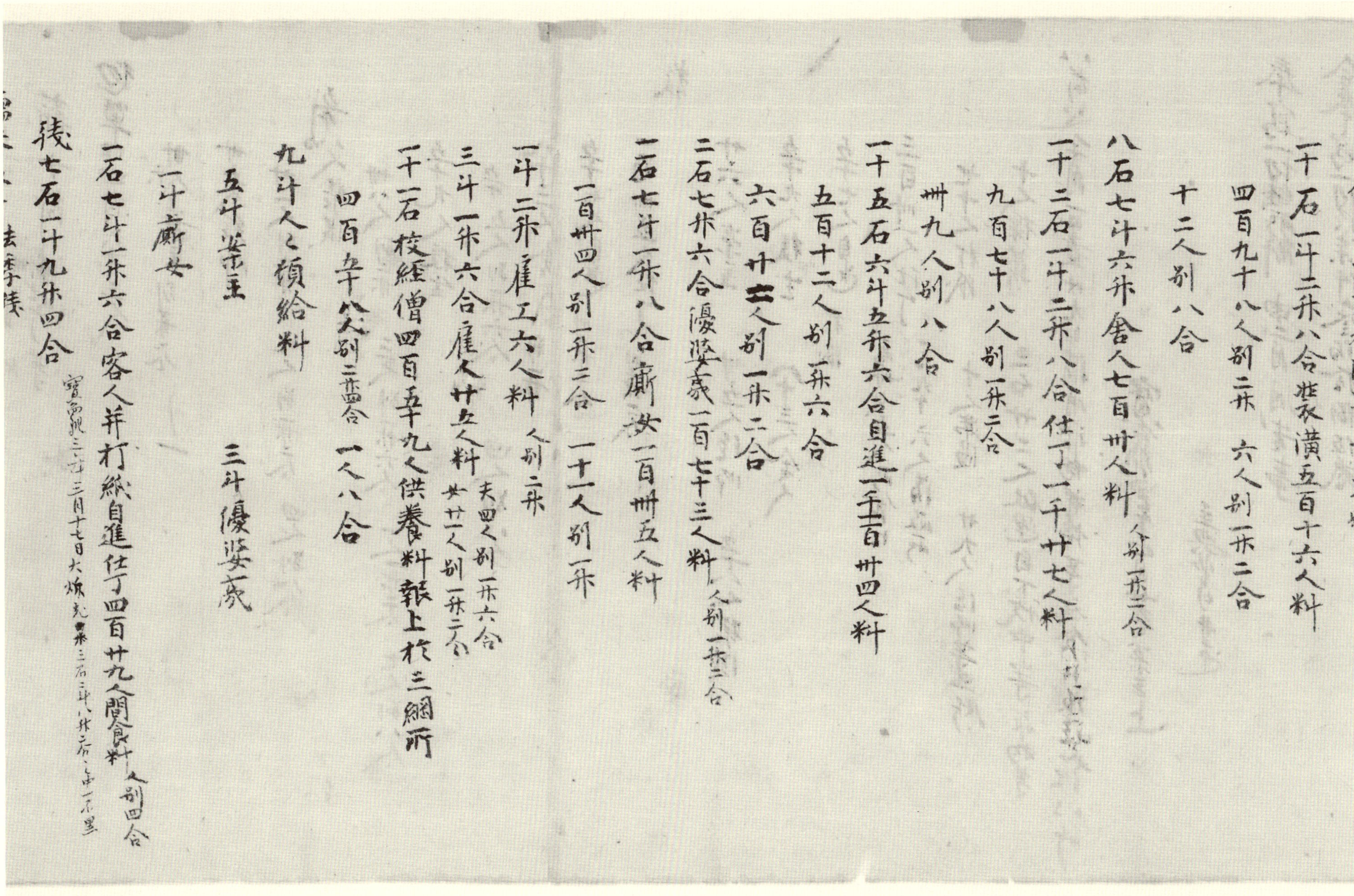
[illegible]
一千石一斗二升八合 装潢五百十六人料
四百九十八人別二升　六人別一升二合
十二人別八合
八石七斗六升 舎人七百卅人料 人別一升二合
一千二石一斗二升八合 仕丁一千廿七人料 [illegible]
九百七十八人別一升二合
卌九人別八合
一十五石六斗五升六合 自進一千二百卅四人料
五百十二人別一升六合
六百廿二人別一升二合
二石七升六合 優婆夷一百七十三人料 人別一升二合
一石七斗一升八合 厮女一百卌五人料
一百卅四人別一升二合　一十一人別一升
一斗二升 雇工六人料 人別二升
三斗一升六合 雇人廿五人料 夫四人別一升六合 女廿一人別一升二合
一十一石 校経僧四百五十九人供養料 報上於三綱所
四百五十八人別二升四合　一人八合
九斗 人々頓給料
五斗 [illegible]　三斗 優婆夷
一斗 厮女
一石七斗一升六合 客人并打紙自進仕丁四百廿九人間食料 人別四合
寶亀元年三月十七日大炊充 [illegible]
残七石一斗九升四合
[illegible]

糯米五斗 去年残
用盡時々作餅料
塩二石四斗三升
一石五斗七月三日請
一石二斗十月九日請
三斗三升十一月十七日請
六斗九月八日請
用四石八斗三升八合四夕　二石四斗八合二夕 未用
三石一斗一升八合四夕常食料
三斗九合九夕校経僧一千卅三人料　人別三夕
二石七升五合五夕経師三千五百卅人題師一百十三人
装潢四百九十八人并四千一百廿一人料　人別五夕
七斗三升三合官人廿五人案主百八十六人経師一百六十六人
装潢十八人舎人七百卅人仕丁一千廿七人自進一千一百
卅四人優婆塞一百七十三人廝女一百卅五人雇工六人雇人
廿五人并三千六百六十五人料　人別二夕
二石三斗一升漬雑生菜料
四斗四升茄子十一石漬料　斗別四合
八斗五升菁十七石薊料　斗別五合
二升生薑卅一杷漬料
一斗七升供時々校経僧并経師装潢等索餅二千四百
七十一薗蘆料
一斗垂荒醤二斗料
一斗四升腈大豆一石四斗料　升別一合
胡麻油一斗五升 当年請　五升六月廿三日　五升七月十二日　三升八月十三日　二升十一月二日
用盡
校正僧并経師装潢一千五百人料人別一夕
荒醤二斗 買
升別三升

[illegible]　校經僧并經師裝潢一千五百人料人別一夕

得垂汁六斗　升別三升

用盡

校經僧已下裝潢已上一千二百人料　人別五夕

醤一斗八升　當季請

一斗七月四日　五升八月十六日

三升十一月六日

用盡

校經僧已下裝潢已上時〻供索餅麁料

末醤四石八斗二升

四石五斗當季請

二石六月中　一石五日　一石廿五日　一石七月十八日

一石八月中　五斗九日　五斗廿四日

三斗十月十三日　二斗十一月十七日　廁　九月十九日解之

三斗二升買

用五石八斗六升二合四夕　一石四升二合四夕余用

五石一斗八升四合校經僧一千卅三人經師三千五百卅人

題師一百十三人裝潢四百九十八人并五千一百八十四人料　人別一合

三斗九升八合四夕官人五十五人案主一百八十六人經師一百

六十六人裝潢十八人舍人七百卅人優婆塞一百七十三人

并一千三百廿八人料　人別三夕

二斗八升索餅二千四百七十一藁麁料

酢九斗二升　當季請

三斗四升六月中　四升五日　三斗十七日

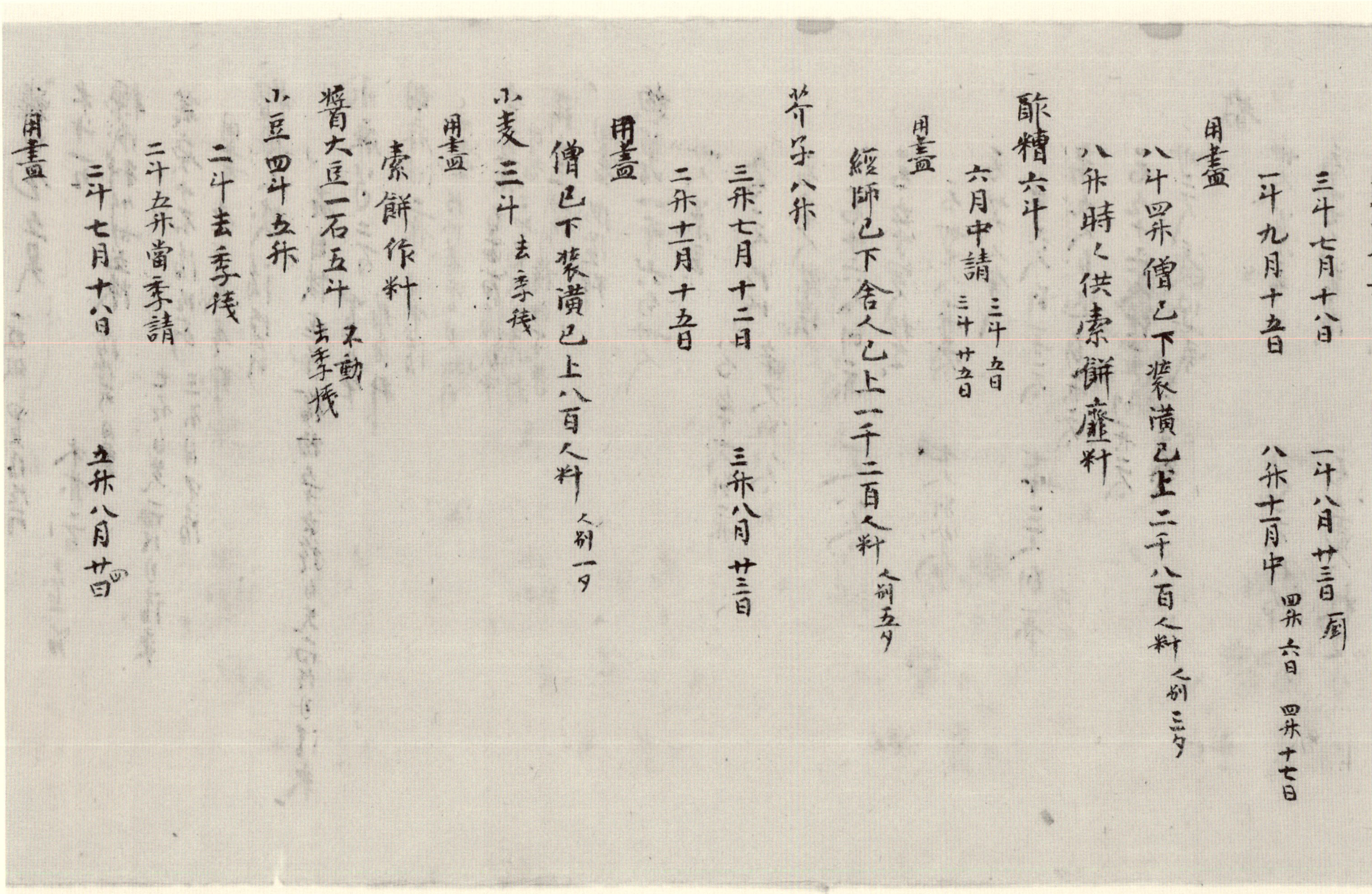
三斗四升六月中
三斗七月十八日　一斗八月廿三日 厨
一斗九月十五日　八升十一月中 四升六日 四升十七日
用盡
八斗四升 僧已下装潢已上二千八百人料 人別三夕
八升時々供索餅麁料
酢糟六斗
六月中請 三斗五日 三斗廿五日
用盡
經師已下舎人已上一千二百人料 人別五夕
芥子八升
三升七月十二日　三升八月廿三日
二升十一月十五日
用盡
僧已下装潢已上八百人料 人別一夕
小麦三斗 去年残
用盡
索餅作料
醤大豆一石五斗 不動 去年残
小豆四斗五升
二斗去年残
二斗五升當年請
二斗七月十八日　五升八月廿四日
用盡

用盡
九升作餅料　三斗六升索餅麁料
大豆二石五斗三升五合五夕
一石一斗三升五合五夕去季残
五斗七月廿六日　五斗六月八日
一石四斗当季請
四斗十一月十七日
用盡
二斗継紙并作書料
二石三斗三升五合五夕僧已下装潢已上四千六百七十人料　人別五夕
海藻二百廿五斤
当季請
二百卅觔重
十八斤十二両十日
六十五斤十両七月中
卅六斤十四両廿六日
九十三斤十二両八月中
廿八斤二両九日　十八斤十二両十六日
卅六斤十四両廿四日
卅六斤十四両九月八日
一十八斤十二両十一月六日并十五日
用盡
校経僧已下舎人已上三千六百人料　人別一両
滑海藻二百卅斤十両
当季請
三百五十觔重
六十八斤十二両四日
一百三斤二両七月中
卅四斤六両廿六日
六十八斤十二両八月中
廿斤十両九日　十三斤十二両十六日
卅四斤六両廿四日
卅四斤六両九月八日
卅四斤六両十一月十七日
用盡
僧已下舎人已上三千八百五十人料　人別一両
末滑海藻七斗
当季請
五斗六月十七日　二斗八月十六日
用盡

用盡
僧已下裝潢已上一千四百人料　人別五夕
酒二斗一升　七月六日請
用盡
經師已下仕丁已上七十人料　人別三合
糟二斗三升
用盡
一斗漬生薑料　一斗三升仕丁自進卌三人料　人別三合
布乃利一石五升　買
用盡
僧已下裝潢已上一千卒人料　人別一合
豉二升　糯一升　李子七升　小豆二升　生大角豆六十把　生大豆八束
黄萑卅顆　已上七種用盡　七月七日僧已下潢裝已上料
索餅二千五百七十六薗
二千四百七十一薗　買
一百五薗小麦三斗索得　斗別卅五薗
用盡
僧已下業王已上一千二百八十八人料　人別二薗
末楡七斗九升
一斗去年殘
六斗九升買當年一百卅八把得舂
用盡　羹菜并菹料
林欄二斗　買
用盡
雜茹塩料
益

新菜直料

菁卅三石七斗

廿二石五斗買

一石二斗請西薗　二斗十月中　一石十一月中

用盡

十七石菹料

六石七斗僧已下優婆夷已上三千五十人義茹菁料　人別二合

薊料十三石六斗　請自西薗

二石六月中　四石四斗八月中

三石四斗十月中　三石八斗十一月中

用盡

經師已下雇夫已上四千五百卅三人料茹　人別三合

水葱五石四斗　請自西薗

二石六斗六月中　一石七月中

一石八斗八月中

用盡

僧已下經師已上一千八百人茹料　人別三合

生菜二千二百廿顆　准十二石一斗　以廿顆為一斗　買

用盡

僧已下裝潢已上三千七百人料　人別三合

茄子廿二石八斗　買

用盡

一十一石咁漬料　僧已下舍人已上三千六百六十七人料

一十一石八斗　僧已下裝潢已上三千九百卅三人生料　人別三合

生薑卌一把　買

生薑一卅一把
用盡　漬料
時々索餅并雜生菜等薤料
蒟十七斤
用五石八斗
残十二石二斗
干薑一百十編
用四編常食料
残一百六編　以三年二月十一日充厨
買物
菟毛筆九十四管　充経師等
鹿毛筆二管　界料
墨廿八廷
用十八廷
残十廷
菲四両　充經師等
箕一合
水麻笥五口　杓十柄
食薦二枚　瓮七口
堝七口　已上六種充料理供養所
薪七百十荷　七百八荷採丁等
二荷買
用盡
五百六十八荷料理供養料　一百七日々別四荷　七十日別二荷
卅四荷時々索餅茹料
一百十八荷温湯料　日別二荷
荒炭五斗　十一月六日請

荒炭五斗　十二月六日請
用盡
褾師装潢所
惣單口九千二百卅人　二百八十一人大炊令口　八千八百卌九人所
一千卌三人校経僧　五十五人大判官
二百十一人案主　廿五人大炊　一百八十六人所　五千七百六人経師
一百十三人題師　五百廿三人装潢　七人大炊　五百十六人所
七百九十五人舎人　六十五人大炊　七百卅人所
一千一百十九人仕丁　九十二人大炊　一千廿七人所
一千二百二人自進　六十八人大炊　一千一百卅四人所
一百八十五人優婆夷　十二人大炊　一百七十三人所
一百六十七人廝女　十二人大炊　一百卌五人所　六人雇工　廿五人雇人
散
一千卌三人校経僧　五十五人大判官
一百十一人案主　三千七百六人経師
一百十三人題師　五百廿三人装潢
七百九十五人舎人　一千一百十九人仕丁
四百八人採薪
三百人別二荷　一百八人別一荷
四百卌人干
九十七日別三人　七十日別二人
八十一人温沸　廿人自西大寺奉請而経
一百廿人柞紙　卅九人不役　六人不仕　卅三人病
一千二百二人自進
五百廿二人仕丁代

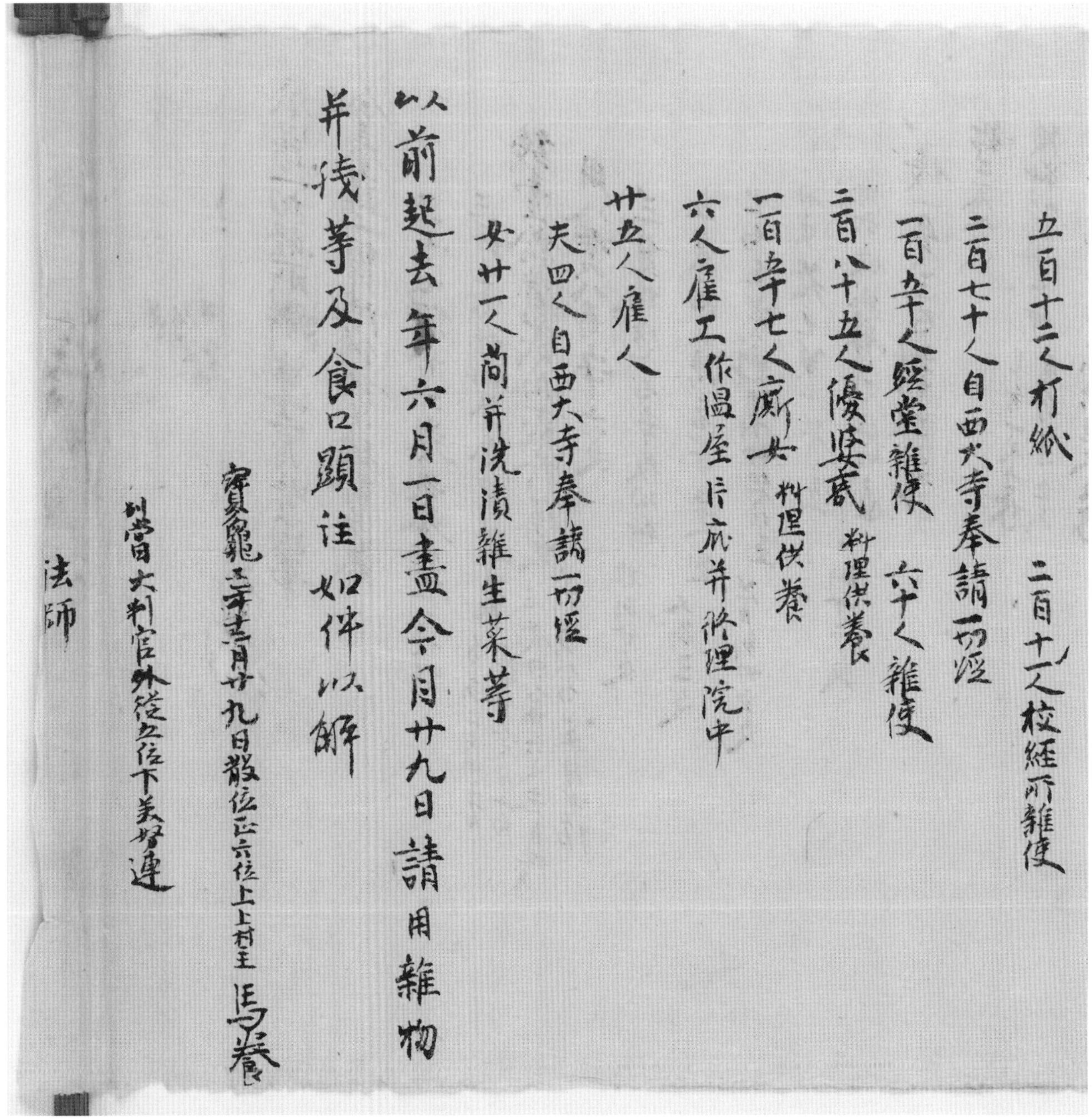

五百十二人打紙　二百十一人校経所雑使
二百七十人自西大寺奉請一切経
一百卅人経堂雑使　六十人雑使
二百八十五人優婆塞　料理供養
一百卅七人厮女　料理供養
六人雇工　作温室并厨并修理院中
廿五人雇人
夫四人自西大寺奉請一切経
女廿一人　简并洗漬雑生菜等
以前起去年六月一日盡今月廿九日請用雑物
并役夫等及食口顕注如件以解
宝亀三年十二月廿九日散位正六位上上村主馬養
判官大判官外従五位下美努連
法師

続修別集

第十五巻　裏

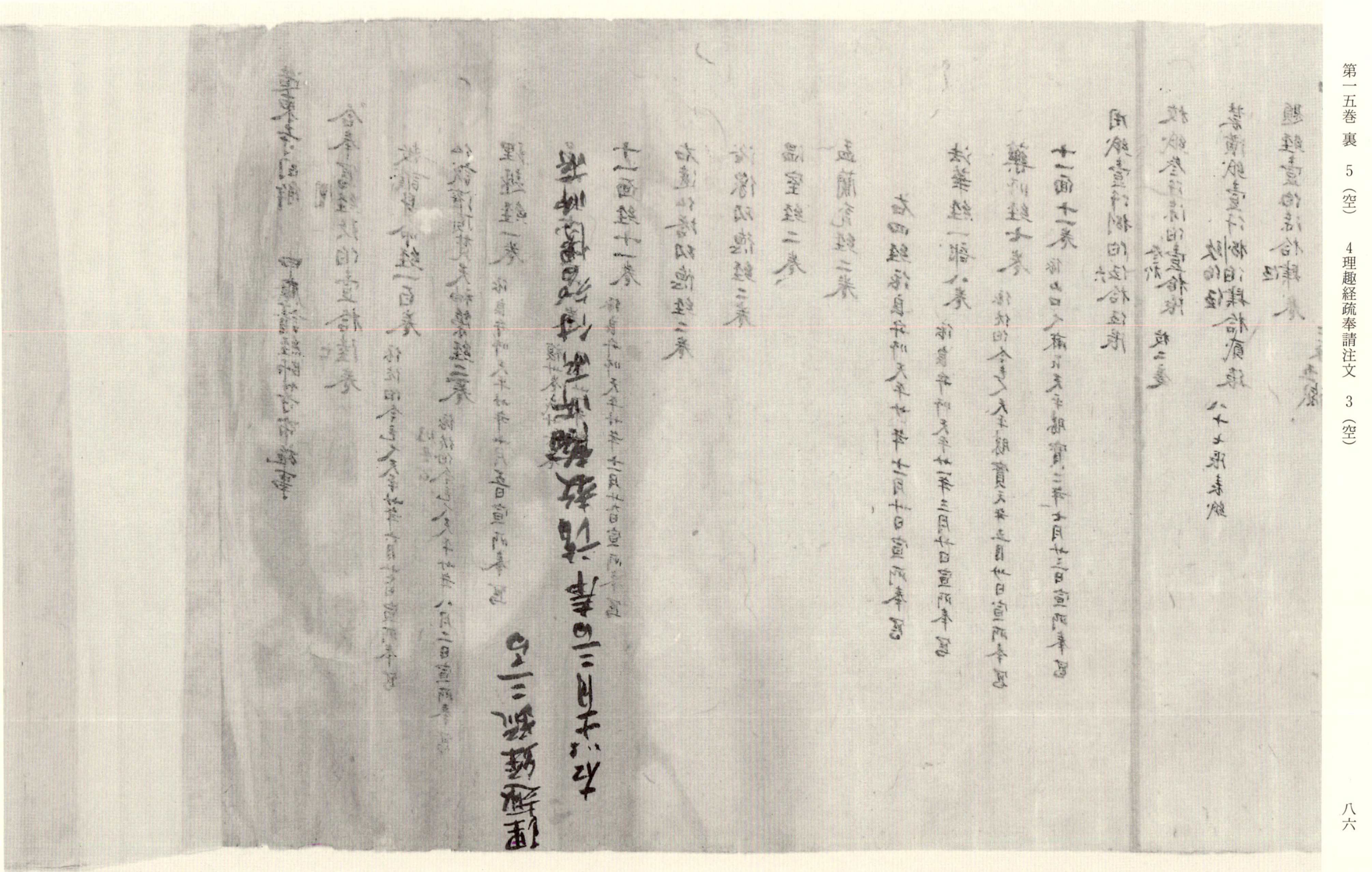

未収

続修別集

第十六巻　裏

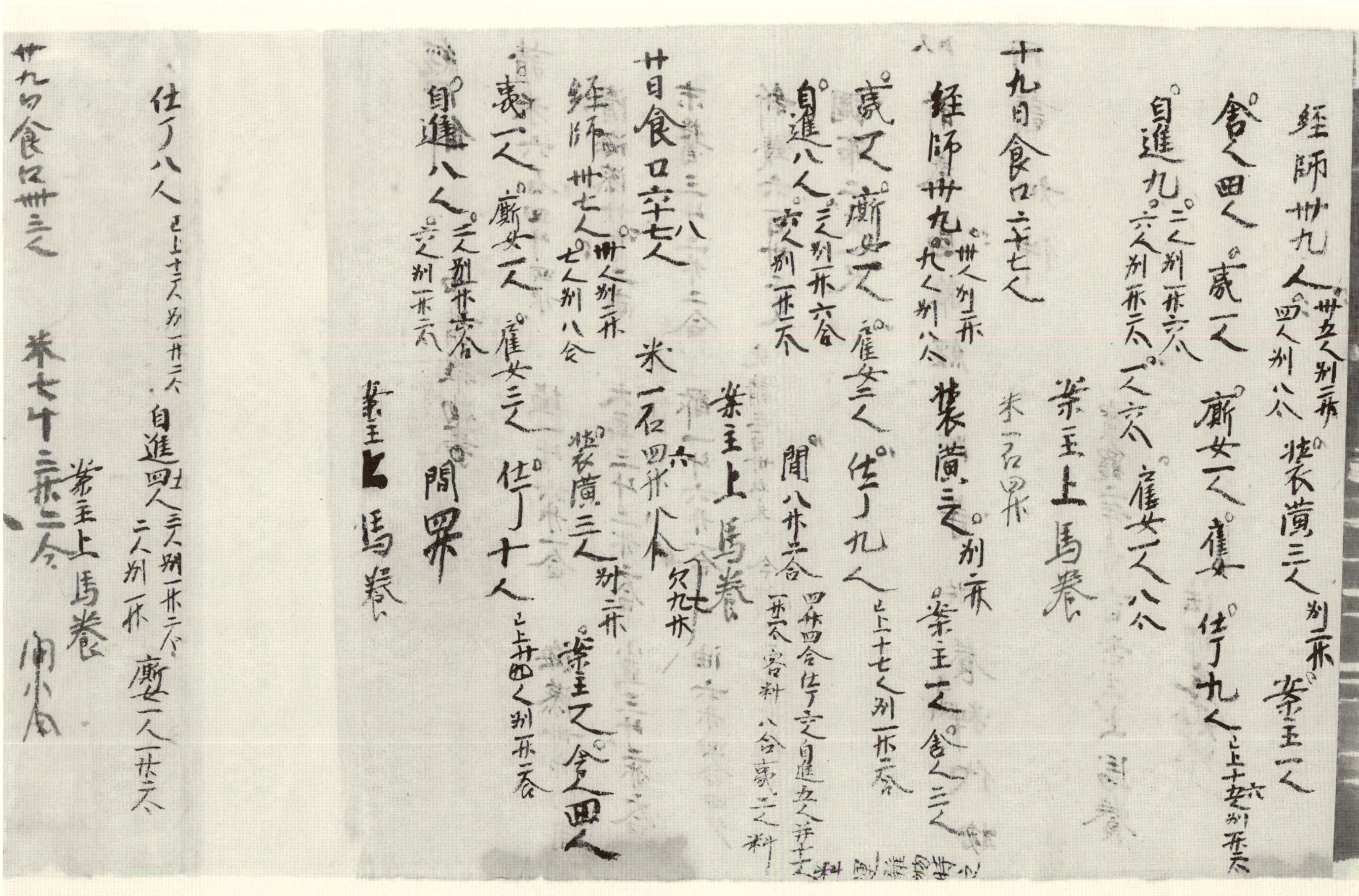
経師卌九人 卅五人別二升 四人別八合　装潢三人 別二升　案主一人
舎人四人　蔵一人　廝女一人　雇女　仕丁九人 已上十六人別一升六合
自進九人 二人別一升六合 六人別一升二合 一人六合　雇女一人八合
案主上馬養
米一石四升
十九日食口六十七人
経師卌九人 卌人別二升 九人別八合　装潢三人 別二升　案主一人　舎人三人
蔵一人　廝女一人　雇女三人　仕丁九人　已上十七人別一升二合
自進八人 二人別一升六合 六人別一升二合
間八升二合 四升四合仕丁一人自進五人并十二人料 一升二合客料 八合蔵一人料
案主上馬養
廿日食口六十七人
経師卌七人 卌人別二升 七人別八合　装潢三人 別二升　案主一人　舎人四人
蔵一人　廝女一人　雇女三人　仕丁十人 已上廿四人別一升二合
自進八人 二人別二升六合 六人別一升六合
米一石四升六合　欠九升
間[illegible]
案主上馬養
廿一日食口卅三人
仕丁八人 已上十二人別一升二合　自進四人 二人別一升二合 二人別一升　廝女一人一升二合
米七斗三升二合
案主上馬養

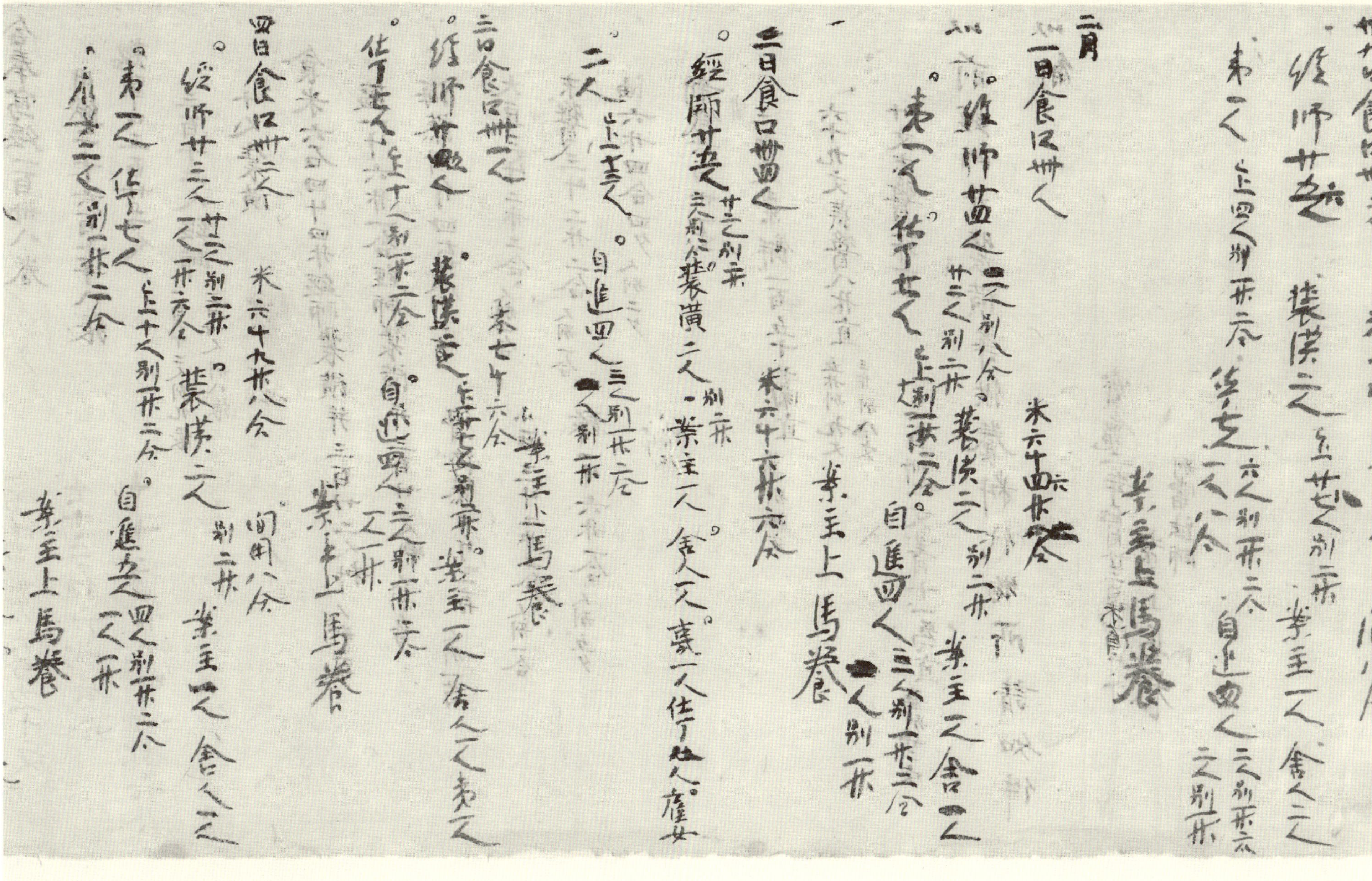

案主上馬養
米六十四升六合

二月
一日食口卅八人
経師廿四人　二人別八合　廿二人別二升　装潢二人　別二升　案主二人　舎人一人
史一人　仕丁七人　上四人別一升二合　自進四人　三人別一升二合　一人別一升
案主上馬養

二日食口卅四人　米六十六升六合
経師廿五人　廿三人別二升　二人別八合　装潢二人　一別二升　案主一人　舎人一人　裏一人　仕丁廿人　雇女
二人　上二十二人
自進四人　三人別一升六合　一人別一升

三日食口卅一人　米七十升六合
経師廿四人　装潢二人　上廿七人別二升　案主一人　舎人一人　史一人
仕丁七人　上十人別一升二合　自進四人　三人別一升二合　一人別一升
案主上馬養

四日食口卅二人　米六十九升八合
経師廿二人　廿人別二升　二人別一升六合　装潢二人　別二升　間用八合　案主四人　舎人二人
史二人　仕丁七人　上十人別一升二合　自進五人　四人別一升二合　一人別一升
案主上馬養

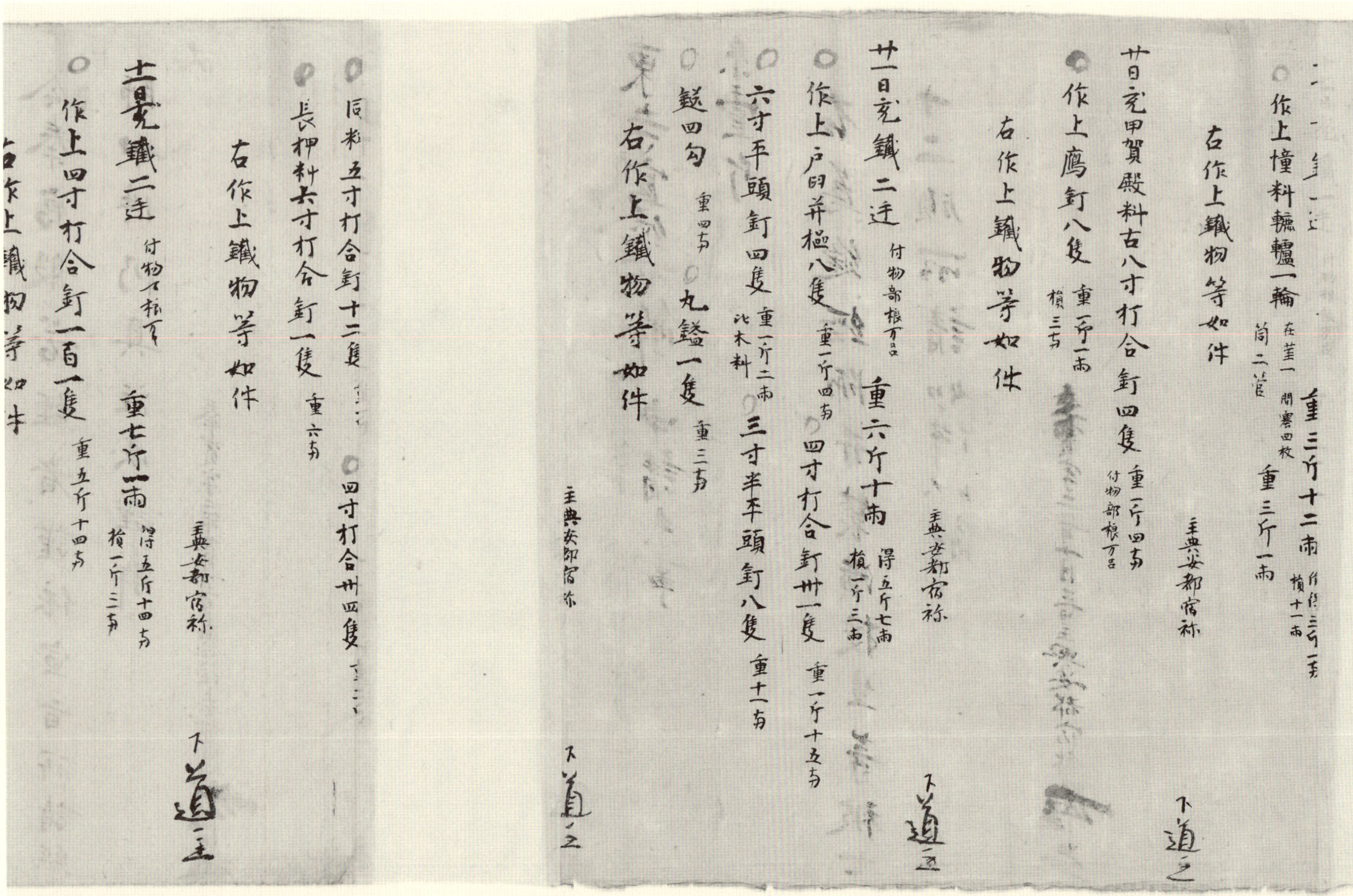
作上幢料轆轤一輪　在釜一 筒二管 間塞四枚　重三斤十二両　得三斤一両 損十一両
重三斤一両
右作上鐵物等如件
主典安都宿祢
下道主
廿日充甲賀殿料古八寸打合釘四隻　重一斤四両 付物部根万呂
作上鳫釘八隻　重一斤一両 損三両
右作上鐵物等如件
主典安都宿祢
下道主
廿一日充鐵二連　付物部根万呂　重六斤十両　得五斤七両 損一斤三両
作上戸肘并樞八隻　重一斤四両　四寸打合釘卅一隻　重一斤十五両
六寸平頭釘四隻　重一斤二両 比木料　三寸半平頭釘八隻　重十一両
鎹四勾　重四両　丸鐙一隻　重三両
右作上鐵物等如件
主典安都宿祢
下道主
同料五寸打合釘十二隻　四寸打合卅四隻
長押料六寸打合釘一隻　重六両
右作上鐵物等如件
主典安都宿祢
下道主
十一日充鐵二連　付物部根万呂　重七斤一両　得五斤十四両 損一斤二両
作上四寸打合釘一百一隻　重五斤十四両
右作上鐵物等如件

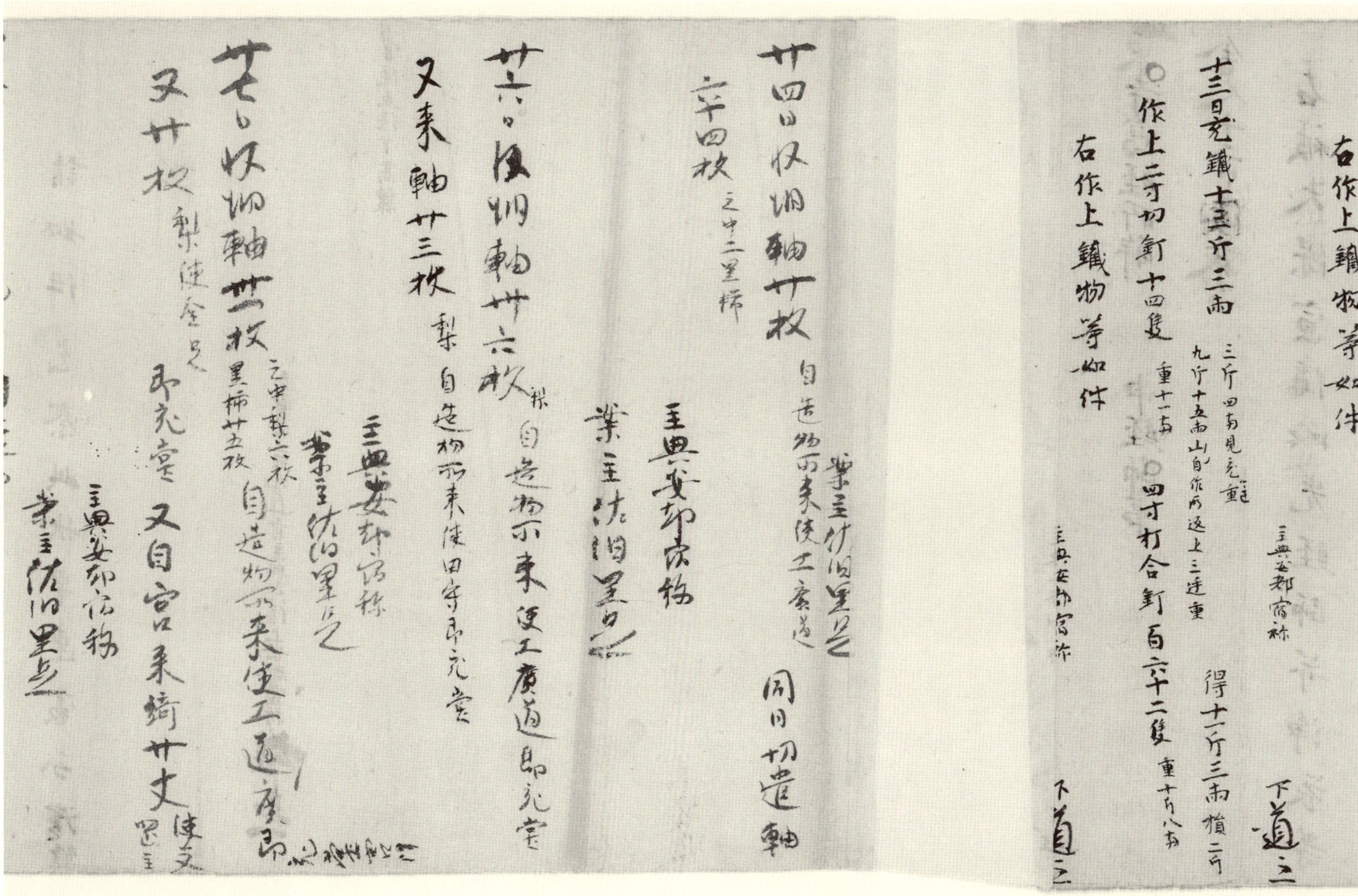

13
252
〜
253

三日充鐵十三斤三兩　三斤四兩見充鐵　三典安都宿祢

〇作上二寸切釘十四隻　九斤十五兩自作所返上三連重

　重十五斤

〇四寸打合釘百廿二隻　重十六斤八兩

　得十二斤三兩損二斤

右作上鐵物等如件

　　　　　　　　　　　下道　　

右作上鐵物等如件

　　　　　　　　　　　三典安部小宮祢

　　　　　　　　　　　下道　　

廿四日収洞軸廿枚　自造物而來使工廣道

　　　　　　　　業主竹洞黑口

辛四枚　之中二黑柿

　　　　　　主典安部次稱

廿三日使洞軸廿六枚　自造物示來使工廣道即充堂

　　　　　　業主佐洞黑口　　同日切造軸

又來軸廿三枚　梨　自造物而來使田寺即充堂

　　　　　　　　主典安部次稱

苎々収洞軸廿二枚　梨　自造物示來使工廣道即充堂

　　　　　　　　業主佐洞黑口

苎々収物軸無枚　黑柿廿五枚

又廿枚　梨　使金足

　　　　　即充堂　又自宮来琦廿丈　使文

　　　　　　　　　　主典安部伝稱

　　　　　　　　　　業主佐洞里志

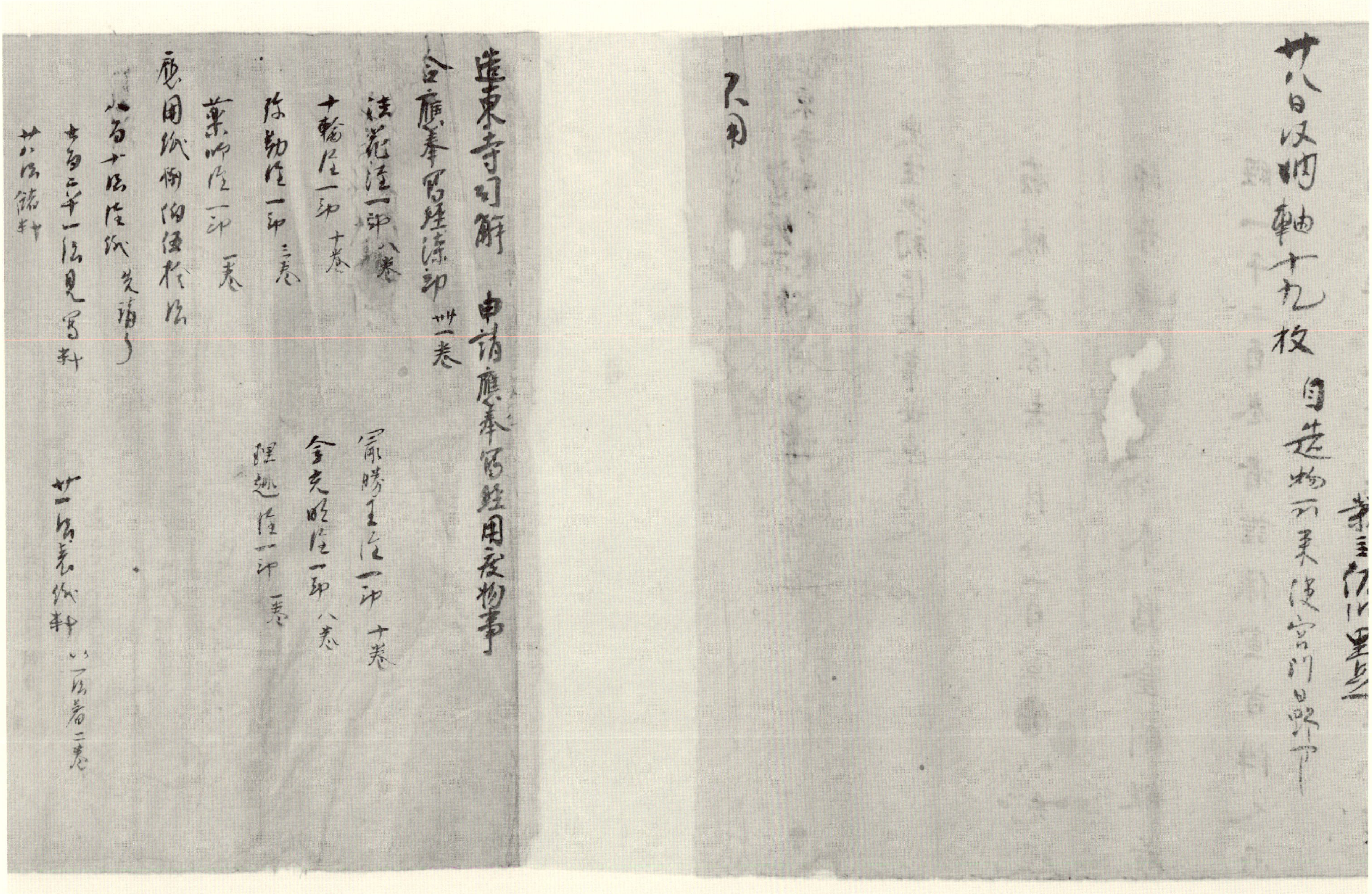
廿八日収納軸十九枚
造東寺司解　申請應奉寫經用度物事
合應奉寫經漆部　卅一巻
法花経一部　八巻
十輪経一部　十巻
薬師経一部　一巻
最勝王経一部　十巻
金光明経一部　八巻
理趣経一部　一巻

12
347〜350

4

六十張継料
卌張凡紙
廿張端継料　以一張着卌張
十二張式下[illegible]料
八張界紙料　以一張界紙百張
綺緒漆大路六條寸　巻別皆一尺七寸
軸鎮料壹枚　便作此間
帙紐枚　四枚大長二尺一寸　一枚長一尺六寸
布貳拾参三端條尺
廿二端三丈四尺布袋料
十九端一尺写紙七百三十二張料　以一端充卌張
一端三丈八尺二寸造紙四百八十二張料　以一端充四百張
一端二丈八寸校紙一千五百卅二張料　一段　以一端充一千張
一丈六尺題位卌一巻料　以四寸充一題位一巻
一丈五尺中三條料　條別五尺
銭捌伯拾貳文
二百五十文筆五管直料　管別五十文　以一管写紙一百五十張
一百文墨二廷半直料　廷別卌文　以一廷写紙三百張
五百卅二文生菜直料　経師并装潢一百廿三人別四文　校生廿五人別二文
浄衣條具
四具経師四人料
一具装潢一人料
二具校生二人料
経師并装潢校生惣人単壹佰肆拾捌人
一百八人経師　人別写紙七張
十五人装潢　人別造紙五十張
廿五人校生　人別校紙六十張
米貳斛捌斗陸升　経師装潢人別二升　校生人別一升六合
塩漆升肆合　人別五勺
醤末醤[illegible]中[illegible]人別人合　経師装潢人別一合

塩漆林賤今人別五合
惣末惣日壹斛肆斗捌升
酢漆林陳合人別五勺
糠海菜壹拾捌斤捌両人別二両
荅子弐斤陳合陸夕陳藤人別二夕
油肆斛玖合弐夕陳藤人別四夕
　　　　　　　　以寿為奉冒士卯屋須用　鮎物両請如前謹解

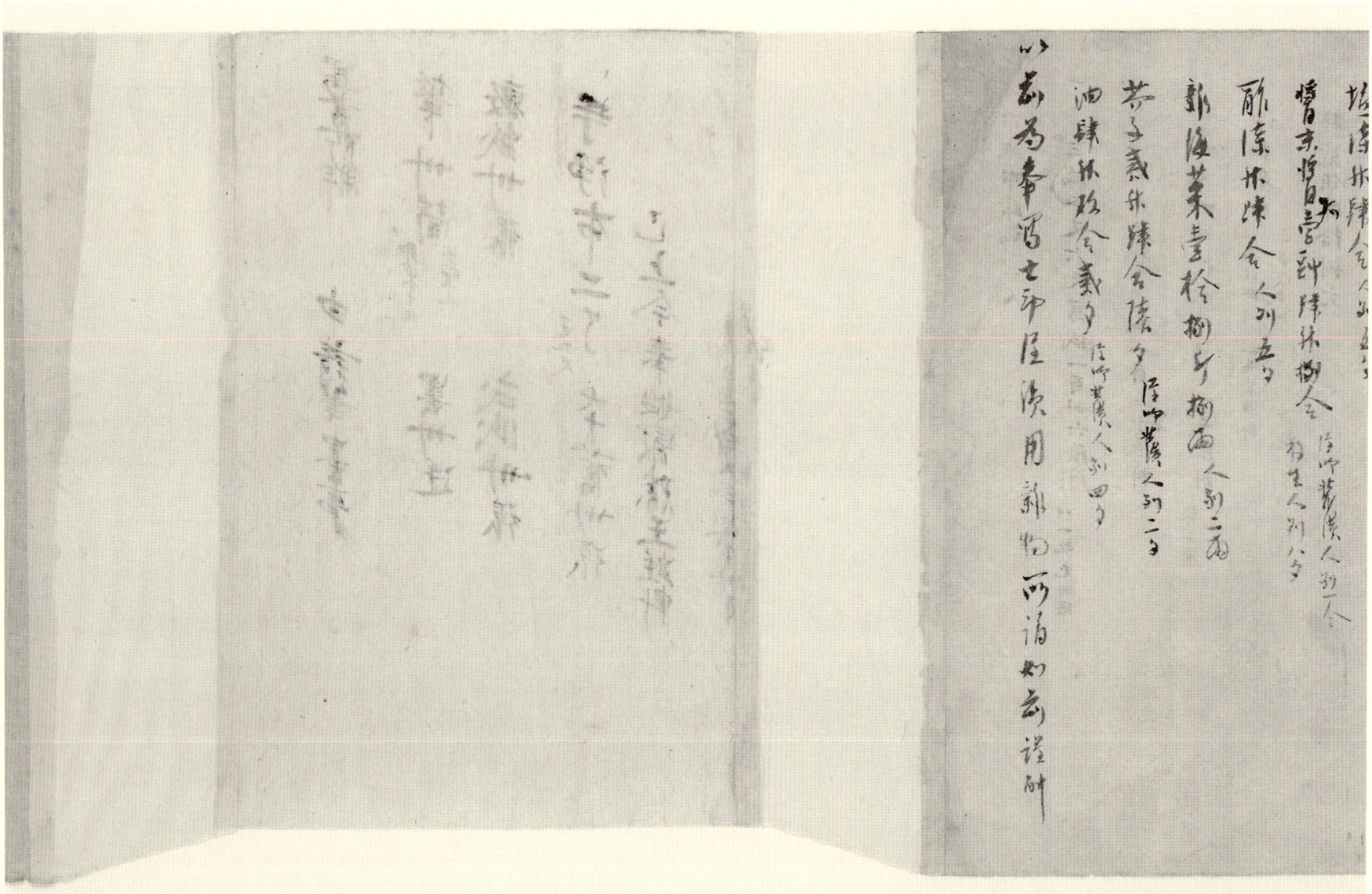

続修別集

第十七巻　裏

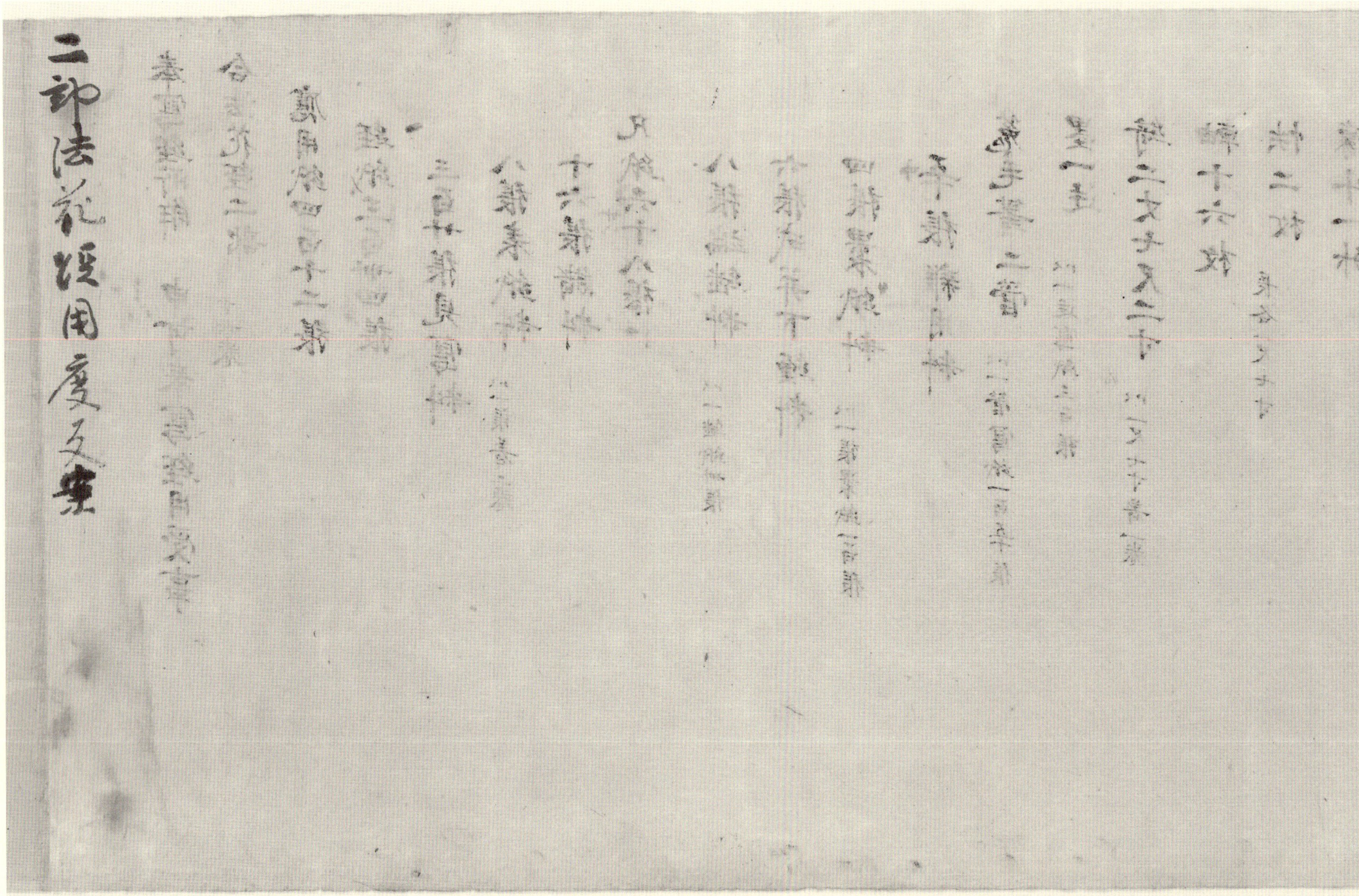
二部法花経用度文案

続修別集

第十八巻　裏

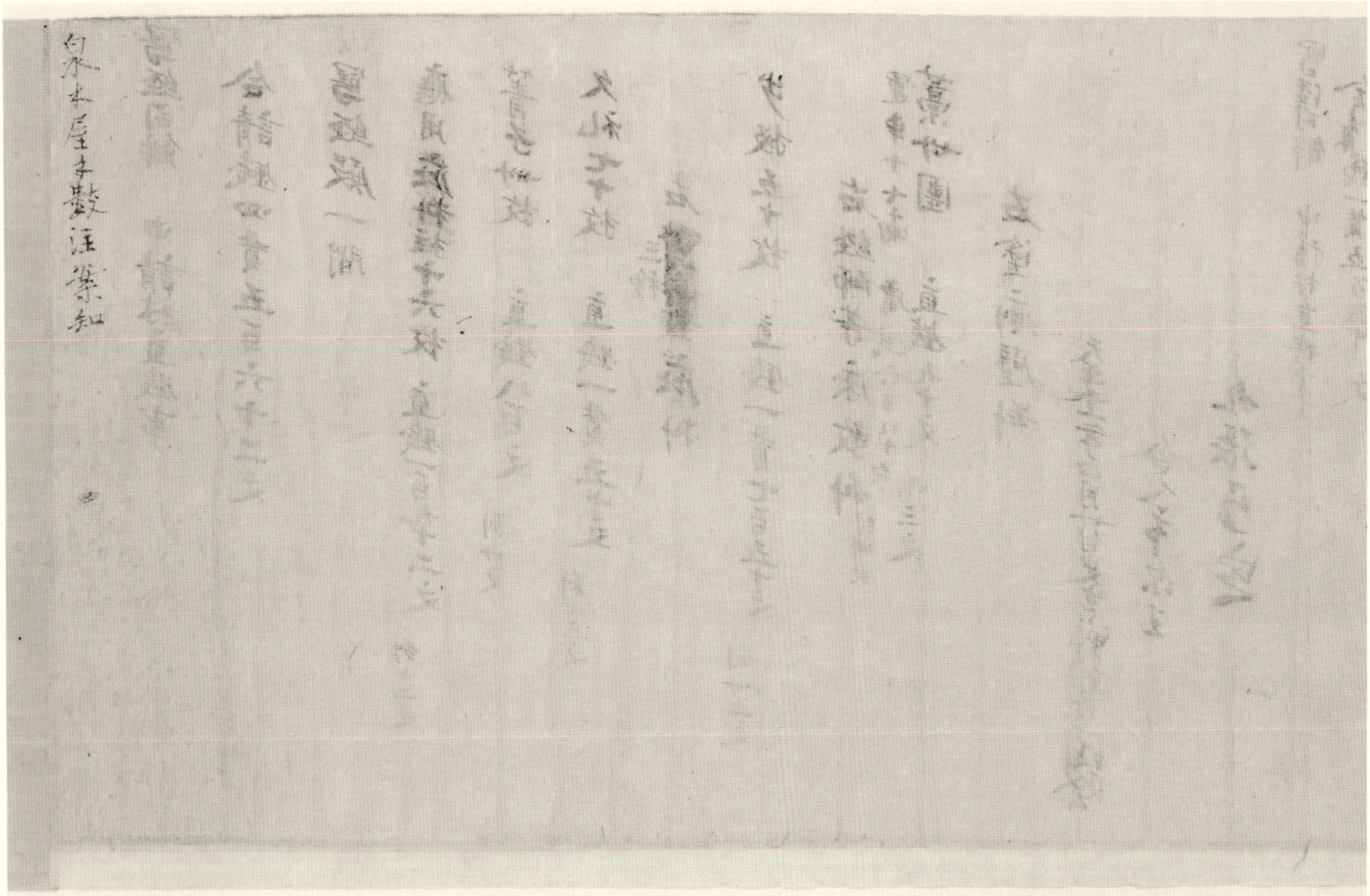

泉木屋手数注案知

未収

続修別集

第十九巻　裏

続修別集

第二十巻　裏

右常食料附小廣万呂

二廿六日安都雄足 下道主

又下米貳斛 里

右仕丁他田玉万呂二月半食残下充如件

二廿六日安都雄足 下道主

九日下里米参斛 塩漆升

右田上山作所附三嶋豊羽之遣如件

二廿六日安都雄足 下道主

又下米陸斛 白一斗 里五斗 糸米黒三升六合

右常食料附古万呂 滑海藻参斤 塩壹升

二廿六日安都雄足 下道主

十日下米壹斛壹斗陸升 白一斗六升 里一石 糸米六升九合六夕 塩壹升

右常食料附古万呂小廣万呂等下如件

二廿六日安都雄足 下道主

十一日里米壹斛 塩貳升

右槻檜皮夫等羽栗大山第九十人食料充如件 但塩人別四夕 滑海藻二斤六両

二廿六日安都雄足 下道主

又下米壹斛貳斗 白二斗 里一石 糸米七升二合

右常食料附古万呂小廣万呂如件 滑海藻陸斤 塩貳升

二廿六日安都雄足 下道主

十二日下米漆斗 ……料別升

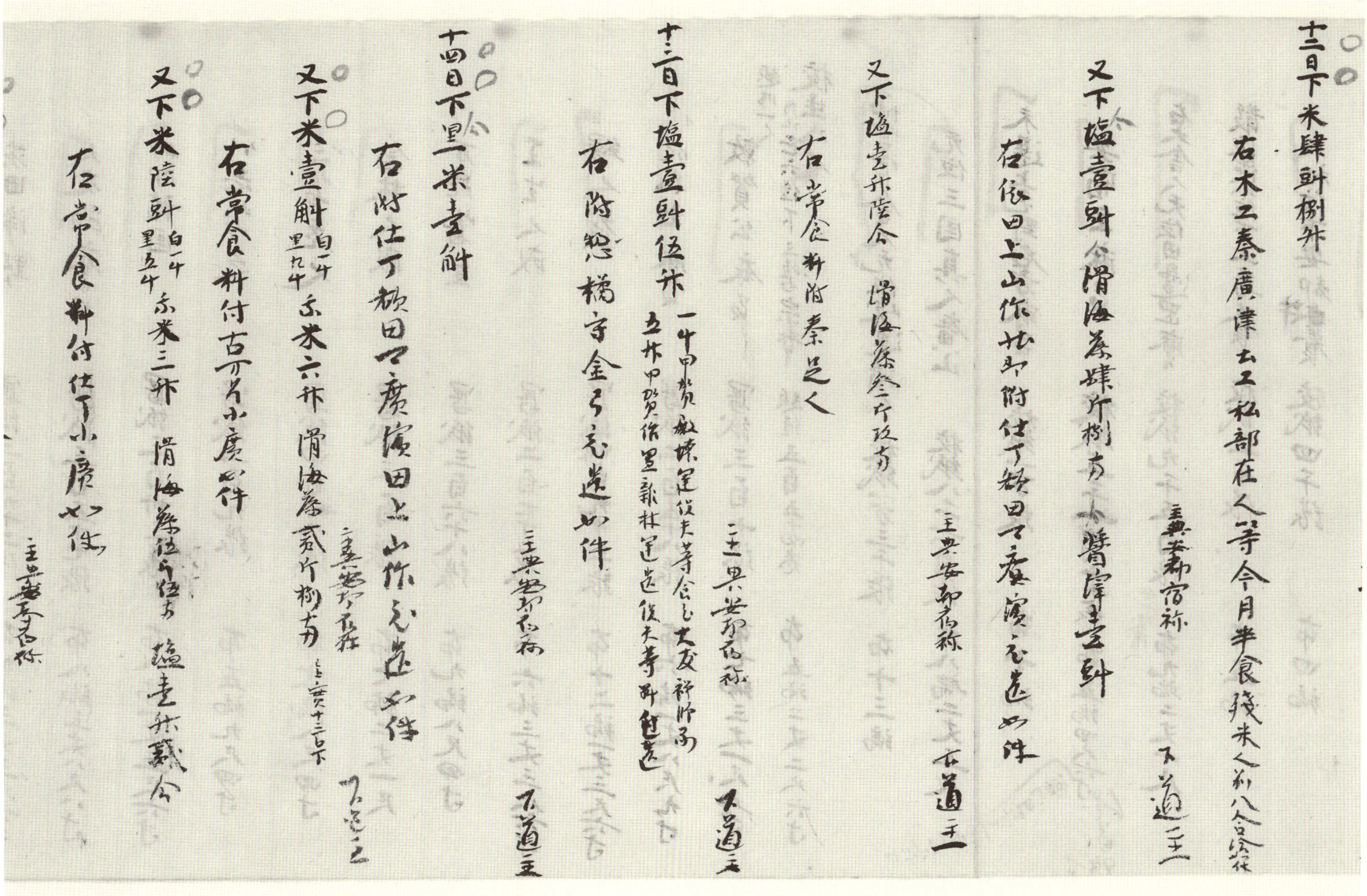

十二日下米肆斗捌升
右、木工秦廣津・土工私部在人等今月半食残米人別八合給料
主典安都宿祢　下道主
又下塩壹斗・滑海藻肆斤捌両・醤滓壹斗
右、依田上山作始、附仕丁額田部廣濱、充遣如件
主典安都宿祢　下道主
又下塩壹升陸合　滑海藻参斤玖両
右、常食料、附秦足人
主典安都宿祢　下道主
十三日下塩壹斗伍升
一斗甲賀山椴榑運役夫等食已丈友祢呂所
五升甲賀信楽杣運遣役夫等料充遣
主典安都宿祢　下道主
右、附怒橋守金弓充遣如件
主典安都宿祢　下道主
十四日下黒米壹斛
右、附仕丁額田部廣濱、田上山作充遣如件
又下米壹斛　白一斗　黒九斗　又米六升　滑海藻貳斤捌両
右、常食料、付古万呂小廣如件
主典安都宿祢　上寄十三日下　下道主
又下米陸斗　白一斗　黒五斗　又米三升　滑海藻伍斤伍両　塩壹升貳合
右、常食料、付仕丁小廣如件
主典安都宿祢

又下黒米伍斗　二斗一升六合二月上日廿七箇日半食料日別八合
二斗二升四合三月上日廿八箇日半食料日別八合
右、鋳工物部根万呂二箇月上日五十五箇日半食并二石給如件　六年二月二日預倚井
主典安都宿祢
下道主

十五日下黒米参斛　醤滓壹斗
右、附玉作子綿田上山作所充遣如件
主典安都宿祢
下道主

又下醤滓肆斗　二斗破運甲賀殿大夫積師所充遣
二斗甲賀山村漕運雑役夫料附橘守金弓充遣
主典安都宿祢
下道主

右、以十四日自経師等自語司請飯自交件二斗下如件
主典安都宿祢
下道主

又下米壹斛壹斗　白一斗
黒一石　舂米六升六合　滑海藻貳斤貳両　塩壹升
右、常食料附仕丁小廣如件
主典安都宿祢
下道主

又下黒米壹斛　塩貳升
右、檜皮採夫羽栗大山羽栗黒一万呂等単五十人料
主典安都宿祢
下道主

十六日下滑海藻陸斤捌両　巻五斤
若滑海藻一斤八両
右、附額田部廣濱田上山作所充遣如件
主典安都宿祢
下道主

又下米伍斗伍升　白五升
黒五斗　舂米料四二升二合　滑海藻壹斤捌両　塩壹升貳合
右、常食料附小廣如件
主典安都宿祢
下道主

十七日下米五斗五升五合　白五升五合
舂米四二升三合三勺　塩

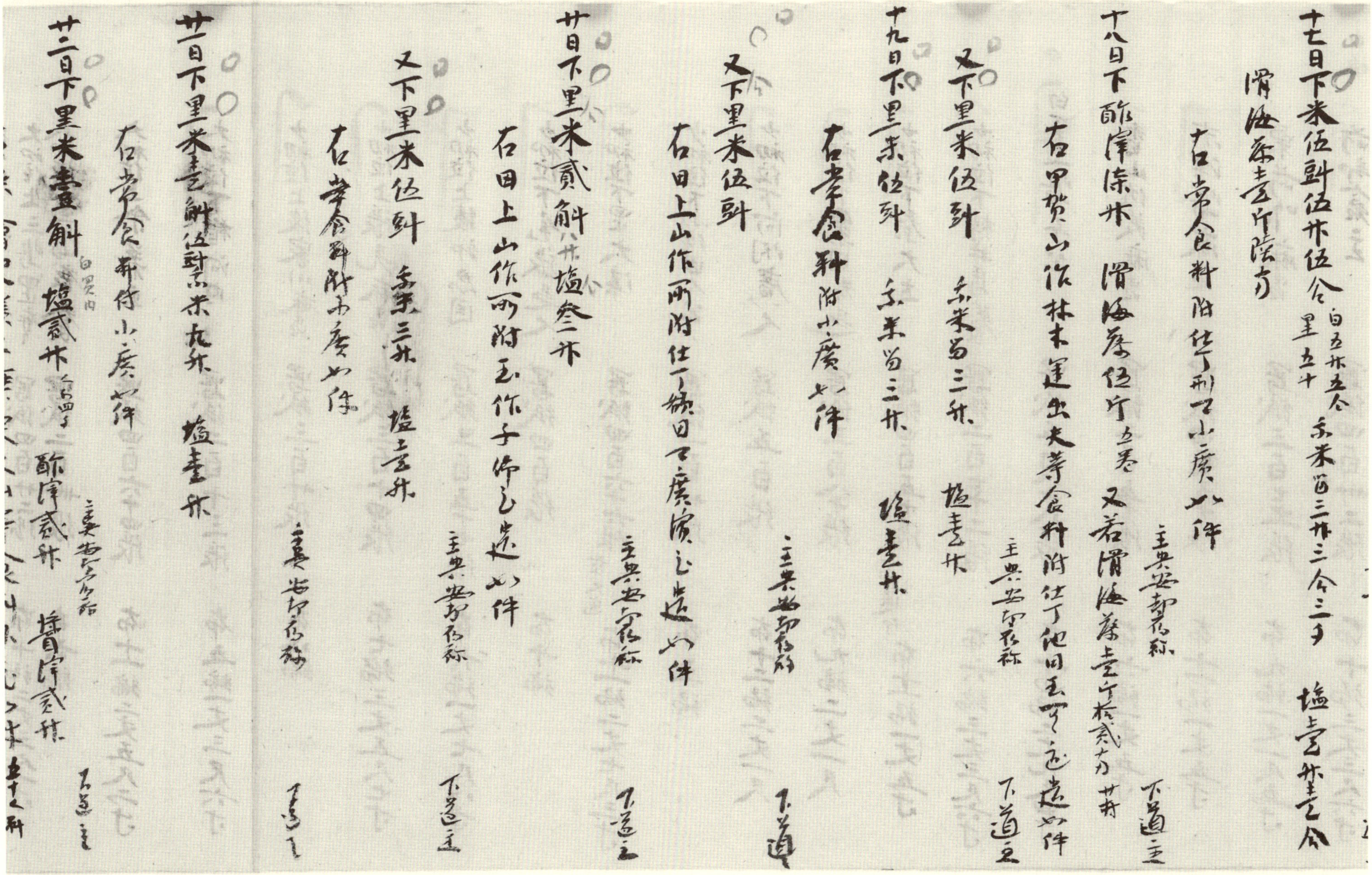

十七日下米伍斛伍升伍合 白五升五合 黒五斗　糯米四三升三合三勺　塩壹升壹合
滑海藻壹斤陸両
右常食料附仕丁刑部小廣以往　主典安都雄足　下道主
十八日下酢滓陸升　滑海藻伍斤五巻　又若滑海藻壹斤拾貳両廿枚
右甲賀山作林木運出夫等食料附仕丁他田玉足以往　主典安都雄足　下道主
又下黒米伍斗　糯米四三升　塩壹升
十九日下黒米伍斗　糯米四三升　塩壹升
右常食料附小廣以往　主典安都雄足　下道主
又下黒米伍斗
右田上山作所附仕丁額田部廣浜以往　主典安都雄足　下道主
廿日下黒米貳斛八升　塩参升
右田上山作所附玉作子綿麻呂以往　主典安都雄足　下道主
又下黒米伍斗　糯米三升　塩壹升
右常食料附小廣以往　主典安都雄足　下道主
廿一日下黒米壹斛伍斗　糯米九升　塩壹升
右常食附小廣以往
廿二日下黒米壹斛 白四升　塩貳升 糯米四升　酢滓貳升　醤滓貳升　主典安都雄足　下道主

右採檜皮様工葉栗大山等食料下充如件　五十八升
主典安都宿祢
領下道主

廿三日下米貳斛貳斗捌合　醤滓壹斗　塩壹升　未醤海松雑菜六貝

右田上山作所附仕丁廣瀬下充如件
主典安都宿祢
下道主

又下黒米肆斗捌升

右仕丁土師嶋足二三并二箇月半合銭下充如件
主典安都宿祢
領下道主

廿四日下醤貳升　醋参合　已上二天山告知

右田上山作所役夫等料充遣如件

又下醋滓漆升

右信上寺牟毛如件付童子土主
主典安都宿祢
下道主

又下黒米伍斗　糸米苗三升　塩壹升

右常食料附小廣万呂如件
主典安都宿祢
下道主

廿五日下米黒伍斗　糸米折三升　塩壹升

右常食料附古万呂
主典安都宿祢
下道主

又下黒米肆升　醤滓貳合

右檜椿避様羽栗大山等食料下充如件
主典安都宿祢
下道主

廿六日下黒米壹斛　塩貳升　醋滓貳升

右仏殿檜皮下葺横羽栗大山等単百廿人食料且下給

主典安都宿祢　下道主

又下黒米壹斛　廿

右田上山作所附三嶋豊羽充遣如件

主典安都宿祢　領下道主

又下米壹斛伍升　白五升　赤米斛六升二合　塩貳升

右常食料附寺仕丁等

主典安都宿祢　下道主

廿七日下米参斛肆斗肆合　赤米四石　塩肆合肆夕　醤滓貳升

右於大石運榑漕舎人二人仕丁十人二箇日料如件

主典安都宿祢　下道主

又下米陸斗肆升　白二斗四升　黒五斗　赤米四升四合四夕　塩壹升

右常食料附古乙

主典安都宿祢　下道主

廿八日下黒米壹斗伍升

右以廿七日下槫檜運夫等食附秦足人等如件　但運漕用二兩

主典安都宿祢　下道主

又下米壹斛　白

[illegible]

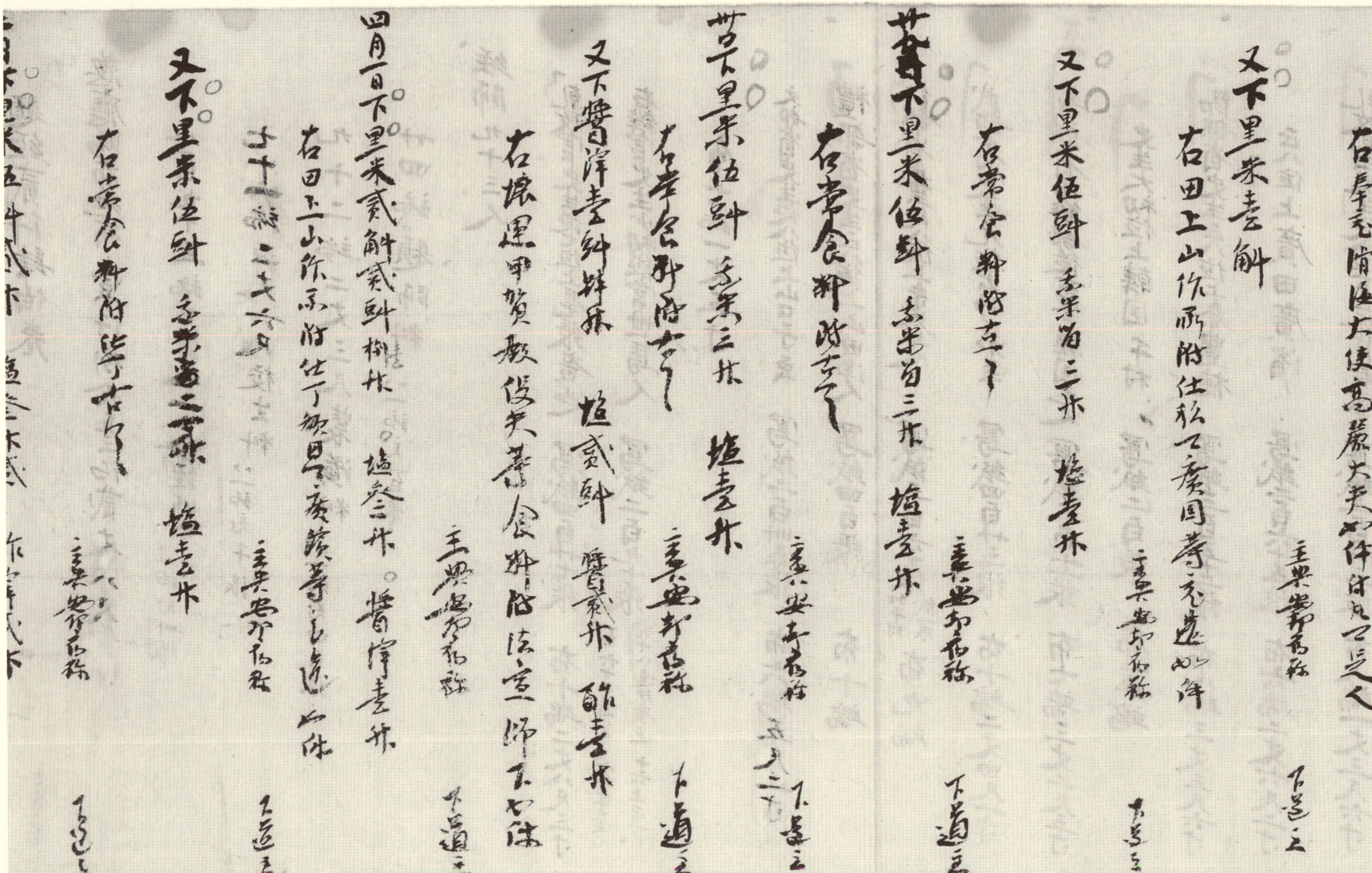

右、奉充肖海大使高麗大天如件、付丸部足人
主典安都宿祢　下道主
又下黒米壹斛
右、田上山作所附仕私部廣国等充遣如件
主典安都宿祢　下道主
又下黒米伍斗　赤米斗三升　塩壹升
右、常食料附古乙
主典安都宿祢　下道主
廿五日下黒米伍斗　赤米斗三升　塩壹升
右、常食料附古乙
主典安都宿祢　下道主
廿六日下黒米伍斗　赤米三升　塩壹升
右、常食料附古乙
主典安都宿祢　下道主
又下醤滓壹斛肆斗　塩貳斗　醤貳升　酢壹升
右、壊運甲賀殿板并食料附法宣師下如件
主典安都宿祢　下道主
四月一日下黒米貳斛貳斗肆升　塩参升　醤滓壹升
右、田上山作所附仕丁額田廣嶋等下遣如件
主典安都宿祢　下道主
又下黒米伍斗　赤米三升　塩壹升
右、常食料附古乙
主典安都宿祢　下道主

＊15
388

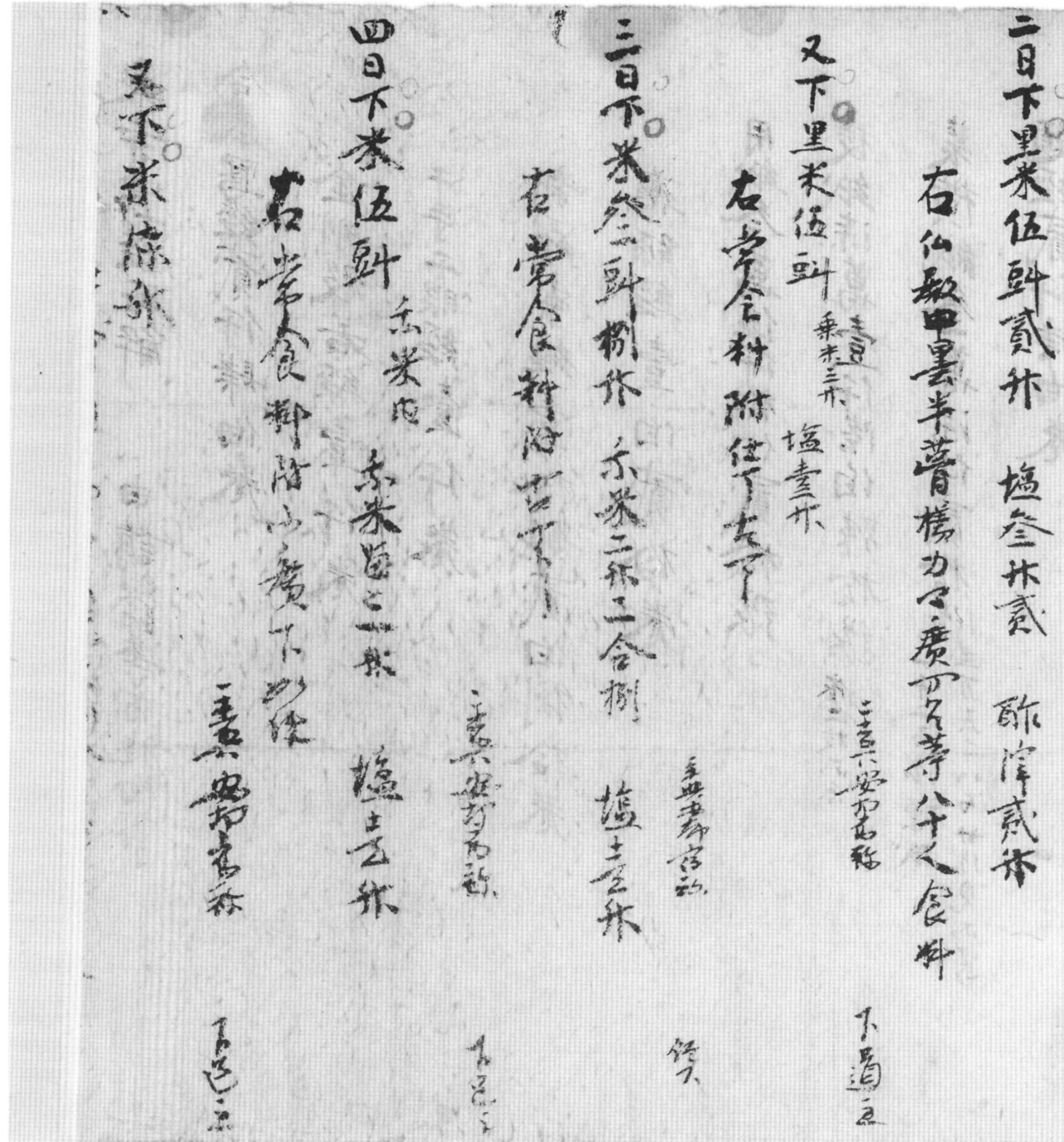

二日下黒米伍斗貳升　塩参升貳　酢滓貳升

右仏殿中黒半畳構力丁廣万呂等八十人食料　[illegible]　下道主

又下黒米伍斗　[illegible]　塩壹升

右常食料附仕丁吉万呂　[illegible]　[illegible]

三日下米参斗捌升　赤米二升三合捌　塩壹升

右常食料附吉万呂　[illegible]　[illegible]

四日下米伍斗　赤米内　赤米[illegible]　塩[illegible]升

右常食料附小麿下沙弥　[illegible]　[illegible]

又下米[illegible]

続修別集

第二十一巻　裏

勝寶元年秋季布施文

未収

続修別集

第二十二巻　裏

11
337

1　　2（3）

續修古文書別集
寫書所解請經師等布施
第廿二巻

未収（原標外題）

続修別集

第二十三巻　裏

（1）

不

未収

続修別集

第二十四巻　裏

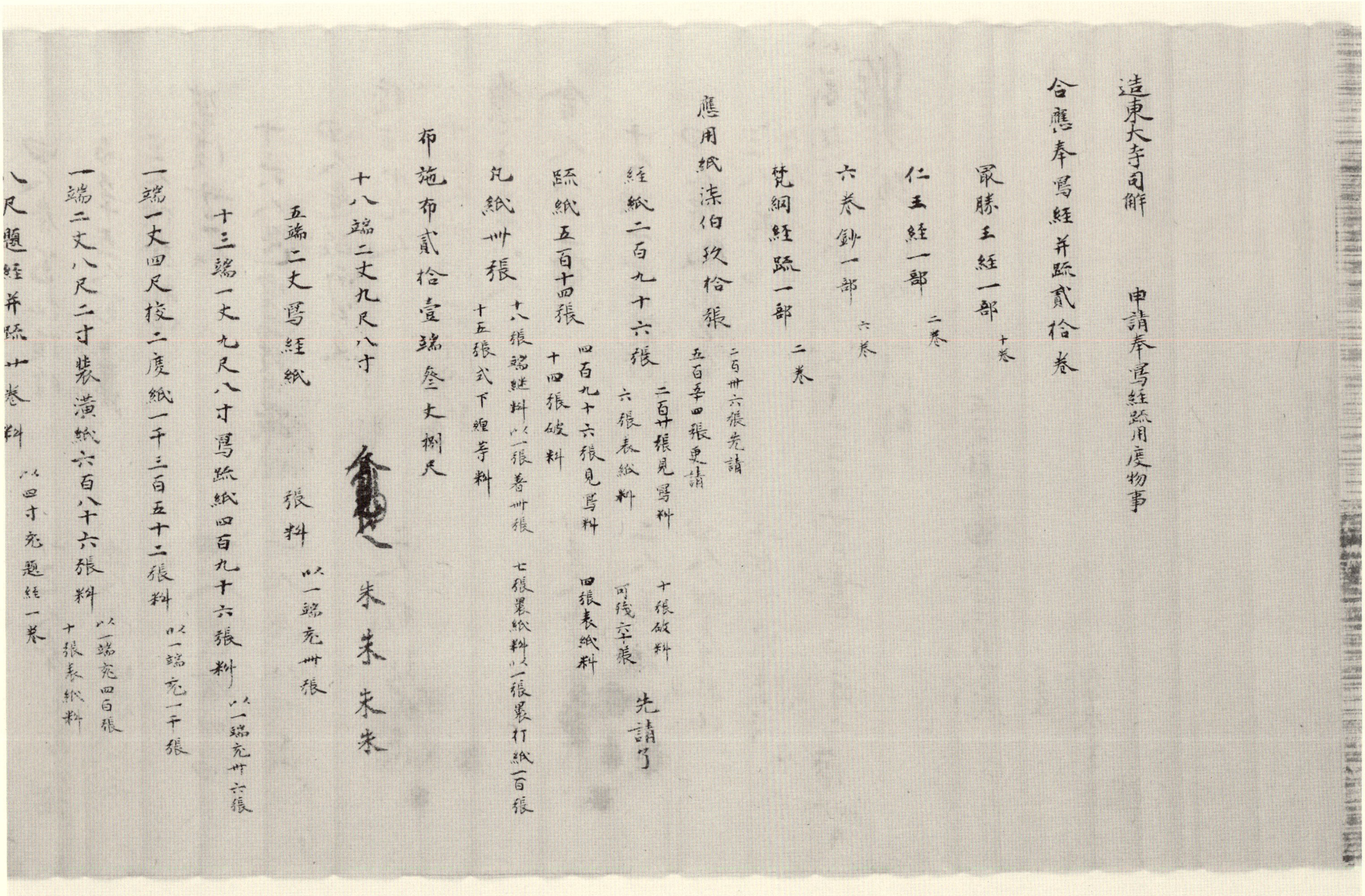
造東大寺司解　申請奉寫經疏用度物事
合應奉寫經并疏貳拾巻
最勝王經一部　十巻
仁王經一部　二巻
六巻鈔一部　六巻
梵網經疏一部　二巻
應用紙漆伯玖拾張　二百卅六張先請　五百五十四張更請
經紙二百九十六張　二百卅張見寫料　六張表紙料　十張破料　可殘五十張　先請了
疏紙五百十四張　四百九十六張見寫料　十四張破料　四張表紙料
凡紙卌張　十八張端繼料以一張巻卅張　十五張式下經等料　七張裹紙料以一張裹打紙一百張
布施布貳拾壹端參丈捌尺
十八端二丈九尺八寸　朱朱朱朱朱
五端二丈寫經紙張料　以一端充卌張
十三端一丈九尺八寸寫疏紙四百九十六張料　以一端充卅六張
一端一丈四尺挍二度紙一千三百五十二張料　以一端充一千張
一端二丈八尺二寸裝潢紙六百八十六張料　以一端充四百張　十張表紙料
八尺題經并疏廿巻料　以四寸充題經一巻

八尺題経并疏卅巻料　以四寸充題経一巻

綺緒参丈玖尺肆寸　十二巻着別一尺七寸　六巻着別二尺五寸　二巻着別二尺

軸貳拾枚　作此間

続修別集

第二十五巻　裏

3

2

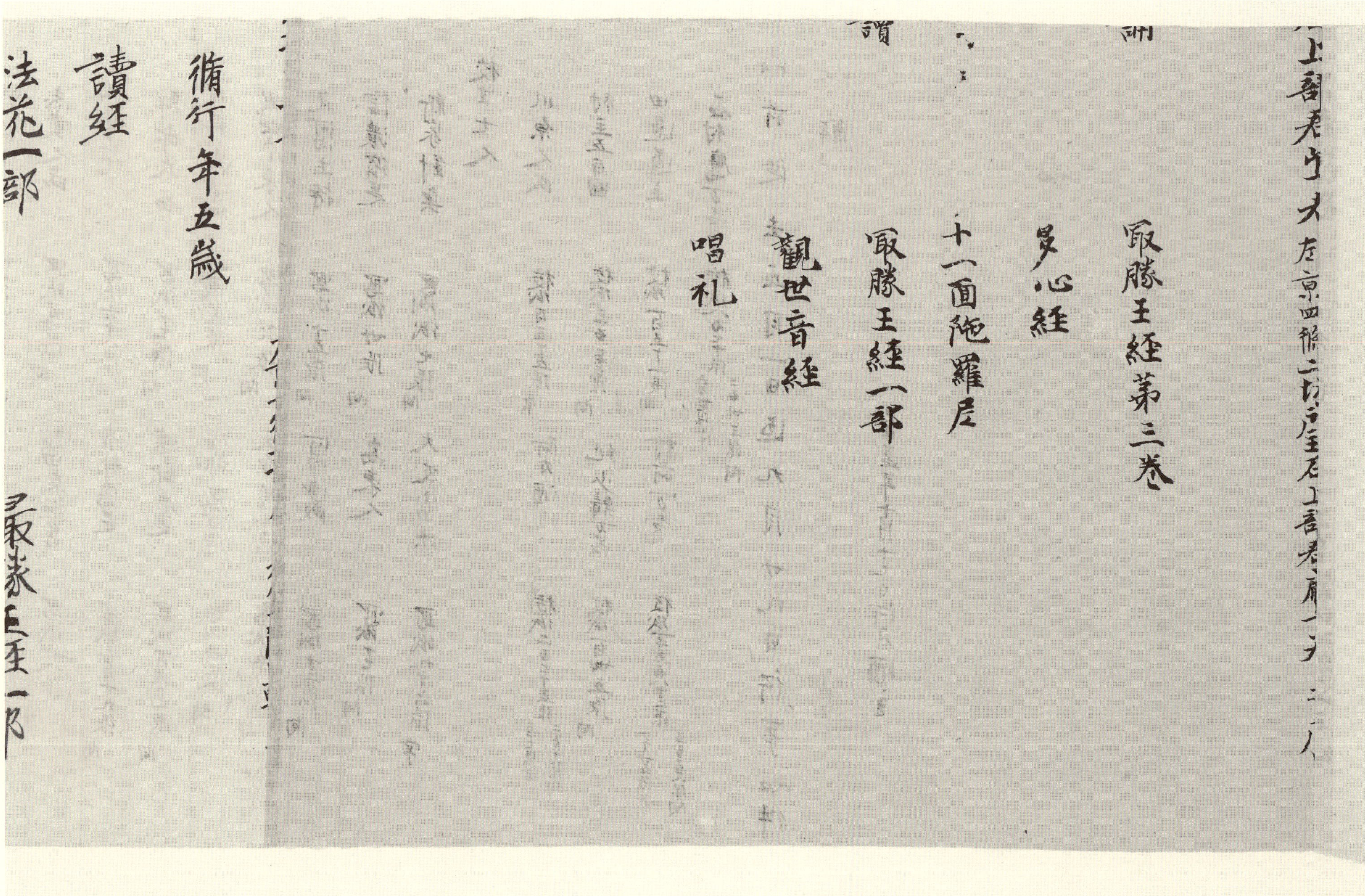

上部君嶋君　大　左京四條二坊戸主石上部君[illegible]

讀

最勝王經第三巻

多心經

十一面陁羅尼

最勝王經一部

觀世音經

唱礼

備行年五歳

讀經

法花一部

最勝王經一部

2
316
〜
317

2
315
〜
316

1

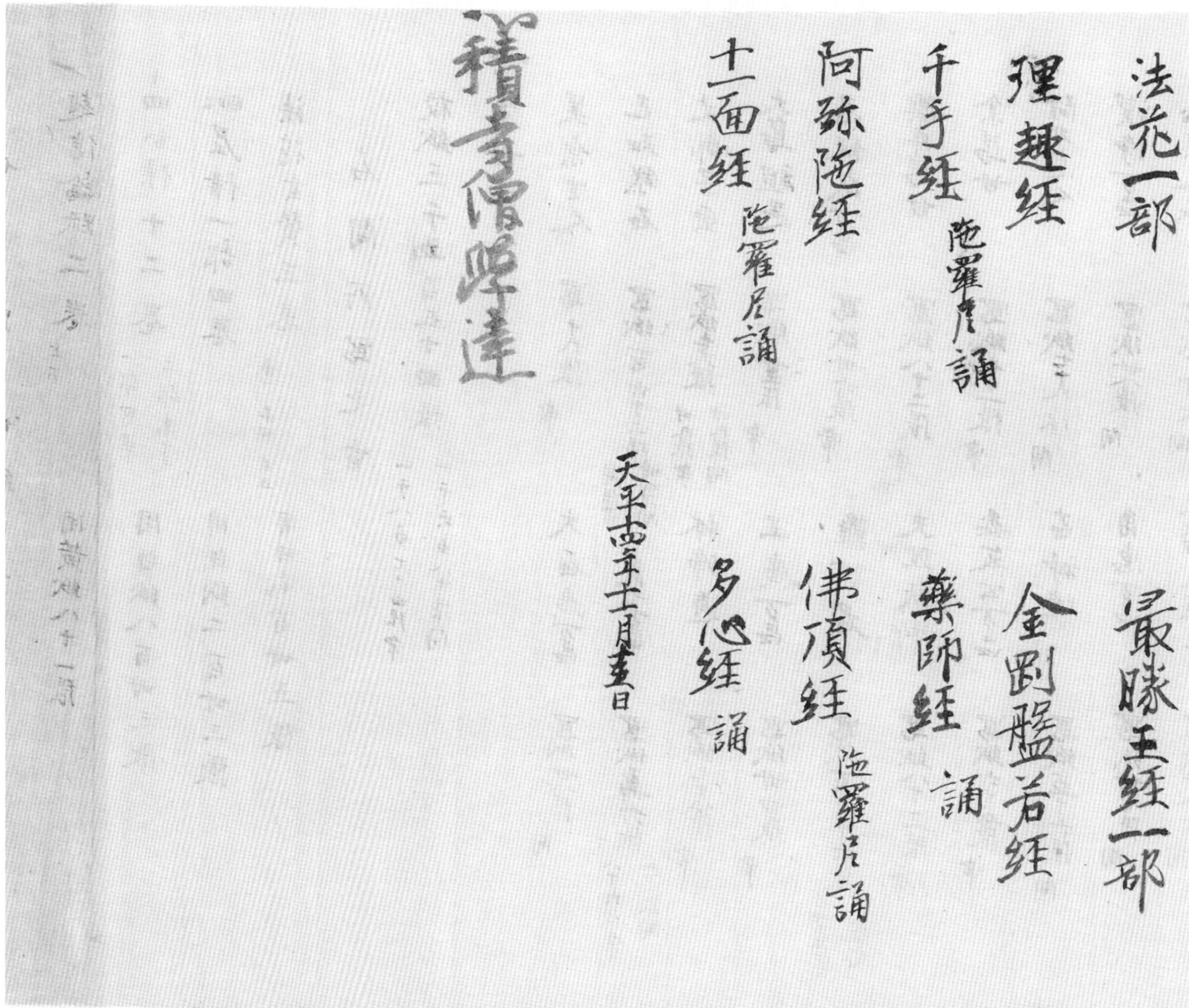
法花一部　最勝王経一部
理趣経　金剛盤若経
千手経　陁羅尼誦　薬師経　誦
阿弥陁経　仏頂経　陁羅尼誦
十一面経　陁羅尼誦　多心経　誦
天平十四年十一月十五日
積寺僧畢達

◁未収

続修別集

第二十六巻　裏

2　　3　　4

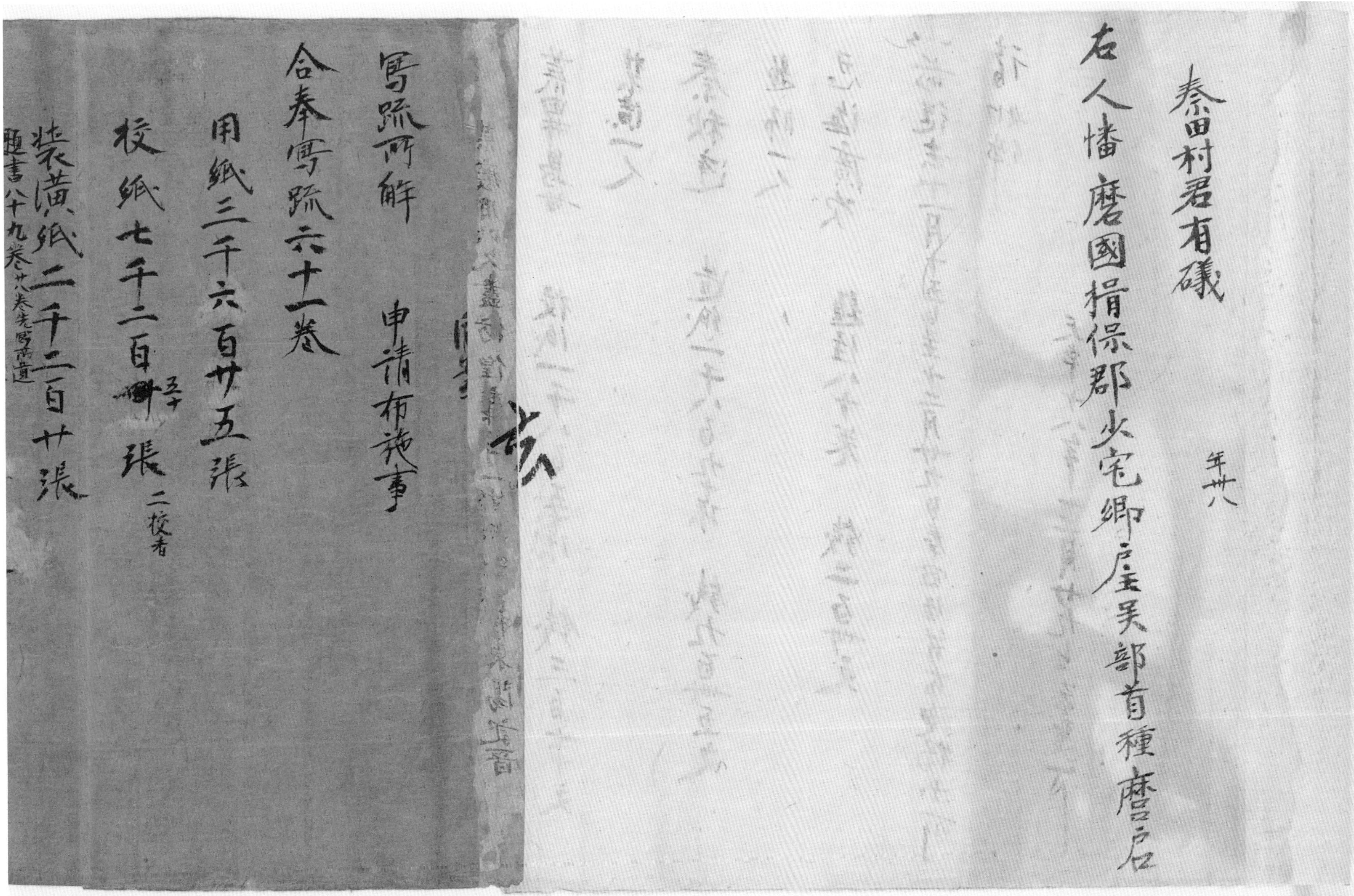
寫疏所解　申請布施事
合奉寫疏六十一巻
用紙三千六百廿五張
校紙七千二百卅五張　二校者
装潢紙二千二百廿張
秦田村君有礒　年卅八
右人播磨國揖保郡少宅郷戸主呉部首種麿戸口

2
539〜542

未収

24
257

装潢紙二千二百廿張
題書八十九巻　廿八巻先写[illegible]遺
應給布施銭廿八貫二百二文
廿五貫三百七十五文　疏師料　以七文充一紙
一貫四百[illegible]文（五十文）　校生料　以一文充五紙
一貫一百一十文　装潢料　以一文充二紙
二百六十七文　題師料　以三文充一巻
疏師十三人
民毛呂　写紙百卌五張　銭一貫十五文
穂積三立　写紙二百五十五張　銭一貫七百八十五文
大宅廣國　写紙三百五十一張　銭二貫四百五十七文
茨田兄呂　写紙二百六十四張　銭一貫八百卌八文
大伴装呂　写紙四百八十張　銭三貫三百六十文
阿刀弟人　写紙三百八十六張　銭二貫七百二文
倭人足　写紙三百九十二張　銭二貫七百卌四文
秦家主　写紙百六十五張　銭一貫百五十五文
秦在礒　写紙五百三張　銭三貫五百廿一文

秦在礒　写紙五百三張　銭三貫五百廿一文
許宅足　写紙二百廿七張　銭一貫五百八十九文
爪工家万呂　写紙二百七十四張　銭一貫九百十八文
余馬甘　写紙六十張　銭四百廿文
子部多夜須　写紙百廿三張　銭八百六十一文
校生四人
丸部村公　一校紙二千張　銭四百文
村山首万呂　二校紙二千張　銭四百文
刑部金綖　一校紙一千五百七十張　銭三百十四文
志斐万呂　二校紙一千五百七十張　銭三百十四文
装潢一人
玉屋公万呂　造紙二千二百張　銭一貫百十文
題師一人
忍海廣次　題書八十九巻　廿八巻先所遣　銭二百六十七文
以前、從今年七月一日至閏九月卅日奉写疏并布施
物等、頭注所請如前、謹解
天平十八年十月一日玄蕃史生

続修別集

第二十九巻　裏

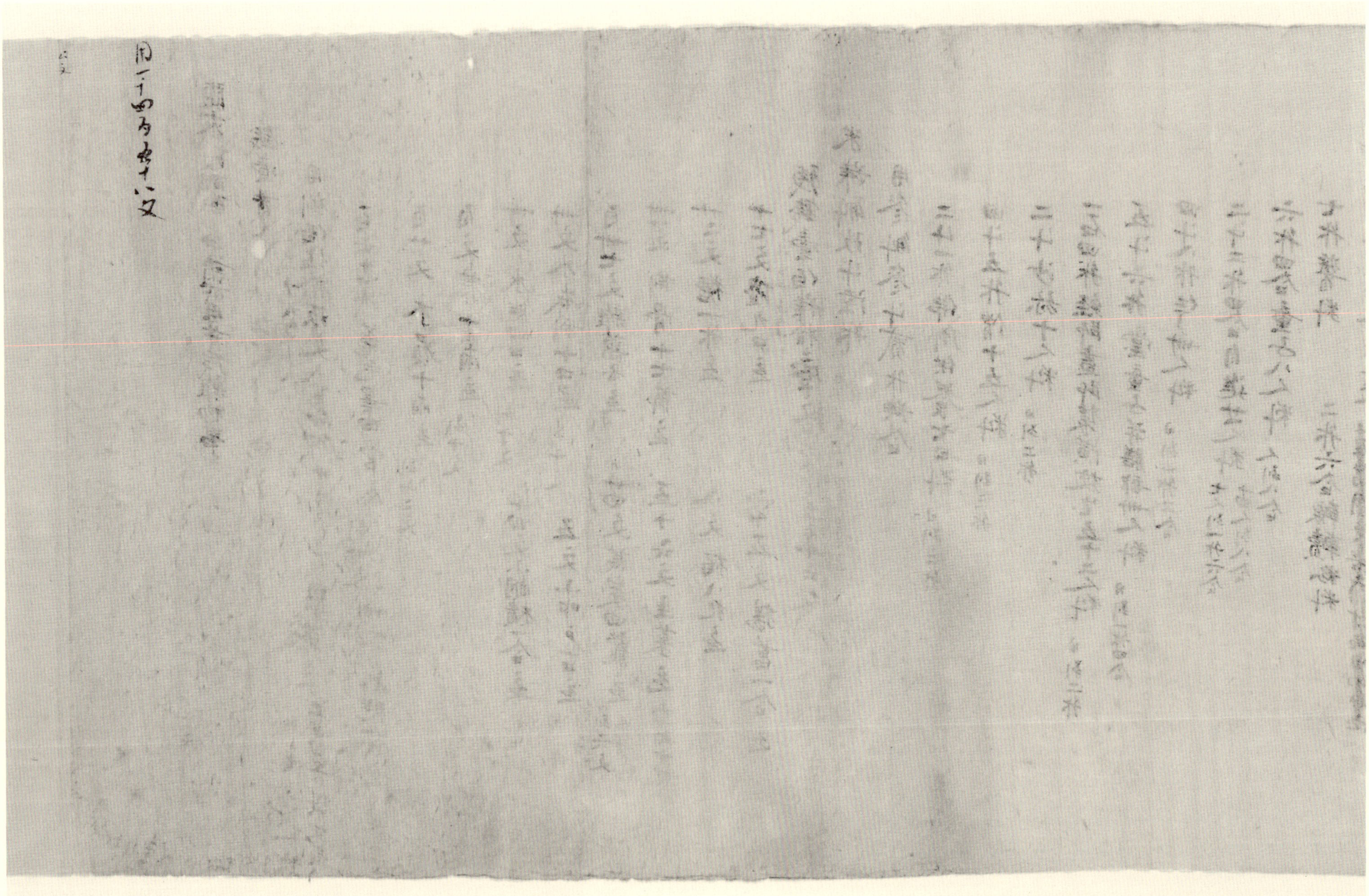

未収

続修別集

第三十巻　裏

未収

続修別集

第三十二巻　裏

三日下銭六文 絶覆戸内匠銭内 買和炭七斗直 付丈部真時

二典 安都宿祢 下道主

又下銭玖拾文 卅五文縄一合買直

五十七文墨縄料琴絃二條買直

右、自奉良附弓削酒人買来、検納如件

二典 安都宿祢 下道主

又下銭伍拾捌文

糟壹斛買價 八升別六文 二升別五文

右、木工并仕丁等給料買給如件

二典 安都宿祢 下道主

七日下銭肆拾文

右、楠守金弓等甲賀山作柱内九根桴持来、春日庭成等

六人二箇日単四人功給如件 人別十文

二典 安都宿祢 下道主

又下銭玖拾文 匠所仕丁為雇夫功内

卅文栗子價等 六十文糯酒五升價

右、七日新工并仕丁等給料買如件

二典 安都宿祢 下道主

十三日下銭参拾漆文

七文水葱十九把直 八文大豆八把直 六文大角豆六把直

十文茄三果直 六文茄子八果直

右、蘭盆供養料買雑物如件

二典 安都宿祢 下道主

又下銭伍拾文 匠所仕丁功内借用

右、六月中雇役夫山守五人功、卅日功下給如件

十六日下錢貮拾文 在所仕了人於人借用

右為中雀役夫出守在庭目廿四下弥如件
　　　　　　　　　　　主典安都永称

右墳高山僧勝金雨速後人徒横川内　間粗料運往
　　　　　　　　　　　主典安都永称

自京此東懸世六輪

又下錢伍拾文 在所能九所用

右坂田愛智郡等祖米先差三嶋豐羽道間教料運徒

又下錢拾文 在所仕了代天如件

右本之墨壹貝價下用如件　買萬五十四圓價十八圓ヵ四文

十八日下錢壹伯捌拾文 印同　廿六圓ヵ三文

右塗為仏堂并建樓柃九所男仕買如徒

又下錢條拾之 在所麻之ヵ印

又下錢條拾文 幷酒士拵之
右於郡之等料教眉七井買料下如徒
　　　　　　　　　　　主典安都永称

廿日下錢貮貫貳伯叁拾文 在所卅文自米立俵賣償
　二貫二百廿貳文里米三酣買價
　　　　　　　　　　　二百七十六十九文
　　　　　　　　　　　主典安都永称

〇十二又大品里云田近買價

廿日下錢弁拾叁文 在所仕了卯同
　右為俊失奉食料買米ヵ住男所九之れに宍ヵヵて俵尾廿三文貫價
　　　　　　　　　　　　　　　　廿ヵ三文
　　　　　　　　　　　　　　　三ヵ三文

韓所保當價

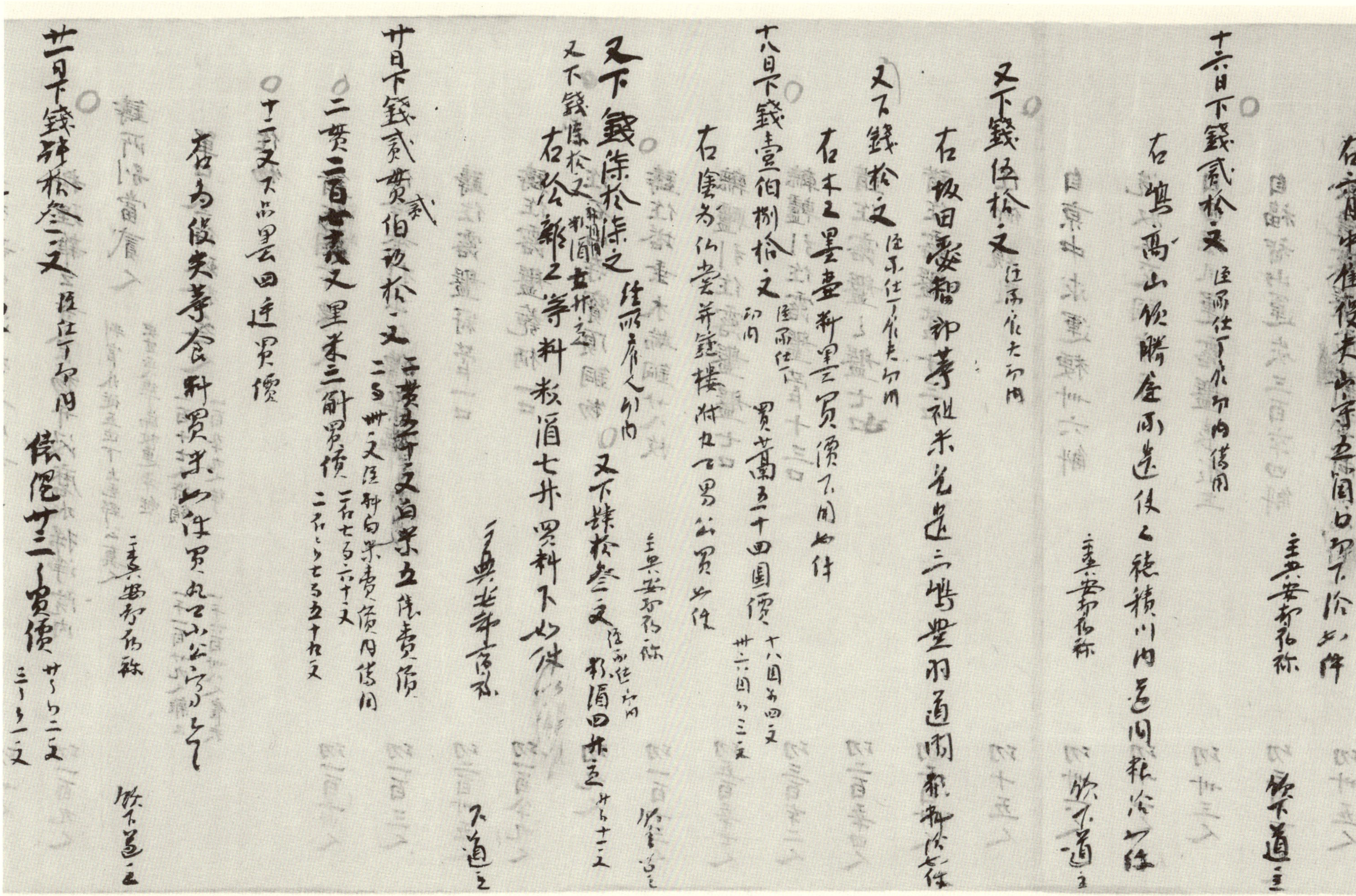

廿五日下銭冊拾参文
右附□南倉□□買□□位　俵俻廿三了貫價　廿了別二文　三了別一文
上馬養
領下道主

又下銭壹貫　経所白米價内
右為請信楽殿料法室師
上馬養
領下道主

廿二日下銭壹伯柒拾参文　銭所□□内
百文　薦卅圍　十圍別四文　廿圍別三文
七十三文　俵縄七十三了直　別一文
右附丈部公升呂、□□等買上位
上馬養
領下道主

廿三日下銭壹伯拾参文　新用内
右薪之等酒買、□□下用如件
上馬養
下道主

廿三日下銭壹伯文　新用内
右自宇治所運上榑之功、石自民鎰　運送八月八日一所
為浦林令向出諸家・良事、間借伴銭如件
上馬養
大道主

又下銭伍拾貳文　新用内
薦十三圍價直　別四文
上馬養
下道主

廿七日下銭貳貫柒伯拾伍文
一貫六百八十文　白米四俵價買　俵別四百廿文
一貫卅五文　黒米三俵買價　俵別三百卌五文
経所米價内

一貫卅五文 黒米三佫買價 佉勺三石卅九文
十日附九乙男公買米如件
又下錢陸伯叁拾文
右買里米一石五升二合五勺糴價如件 卅的六文
又下錢貳拾捌文 佉尔米壹價
右買白米四卅五天如伏 卅的七文
又下錢肆拾文 雜用肉
右糴胛支地日小豊糶價如件
八日下錢壹貫肆佰陸拾貳文 佉兩米壹價
九百七文買白米一石二十一卅價 六卅勺八十又
五百五十五文買里米一石價 五勺三卅二文 九勺三七十壹文
右為用畫所等食買如作
又下錢貳伯貳伯文 佉尔米壹内
右糴大米良林二十三勺卅五物並守治樀大下請糶之公府石井 催米校伍俵 七勺三八十文
日狀真月民籤丁上歧浄咸节回以勺食對上永米佉如件 張画作
又下錢陸拾文 佉尔米壹倜内
右上什林岡清凍神祭料旅帥徒 三天尔名森 天見立

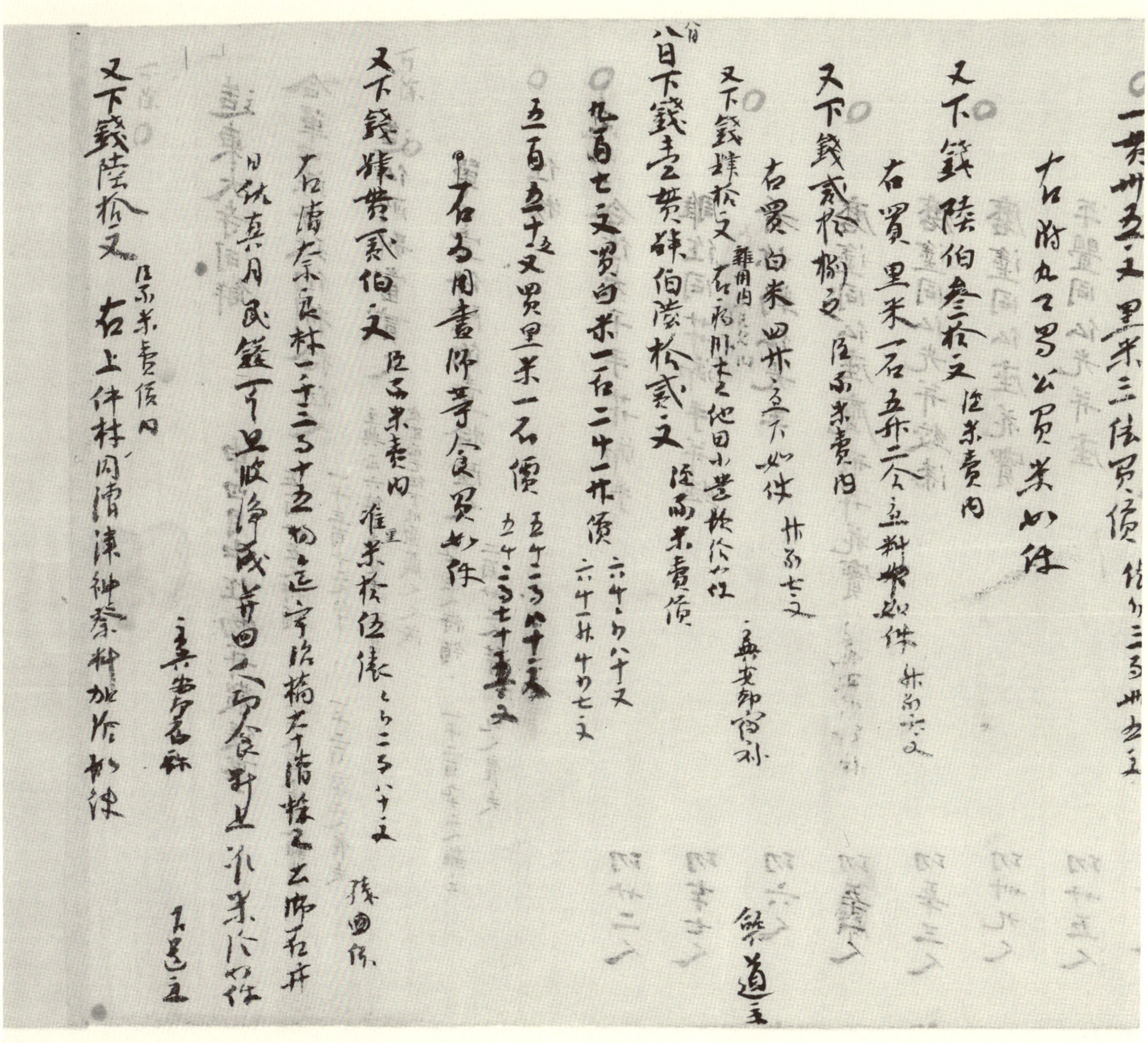

続修別集

第三十三巻　裏

6

雜工廝　功五十八人

造上山寺菩薩所別當二人　判官正六位上葛井連根道
散位従八位下小治田宿祢年足

單功五百九十人　八十七人将領并雜使　二百九十一人雜工
一百七十四人仕丁　卌八人自進

5

作物

畫七佛藥師佛様　功三人

捻菩薩四軀木屎　功九人

錯平并磨塗菩薩四軀　功廿六人

壊菩薩天衣四具　功六人

雕菩薩懸玉四條并光四具　功一百九人

作菩薩四軀取物并削順　功十六人

作菩薩座四具花形　功廿七人

壊同座四具花并磨塗　功六十五人

打同座四具肱金魚子并錯作蟹目釘　功十三人

塗同座四具銅物金　功卌人

磨同座四具銅物　功十一人

銅四斤治三度　功四人

舂篩木屎　功十一人

作菩薩座四具銅物并修理司呂　功十八人

作菩薩座四具銅物并修理用器　功十八人
佛工等共作　功廿九人
採薪并涌湯　功五十九人
掃浄院内　功六人
請運雜物并買炭使　功五人
雜工廝　功五十六人
伊賀山作所別當二人　史生正八位下阿刀造与佐弥　左大舍人少初位上土師宿祢家守
單功三千二百廿八人　二百卅九人将領　三百廿四人雜工　一百卅五人仕丁　二千五百廿人雇人
作物
山作材四百廿九物
小門博風二枝　各長三丈五尺　廣二尺　厚一尺　功廿八人
同料柱一根　長二丈二尺　径二尺七寸　功七人
東塔歩廊飛簷一百六十枝　各長八尺　方五寸半　功八十人
垣上丸桁六枝　各長三丈三尺　径一尺　功十八人
同料椽二百六十枝　各長一丈　方五寸　功一百卅人
白木夲引運川津材七百六十三物
小門柱十二根　一根長二丈二尺　並径二尺七寸　十一根各長一丈七尺　功一千一百十人
同料博風八枝　各長三丈五尺　廣二尺　厚一尺　功六百卅人

同料榑風八枚　廣二尺　厚尺　功六百卌人
東塔歩廊飛簷二百十二枚　各長八尺　方五寸半　功一百六人
垣上丸桁十一枚　各長三丈五尺　径一尺　功一百九十八人
同料椽五百廿枚　各長一丈　方五寸　功二百六十人
修理雜用器　功廿八人
作引材道　功七十三人
遷山作所并作治物屋　功一百卌二人
採葛卅二荷　功卌二人
槎葛縄　功六人
料理食物　功一百卌一人
造瓦所別當二人　判官正六位上葛井連根道　散位従八位下坂本朝臣上麻呂
單功四百廿二人　卌四人将領　二百卌一人瓦工　一百卌七人仕丁
作物
焼瓦六千六百枚　功六十六人
採薪四百六十六荷　功二百卌三人
修理瓦竈一口　功五十人
瓦工廝　功廿九人
造香山薬師寺所別當二人　史生従七位下麻柄勝毗登全麻呂　左大舎人正七位下玉手朝臣道足
單功四百五十四人　六十七人将領　二百卌三人雜工

單功四百五十四人　六十七人将領　二百卅三人雜工
八十七人仕丁　六十七人自進

作物

押金薄藥師佛俠侍菩薩寶冠八具　各高一尺四寸　廣一尺二寸　功十六人

押銀薄同俠侍菩薩寶冠月形四枚　各径七寸

順六十枚　長二尺三寸已下一尺九寸已上　廣一寸已下四分已上　功十人

雕作并押金薄飛天菩薩寶冠十六具　功九人

構着俠侍菩薩寶冠八具　功廿五人

塗金青俠侍菩薩五軀御髪　功三人

塗丹同菩薩光柱十一根　各長一丈三尺　径六寸　功十一人

構作佛光一具木經二枚　功六人

作佛菩薩眉間玉形廿一丸　功七人

作佛一軀菩薩十一軀麻柱　功八十六人

解治佛四軀菩薩十軀麻柱　功卌五人

作菩薩并神王料釘五百廿隻　長二尺已下一寸已上　功廿九人

採柴卌荷　功八人

作政所院柴垣廿丈　功六人

掃浄守壇院　功廿九人

駈使奉造丈六像所　功廿九人

駈使奉造丈六像所　功廿九人
料理雜工食物并採薪　功五十八人
大炊厨所別當二人　史生従八位上秦忌寸益倉
　　　　　　　　　史生大初位上土師宿祢男成
單功三百九十三人　八十七人将領
　　　　　　　　　三百六人仕丁
作物
　人別絁三丈四尺　細布二丈五尺
採薪一百六十荷　功八十人
炊常食料米一百五十斛　功八十一人
出充厨雜物　功廿九人
料理雜工役夫食物　功百十六人
西園領一人　散位従八位上秦忌寸秋主
單功九十三人　廿五人将領　卅五人仕丁
　　　　　　　廿三人雇人
作物
採蔓菁一斛六斗　功五人
蒔園守屋一宇　功三人
自京中運肥百七十荷　功五十七人
掃浄園廻　功三人

官人上日
長官正四位上坂上忌寸犬養　上日伍

長官正四位上坂上忌寸犬養　上日伍
次官正五位下国中連公麻呂　上日拾壹　夕玖
判官外従五位下上毛野公真人　上日貳拾玖　夕卌
正六位上葛井連根道　上日貳拾参　夕拾玖
主典正六位上弥努連奥麻呂　上日貳拾陸　夕貳拾伍
正六位上志斐連麻呂　上日貳拾　夕陸
従六位上阿刀連酒主　上日拾肆　夕肆
正八位上安都宿祢雄足　上日貳拾伍　夕貳拾
以前閏十二月中作物并雜工等散役及官人上
日如前謹解
天平寶字七年正月三日主典正六位上弥努連奥麻呂
判官外従五位下上毛野公真人
長官正四位上兼左勇士督坂上忌寸　病
判官正六位上葛井連
次官正五位下国中連　未進解由
主典正六位上志斐連麻呂
主典従六位上阿刀連　暇
主典正八位上安都宿祢雄足

（1）

続修別集　第三十四巻　裏

6　7　8　9　10

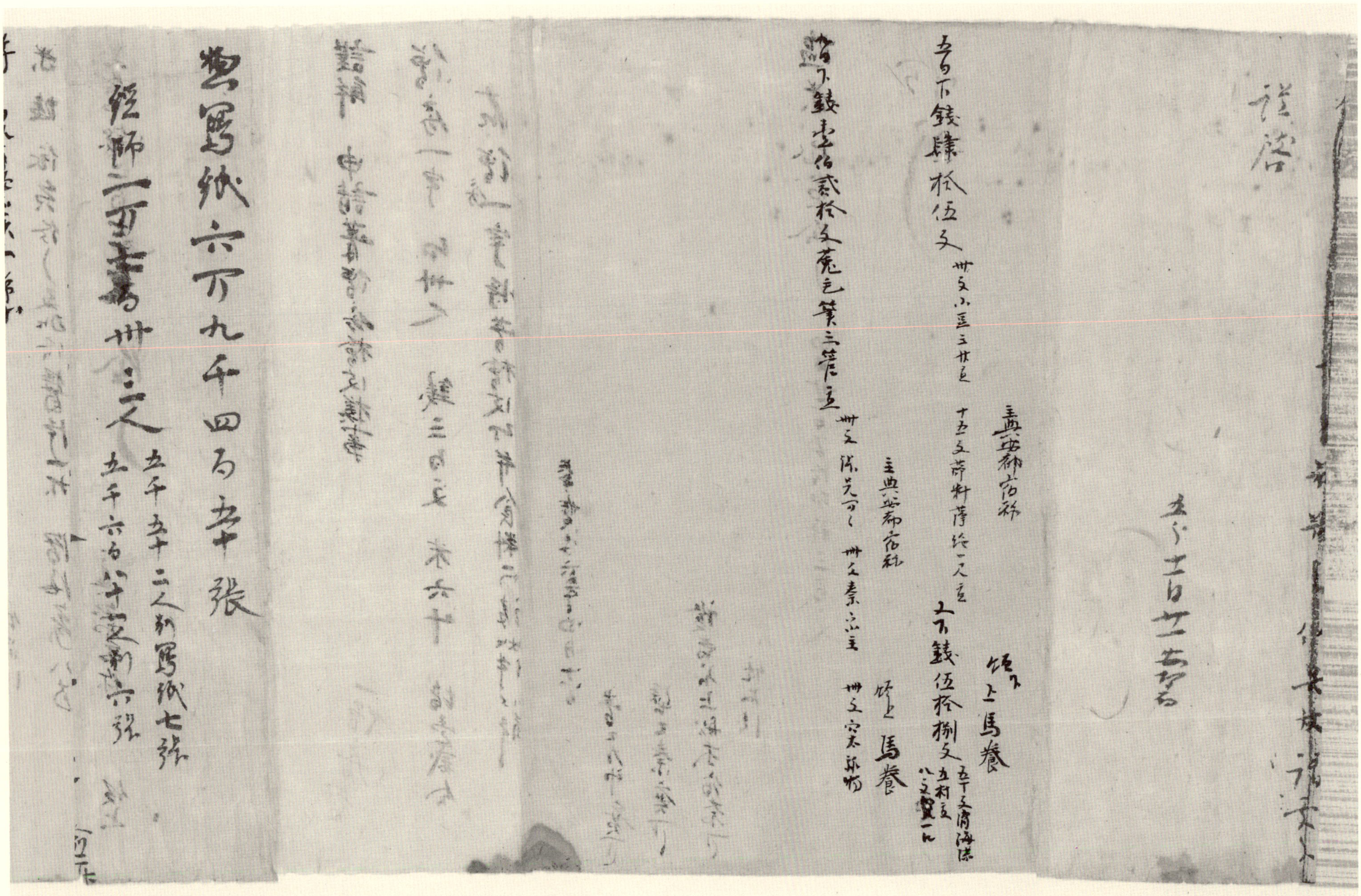

21 526　5 369　未収

第三四巻 裏 6山作所符 5経師等功食等按

5

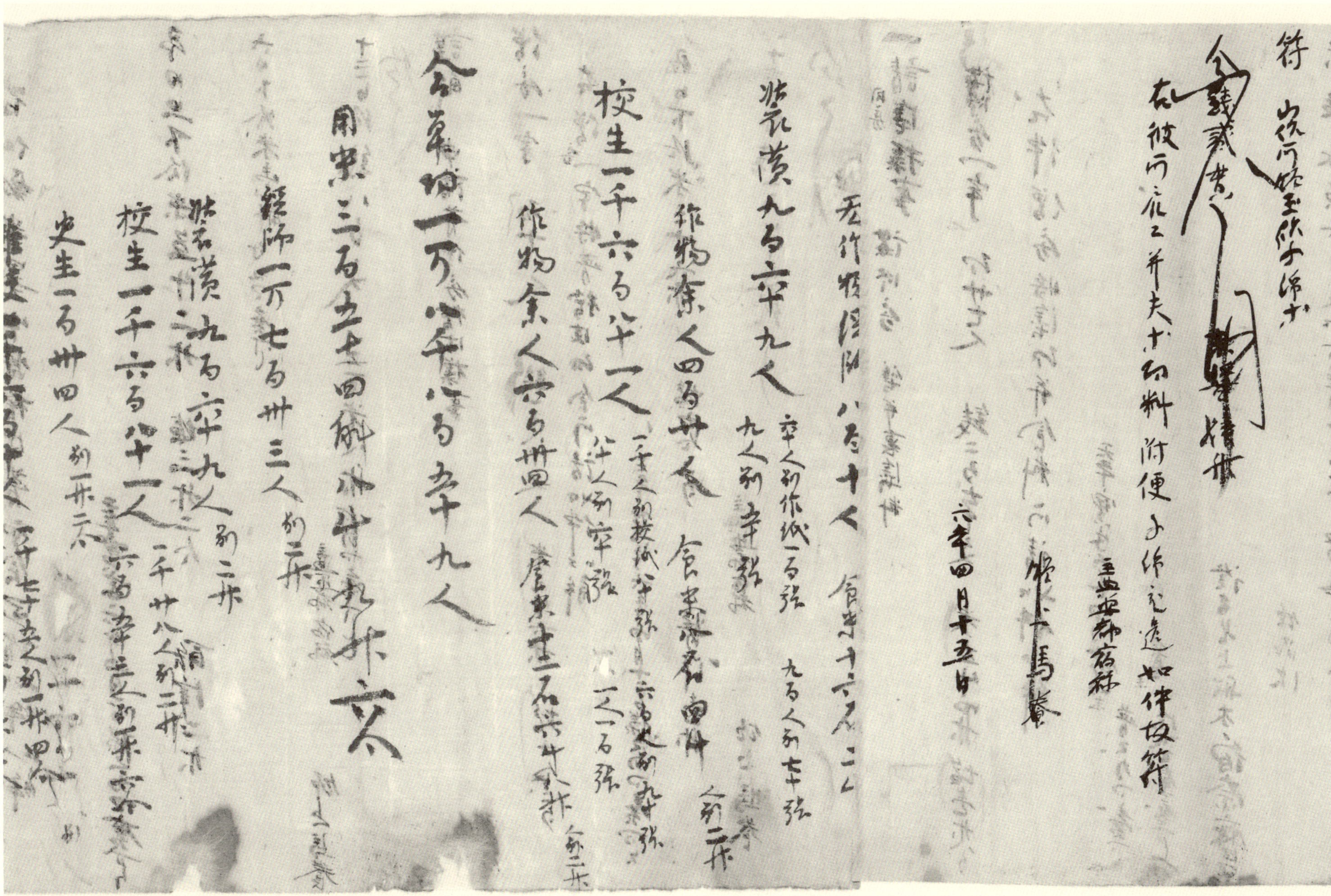

21
526
〜
527

5
215

雑使一千六百十人　一千七十五人別一升四合　五百卅五人別一升二合
膳部五百卅人　三百卅九人別一升四合　一百九十一人別一升六合
駈使三千一百九十二人　二千一百卅人別二升　一千六十二人別一升六合
以前起去年八月八日盡今年四月廿九日作

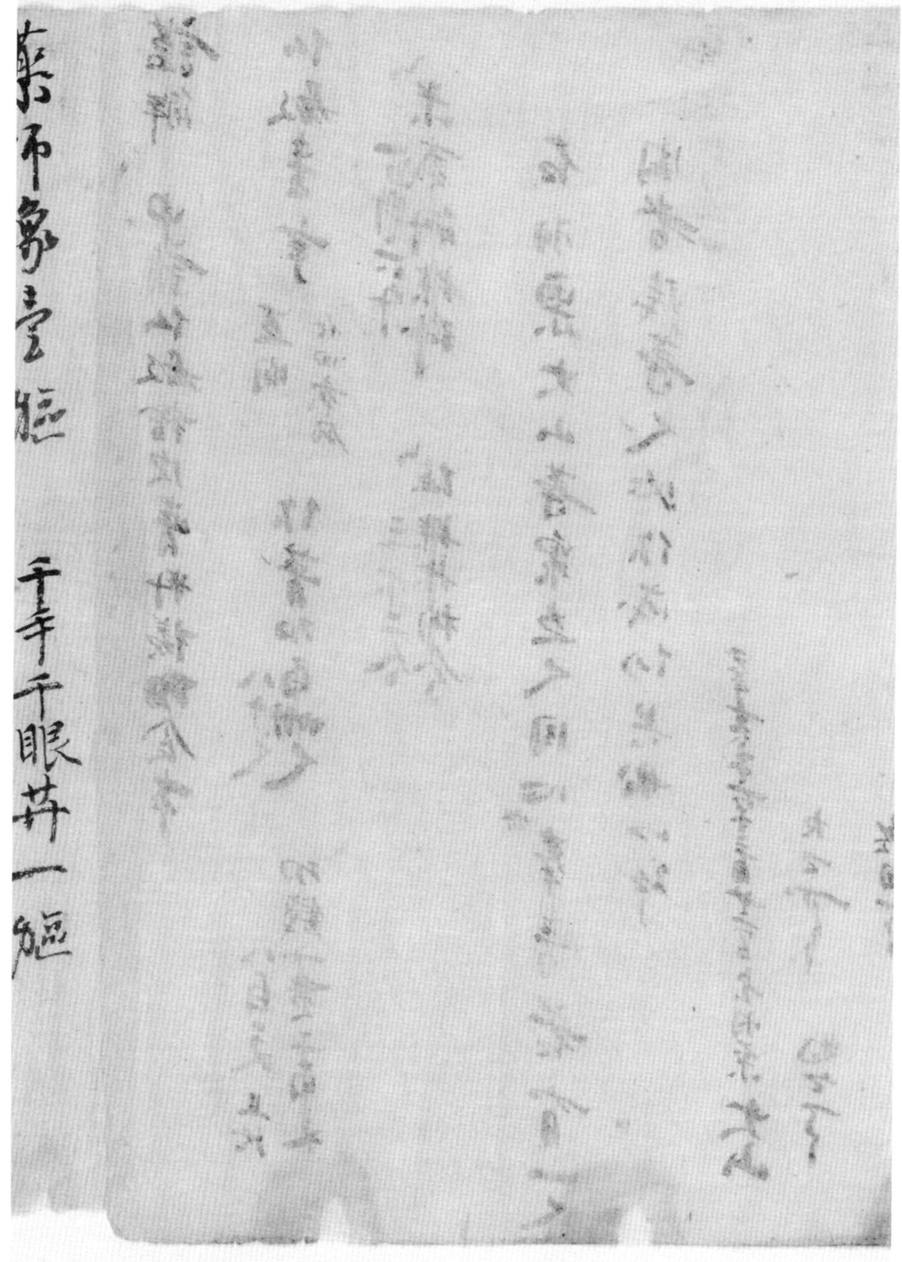

藥師像壹軀　千手千眼并一軀

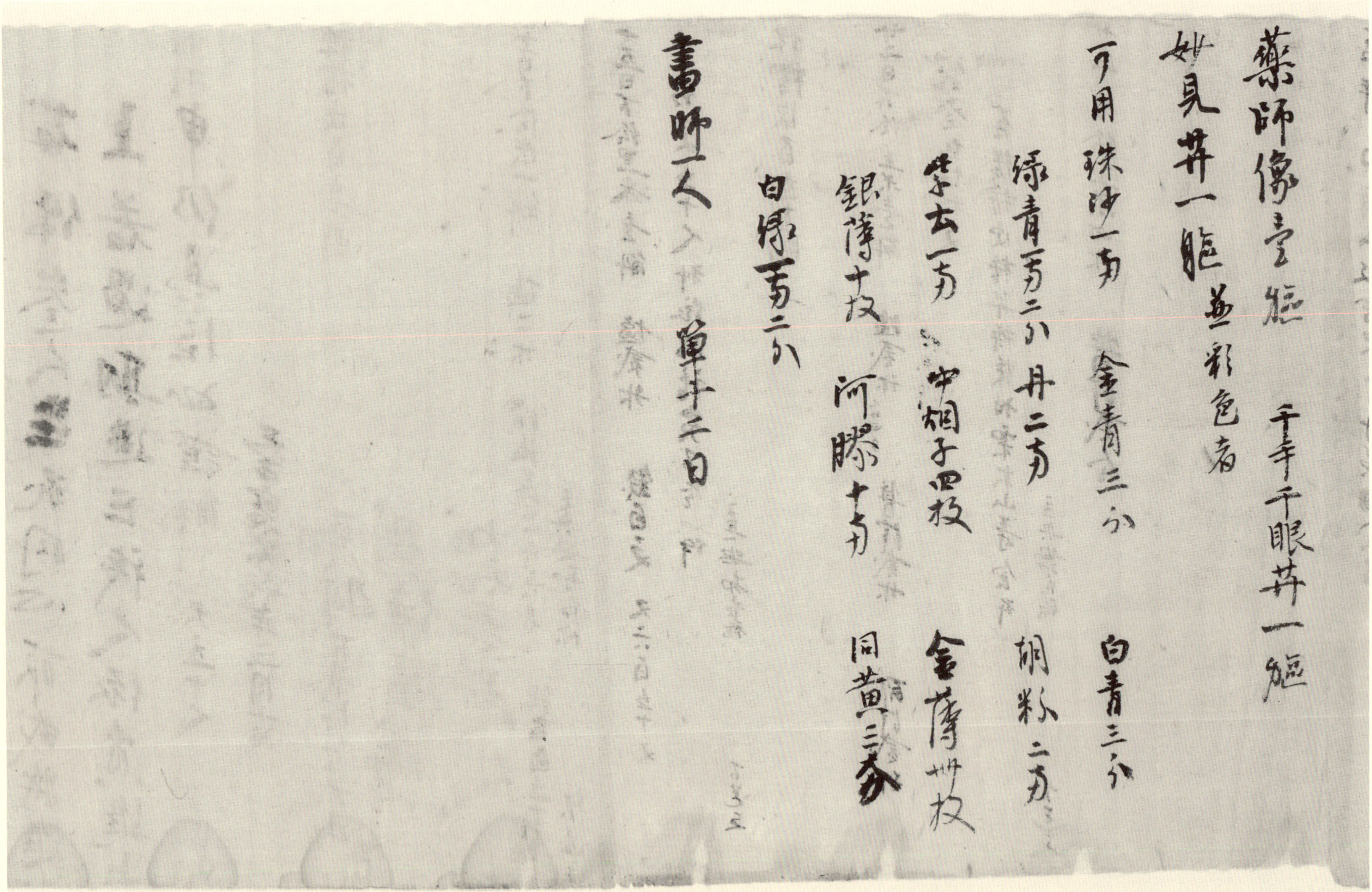
薬師像壹軀　千手千眼菩薩一軀
妙見菩薩一軀　並彩色者
可用　珠沙一両　金青三分　白青三分
緑青一両二分　丹二両　胡粉二両
紫土一両　中烟子四枚　金薄卅枚
銀薄十枚　阿膠十両　同黄三分
白緑一両二分
畫師一人　単十二日

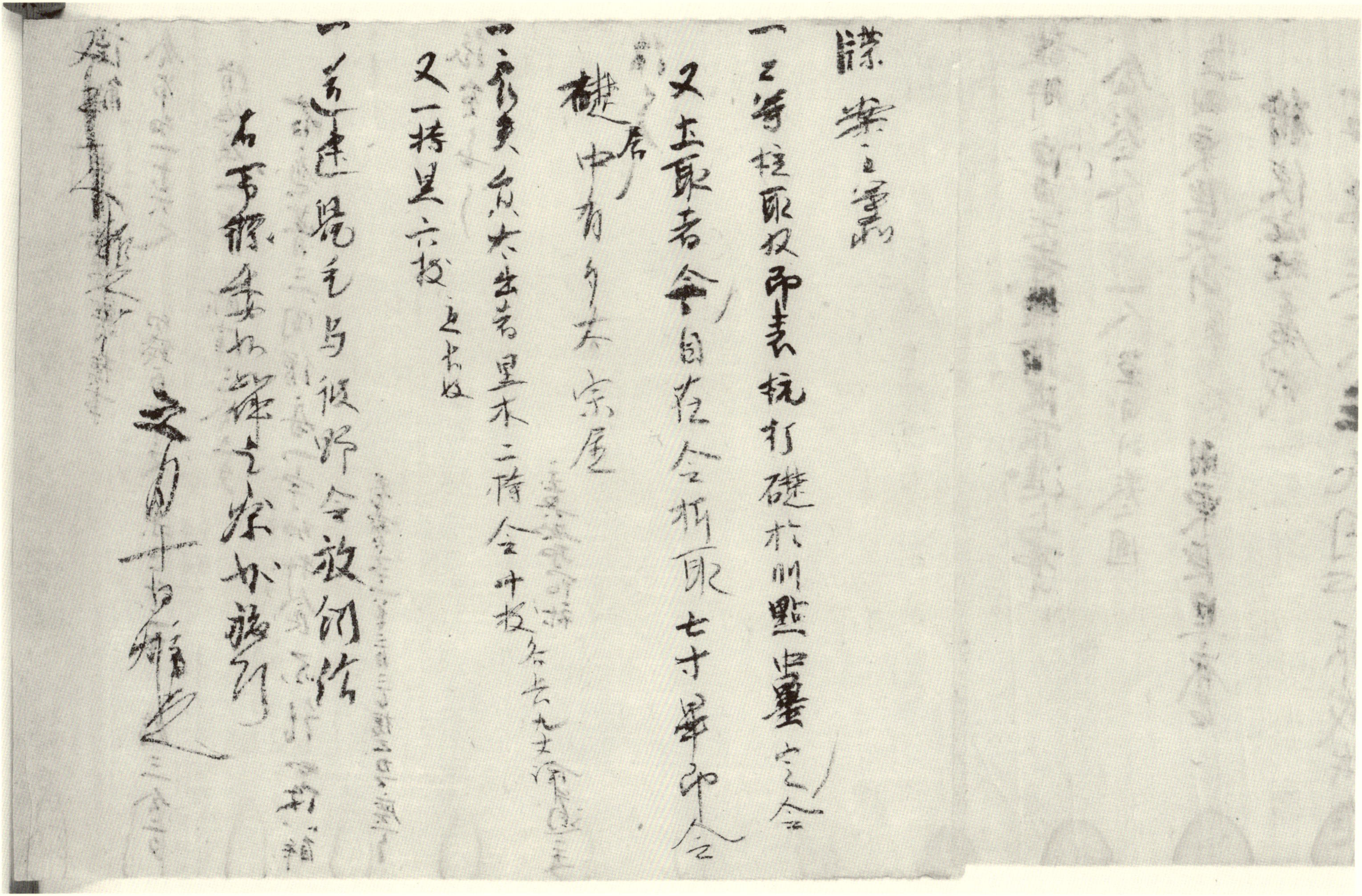

15
438

牒　菜々事

一三等桂取扱而表杭打礎木則點出墨之会

又土取者今日在会所取七寸畢卯念
居
礎中有夕大宗屋

一夜費大生者里木二持会卅枚各去丸生徐念
又一将旦六枚

一苫達鬼毛鳥彼野令放釰佐

右丑雁垂利鞘之宋が就行

続修別集

第三十五巻　裏

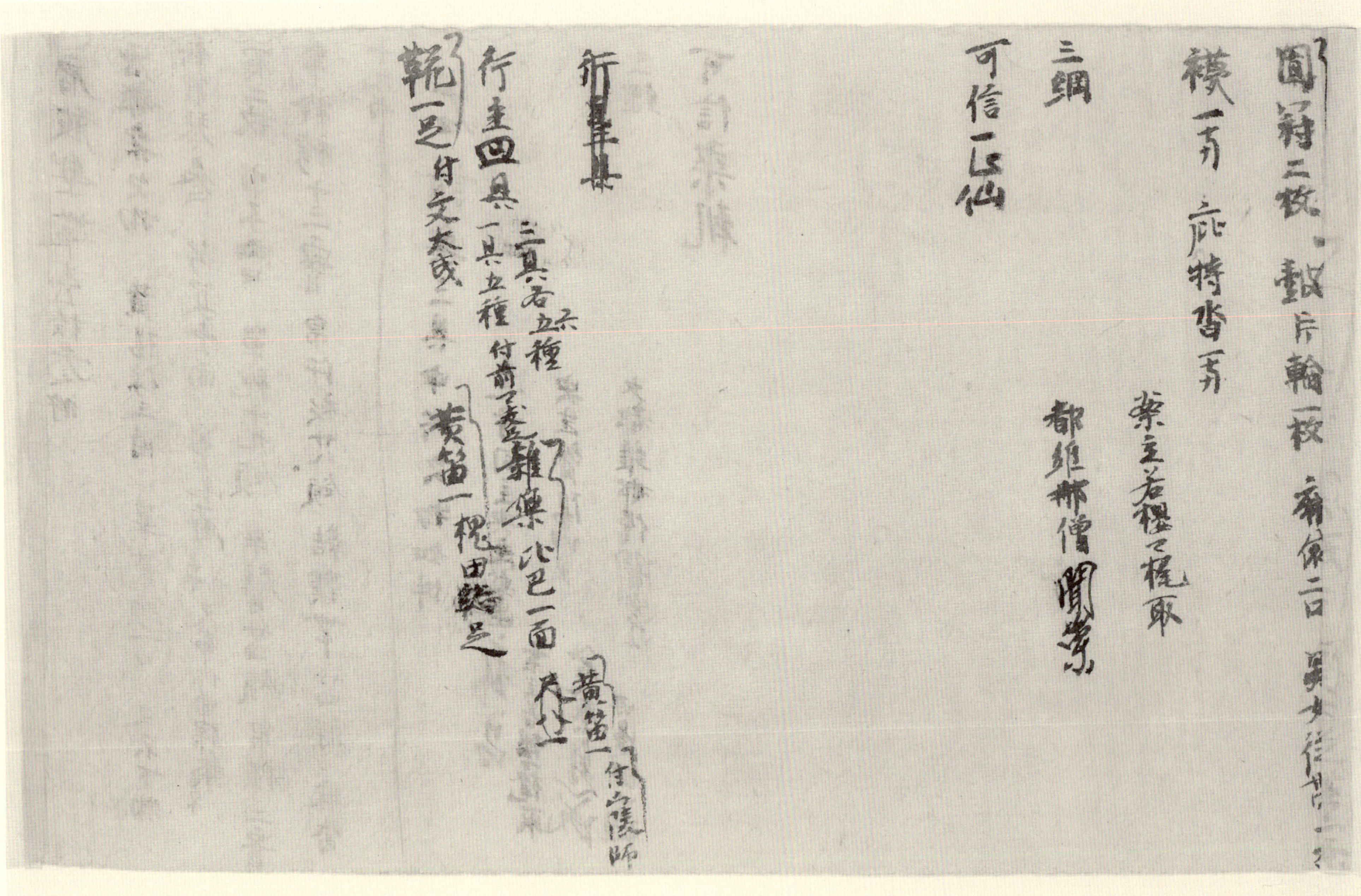

圓箱二枚　鞁片輪一枚　腰鼓二口　莫女信卅八

襆一弁　庇特皆一弁

楽主若櫻　櫻取

都維那僧　聞崇

三綱

可信一正仙

行基午具

行主四具　一具五種　二具各五六種　付前了麦比

雜楽　水巴一面　天平

黄笛一　付山陽師

靴一足　付文太成

黄笛一　櫻田錦足

1　　2

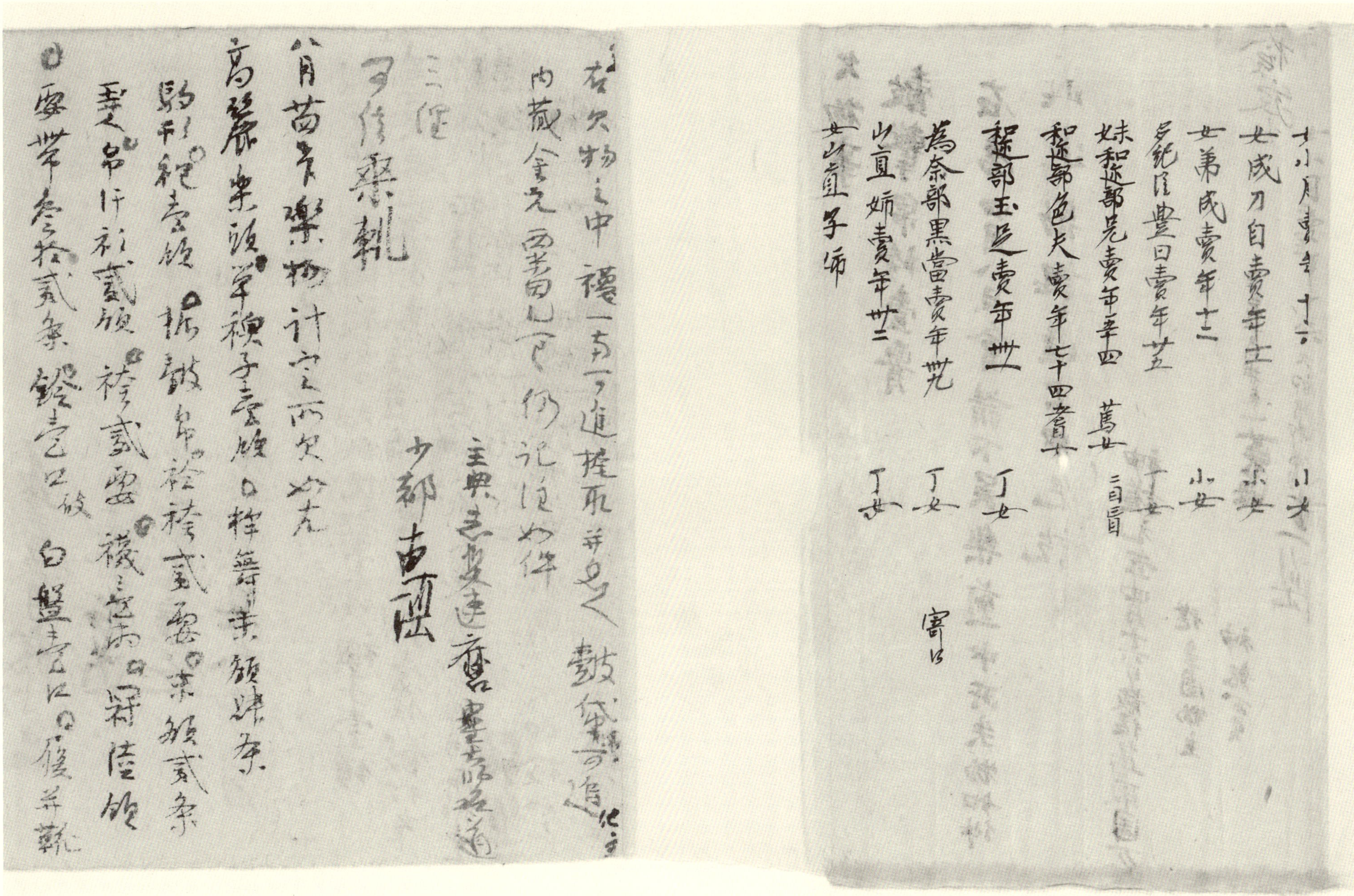

5 485～487　　1 324～325

○蛮茸参拾貳筒 銘壹口 白盤壹口 俵并鞆

○中楽鉗打袴参要 □三堂袴壹要 宗吡楽布衫一

不譜下

○帝竹鞆貳拾伍筒 ○蛮茸貳拾伍筒 鞆廿五口

方繖菩䒷老物

古楽伎陳楽衣服貳六 ○蛮茸捌要 鞆捌両

草鞋拾玖両

右比校対帳両欠物得但堅利久志詞

度皆不精下

三俚

○信乗靴

主興志些度来日
中会古師名迄
多都恵家 息成
　　　　恵瑩

◁未収

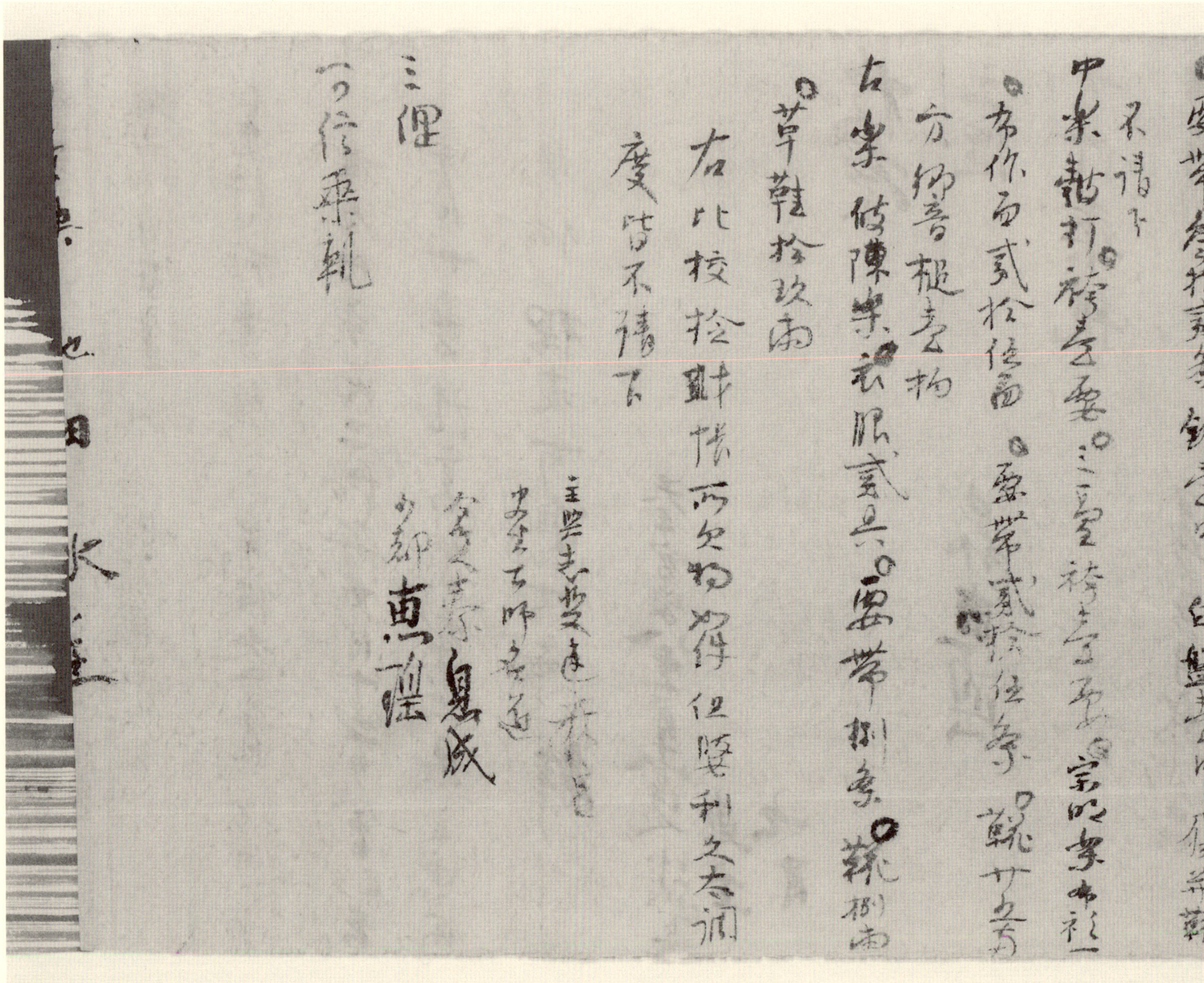

続修別集

第三十八巻　裏

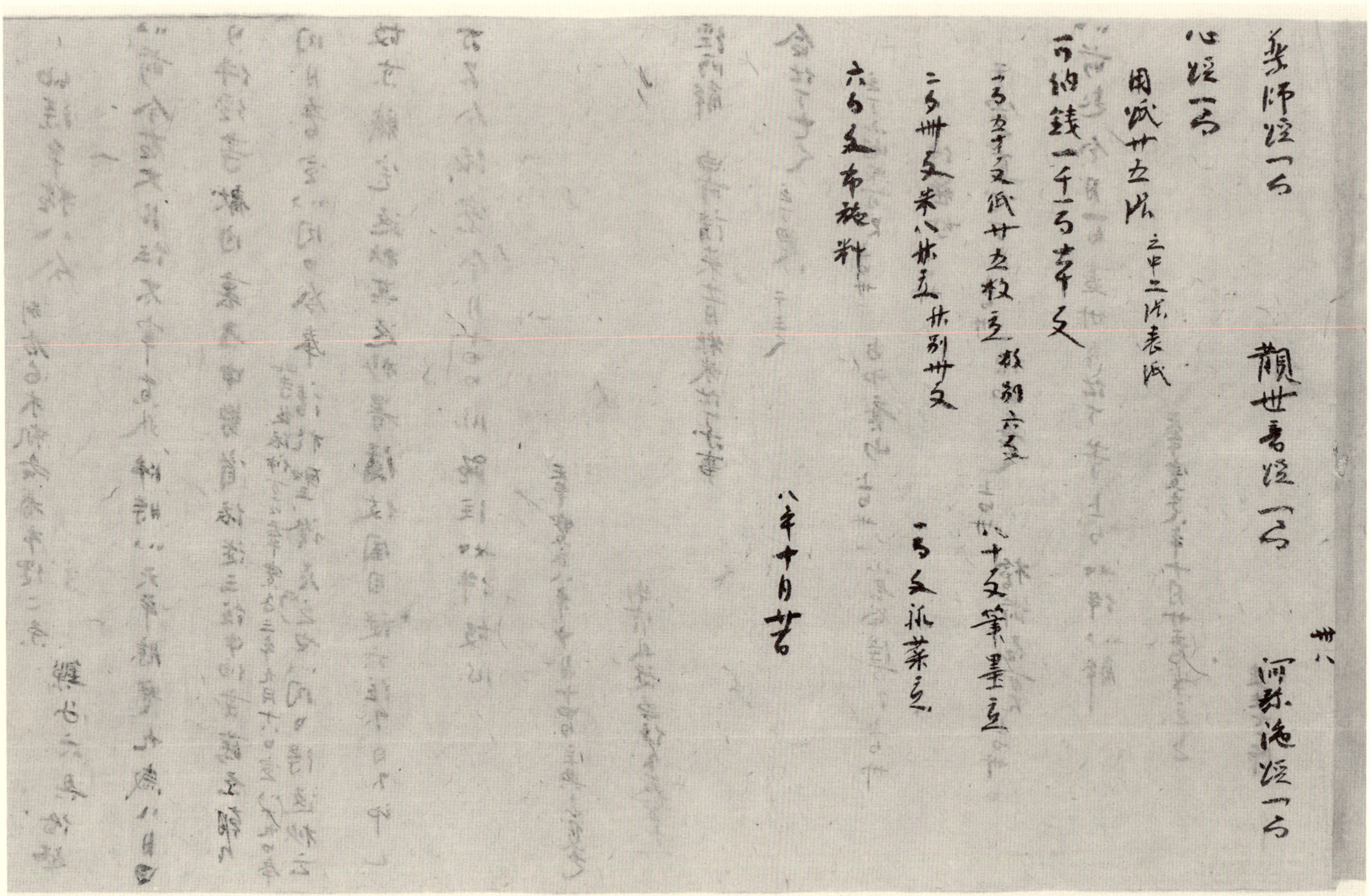

薬師経一巻　観世音経一巻　阿弥陀経一巻　卅八
心経一巻
用紙廿五張　之中二張表紙
可納銭一千一百廿文
一百五十文紙廿五枚直　枚別六文
二百卌文米八斗直　斗別卅文
一百文水菜直
八十文筆墨直
六百文布施料
八年十月廿日

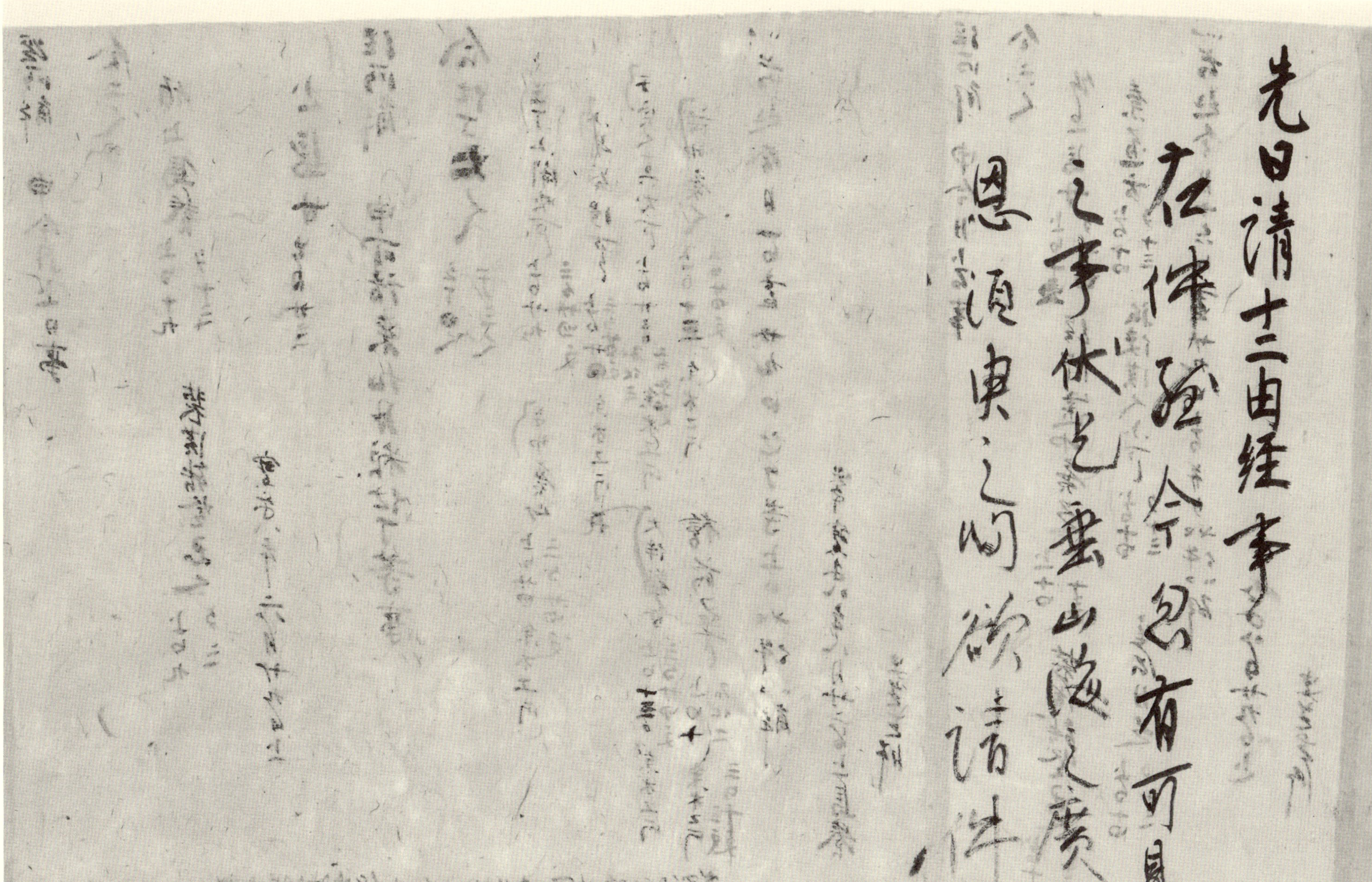
先日請十二由経事
右件経今忽有可見
之事伏乞垂山海之廣
恩須臾之間欲請件

22
58

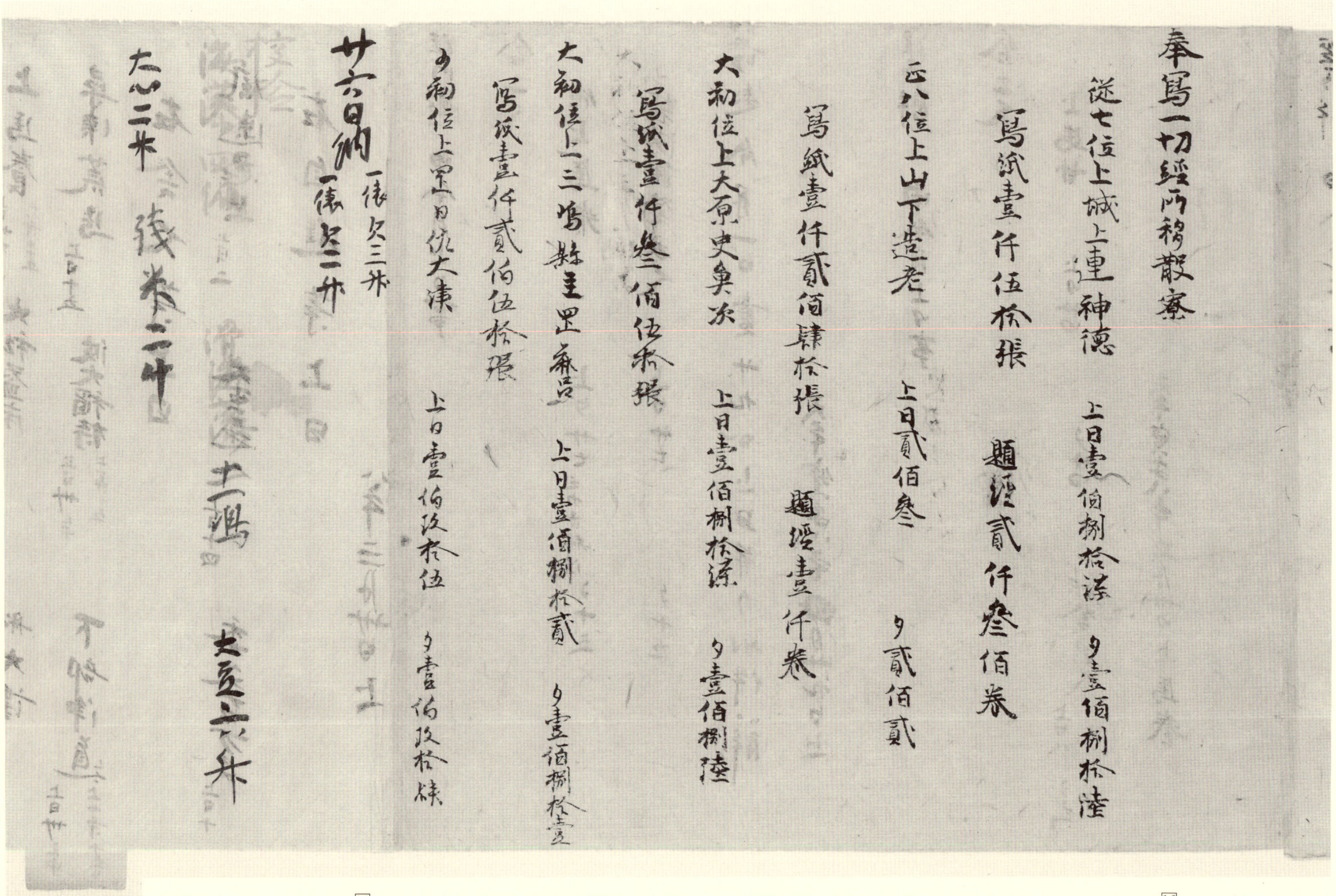
奉寫一切經所移散寮
従七位上城上連神徳
寫紙壹仟伍拾張
題經貳仟參佰卷
上日壹佰捌拾漆
夕壹佰捌拾漆
正八位上山下造老
寫紙壹仟貳佰肆拾張
題經壹仟卷
上日貳佰參
夕貳佰貳
大初位上大原史奥次
寫紙壹仟參佰伍拾張
上日壹佰捌拾漆
夕壹佰捌拾陸
大初位上三嶋縣主黒麻呂
寫紙壹仟貳佰伍拾張
上日壹佰捌拾貳
夕壹佰捌拾壹
少初位上黒日佐大津
上日壹佰玖拾伍
夕壹佰玖拾
廿六日納
一俵欠三升
一俵欠二升

20
325〜326

16
4

1

寶字七年十二月
八日下疏帙四枚
右依葛井判官宣借用上山寺悔過所
法經臺一前
右
上馬養

5
463

続修別集

第四十巻　裏

天平勝寳元年八月以来上日
史生二人
大初位上志斐連麻呂
八月日十四夕十五
阿刀連酒主
八月日廿六夕廿五　九月日卅夕廿六　十月日廿二夕廿　十一月日十五夕十三自餘大嘗所十二　十二月日廿六夕廿七
勝寳二年正月日十八夕十六　二月日十七夕十六　三月日廿二夕廿二　四月　五月日四夕三
六月日廿二夕廿
天平〔　　〕大鳥連高人
供奉礼仏上日百八十　行事一千十二

无位下大嶋連高人　上日百八十　行事一千六十二

大初位上河原倉人成　上日二百廿九　校紙六千四百五十

无位下村主道主　上日二百卅二　校紙六千五百

槇許智蟻石　上日二百四　写千百五十

爪工連家万呂　上日百十八　写一千四百

史戸大立　上日二百卅　写千廿三

他田水主　上日二百卅五　写千一百

秦家主

八月景九月十月不十二月六青吉臣五月日十九三百日廿六
三青只胃日六九月日廿五卄三月日廿七七月日廿三
三月卄胃日四五月日四廿三

池田水主
八月景九月十月
三青日廿五胃日廿三
従八位上山部花
三月卄胃日廿七五月日廿二六月日廿五
従八位上治田連石戸
上日二百卄五造七千四百九十

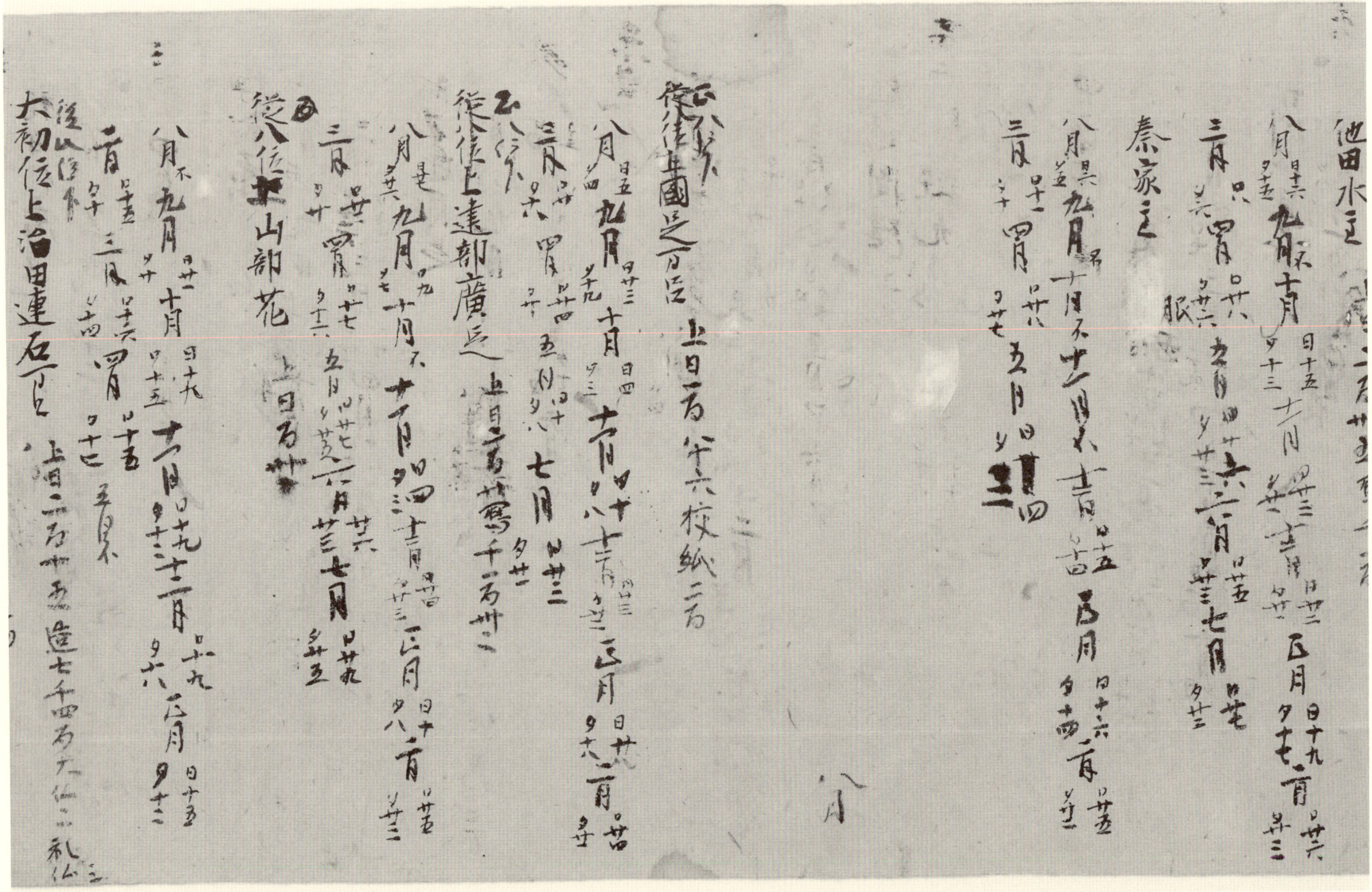

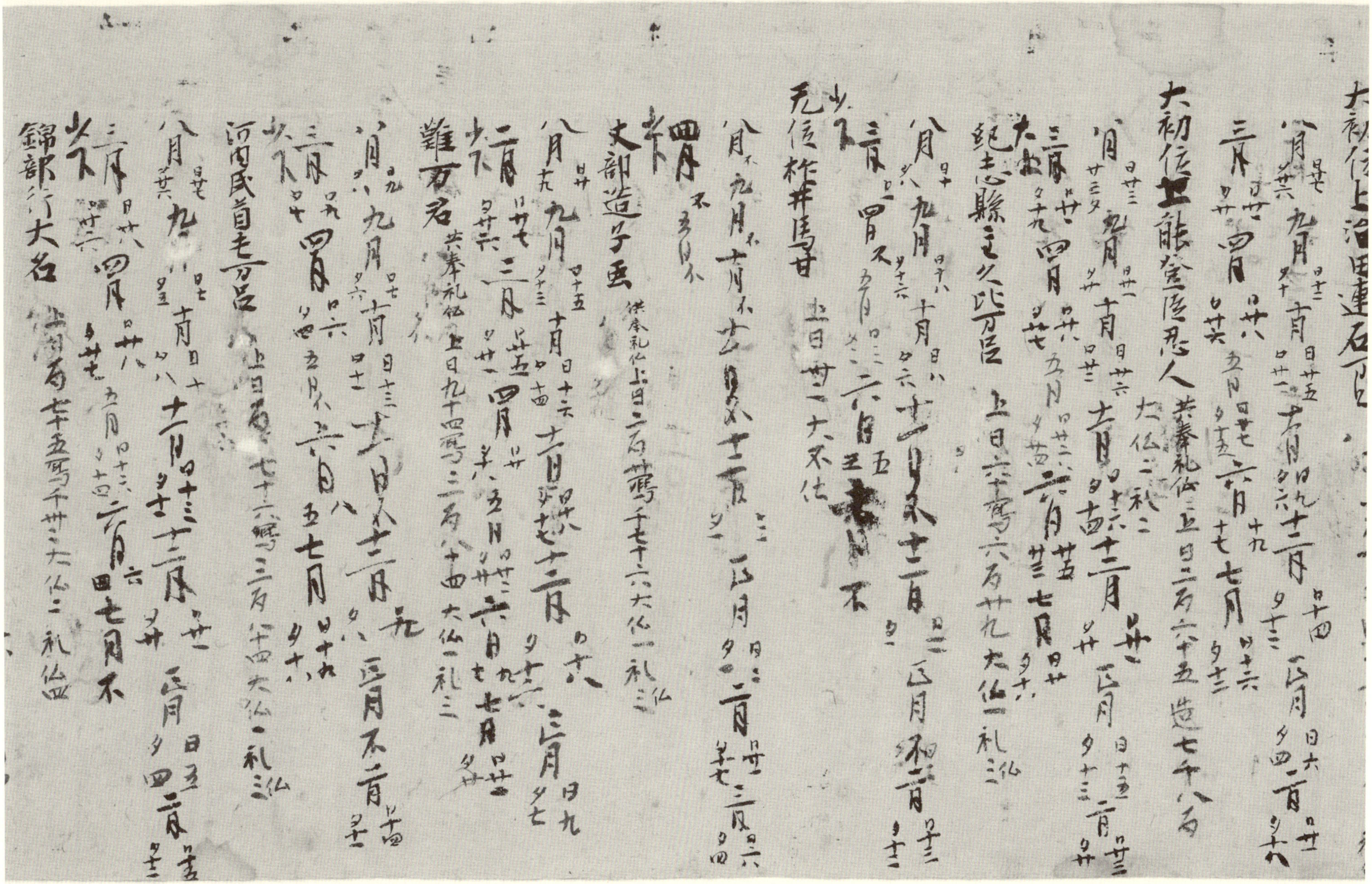

錦部弟大名

八月四日ヲ十三　廿二日ヲ十三　六月廿一礼仏
楊廣是　上日案九下四驚千石大佛一礼仏五
　廿四日ヲ十五
八月六日ヲ十七　十月廿五日ヲ廿六　二日廿二　七月廿一
　四日ヲ廿九
々備　四日ヲ廿五　九日廿九　罸不　六月廿三　夕五十二
　　三日不三脱　罸不五月承
　廿四日ヲ十九
栗田朝臣松守　上日案九下仏
　廿五日ヲ廿三
八月廿二日ヲ廿七　九月十五日ヲ廿三　自餘病周十二日卅二日不　夕十三
中臣村山連首万呂　奉礼仏正日二百十八枚七千五百大仏二礼仏宗
　　　　　廿六日ヲ廿
省苑九月廿二日ヲ廿三　六月廿三日サ十六　夕廿二日八
　廿九日ヲ廿
二月廿二　五月廿七　罸六月廿七　夕十三
　廿七日ヲ廿五
大不　河刀連足嶋　上日二若九百四十六佛一礼仏四
　　　　　　　罸日廣五十七鷲四万廿八仏一礼仏
倭史久過
　不廿
八月十八　九月十三日ヲ廿六　五月十四日ヲ十五　正月夕六
　廿三日ヲ十五　　
宿居正罸買廿六　五月十三　夕十三
　　　　　夕十三
　不十三
何閇廣人　共奉礼仏盤目三百廿三鷲六石八十礼仏一
　九月廿六　十月廿七　十二月十三　正月廿二
　廿九日ヲ廿

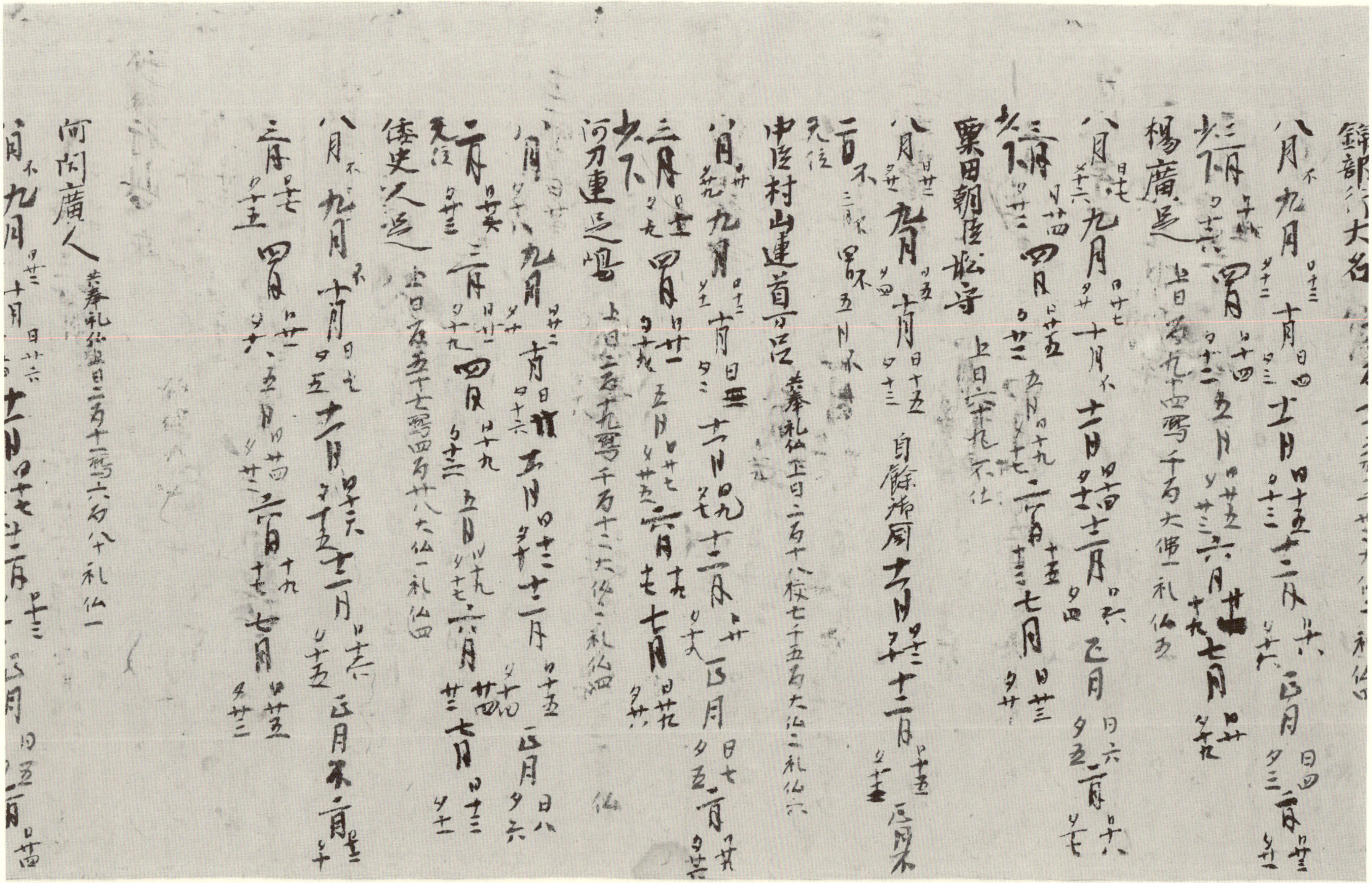

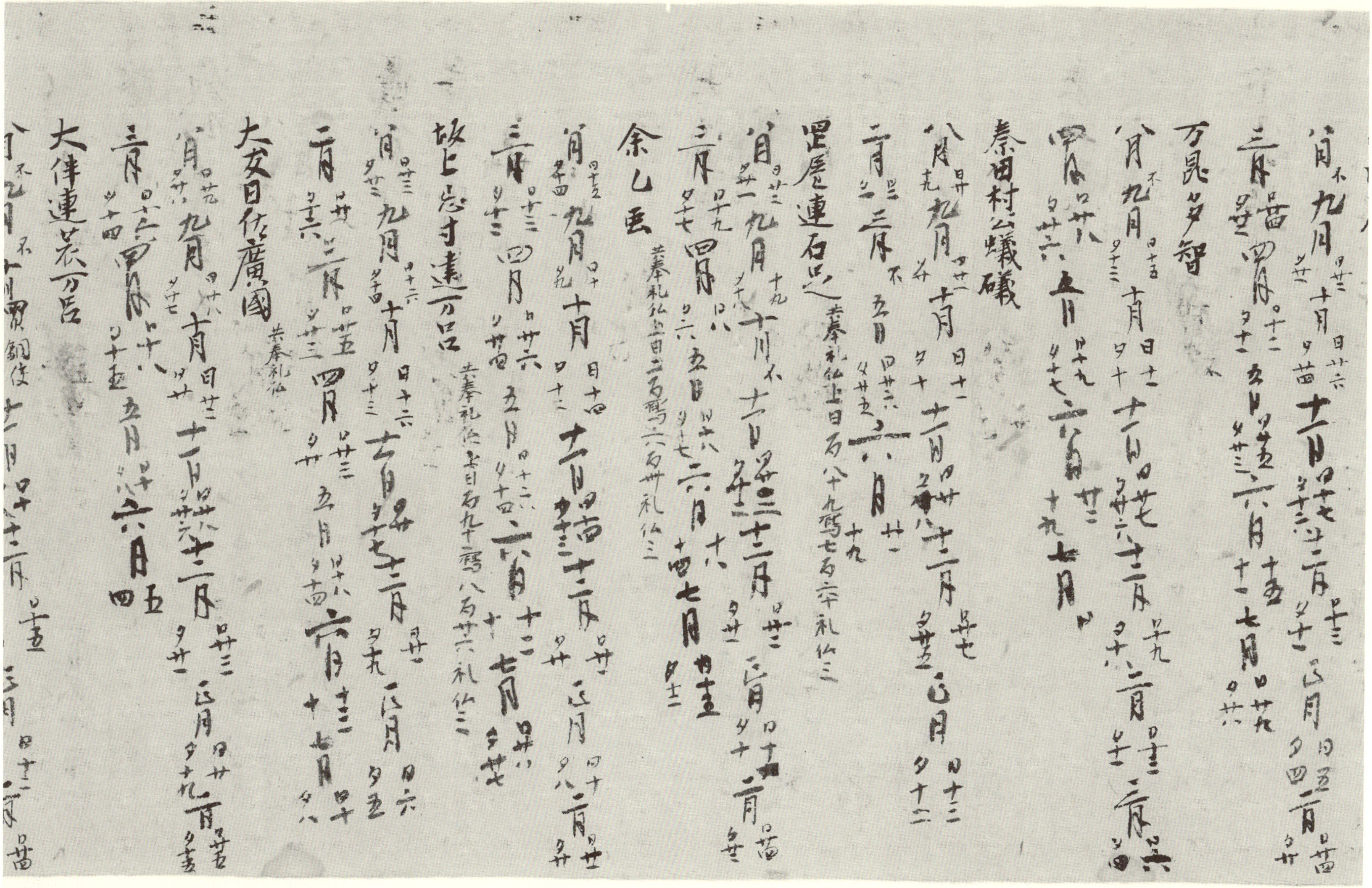
万昆多智
置始連石足
大友日佐廣國

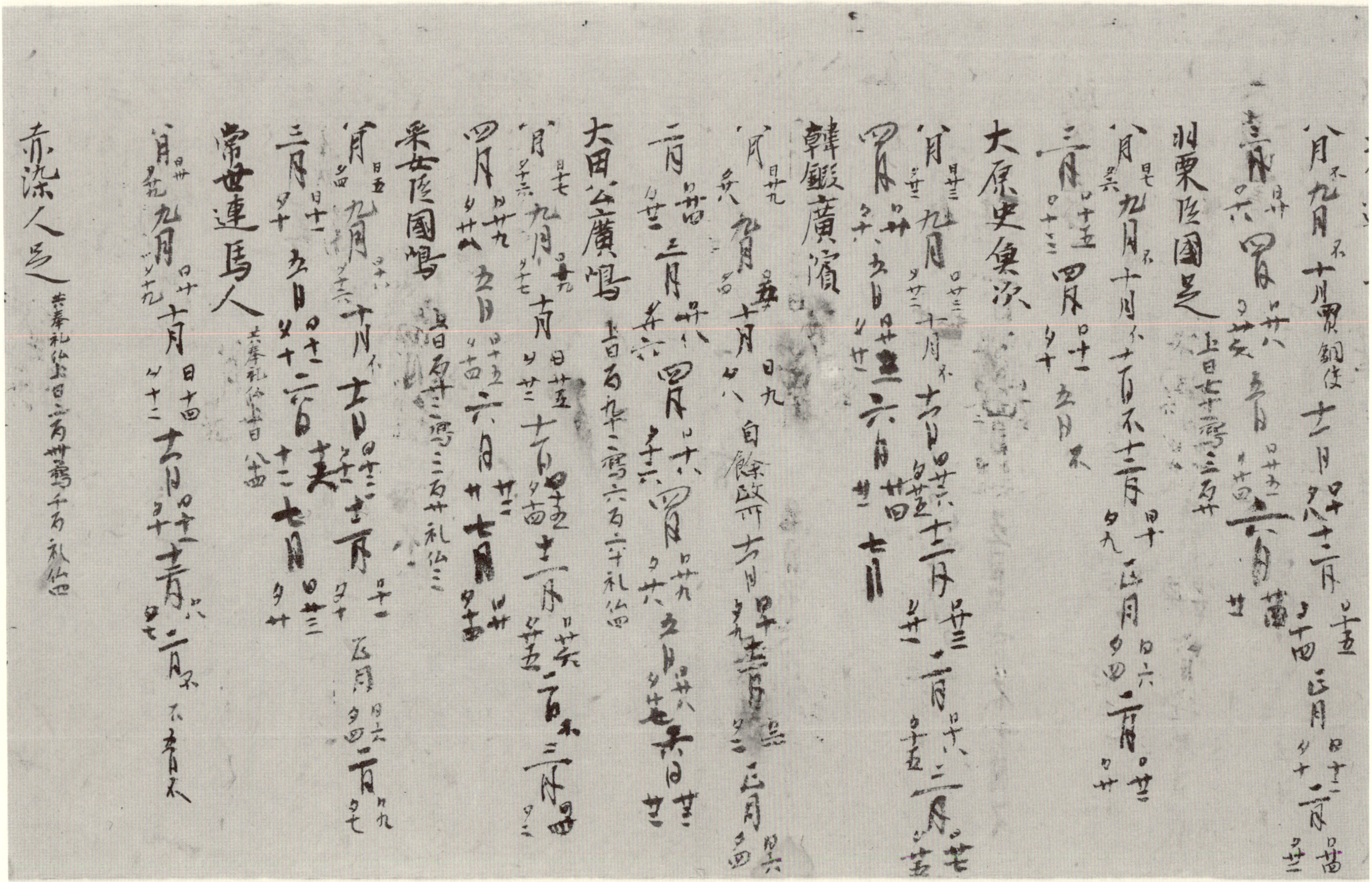
羽栗臣国足
大原史魚次
韓鍛廣濱
大田公廣嶋
釆女臣国嶋
常世連馬人
赤染人足

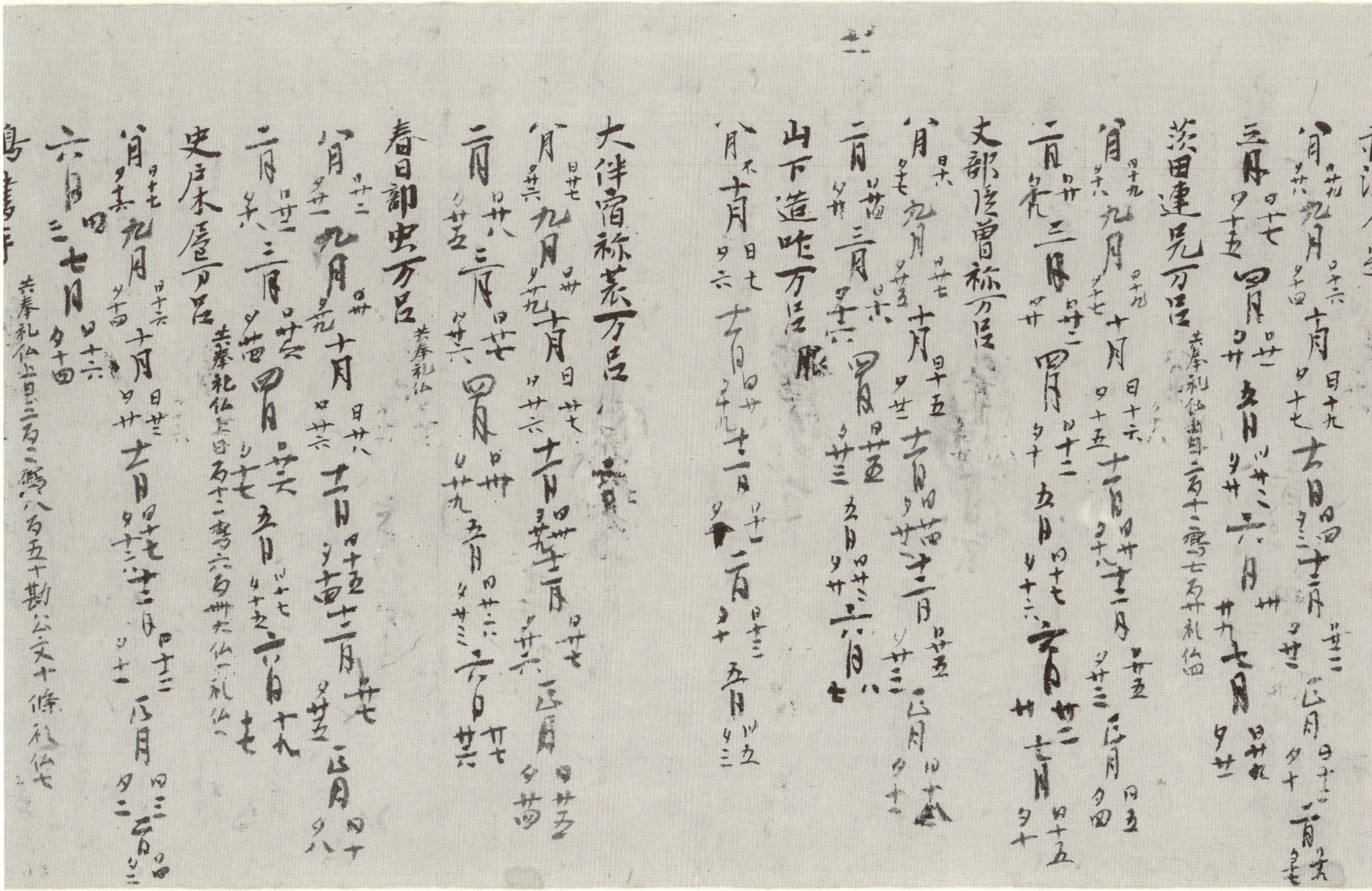
茨田連兄万呂
山下造咋万呂
大伴宿祢蓑万呂
春日部虫万呂

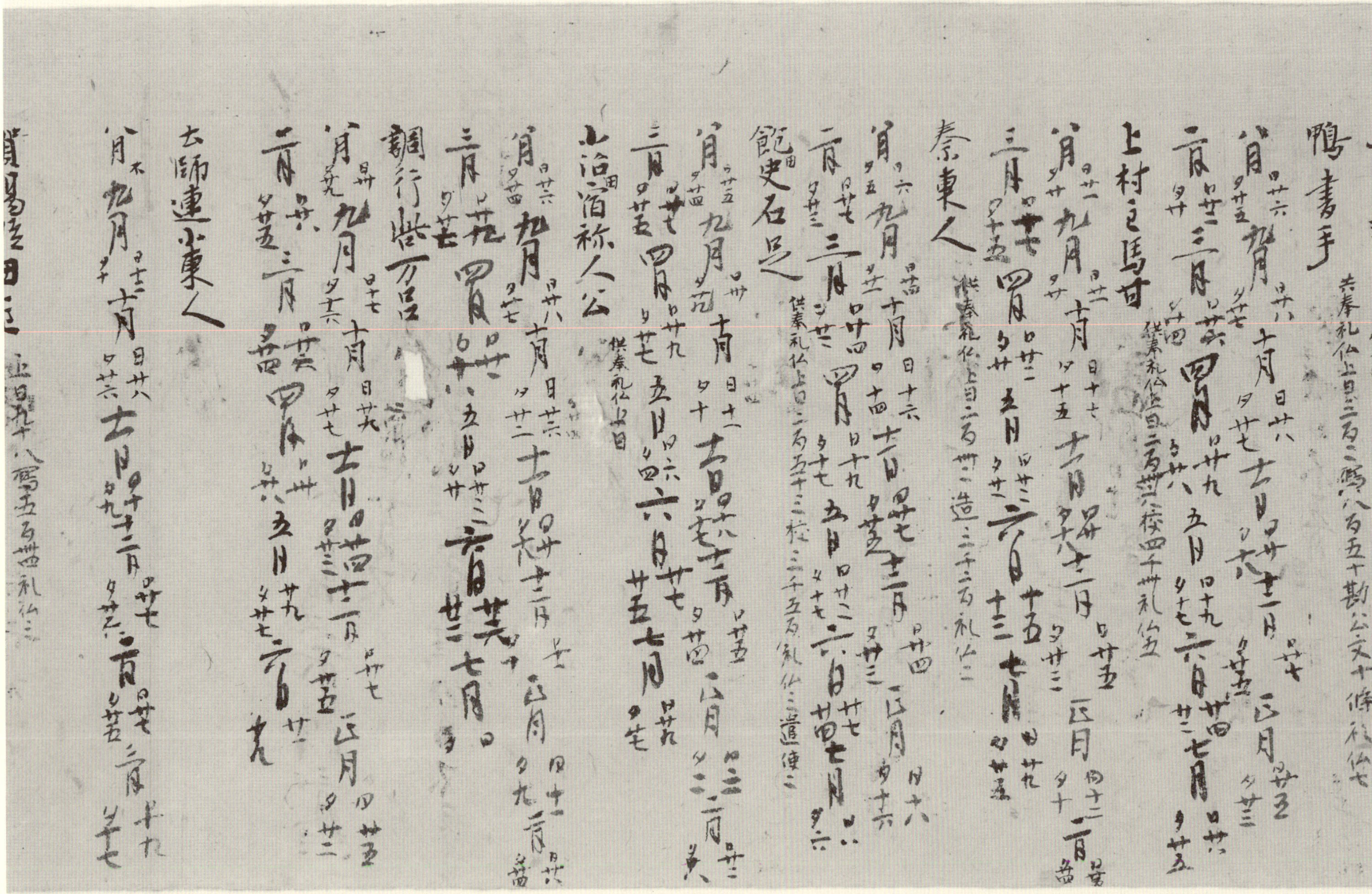

鴨書手
六奉礼仏上日二百二宿八百五十勘公文十条礼仏七
八月 日廿六 夕廿五 九月 日廿八 夕廿七 十月 日廿八 夕廿七 十一月 日廿 夕六 十二月 日廿七 夕廿五 正月 日廿五 夕廿三
二月 日廿二 夕廿 三月 日廿六 夕廿四 四月 日廿九 夕廿八 五月 日十九 夕十七 六月 日廿四 夕廿二 七月 日廿六 夕廿五
供奉礼仏上日二百卅六 校四千卅 礼仏五

上村主馬甘
八月 日廿一 夕廿 九月 日廿一 夕廿 十月 日十七 夕十五 十一月 日廿 夕十八 十二月 日廿五 夕廿三 正月 日十二 夕十 二月 [illegible]
三月 日廿七 夕廿五 四月 日廿二 夕廿 五月 日廿三 夕廿一 六月 日廿五 夕十三 七月 日廿九 夕廿八
供奉礼仏上日二百卅二 造二千二百 礼仏二

秦東人
八月 日六 夕五 九月 日廿四 夕廿三 十月 日十六 夕十四 十一月 日廿七 夕廿五 十二月 日廿四 夕廿三 正月 日十八 夕十六
二月 日廿七 夕廿三 三月 日廿四 夕廿二 四月 日十九 夕十七 五月 日廿二 夕十七 六月 日廿七 夕廿四 七月 [illegible] 夕六
供奉礼仏上日二百五十三 校二千五百 礼仏二 遣使二

餽田史石足
八月 日廿五 夕廿四 九月 日卅 夕廿九 十月 日十一 夕十 十一月 日廿六 夕廿四 十二月 日廿五 夕廿四 正月 日三 夕二 二月 日廿二 [illegible]
三月 日廿七 夕廿五 四月 日廿九 夕廿七 五月 日六 夕四 六月 日廿七 夕廿五 七月 日廿九 夕廿七

山田治酒祢人公
供奉礼仏上日
八月 日廿六 夕廿四 九月 日廿八 夕廿七 十月 日廿六 夕廿二 十一月 日廿八 夕廿六 十二月 [illegible] 正月 日十一 夕九 二月 日廿六 夕廿四
三月 日廿九 夕廿五 四月 日廿 [illegible] 五月 日廿二 夕廿 六月 日廿六 夕廿三 七月 [illegible]

調行[illegible]万呂
八月 日廿 夕十九 九月 日十七 夕十六 十月 日廿八 夕廿七 十一月 日廿四 夕廿三 十二月 日廿七 夕廿五 正月 日廿五 夕廿三
二月 日廿六 夕廿五 三月 日廿五 夕廿四 四月 日卅 夕廿六 五月 日廿九 夕廿七 六月 [illegible]

太師連小東人
八月 日十二 夕十 九月 日廿八 夕廿六 十月 [illegible] 十一月 日廿七 夕廿六 十二月 日廿七 夕廿五 二月 日廿九 夕廿七

[illegible]田主
上日九十八 写五百卌四 礼仏三

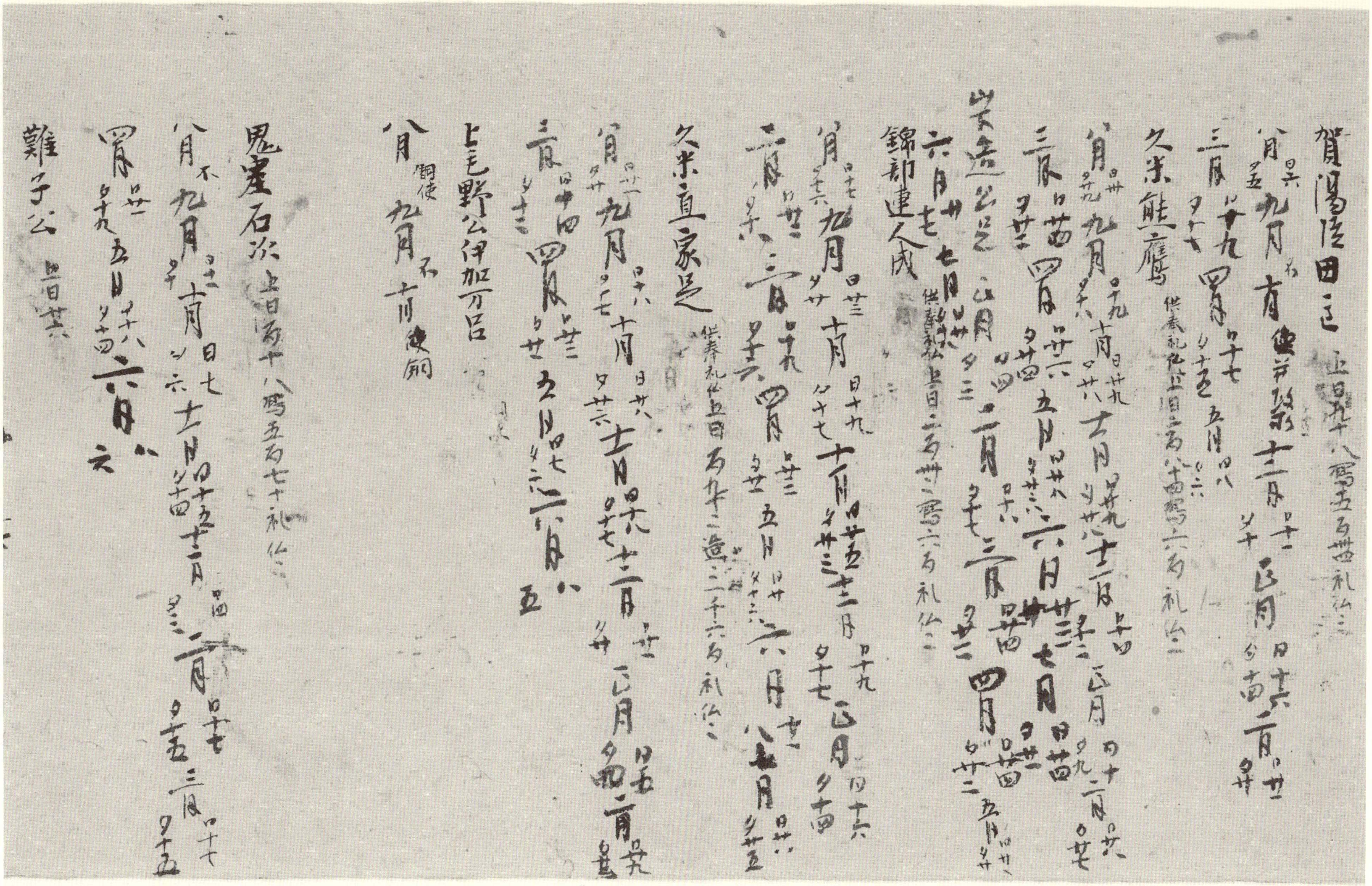
賀陽田主
久米熊鷹
錦部建人成
久米直家足
上毛野公伊加万呂
鬼室石次
難子公

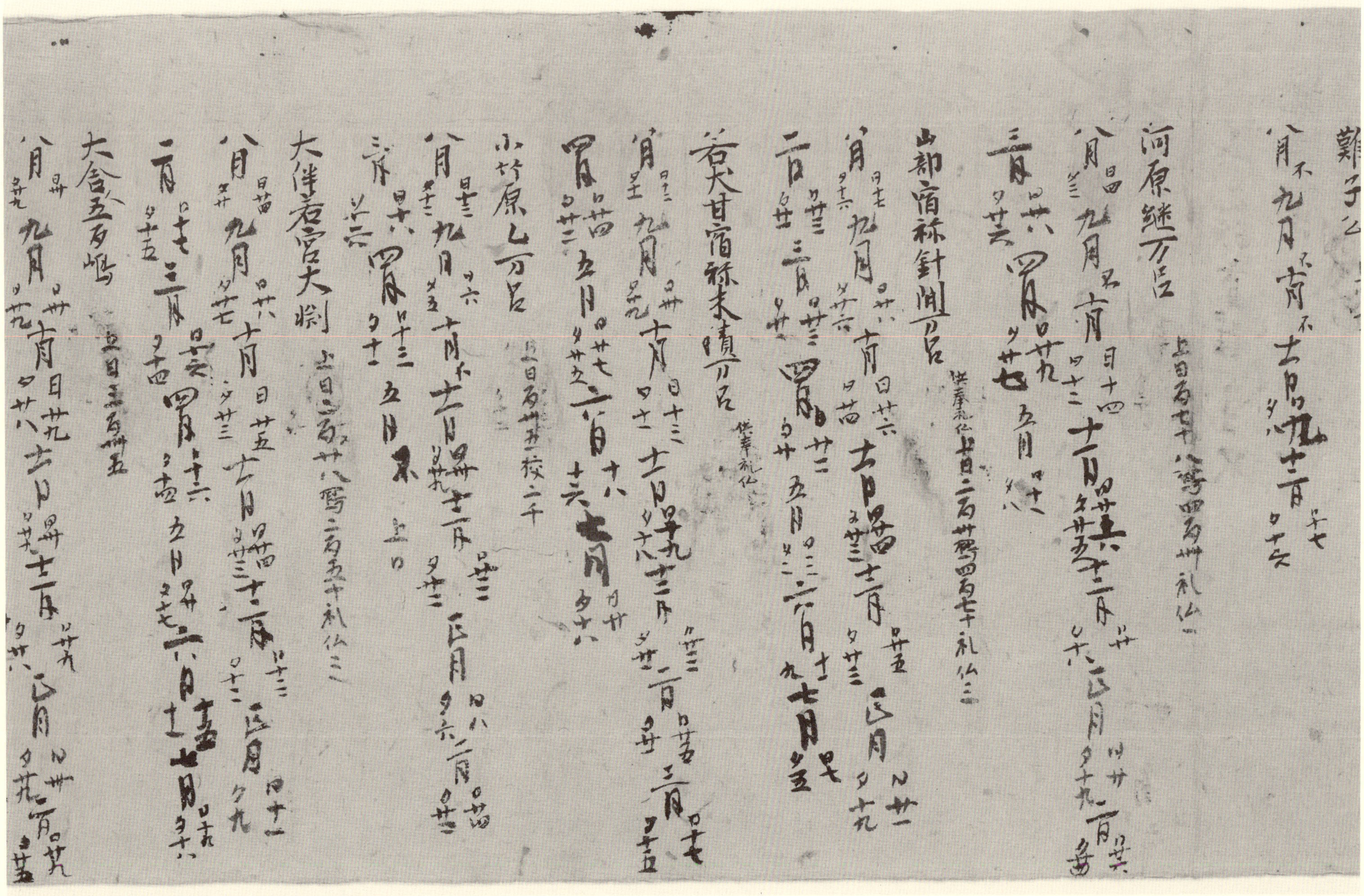

上日百七十　八写四百卅礼仏一
河原継万呂
供奉礼仏　上日二百　写四百七十礼仏三
山部宿祢針間万呂
若大甘宿祢末積万呂
供奉礼仏
上日百卅五　校二千
小竹原乙万呂
大伴若宮大淵
大舎人五百嶋

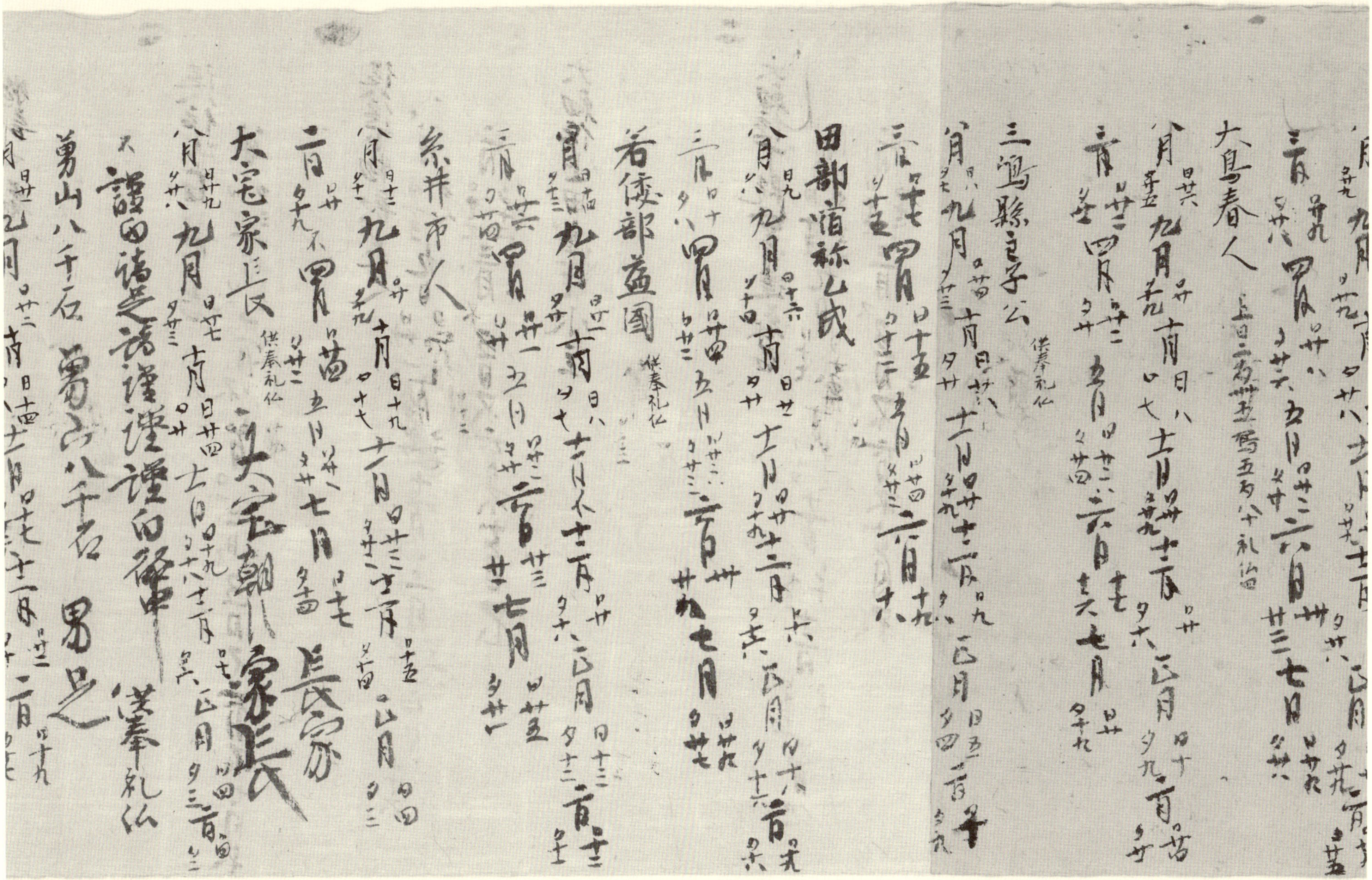

大鳥春人

三嶋縣主子公　供奉礼仏

田部宿祢山成

若倭部益國　供奉礼仏

糸井市人

大宅家長　供奉礼仏

勇山八千石

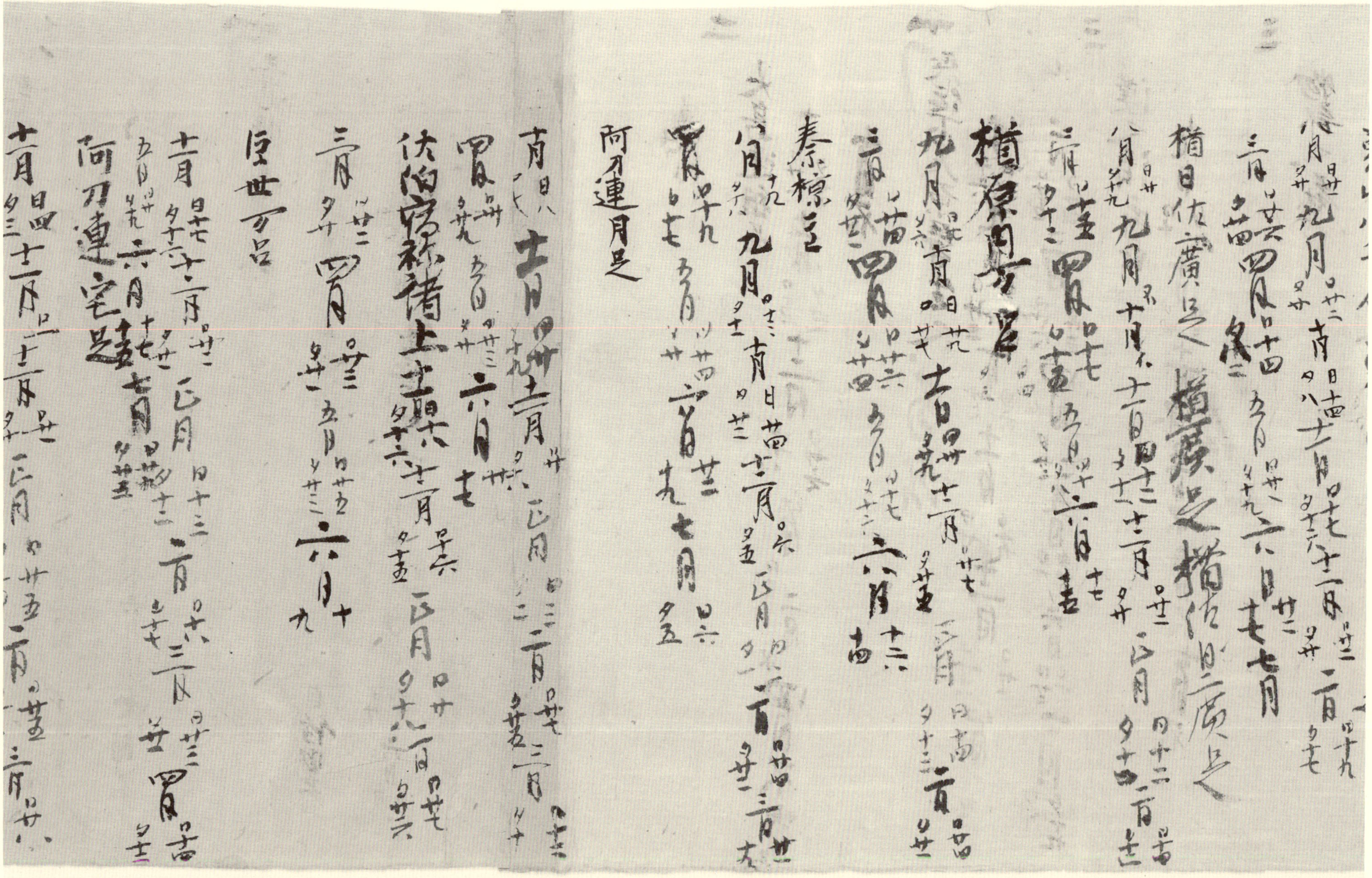

十月廿四日下廿二日下
買廿三下廿二月廿四三月
阿倍長田郷戸買正月廿四
五月廿九七月廿七
忍坂友依正月廿廿
五月廿六月廿
旦裳下 買廿廿廿六月廿七
紀国糖 買廿九
上毛野家継 買廿 六月廿七
太石諸首 四日 廿
雀部知智 買廿 三月廿三
足大津 買廿 五月廿六月廿三
井川馬甘 買廿 五月廿四六月廿六

弐部者
薩孫美努松長 買廿

无位鬼室小東人

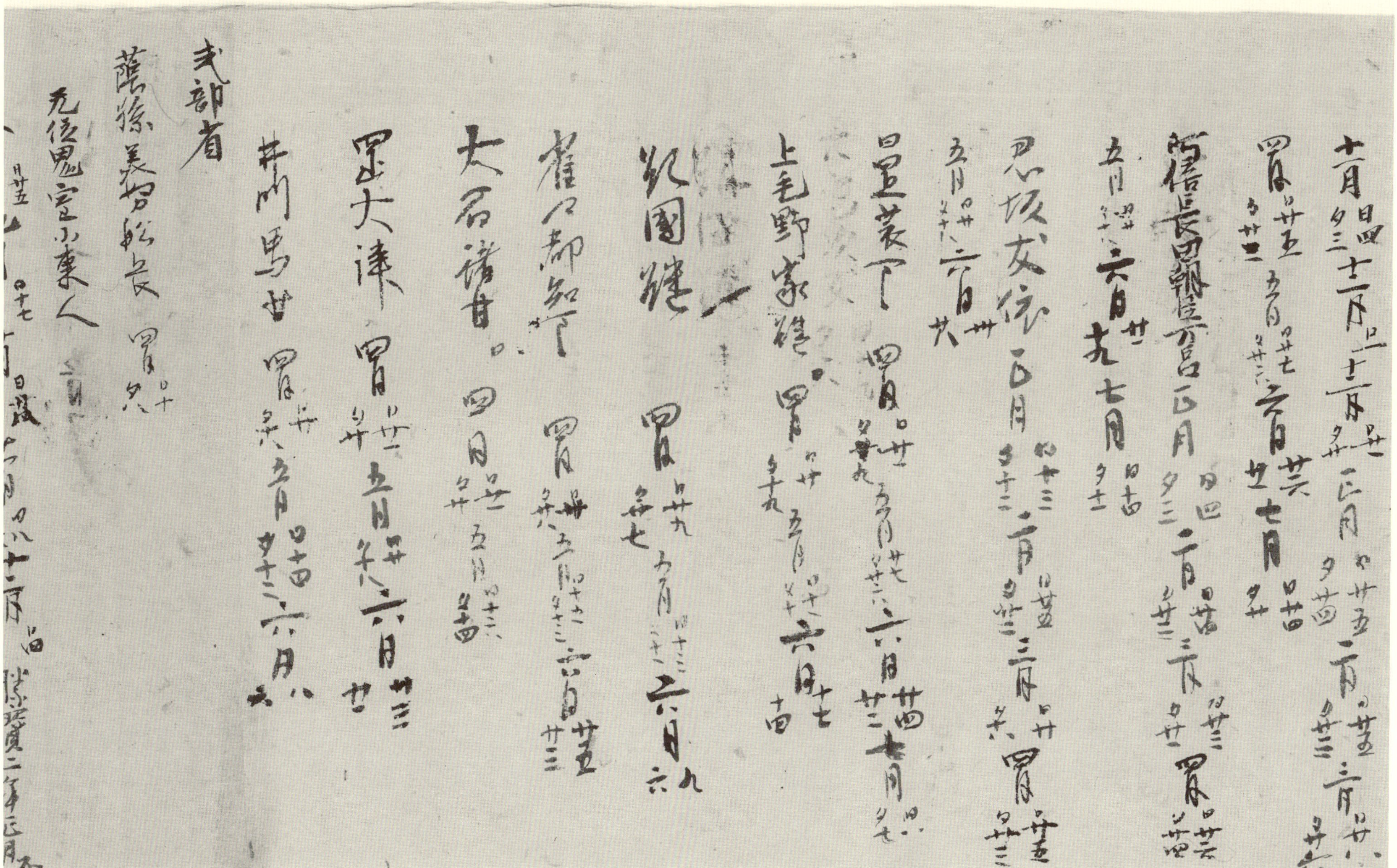

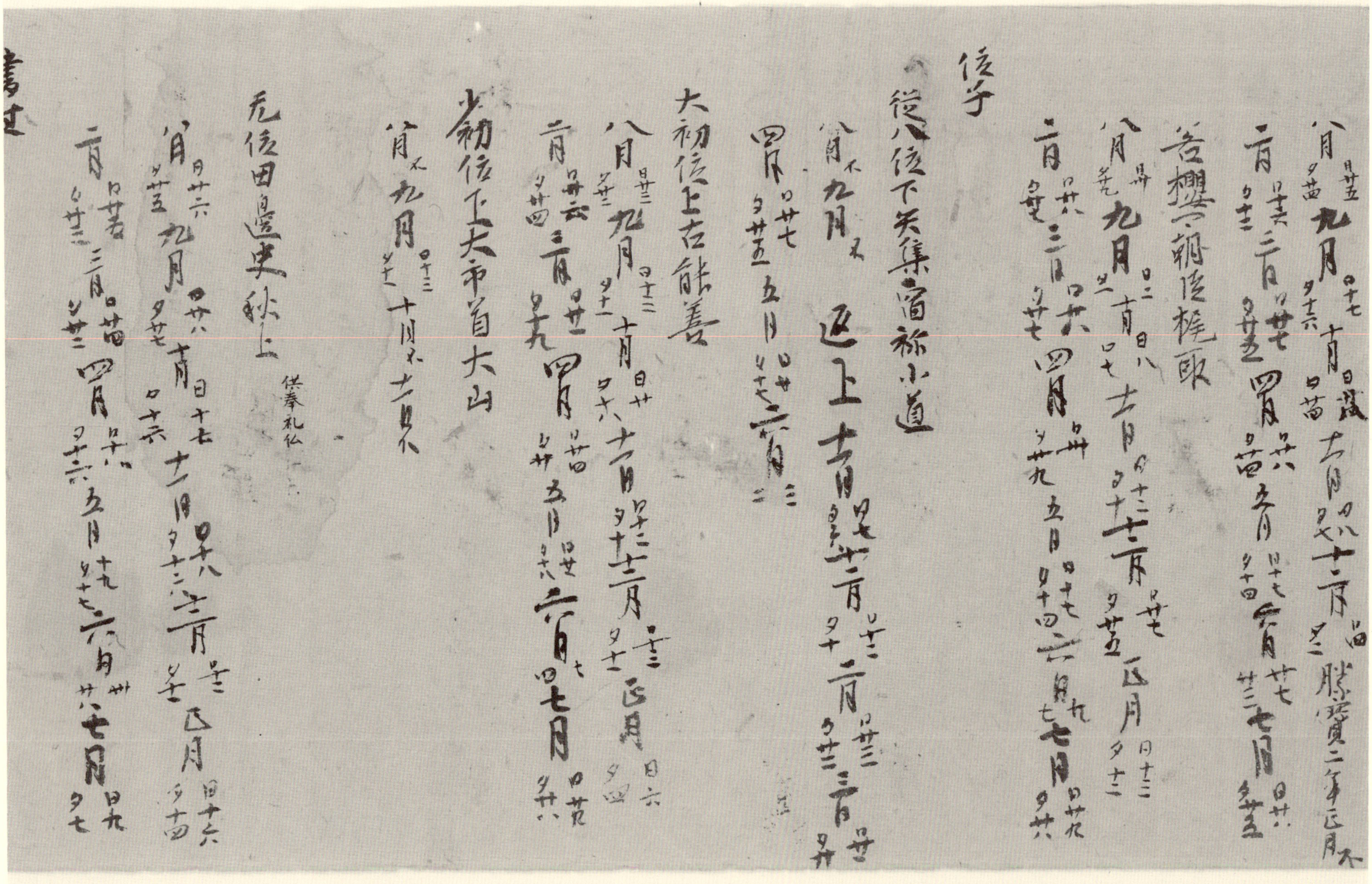
若櫻部朝臣梶取
位子
従八位下矢集宿祢小道
大初位上古能善
少初位下大市首大山
无位田邊史秋上
供奉礼仏

書生
正八位下[illegible]宇万呂　十二月　日廿　夕廿
八月日廿二夕十二　九月日廿六夕廿三　十月日五夕四　十一月日廿三夕十三　十二月日九夕八　勝寶二年
正月日六夕四　二月不　三月日十三　四月日廿六夕十五　五月日廿三夕廿　六月日十八十二　七月日廿三夕廿
從八位上錦部小豆公万呂
八月日十四夕十三　九月日十五夕十　十月不　十一月日廿六日四　十二月日廿夕十二　二月日五夕三
四月日十七夕五　五月日十七夕十四　六月日八　七月日廿夕廿
從八位下史戸足人　供奉礼仏
八月日十二夕十一　九月日廿一夕十　十月日四夕三　十一月日廿一夕廿　十二月日廿四夕廿一　勝寶二年
正月日十四夕十三　二月日廿三夕三　三月不　五月日八夕七　六月日十七夕十五　七月日廿夕廿
餘惠万呂　供奉礼仏
八月不　九月日十一夕十　十月日十一夕十　十一月日廿夕廿八　十二月日廿七夕廿五　正月日廿五夕廿三
二月日十六夕十四　四月日廿一夕廿　五月日廿九夕廿六　六月日十一十　七月日廿四夕廿三
馬史道足
八月不　九月不　十月不　十一月　十二月日十六夕十四　二月不
大初位上黄文公万呂
八月日十八夕十七　九月日廿夕十九　十月日九夕八　十一月日廿夕十九　十二月日十三夕十二　正月日九夕七　二月日廿一夕九
三月日十三夕十二

大初位下秦咩弟兄

八月不　十月日十三 夕十三　十一月日十一 夕九　十二月日八 夕七　正月日三 夕二　二月日十四 夕十三

三月日十六 夕十四　四月日十四 夕十二　五月日十七 夕十

散位

正七位下勝廣埼　供奉礼仏

八月日十 夕九　九月日廿三 夕廿　十月日廿六 夕廿三　十一月日十八 夕十七　十二月日廿三 夕廿　正月日二 夕一　二月日十六 夕十五

三月日廿六 夕廿四　四月日卅 夕廿九　五月日廿八 夕廿六　六月日十七 夕十六　七月日廿三 夕廿

従七位下達沙牛甘　賑

八月日八 夕七　九月日十八 夕十　十月日十八 夕十七　十一月日十九 夕十六　十二月日十三 夕十二　二月日卅 夕廿　三月日十九 夕十七

四月日廿 夕十八　五月日廿二 夕廿　六月日十七　七月日廿 夕廿

秦常秋庭

八月日十七 夕十六　九月　十月不　十一月不　十二月日三　二月日廿七 夕廿　三月日十九 夕十七　四月日十七 夕十七

五月日廿六 夕廿三　六月日十六　七月日廿五 夕廿三

正八位上三嶋縣主宗万呂

八月不　九月日廿六 夕廿四　十月日五 夕四　十一月不　十二月日十九 夕十七　正月日二 夕一　二月日十四 夕十三

三月日廿 夕廿　四月日卅 夕廿　五月日廿七 夕廿六　六月日廿六 夕廿四　七月日廿七 夕廿四

忍海原連廣次　賑

[illegible]

4

九月日十三夕十一 十月日廿五夕廿五 十一月日廿夕廿 十二月日廿夕七 一月日廿四夕廿三 六月日三夕二 七月
日卅 夕十六
正八位下山邊公諸君
八月不 九月不 十月不 十一月不 十二月日四夕三 一月不 四月日廿夕廿六 七月日卅夕卅六
大島連祖足
八月日十夕九 九月日四夕三 十月日六夕五 十一月日廿九夕廿八 十二月日廿四夕廿三 正月日十三夕十一
二月日廿三夕十三 三月九 七
從八位上物部人万呂 供奉礼仏
八月不 九月日九夕十八 十月日十六夕十四 十一月日廿五夕十三 十二月日廿五夕四 一月日七夕六 二月日卅三夕卅
三月日廿三夕廿 四月日五夕四 五月日十四夕十三 六月不
從八位下実原忌寸虫人
八月早 九月日十四夕十三 十月日廿七夕廿五 十一月日八夕七 十二月日廿六夕廿七 正月日十四夕十三 二月日廿六夕廿
三月日廿六夕廿四 四月日十四夕十二 五月日廿七夕廿六 六月日廿夕十九 七月日廿六夕廿五
大初位上物部足人 供奉礼仏 日廿
八月日廿夕九 九月日廿五夕十三 十月日廿九夕廿七 十一月日廿一夕廿 十二月日廿三夕廿 一月 二月廿三 廿
四月日廿二夕卅 五月日廿五夕廿三 六月日廿五夕十二 七月日廿九夕廿五
田邊史水上
八月日十二夕卅 九月不 十月不 十一月日廿二 十二月日廿三夕二十 一月不

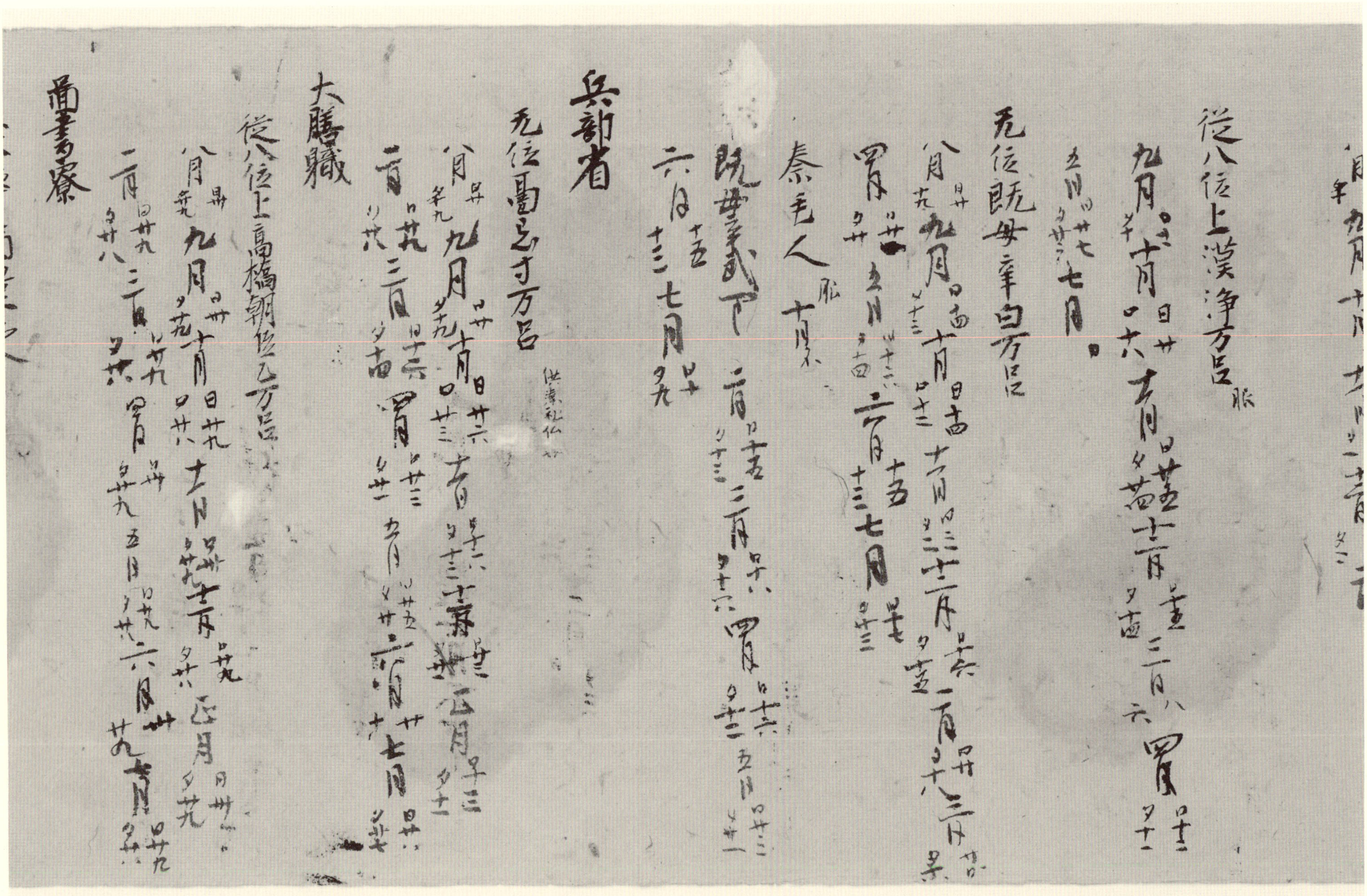
兵部省
大膳職
図書寮

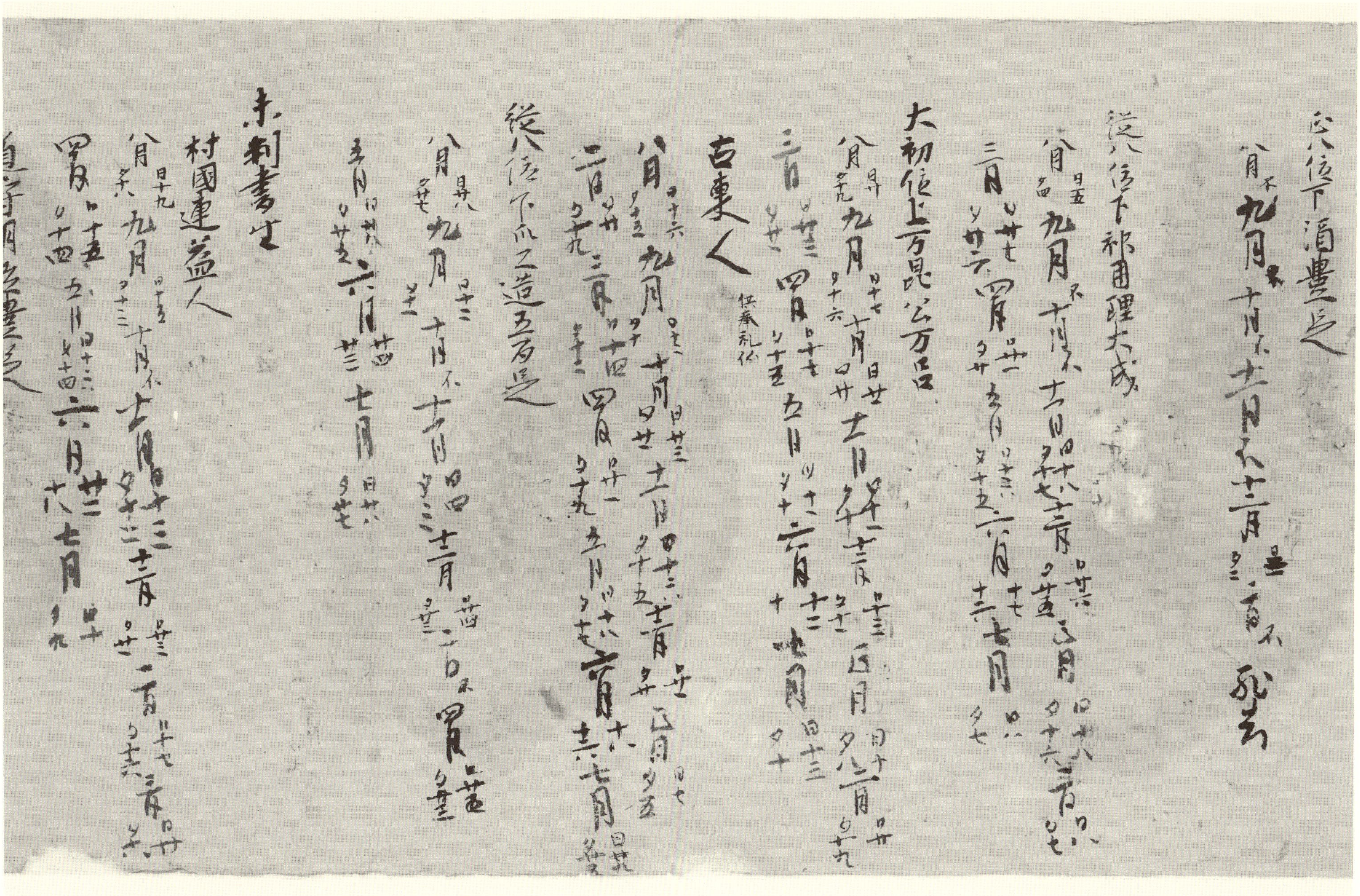
正八位下酒豊足
從八位下祢因理大成
大初位上万昆公万呂
古東人
從八位下爪工造五百足
未判書生
村國連益人

道守朝臣豊足
　日廿三　四月五日上六
　付廿二　卯月二日上二　十月廿二日七
　二月卅九卅　六月廿一　夕卅五正月五
　共三百廿八　四月卅七　五月卅　二百卅二
　　　　　　　　夕卅五　夕廿六　共十二百卌

自政所充金人
　葛田使□　五月卌十五　六月廿二　七月
　　　　　　　　　　　　　　　　夕廿

大友真䖝　五日卅十三　六日卅　三百五

村君安□　二百廿　卅七日
　　　　　　　　卅五

敦賀石川　六日卅　七月
　　　　　　　卅五　・廿三

三□里下　六日十　七日田　二百卌
　　　　　　　　　　　　夕卅二

謙守名□　六百卌

里人
忍坂痩
井上□□　六百廿
　　　　　　　　夕廿

正日価大□　二百廿三　七百
　　　　　　　　　　　　廿七

魚長真人合名　二百卌三　六百廿三
　　　　　　　　　　　　　夕廿三

井門陸馬廿　二月廿　六三百
　　　　　　　　　　　　廿五

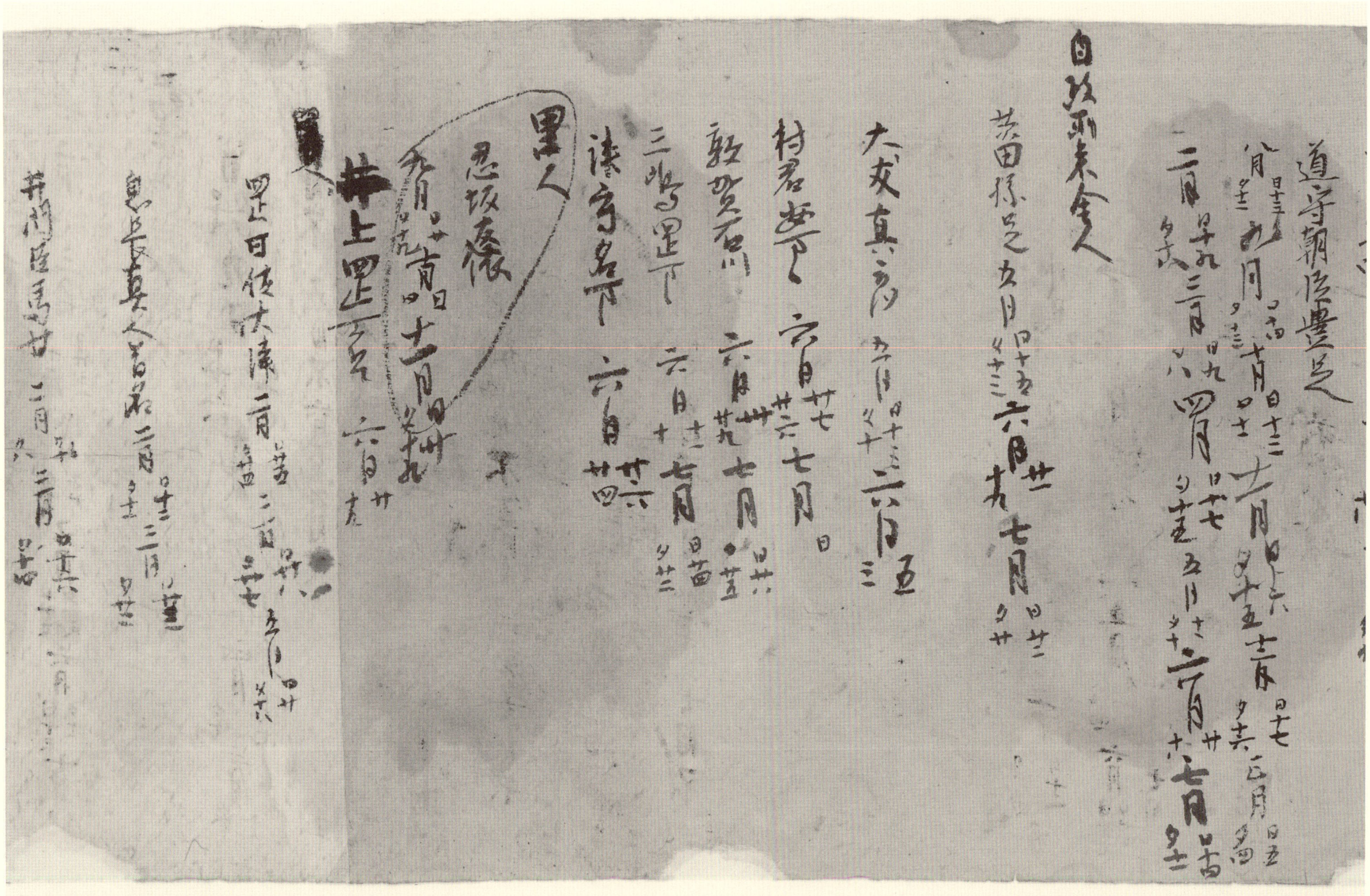

続修別集

第四十一巻 裏

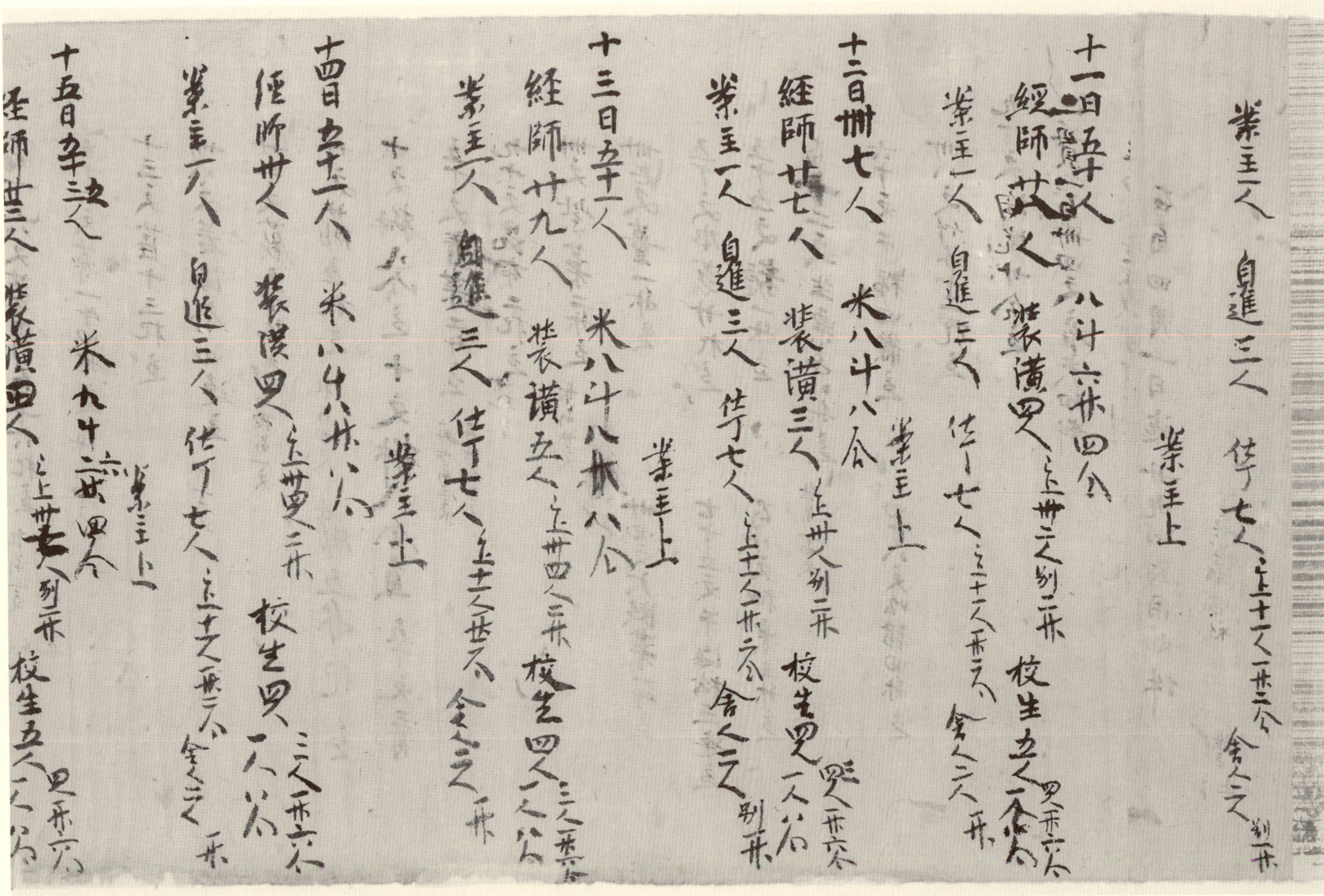
案主二人　自進三人　仕丁七人　之上十一人一升二合　舎人二人　別一升
案主上
十一日五十六人　米八斗六升四合
経師卅人　装潢四人　之上卅二人別二升　校生五人　四人一升六合　一人八合
案主一人　自進三人　仕丁七人　之上十一人一升六合　舎人二人　一升
案主上
十二日卅七人　米八斗十八合
経師廿七人　装潢三人　之上卅人別二升　校生四人　三人一升六合　一人八合
案主一人　自進三人　仕丁七人　之上十一人一升六合　舎人二人　別一升
案主上
十三日五十一人　米八斗八升八合
経師廿九人　装潢五人　之上卅四人二升　校生四人　三人一升六合　一人八合
案主一人　自進三人　仕丁七人　之上十一人一升六合　舎人二人　一升
案主上
十四日五十一人　米八斗八升八合
経師卅人　装潢四人　之上卅四人二升　校生四人　三人一升六合　一人八合
案主一人　自進三人　仕丁七人　之上十一人一升六合　舎人二人　一升
案主上
十五日五十三人　米九斗二升四合
経師卅三人　装潢四人　之上卅七人別二升　校生五人　四人一升六合　一人八合

十五日五十三人
經師卅三人 装潢四人 已上卅七人別二升 校生五人 四人一升六合 一人八合
案主一人 自進三人 仕丁七人 已上十一人別二升六合 舎人二人一升
案主上
十六日五十六人 米九十八升四合
經師卅四人 装潢四人 已上卅八人別二升 校生五人 四人一升六合 一人八合
案主一人 自進三人 仕丁七人 已上十一人二升六合 舎人二人別一升
案主上
十七日五十五人 米九十四升八合
經師卌人 装潢三人別二升 校生五人別一升六合
卅二人別二升 二人八合
案主一人 自進三人 仕丁七人 已上十一人二升六合 舎人二人別一升
案主上
十八日五十五人 米九十七升二合
經師卅二人 装潢五人 已上卅七人別二升 校生五人別一升六合
案主一人 自進三人 仕丁七人 已上十一人別二升二合 舎人二人一升
寶龜二年七月十八日案主上
十九日五十四人 米九十五升二合
經師卅一人 装潢五人 已上卅六人別二升 校生五人別一升六合
案主一人 自進三人 仕丁七人 已上十一人別二升六合 舎人二人別一升
廿日五十六人 米九十八升八合
經師卅三人 装潢四人 已上卅七人別二升 校生六人別一升六合
案主 上馬養

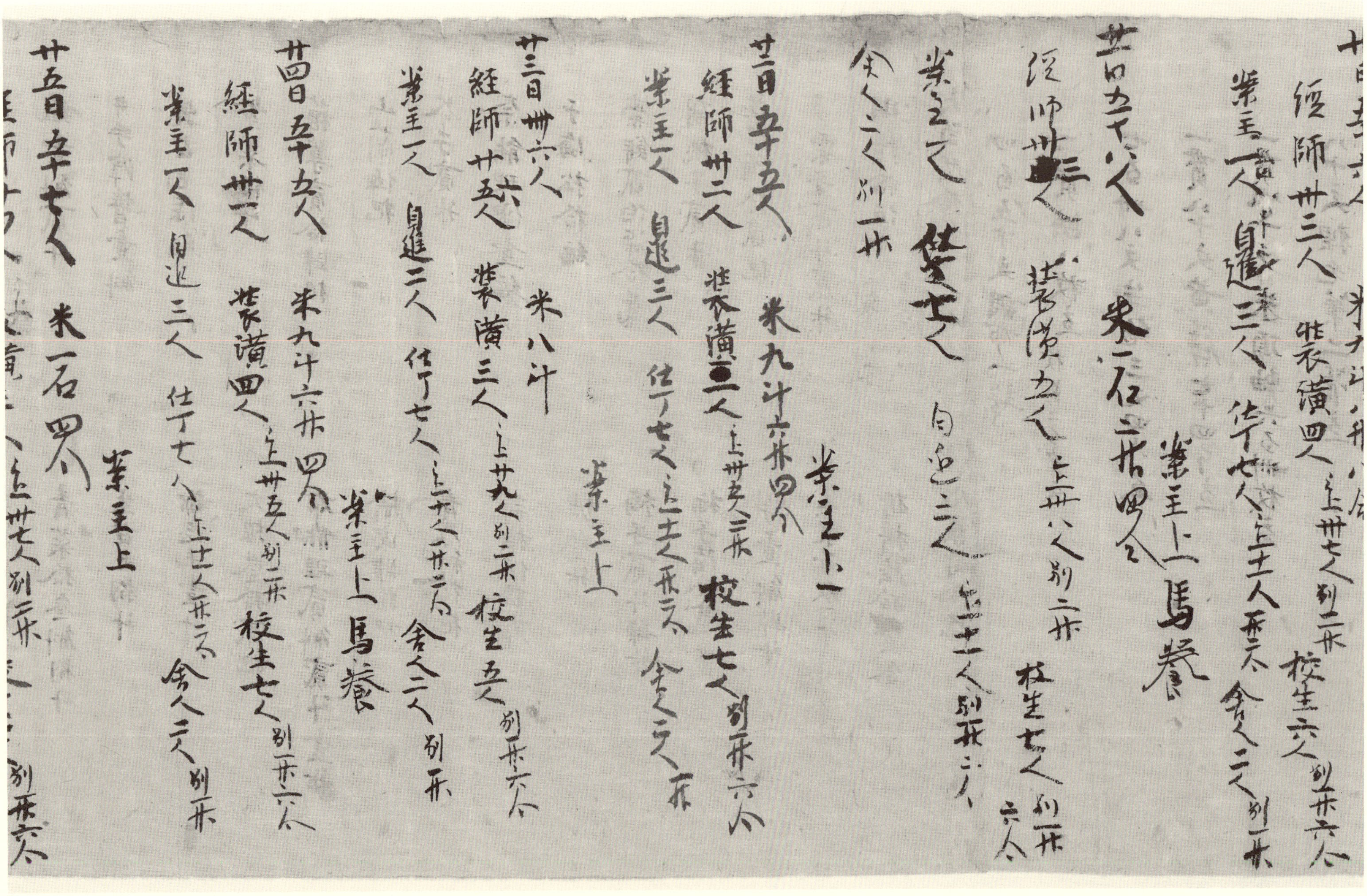
十日五十六人 [illegible]
経師卅三人　装潢四人　上卅七人別二升　校生六人　別一升六合
案主一人　自進三人　仕丁七人　上十一人別一升六合　舎人二人　別一升
案主上　馬養
廿日五十八人　米一石二升四合
経師卅[redacted]人　装潢五人　上卅八人別二升　校生七人　別一升六合
案主一人　装潢七人　自進三人　[illegible]十一人別升二合
舎人二人　別一升
案主上一
廿二日五十五人　米九斗六升四合
経師卅二人　装潢[redacted]人　上卅五人二升　校生七人　別一升六合
案主一人　自進三人　仕丁七人　上十一人升六合　舎人二人　升
案主上
廿三日卅六人　米八斗
経師廿五人　装潢三人　上廿九人別二升　校生五人　別一升六合
案主一人　自進二人　仕丁七人　上十人一升二合　舎人二人　別一升
案主上　馬養
廿四日五十五人　米九斗六升四合
経師卅一人　装潢四人　上卅五人別二升　校生七人　別一升六合
案主一人　自進三人　仕丁十人　上十一人一升二合　舎人二人　別一升
案主上
廿五日五十七人　米一石四升八合
経師卅[illegible]人　[illegible]　上卅七人　別二升　[illegible]　別一升六合

1

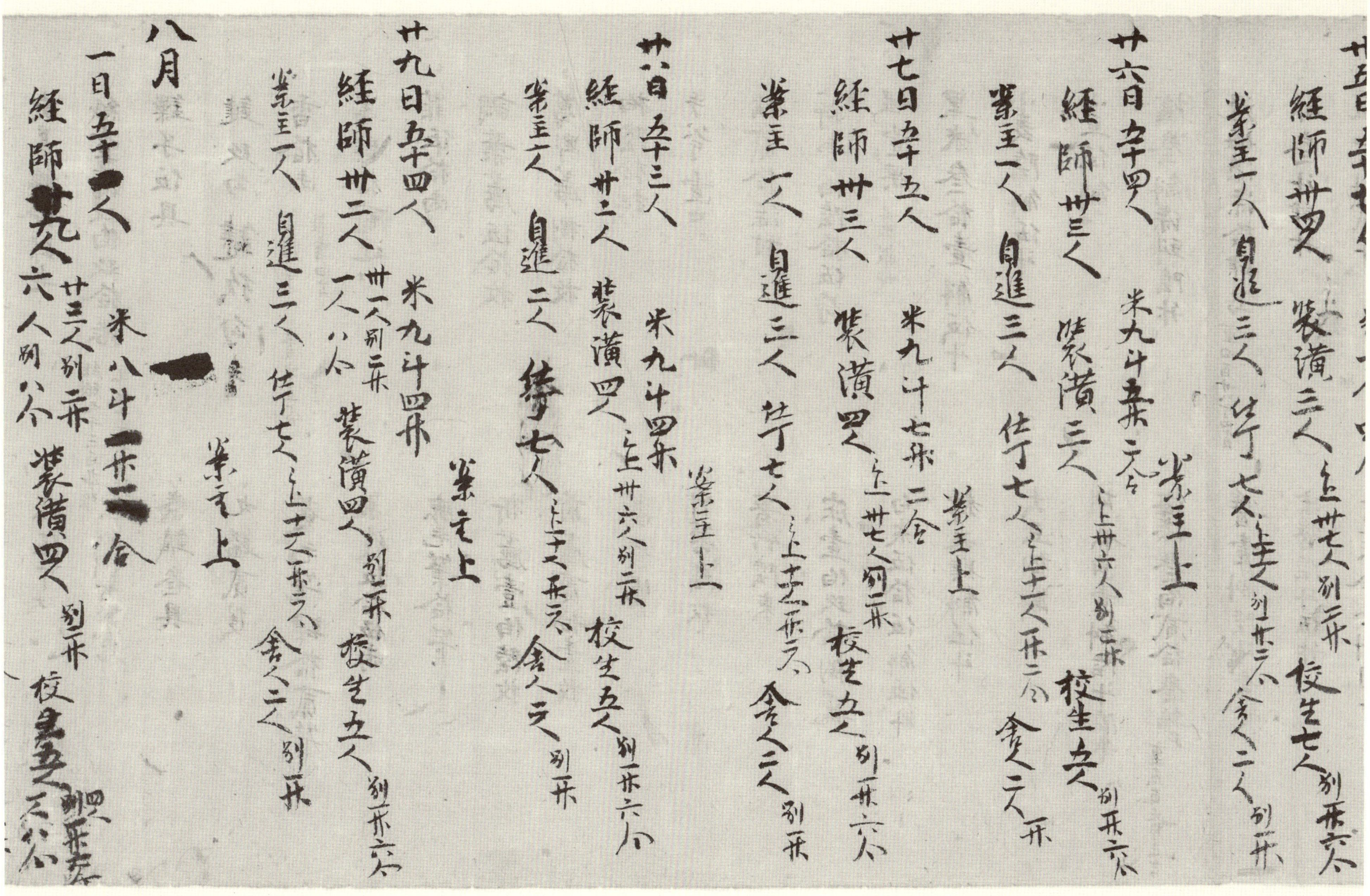

廿五日五十七人
經師卅四人 装潢三人 上卅七人別二升 校生七人別一升六合
案主一人 自進三人 仕丁七人 主之 別廿二合 舎人二人別一升
廿六日五十四人 米九斗六升六合 案主上
經師卅三人 装潢三人 上卅六人別二升 校生五人別一升六合
案主一人 自進三人 仕丁七人 上十一人一升二合 舎人二人一升
廿七日五十五人 米九斗七升二合 案主上
經師卅三人 装潢四人 上卅七人別二升 校生五人別一升六合
案主一人 自進三人 仕丁七人 上十七人一升二合 舎人二人別一升
廿八日五十三人 米九斗四升 案主上
經師卅二人 装潢四人 上卅六人別二升 校生五人別一升六合
案主二人 自進二人 仕丁七人 上十六人一升二合 舎人二人別一升
廿九日五十四人 米九斗四升 案主上
經師卅二人 卅一人別二升 一人八合 装潢四人別一升 校生五人別一升六合
案主一人 自進三人 仕丁七人 上十六人一升二合 舎人二人別一升
八月
一日五十一人 米八斗一升二合 案主上
經師卅九人 卅三人別二升 六人別八合 装潢四人別一升 校生五人 別四升六合

総師　六人別八合　装潢四人

業主人、貢進二人、仕丁七人、己上十六人別一升三合、舎人三人別一升

二日卒十三人、米九斗三升二合
　　　　　　　　　　　　　　業主上

経師卅人　装潢四人、己上卅人別一升　校生立　舎人三人別一升

業主一人、貢進三人、仕丁七人、己上十二人、舎人三人別一升
　　　　　　業主上

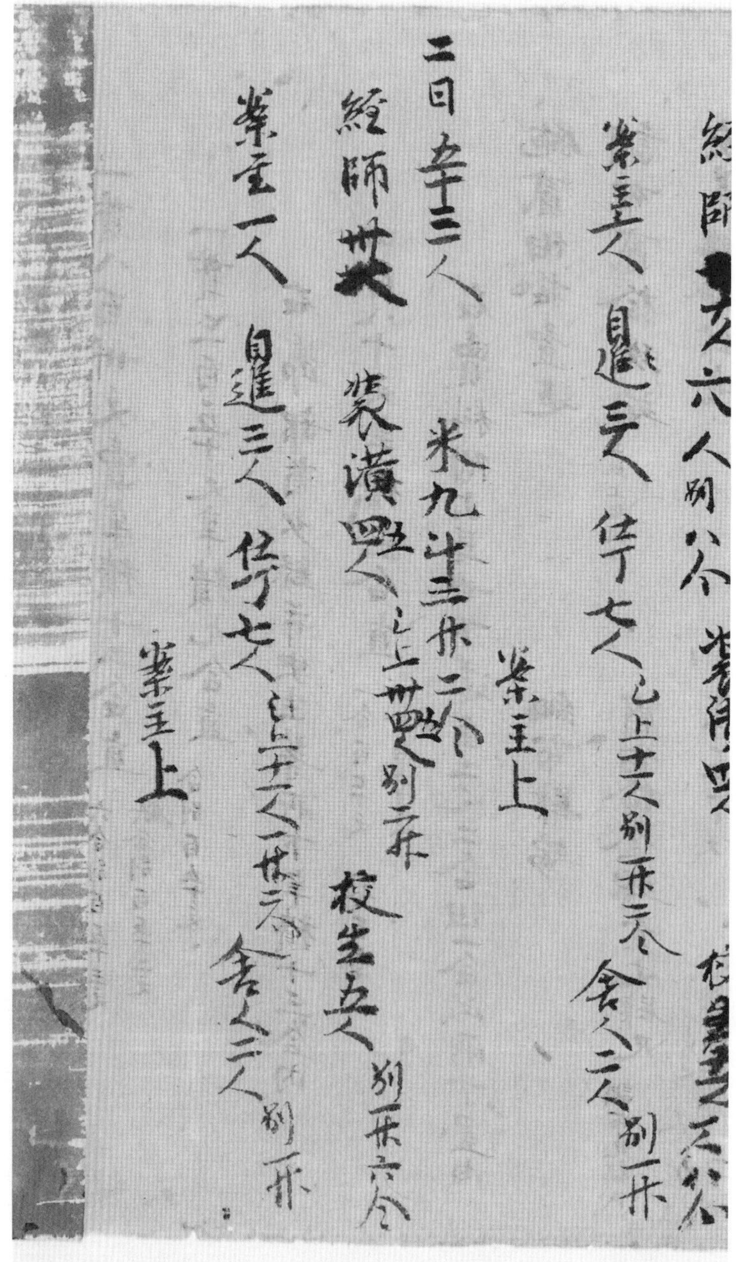

続修別集

第四十三巻　裏

經請大安寺案

未収

続修別集

第四十四巻　裏

7　　　　8

未収

1　　　　（2）

24
530

続修別集

第四十六巻　裏

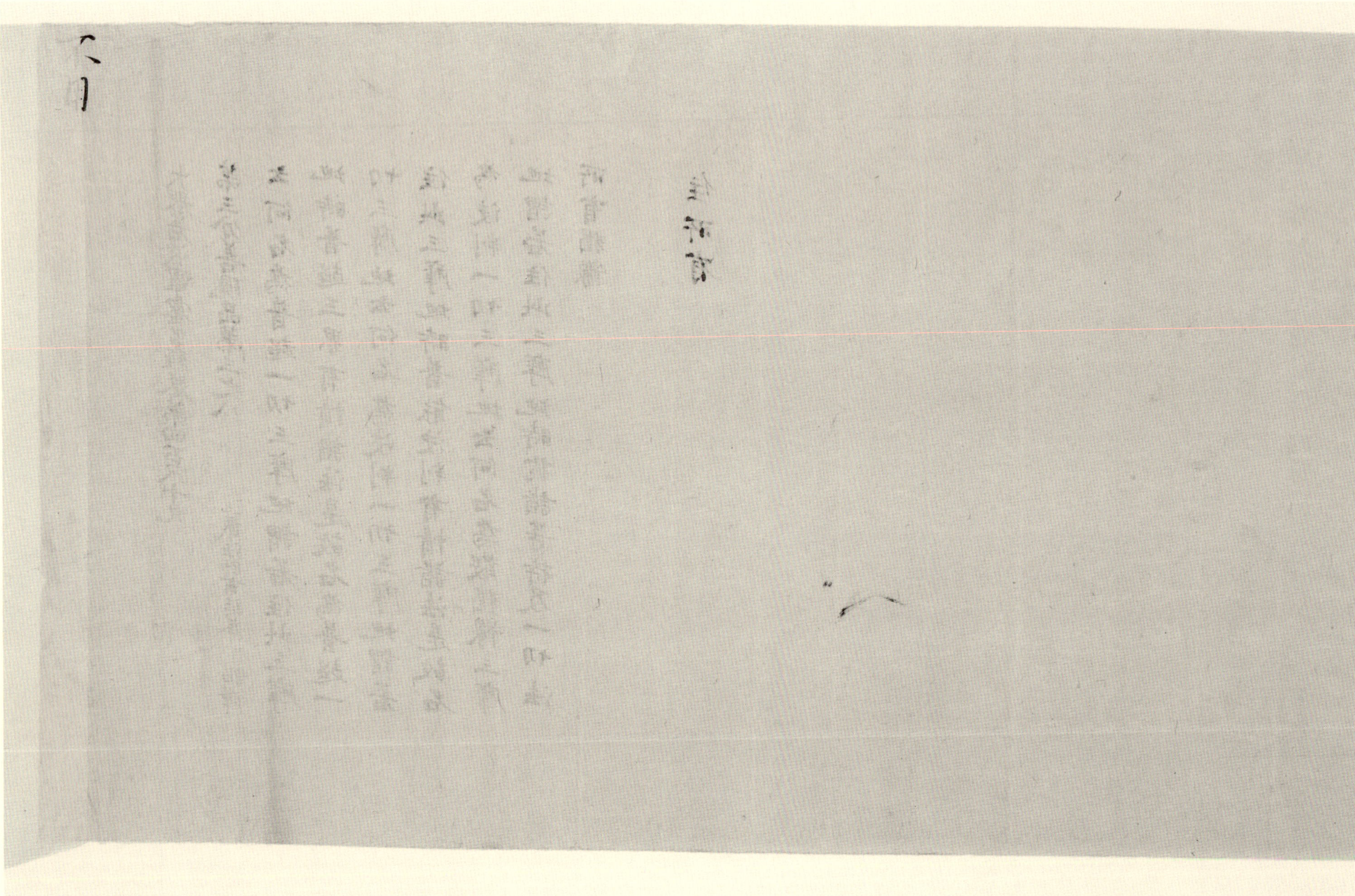

未収

山邊千足十八年三月七日元黄紙二枚十日元廿三張廿日元廿張
　　　　　曹元黄紙四枚
　　　　　（本文略）

建部廣足十八年三月九日元黄紙八十張十七日元筆張
　　　　　合受紙一百廿一張
　跡四卷掛
　　　　（本文略）

（左側）
八□家□十八年四月廿二日元黄紙□□□□□□元張十七日張九

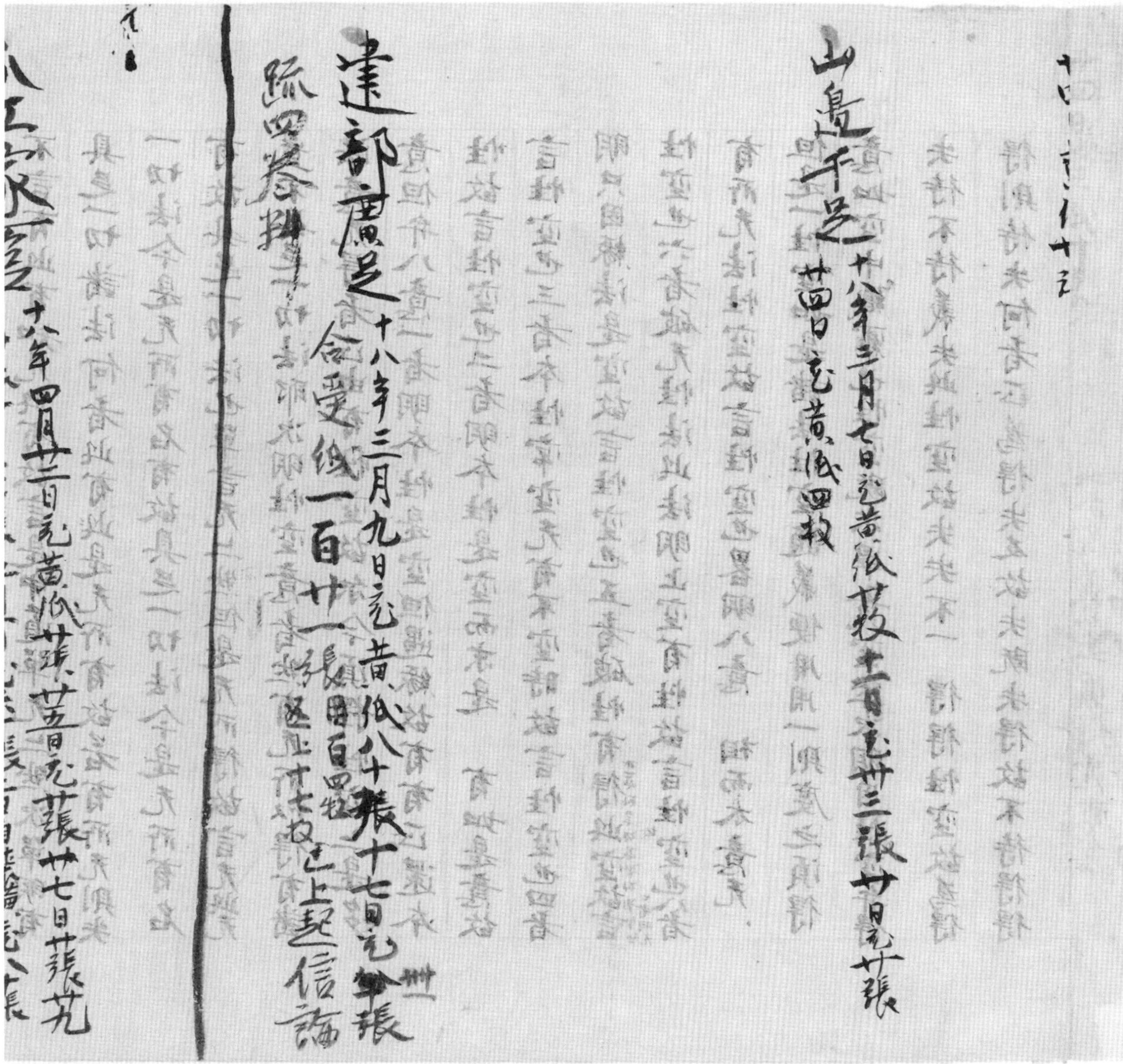

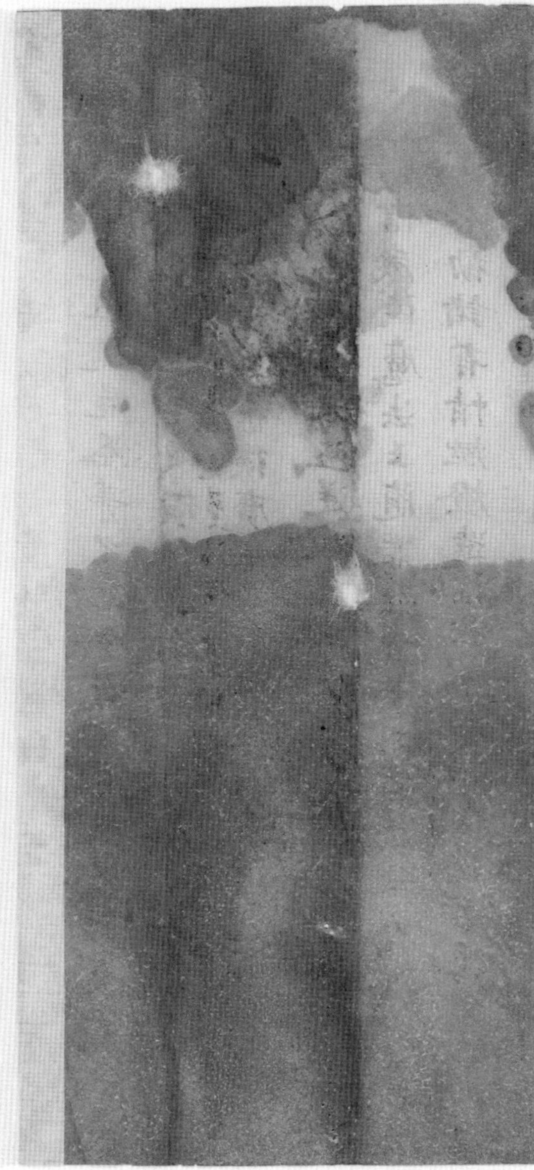

瓜工家一合十八年四月三日充黄紙葉、莖音充廿七日廿張苑
八日充黄紙五張廿日卅張廿六日五月一日充卅張三日自装潢充八葉
四分貳本卅三巻之料也廿日充黄紙二百五十二張已上書
藥師經十八巻料也

余鳥甘十八年五月九日充黄紙廿張十日充黄、紙葉

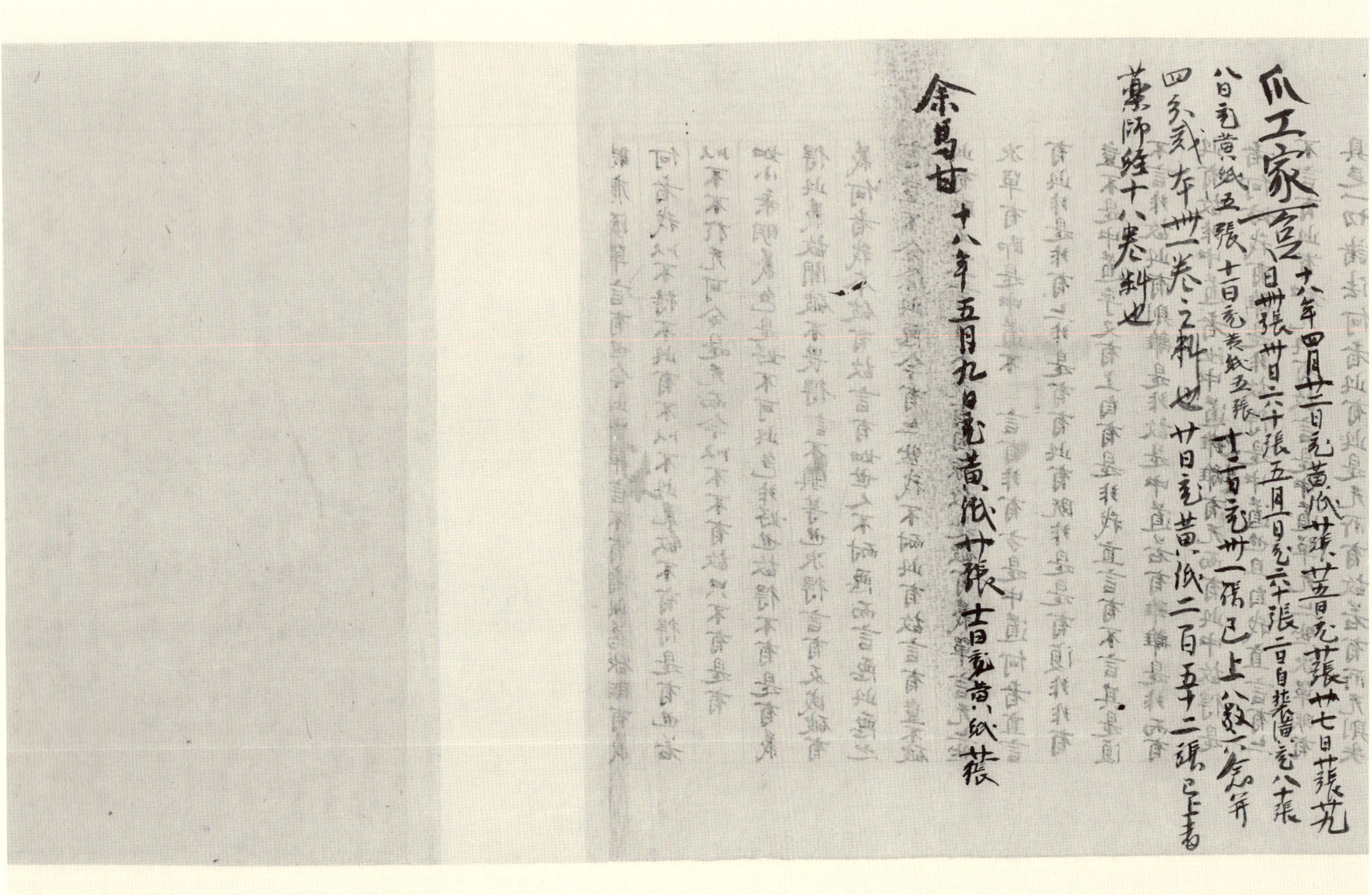

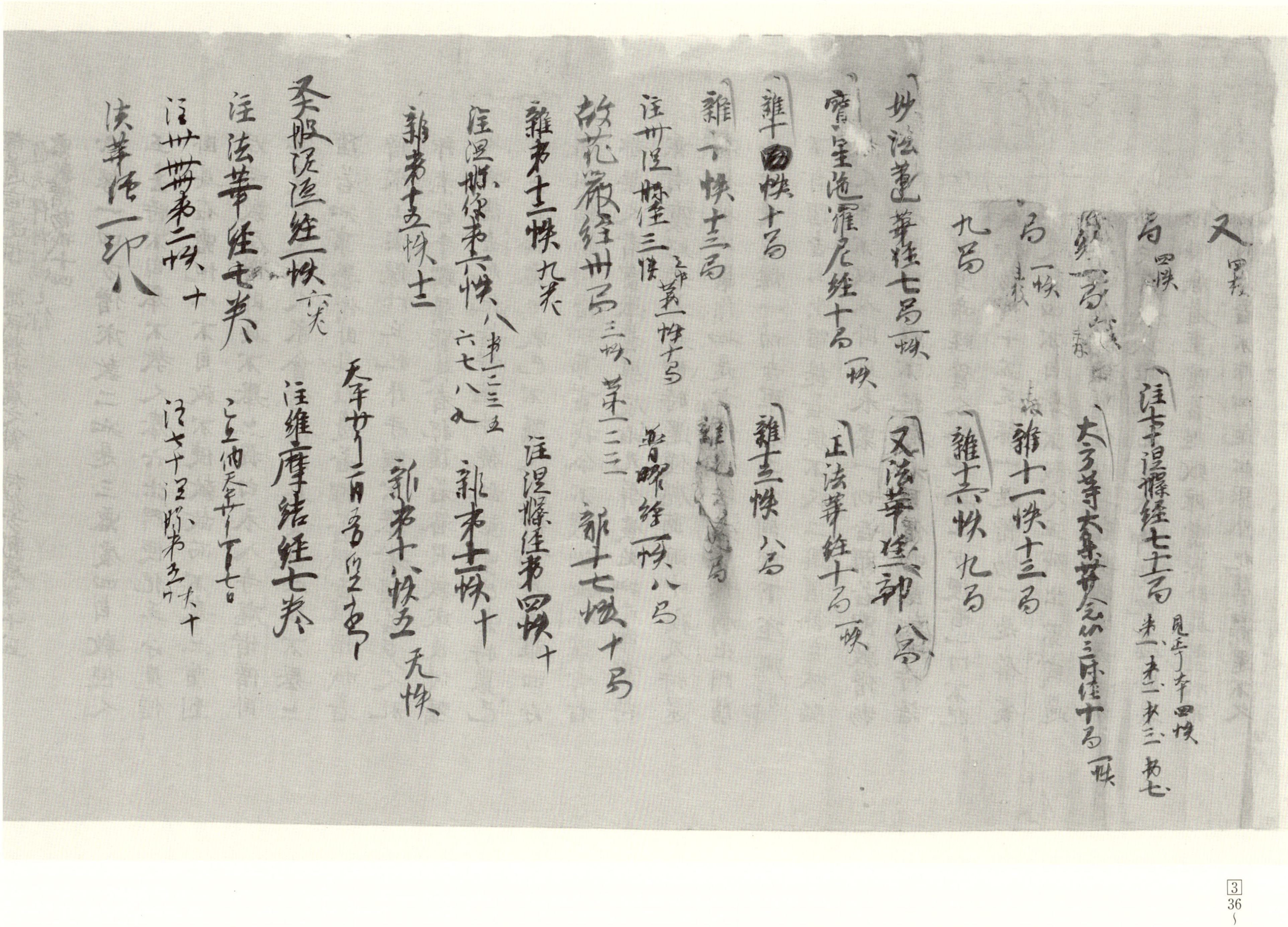

3
36〜38

又一印

一帙四枚

経一帙

一帙

九巻

一妙法蓮華経七巻一帙

寶室池羅尼経十巻一帙

一雑十四巻

一雑十巻

一雑下帙十三巻

注卅経卷第三帙

故花嚴経卅巻三帙第一二三

雜巻十一帙九巻

注涅槃経卷第六帙八第十二三五
　　　　　　　　　六七八九

新弟十五帙十

䇳法渓渥経一帙六巻

注法華経一帙七巻

䇳般浚渥経一帙 亥

注卅冊第二帙十

法華経一印八

一注大涅槃経七十巻
　見正丁本十四帙
　未一未二未三
　巻七

一雑十一帙十三巻

一雜卅六帙九巻

又浄華経廿部八巻

正法華経十巻一帙

雜十二帙八巻

普曜経八巻一帙

雜十二帙

注涅槃経卷第四帙十

新弟十七帙十巻

注涅槃経卷第六帙
六七八九

注維摩結経七巻

天平廿一年四月廿七日

注什他天年十一月七

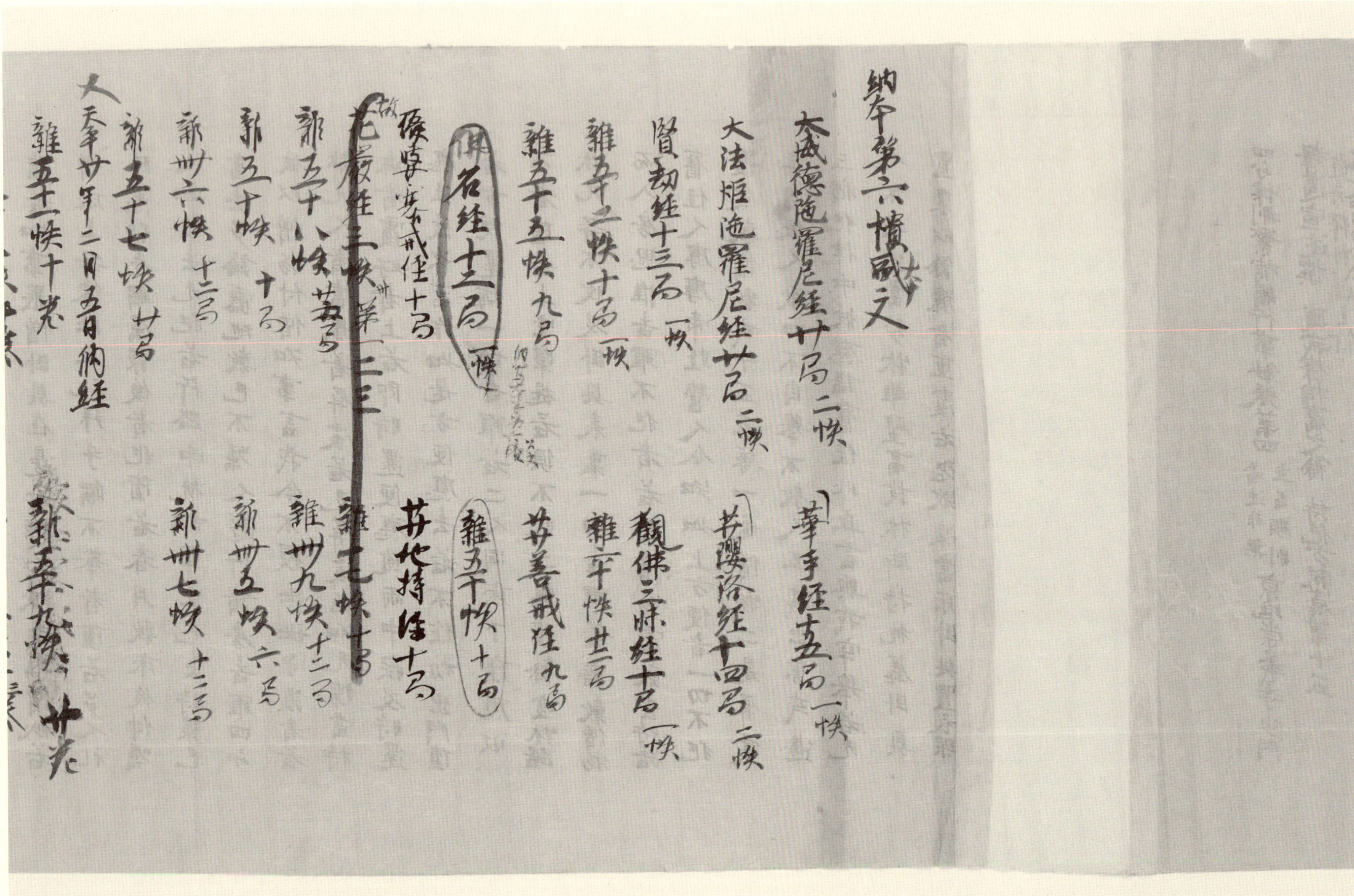
納本第六櫃盛文
大威徳陀羅尼経廿局二帙
華手経十五局一帙
大法炬陀羅尼経廿局二帙
菩薩瓔珞経十四局二帙
賢劫経十三局一帙
観仏三昧経十局一帙
雑五十二帙十局一帙
雑卅一帙廿二局
雑五十五帙九局
菩薩善戒経九局
仏名経十三局一帙
雑五十帙十局
優婆塞戒経十局
菩薩地持経十局
花厳経三帙第一二三
雑十七帙十局
新五十八帙
雑卅九帙十二局
新五十帙十局
新卅五帙六局
新卅六帙十二局
新卅七帙十二局
新五十七帙廿局
天平廿年二月五日納経
雑五十一帙十巻
新五十九帙廿巻

3
38～40

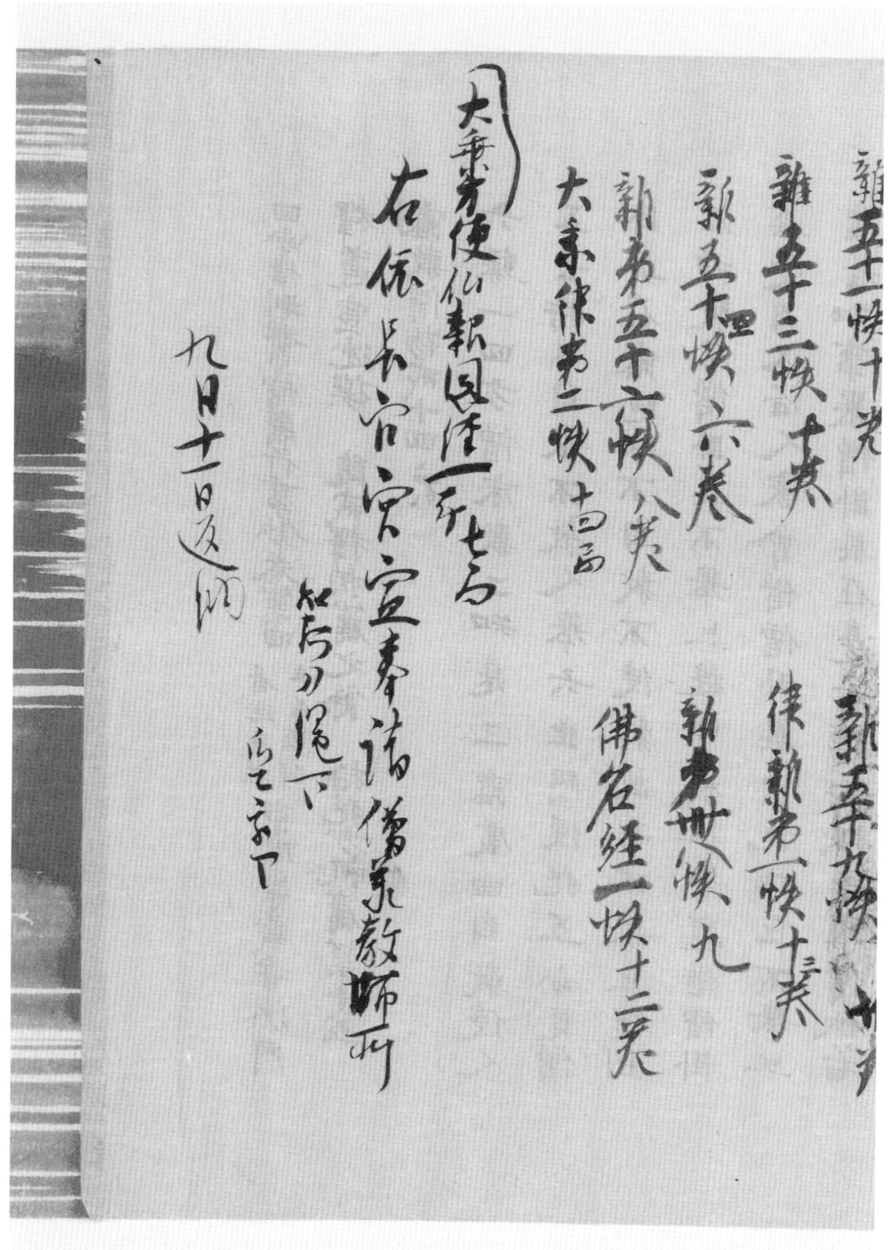

雑五十一帙十巻　　新五十九帙十巻
雑五十三帙十巻　　律新第一帙十二巻
新五十四帙六巻　　新第卅帙九
新第五十六帙八巻　佛名経一帙十二巻
大乗律第二帙十四巻
大乗方便仏報恩経一部七巻
右依長官宣奉請僧家教師所
知等刀尾下
息乙承下
九月十二日返納

続修別集

第四十七巻　裏

経師廿七人　装潢四人 上卅八人料米六升六合　案主一人　校生六人 上七人料一升二合　雑使二人 料八合
自進二人 料一升　仕丁八人 料一升六合
十九日食口六十五人　米八斗八升八合
経師卅九人　装潢三人 上卅六人料米六升六合　案主一人　校生六人 上七人料一升二合
雑使二人 料八合　自進二人 料一升　仕丁八人 料一升六合
廿日食口六十二人　米九斗四升八合
経師卅人　装潢三人 上卅三人料米六升六合　案主一人　校生六人 上七人料一升二合
雑使二人 料八合　自進二人 料一升　仕丁八人 料一升六合
廿一日食口六十三人　米九斗八升八合
経師卅人　装潢三人 上卅四人料米六升六合　案主一人　校生五人 上六人料一升二合
雑使二人 料八合　自進二人 料一升　仕丁八人 料一升六合
廿二日食口六十五人　米八斗九升六合

廿三日食口五十七人　米八斗七升四合
経師卅五人　装潢四人 上卅八人料一升六合
校生五人　案主一人 上七人料米一升二合
雑使二人 料八合
仕丁八人 料一升六合　自進二人 料一升
廿四日食口六十七人　米八斗七升二合

13

14

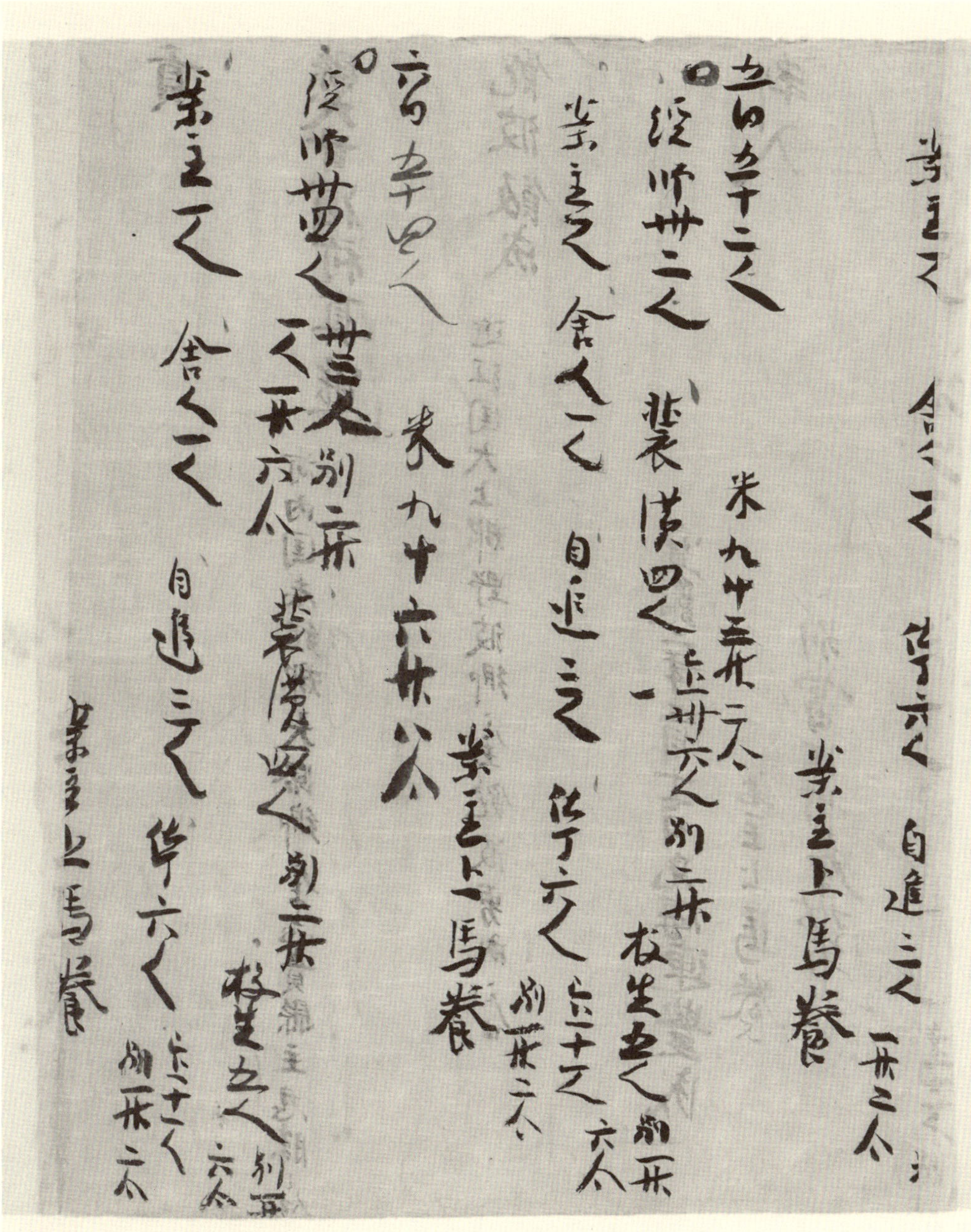

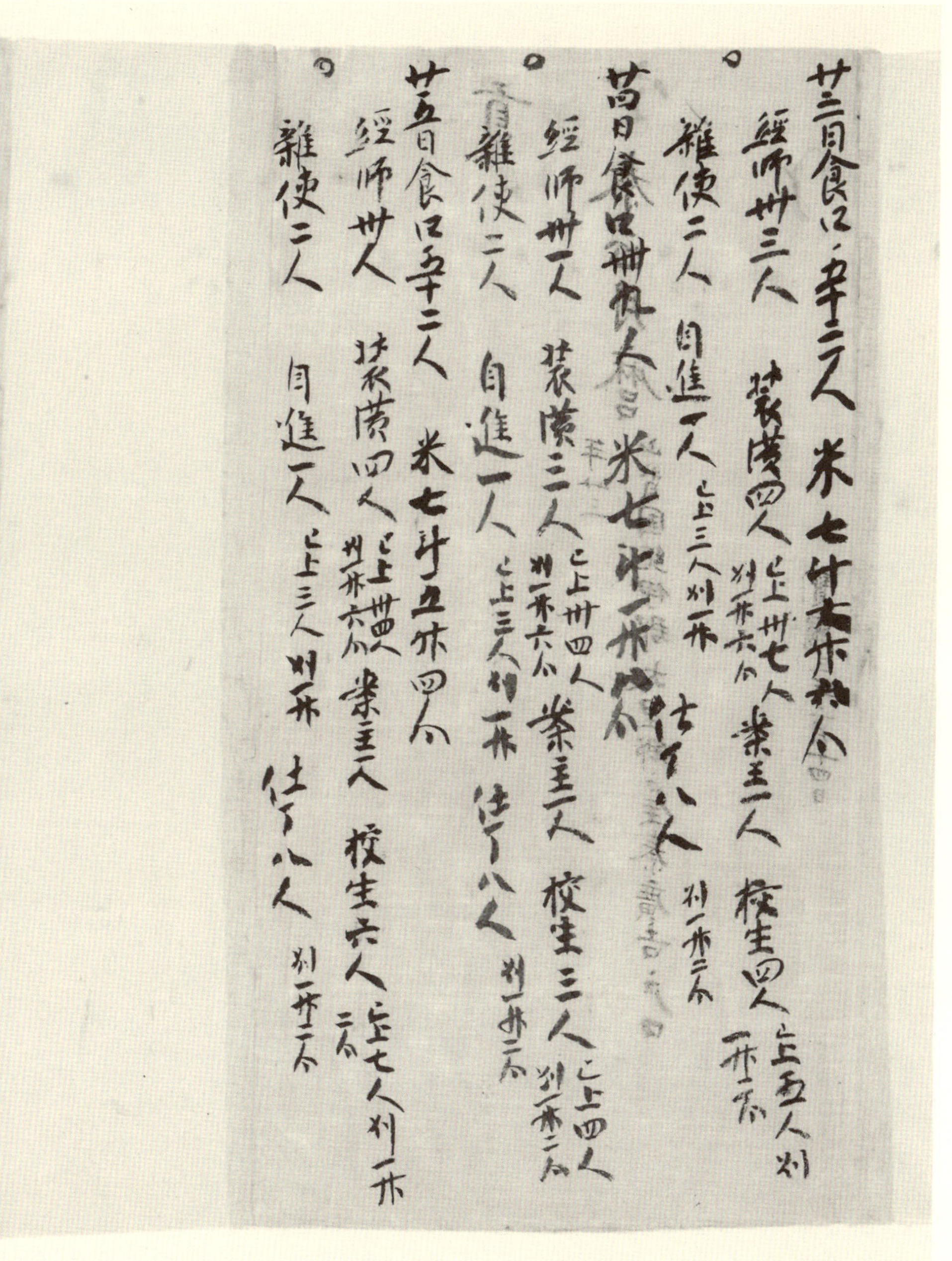

◁未収

19
172〜173

22
326〜327

11 12

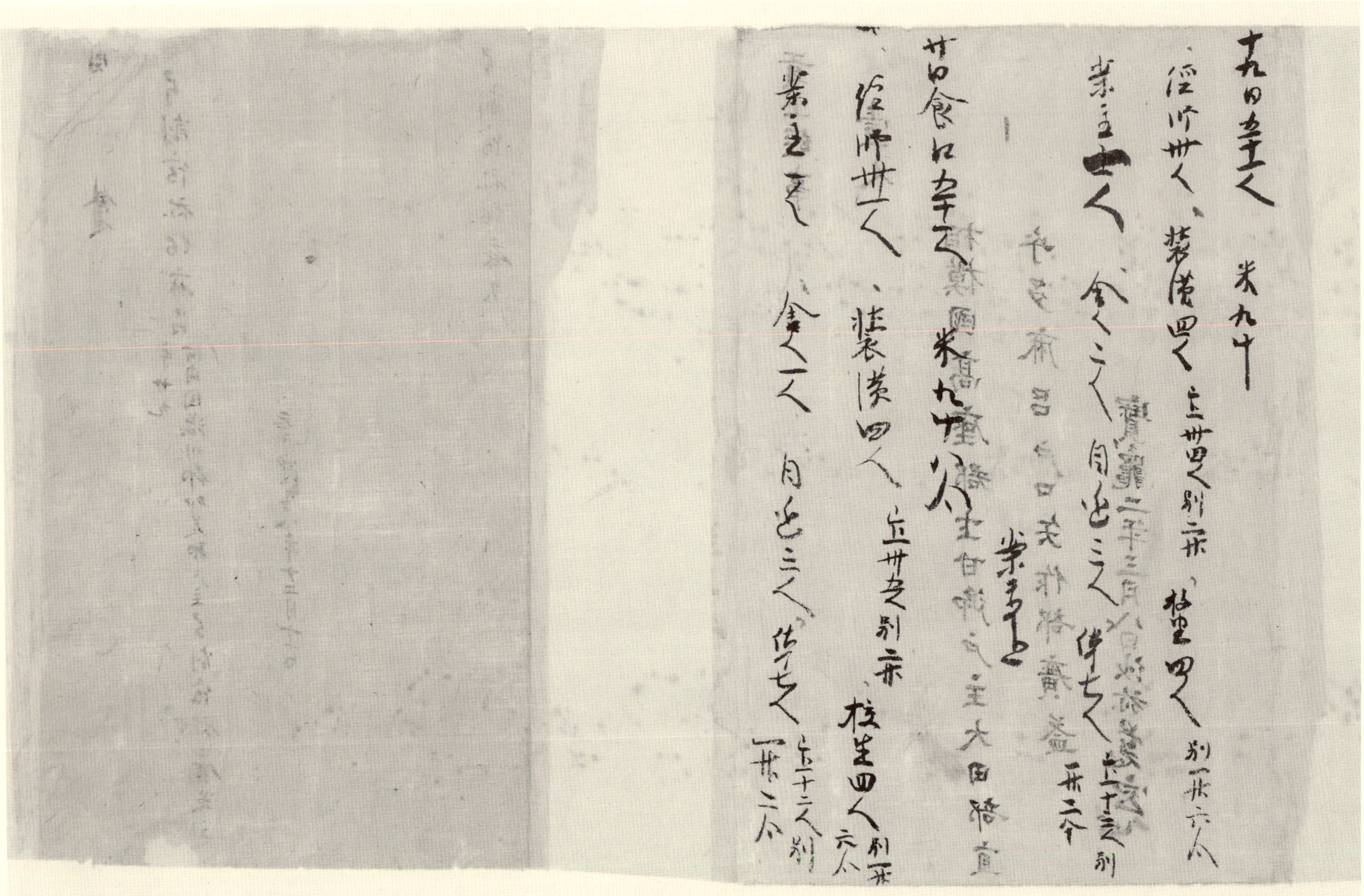

第四七巻　裏　12食口按　11（空）

19
195～196

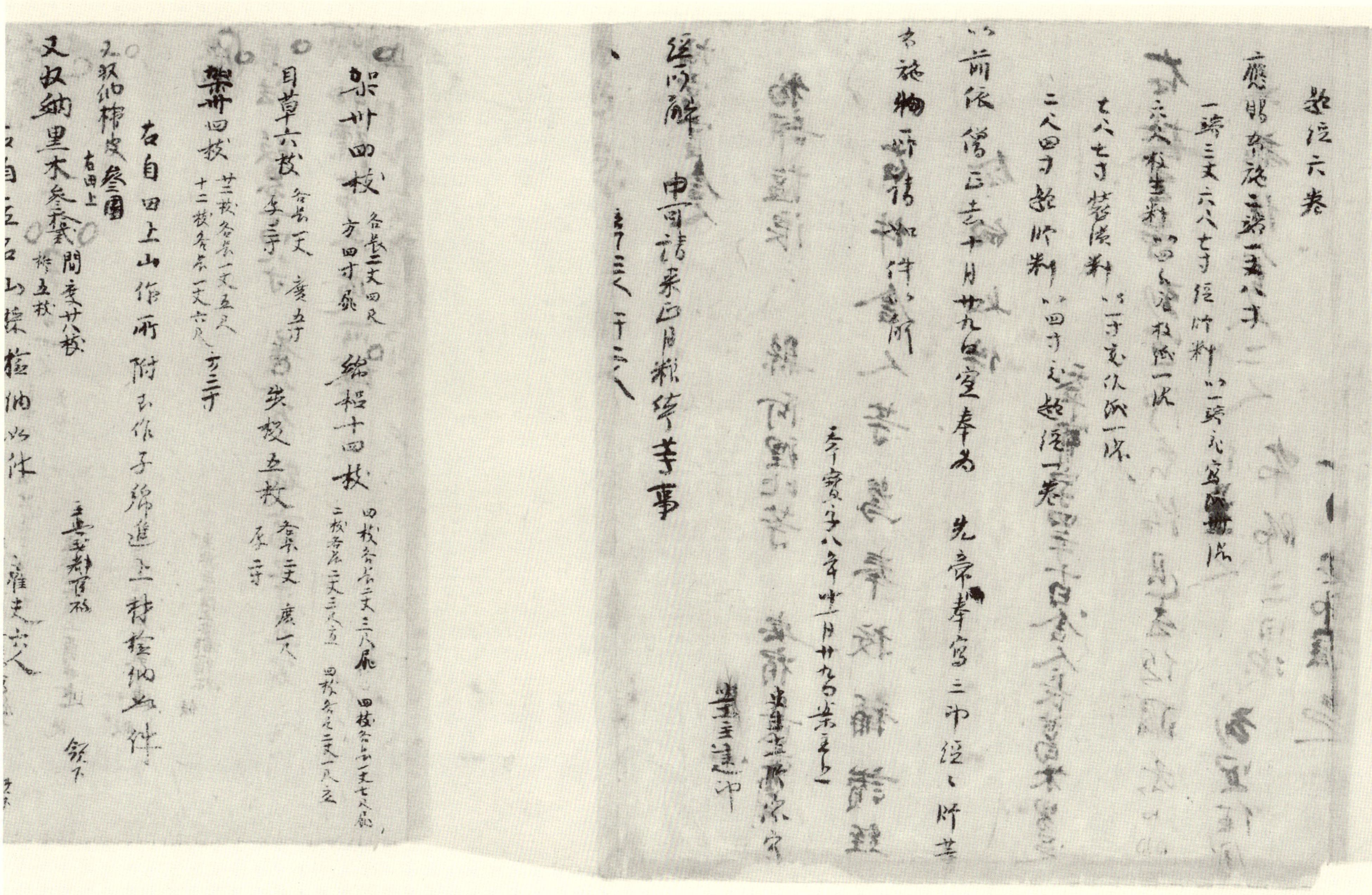

15
275〜280

5
508〜509

右自立石山採檜納如件　檜五枚

雇夫六人

又収納檜榑肆拾陸村

右令採大石山附秦足人進如件

又檜皮卌六圍

右自大石山採羽栗大山等採令進如件　夫六人

四月一日収納檜皮捌圍

右自田上山作所附仕丁秦田部廣嶋進上如件

主典安都宿祢

二日収納檜皮拾捌圍

右自田上山作所令運如件　夫六人

又収納檜皮肆拾捌圍　卅四圍先三日圍三十内

右自大石山採羽栗大山等採令運如件　夫四人

又収納和炭壹斛壹斗

右焼雇夫敢田乙馬万呂進如件

主典安都宿祢

又収納榲榑捌拾肆村

右自勝屋主所為買檜納如件

主典安都宿祢

四日収納檜皮参圍

右自田上山作所附仕丁秦黒人進上如件

主典安都宿祢

下道主

五日収納村五十三物

長押四枚

架五十三枚

右槽支三杖　　　　八斛参斗弐升一石　　　　　　　　　
　　　　　　　　　右自田主山作所附吉作子縄進上依　　
　　　　　　　　　　　　　　　　　　　　　　　　　　
吉納和炭壹斛拾對　　　　　　　　　　　　　　　　　　
　右作夫額田〓馬〓〓之焼進如件　　　　　　　　　　　
　　　　　　　　　　　　　　　主典安都宿祢　上馬養　

吉收地桧皮弐拾積團　　　　　　　　　　　　　　　　　
　右自田主此従而主侫子縛寸附祀门縄田〓廣濱進上拾納如件
　　　　　　　　　　　　　　　主典安都宿祢　竹上馬養　

右收納桧皮参拾漆團　　　　　　　　　　　　　　　　　
　右自田上山佐〓主佐子縛寸附佐〓縄田〓廣濱進上拾納如件
　　　　　　　　　　　　　　　主典安都宿祢　竹上馬養　

吉奴納和炭壹斛拾對　　　　　　　　　　　　　　　　　
　右作夫額田〓馬〓久焼進拾納如件　　　　　　　　　　
　　　　　　　　　　　　　　　主典安都宿祢　竹上馬養　

十吉奴納和炭壹斛拾對　　　　　　　　　　　　　　　　
　右作夫額田〓馬〓久焼進拾納如件　　　　　　　　　　
　　　　　　　　　　　　　　　主典安都宿祢　竹上馬養　

子奴納桧皮漆團夫六人　　　　　　　　　　　　　　　　
　右岡依弁主依子縛寸進上拾納如件　　　　　　　　　　
　　　　　　　　　　　　　　　主典安都宿祢　竹上馬養　

吉奴納桧皮致拾伍團　　　　　　　　　　　　　　　　　
　右奉廿人自敕大和炭壹斛弐對　作夫額田〓馬〓久之焼進拾納如件
　　　　　　　　　　　　　　　主典安都宿祢　竹上馬養　

十二奴納和炭壹斛　　　　　　　　　　　　　　　　　　
　右奉壹商志箕為馬〓久之焼進拾納如件　　　　　　　　
　　　　　　　　　　　　　　　主典安都宿祢　竹上馬養　

上収内和炭弐斛柵對　　　　　　　　　　　　　　　　　
　五奴納和炭貳斛

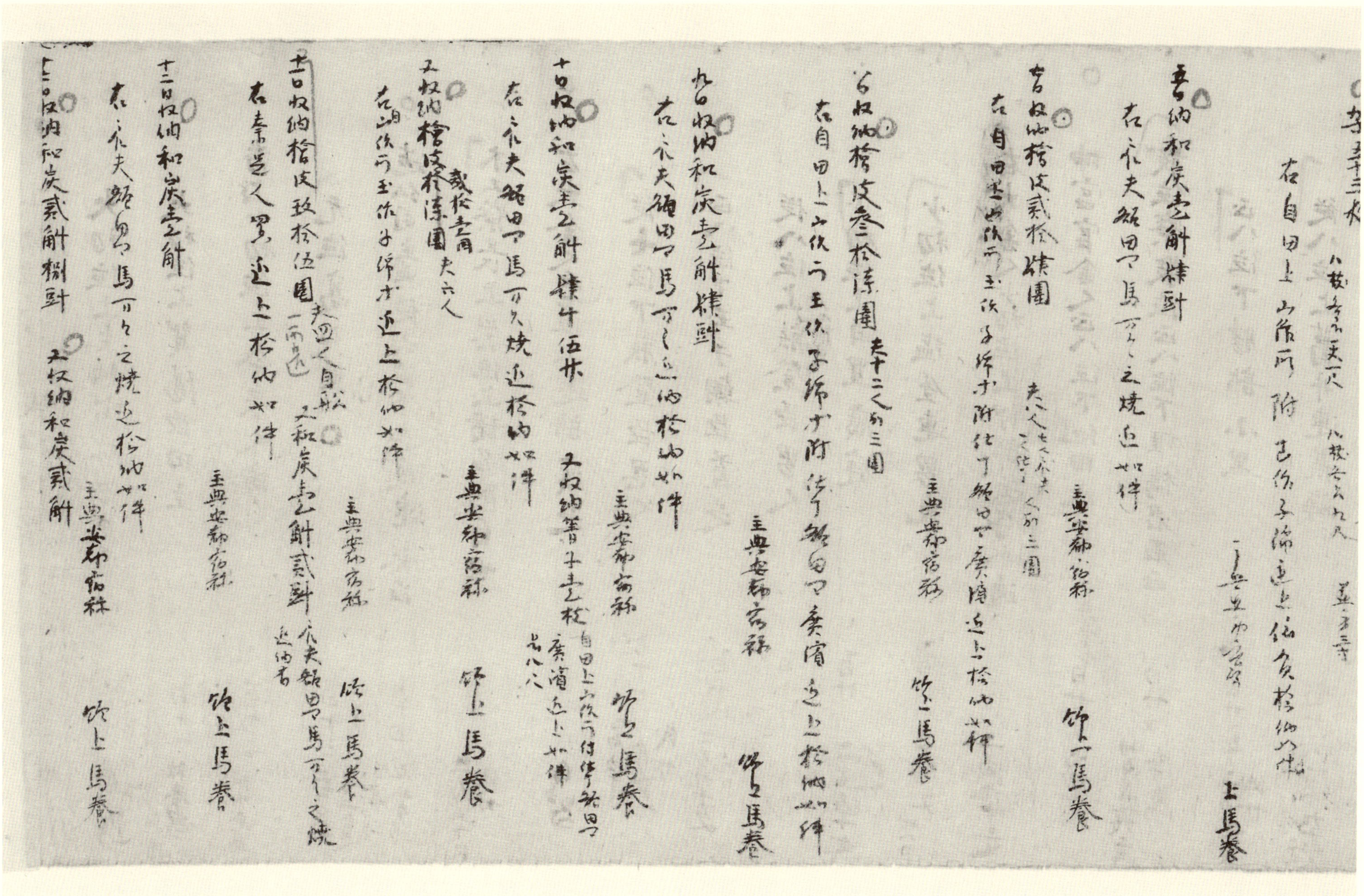

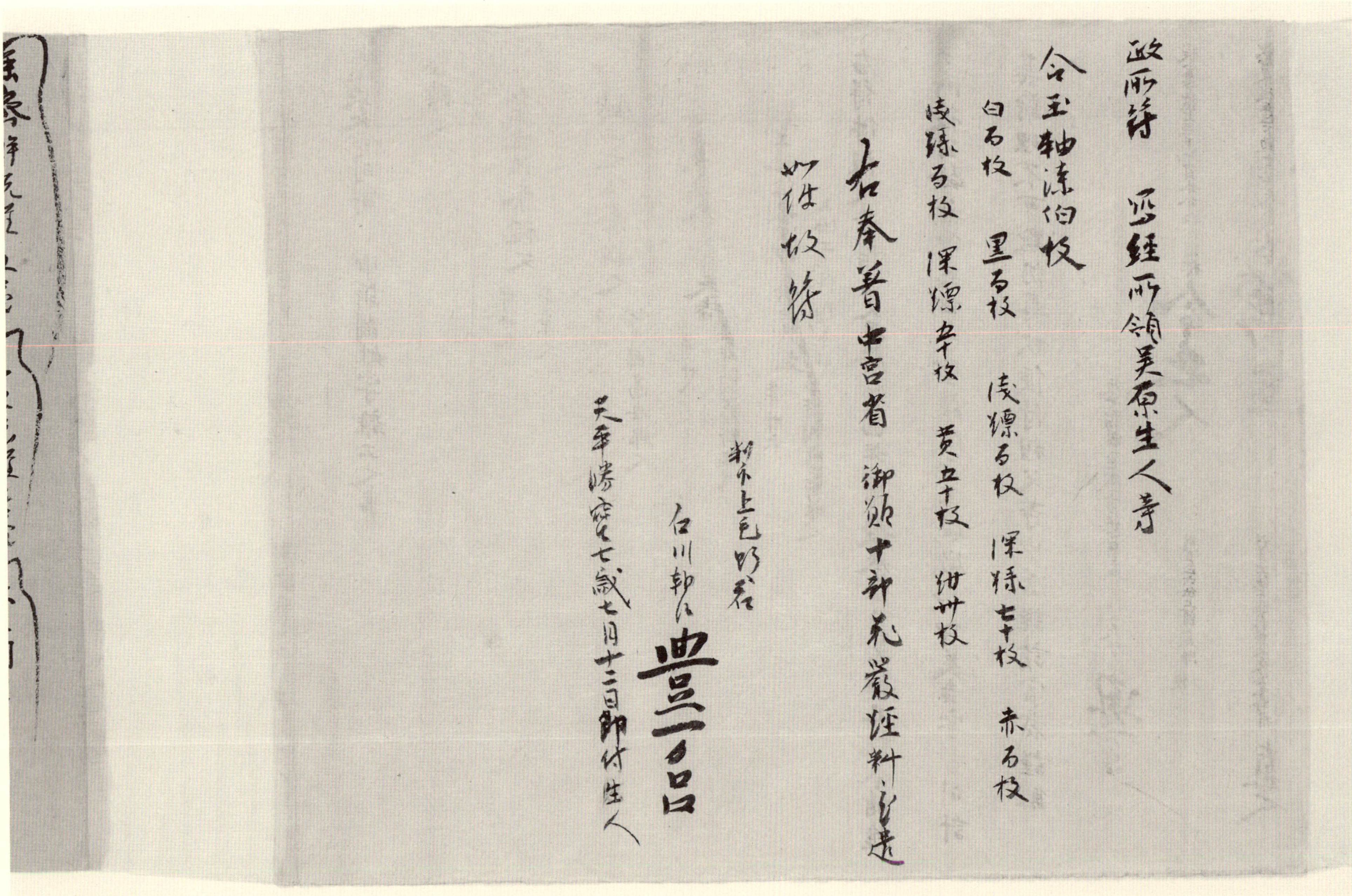

政所符　写経所領呉原生人等
合玉軸漆伯枚
白百枚　黒百枚　浅縹百枚　深緑七十枚　赤百枚
浅緑百枚　深縹五十枚　黄五十枚　紺卅枚
右奉為中宮省　御願十部花厳経料、所進
如件故符
判官上毛野君
白川部臣
豊呂
天平勝宝七歳七月十二日即付生人

5　　　　6

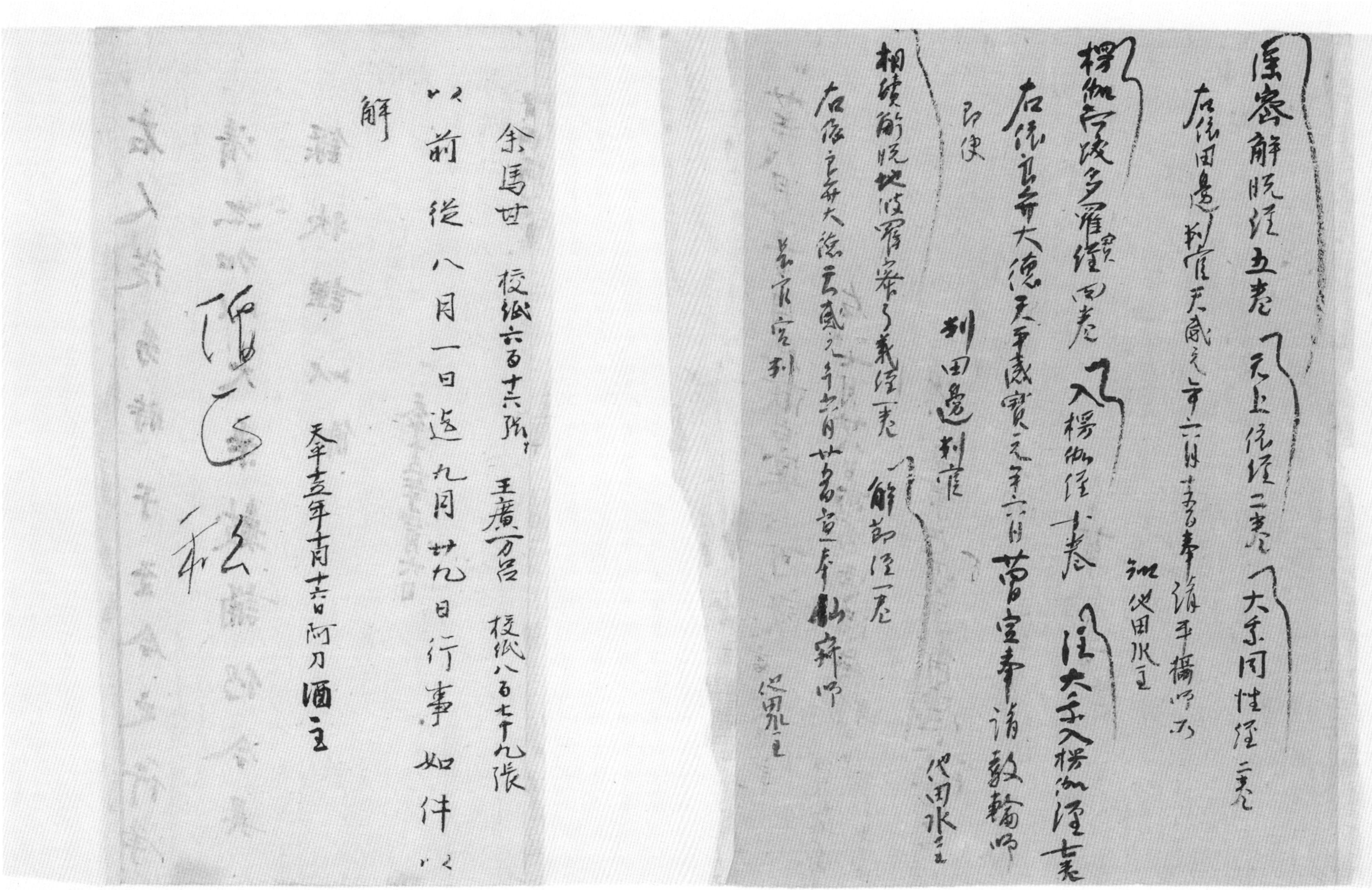

（6）

深密解脱経五巻　无上依経二巻　大乘同性経二巻

右依田辺判官天平感宝元年六月十三日奉請平摂師所

知使田水主

楞伽阿跋多羅宝経四巻　入楞伽経十巻　注大乘入楞伽経七巻

右依良弁大徳天平感宝元年六月　日曹宣奉請教輪師

印使　判田辺判官　使田水主

相續解脱地波羅蜜了義経一巻　解節経一巻

右依良弁大徳天平感宝元年六月廿[illegible]日宣奉[illegible]師

長官判　使[illegible]丸主

（5）

余馬甘　校紙六百十六張　王広万呂　校紙八百七十九張

以前、従八月一日迄九月廿九日行事如件、以解

天平十五年九月十六日阿刀酒主

可充暦名

弓削佐人 二万六文 三百九十二文
山ロ花 五万九十七文 合五万九十七文 安曇産丁 卅文
宇ノ宿乙 凡卅六文 □ 既母羊呂廿三文
志紀文沼乙 凡卅六文 廿三文五文庭五文
　　　　　　　　　　　　　　　　　　 九ロ鳴守 卅文
　　　　　　　　　　　　　　　　　　 冕望小束人 卅三文
戯乙廣足 十三文 玉廣足 七十九文

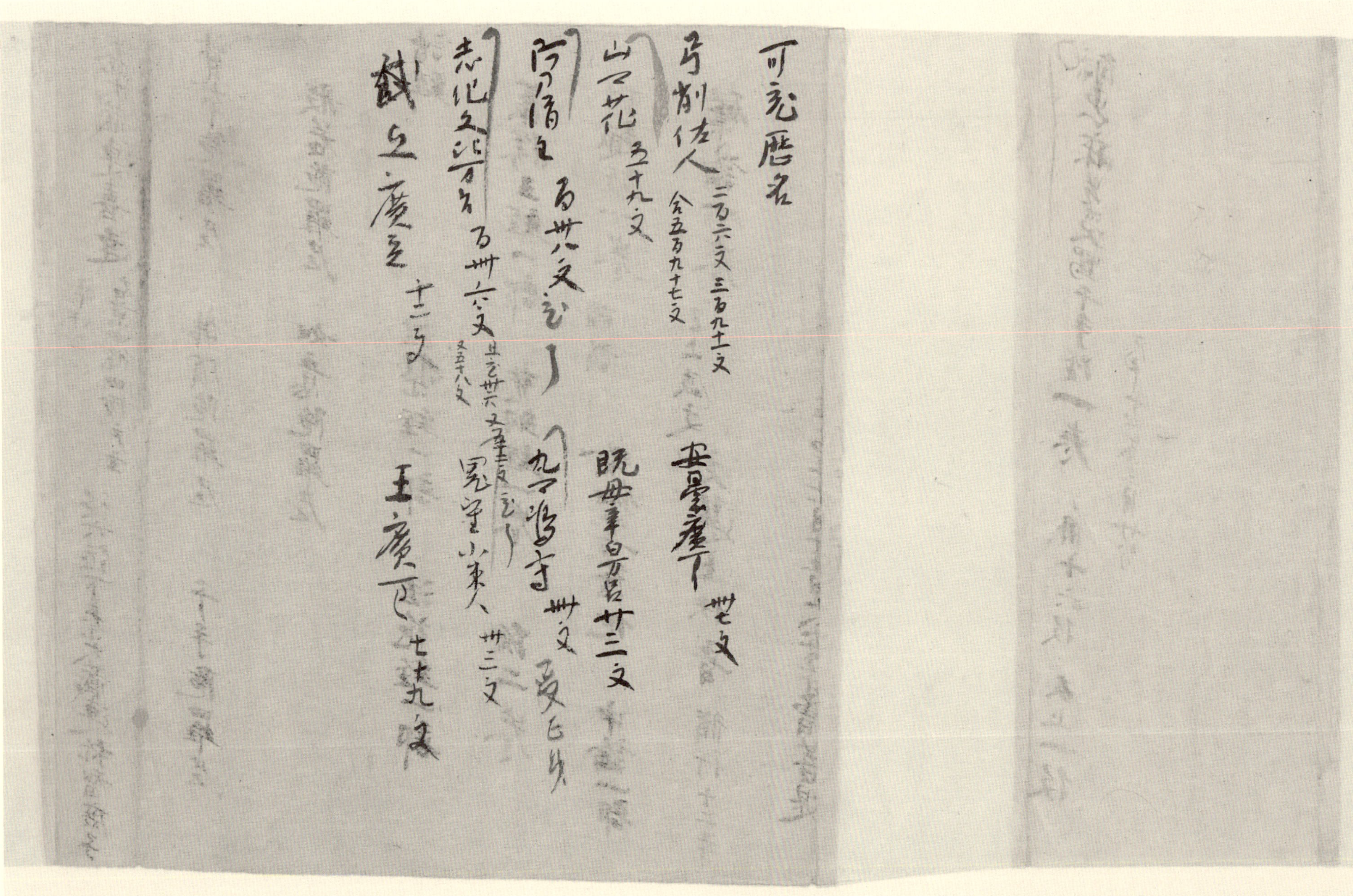

1　　2

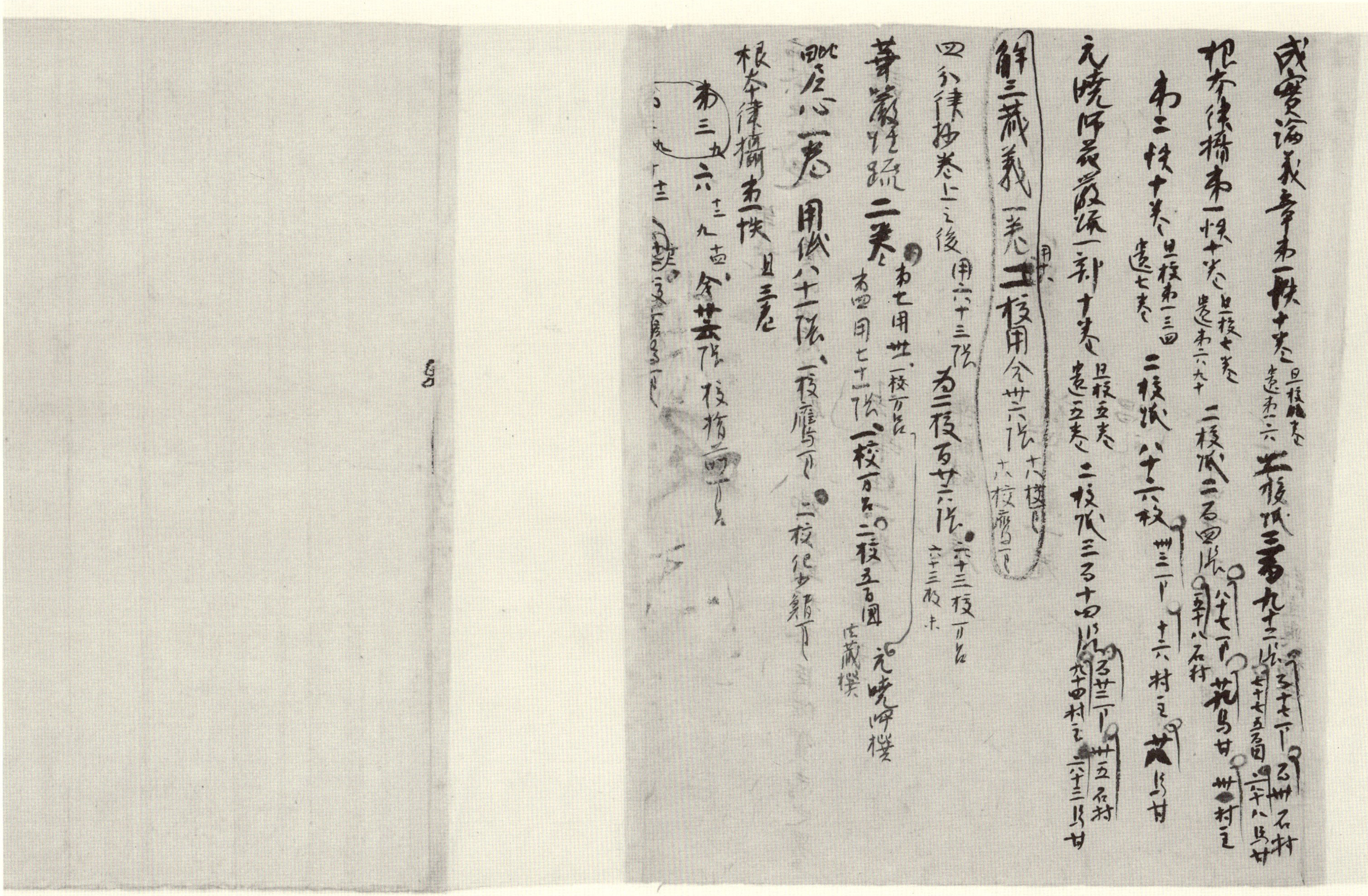

未収

24
287～288

第四七巻　裏　1自西宅請中嶋和上所経巻歴名

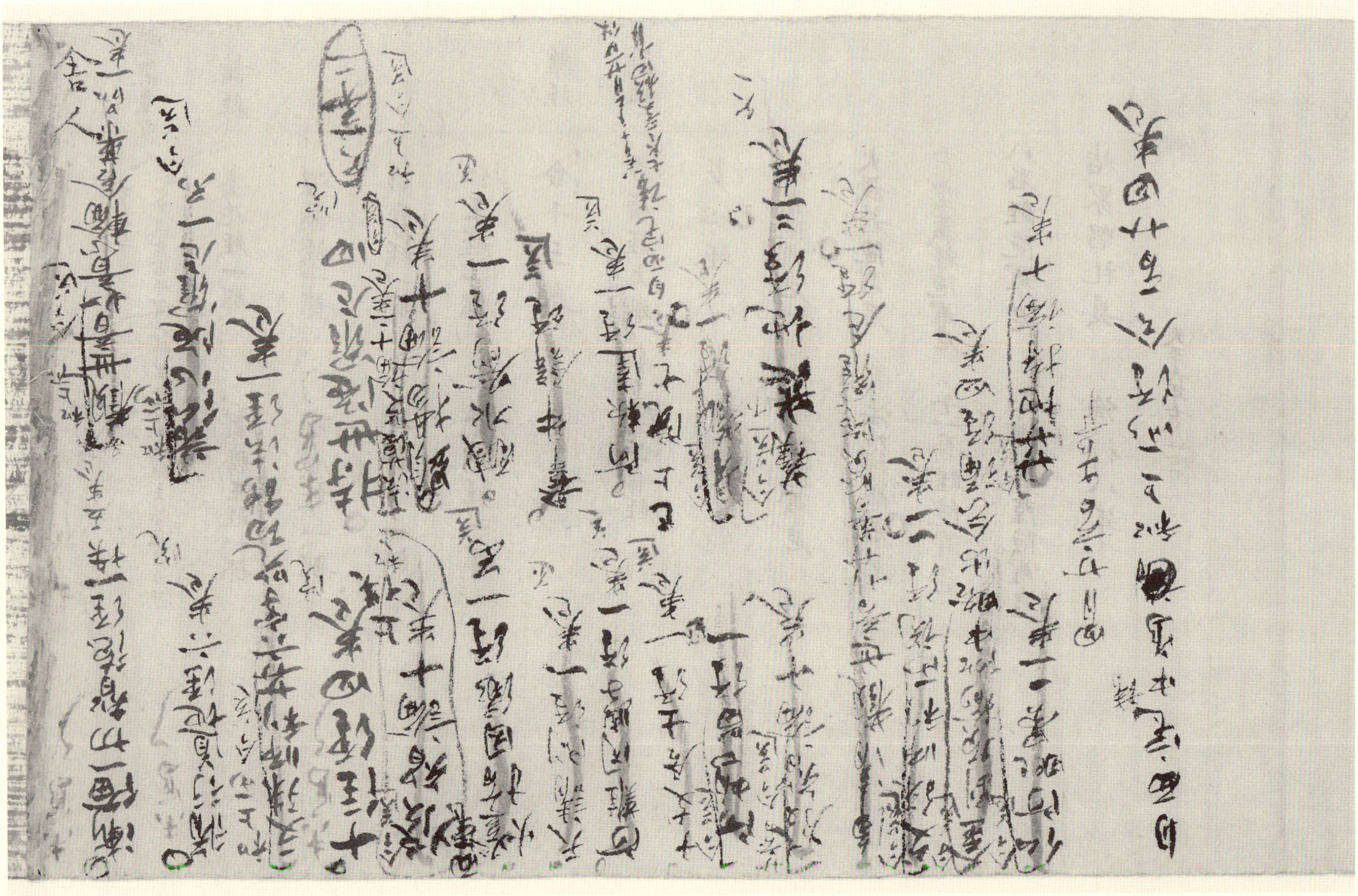

3
147〜149

続修別集

第四十八巻　裏

司符　庄領擬新名々改易所々々下等
石山院物遣之人両停不即向事
右所殴院三綱相云以今月十九日今件院以豆造等料物所遣之人
偁此子公卿問数話人者早来知此状早遠院家参向劇
偁遣人随即遣物令生可之者囚符今寺写申
不状申遠可付差不夫達不休下己従生故追以従符令者
了状取付
　　　　　　　　　　　　　　　　　　　　　　　三員安都百弥
　　　　　　　　　　　　　　　　　　　　　　　　　　同十二月廿二日

前信不依以順

経寺解
合鉄人
　領上馬養　上日廿九　夕廿六
　赤染人足　上日廿七　夕廿六
　鴨部荒賛　上日廿九　夕廿七
　　　　　　河刀乙呂　上日廿九
　　　　　　　　下道主　上日廿八　夕廿
　　　　　　　　　秋下月之　上日廿九　夕廿
　　　　　　　　　　柔女山守　上日廿三
　　　　　　　　　　　弓削伯麻呂　上日廿七　夕十二
廿九湯術幣忍火人　上日廿五　夕廿四

経所解　申上日事

右人今月上旬課満随仍進上如件以解
　　　天平宝字六年閏十二月九日
　　　　　　　　　主典安都宿祢

右人令月七日以休以作
　　　　遠部廣之　上り十五　夕十四

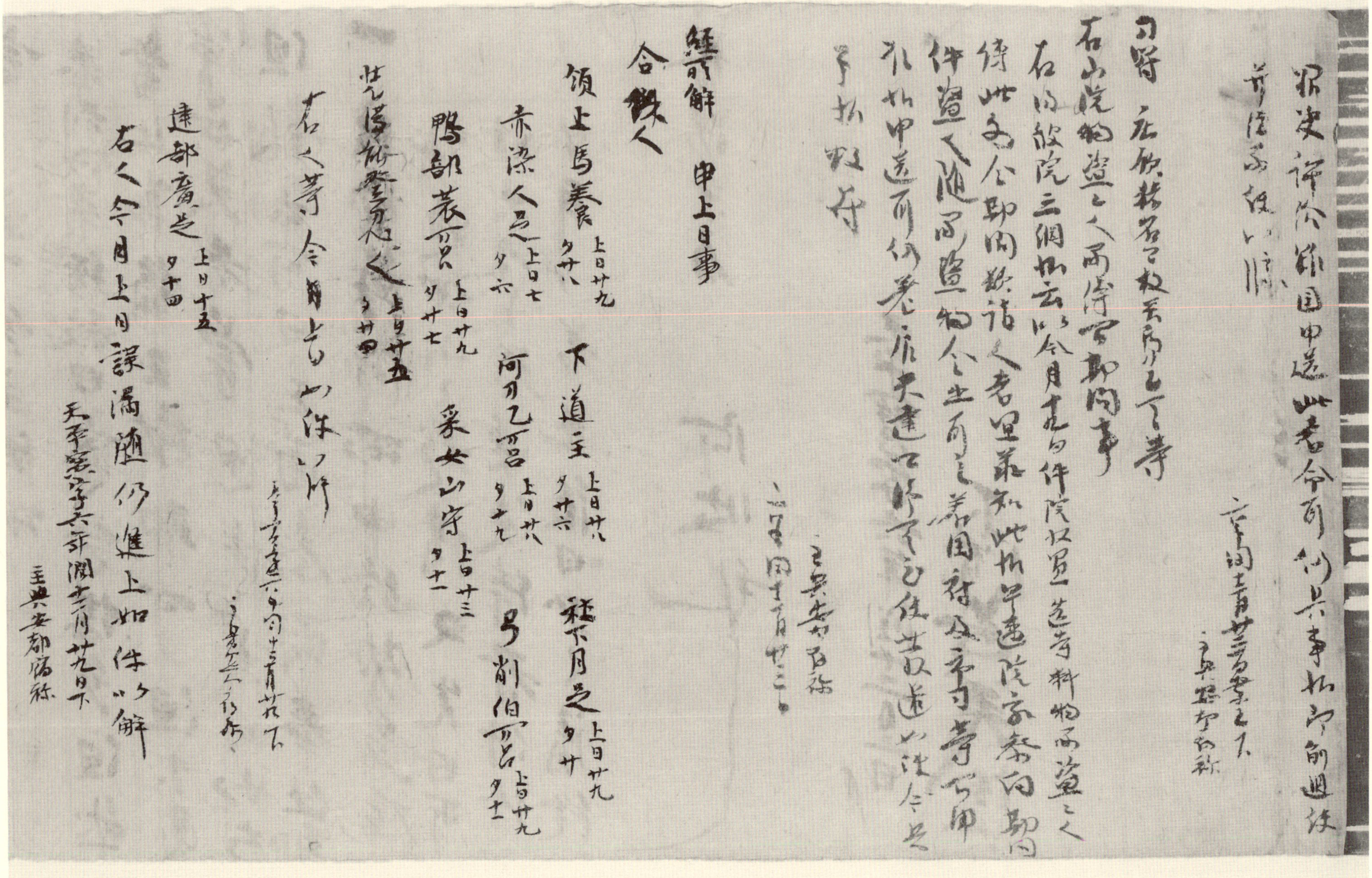

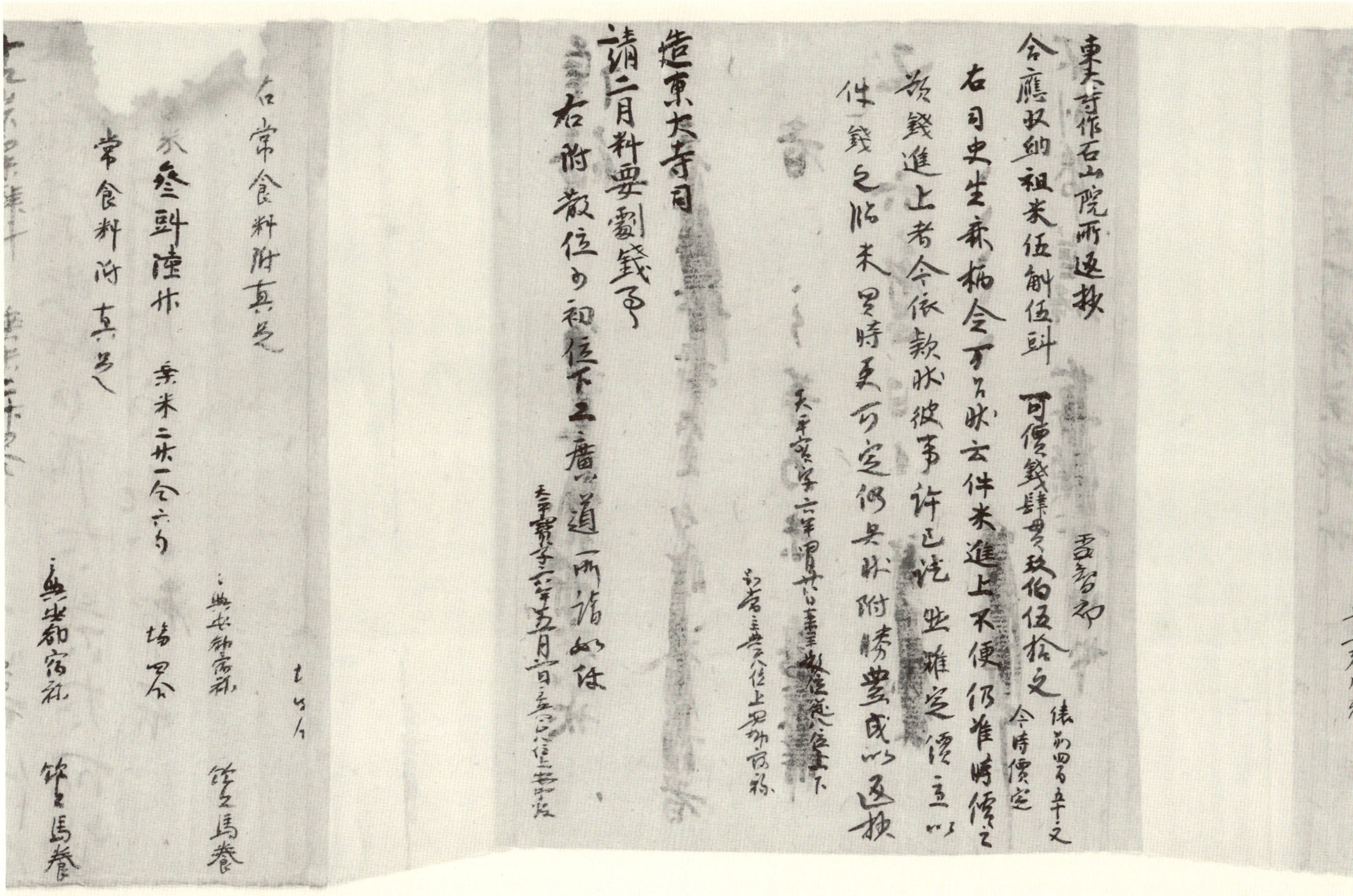

5 30〜32　15 495　15 196〜197

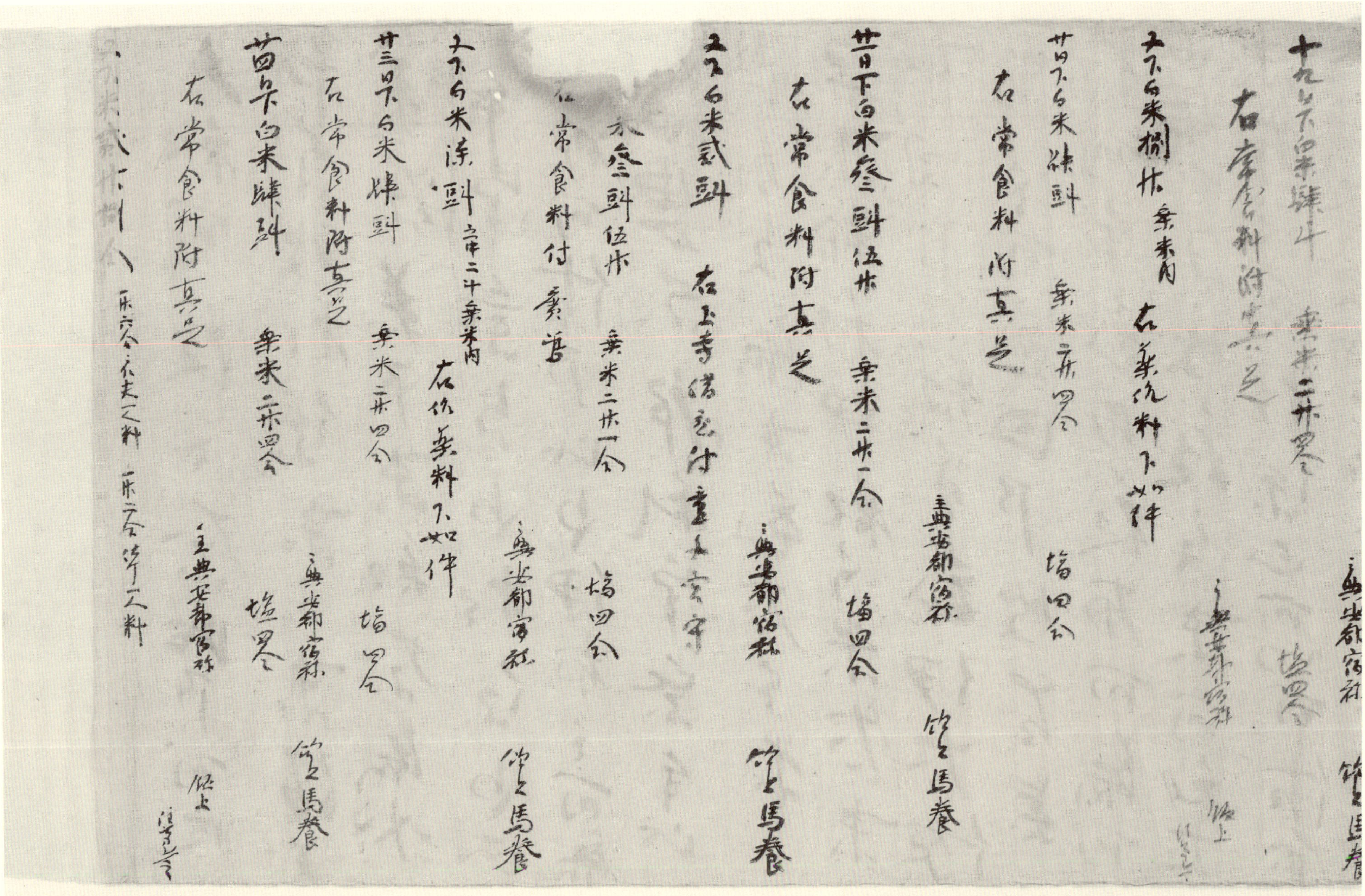

十九日下白米肆升　乗米二升四合
右常食料附真之　塩四合
主典安都宿祢　竹志馬養
主典安都宿祢
廿日下白米捌升　乗米内
右薬分料下如件
廿日下白米肆斗　乗米二升四合　塩四合
右常食料附真之
主典安都宿祢　竹志馬養
廿日下白米参斗伍升　乗米二升一合　塩四合
右常食料附真之
主典安都宿祢　竹志馬養
廿二日下白米弐斗
右上寺借充付童子宝守
又参斗伍升　乗米二升一合　塩四合
右常食料付廣吉
主典安都宿祢　竹志馬養
廿二日下白米漆斗　二斗二升乗米内
右仏薬料下如件
廿三日下白米肆斗　乗米二升四合　塩四合
右常食料附真之
主典安都宿祢　竹志馬養
廿四日下白米肆斗　乗米二升四合
右常食料附真之　塩四合
主典安都宿祢
一升六合仕丁一人料　一升二合一人料

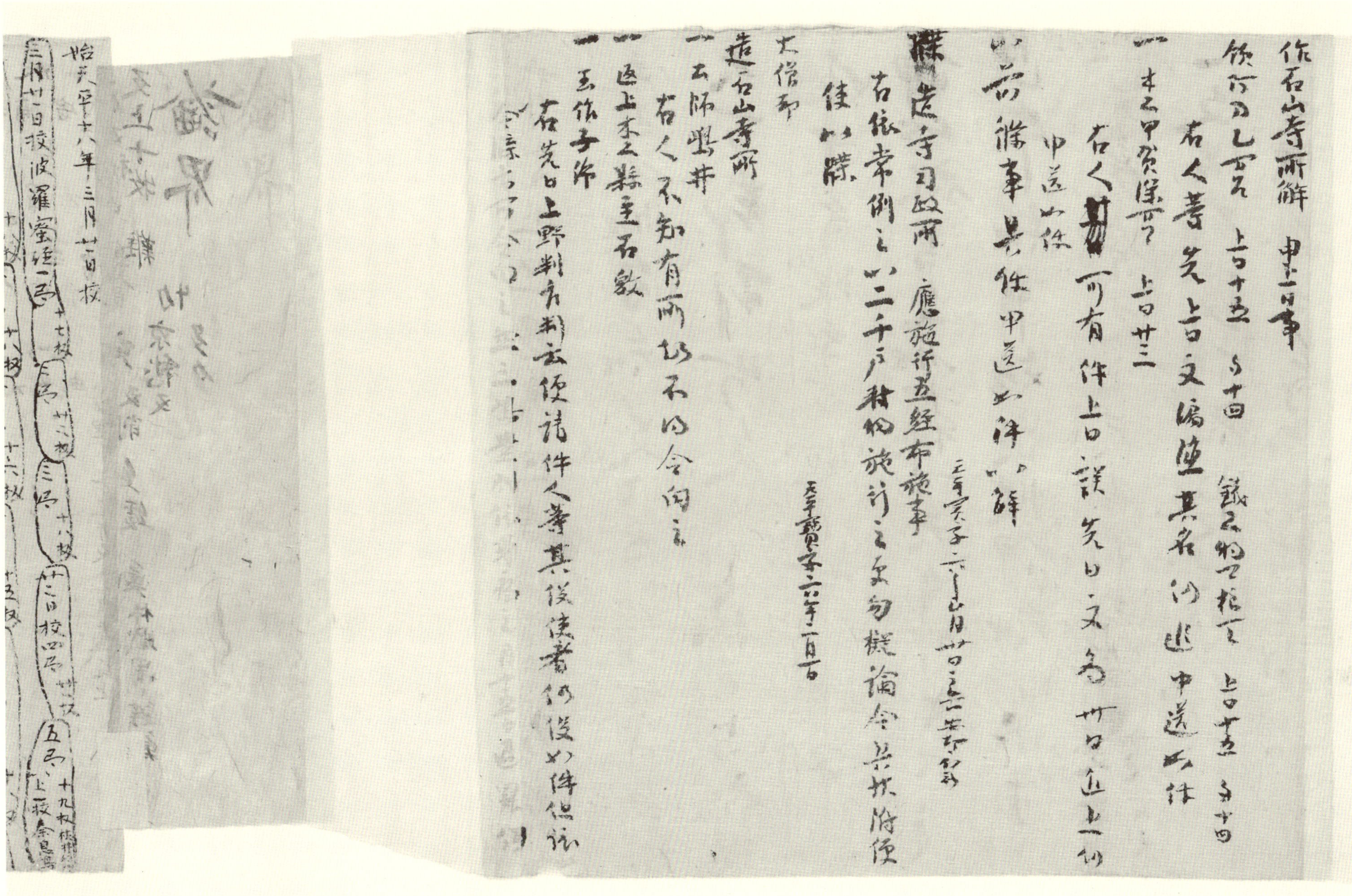

第四八巻　裏　10作石山寺所上日解按・牒造寺司政所・造石山寺所役夫充遣状　9（空）　8校経注文

24
354～355

15
146～147

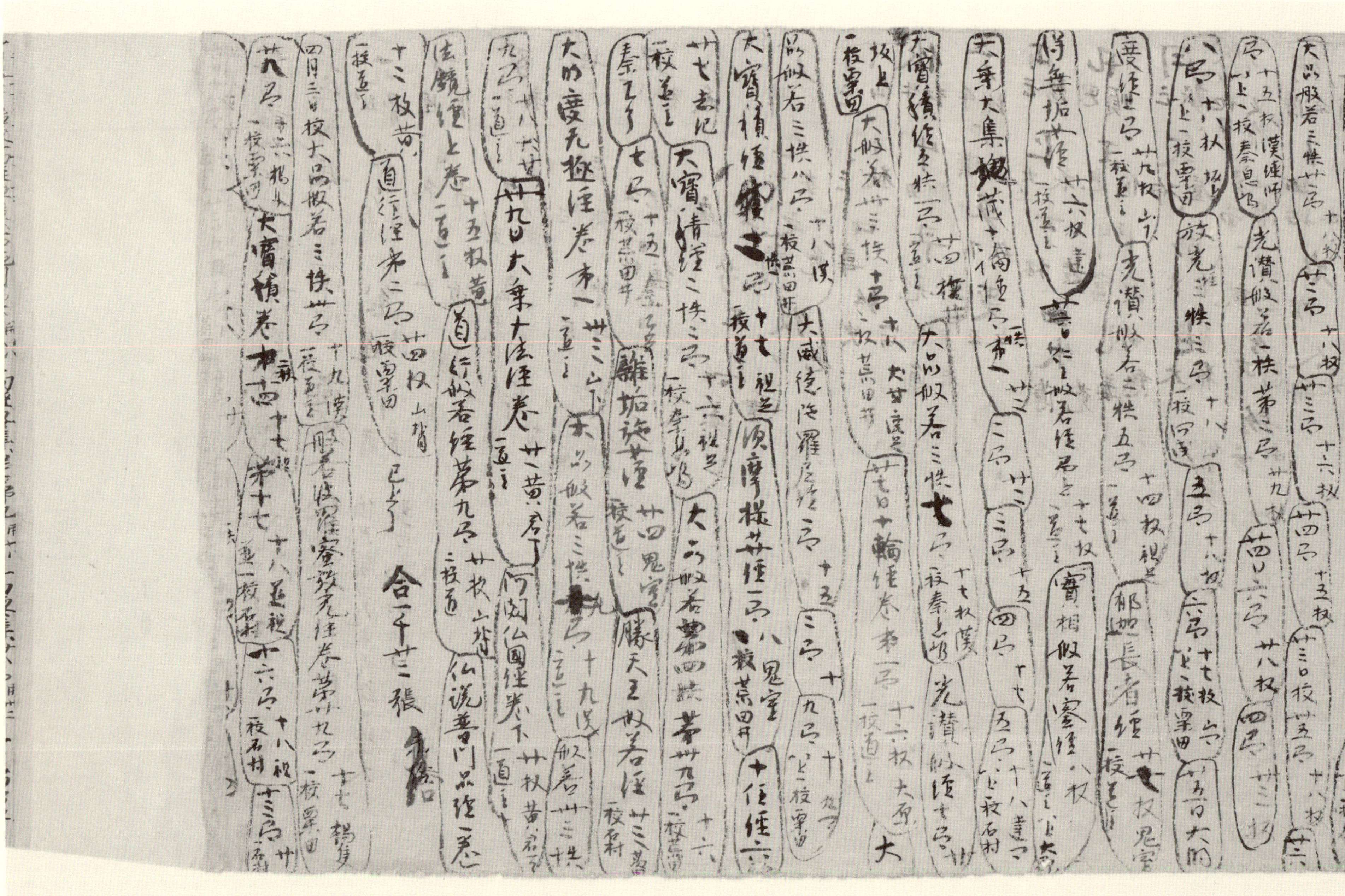

第四八巻　裏　8校経注文　7校経注文

8
512〜513

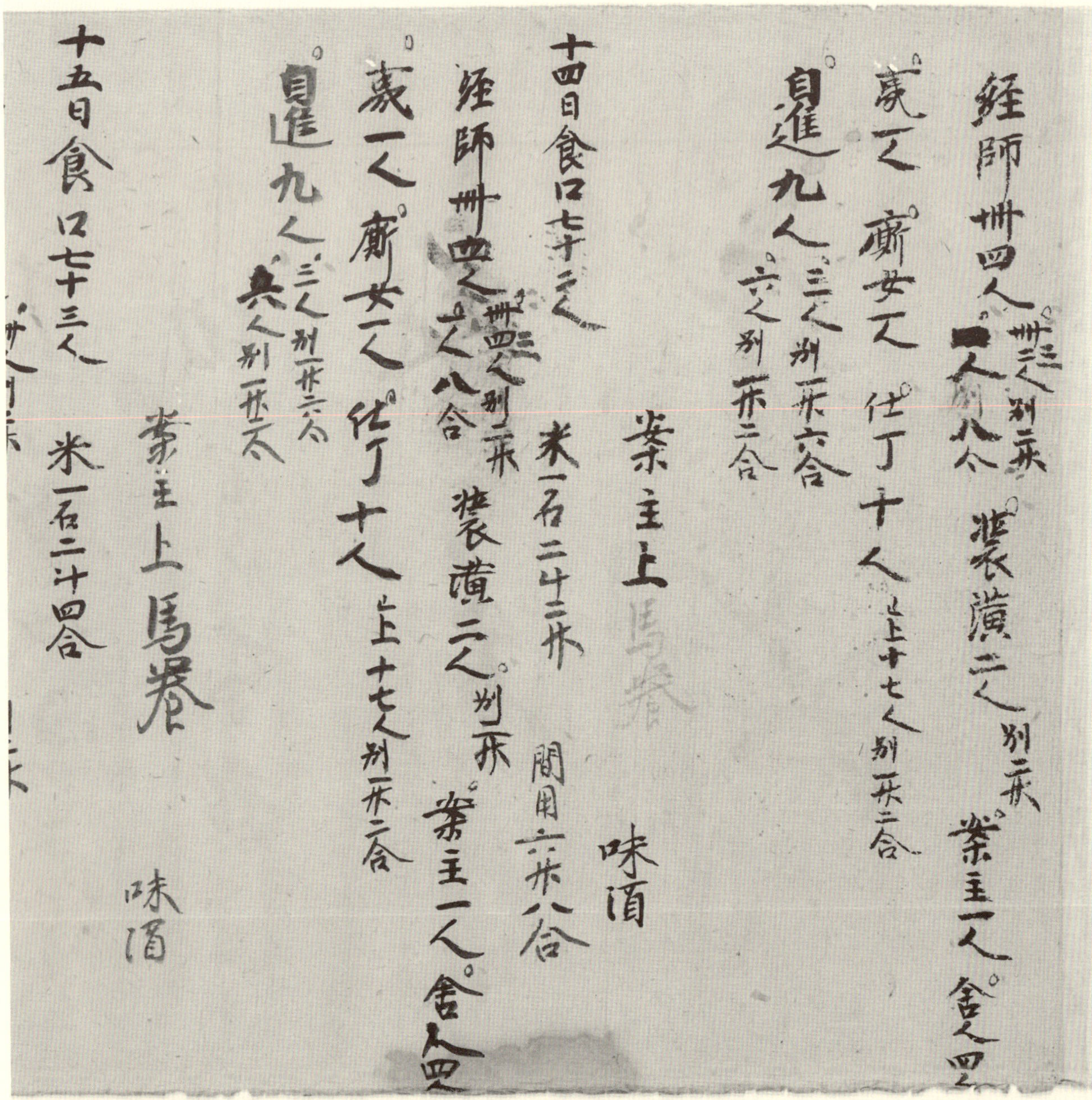

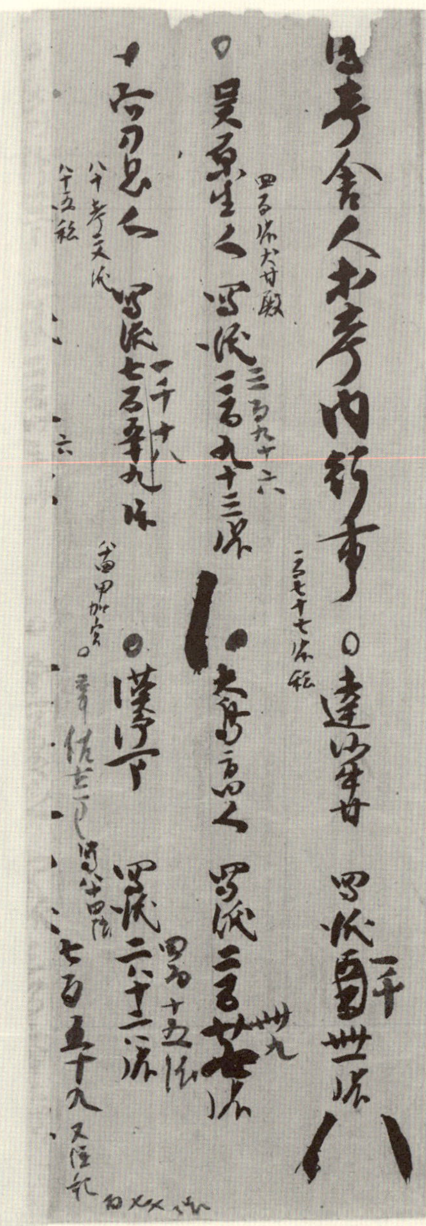

17
419〜420

24
284〜285

3

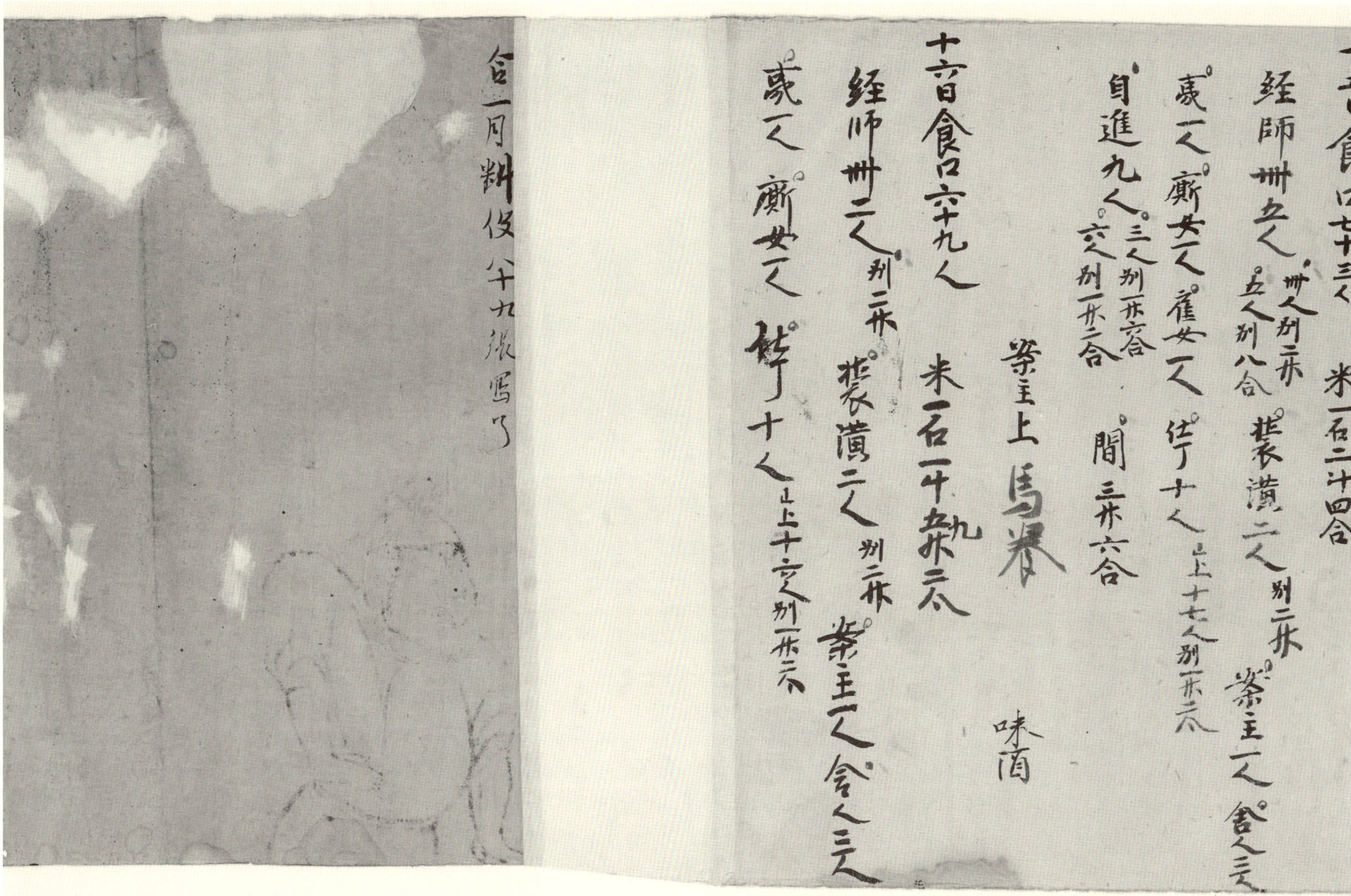
十五日食口七十三人　米一石二斗四合
経師卅五人　卅人別二升　五人別八合　装潢二人別二升　案主一人　舎人三人
校一人　膳女一人　雇女一人　仕丁十人　已上十七人別一升六合
自進九人　三人別一升六合　六人別一升二合　間　三升六合
案主上馬養　味酒
十六日食口六十九人　米一石一斗九升六合
経師卅二人別二升　装潢二人別二升　案主一人　舎人三人
校一人　膳女一人　仕丁十人　已上十六人別一升六合

合一月料役八十九紙写了

未収

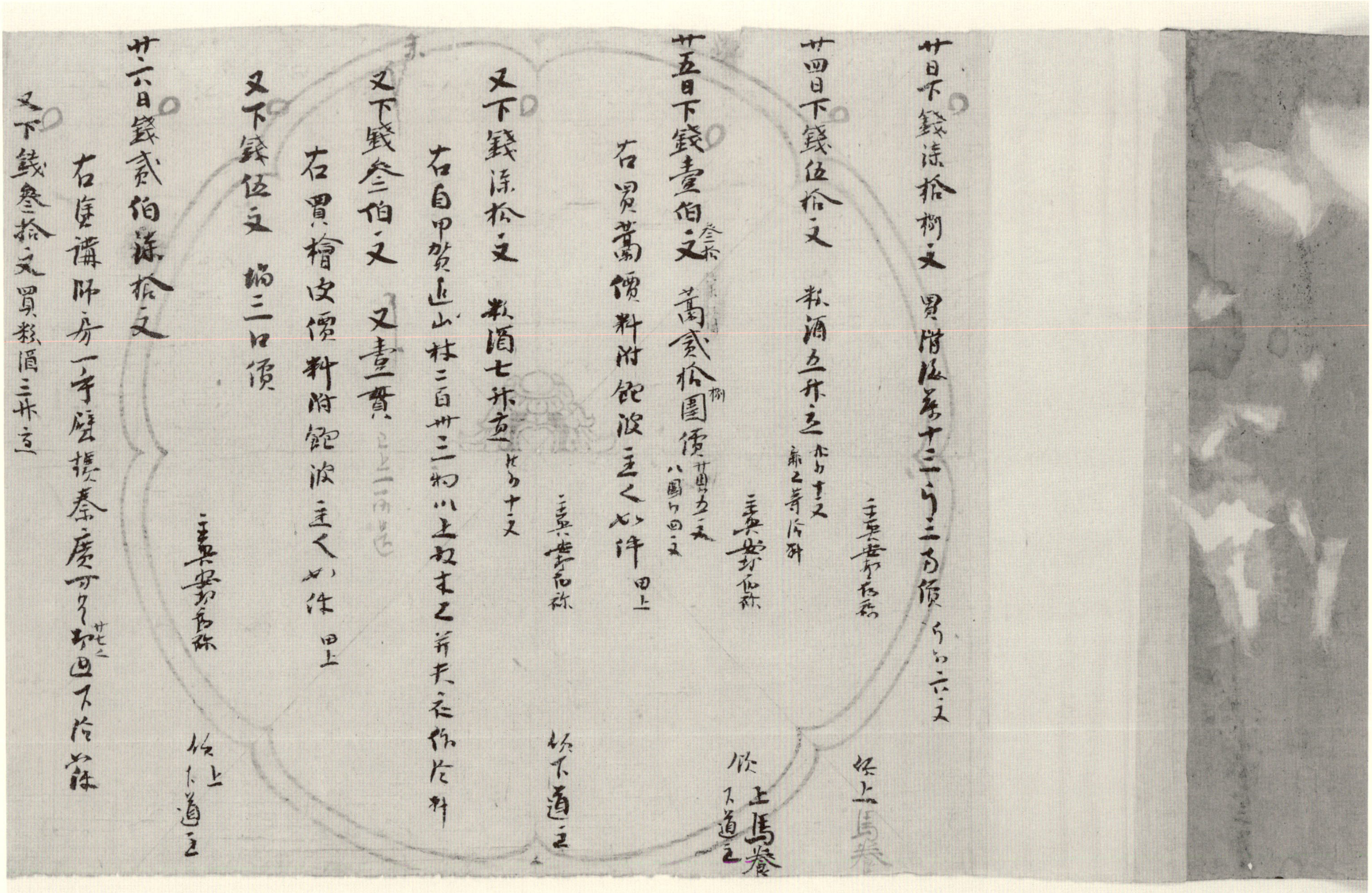

廿三日下銭漆拾捌文　買僧没第十三ケ三角價　ケ別六文
主典安都在判
付上馬養
廿四日下銭伍拾文　糯酒五升直　升別十文
乘之膏分料
主典安都在判
付上馬養
下道主
廿五日下銭壹伯文参拾　菌貳拾捌圍價　廿圍別五文　八圍別四文
右買菌價料附飽波主人如件　田上
主典安都在判
付下道主
又下銭漆拾文　糯酒七升直　升別十文
右自甲賀山林二百卅三物以上収末之并夫之従分料
又下銭参伯文　又壹貫　已上一貫参伯
右買檜皮價料附飽波主人如件　田上
又下銭伍文　縮三口價
廿六日銭貳伯漆拾文
右鏖講師分一斗碧提奉廣成等廿七之料并不合坏等
主典安都在判
付上
下道主
又下銭参拾文　買糯酒三升直

5
360〜362

1

又下銭參拾文　買糯米三升直
右木工等料如件
主典安都宿祢
領道主
廿七日下銭肆伯捌拾文　三百文木一間房一宇檜皮葺卅人分　百八十文木二間房一宇檜皮葺十八人分
右様工力部廣万呂等葺作僧房二宇功下充如件
主典安都宿祢
領下道主
又下銭伯弐文　買薦卌圍價　圍別五文
右附丸部小公買檢如件
主典安都宿祢
領下道主
五月二日下銭伍貫
右附三嶋豊羽充遣田上山作所如件
主典安都宿祢
下道主

続修別集

第四十九巻　裏

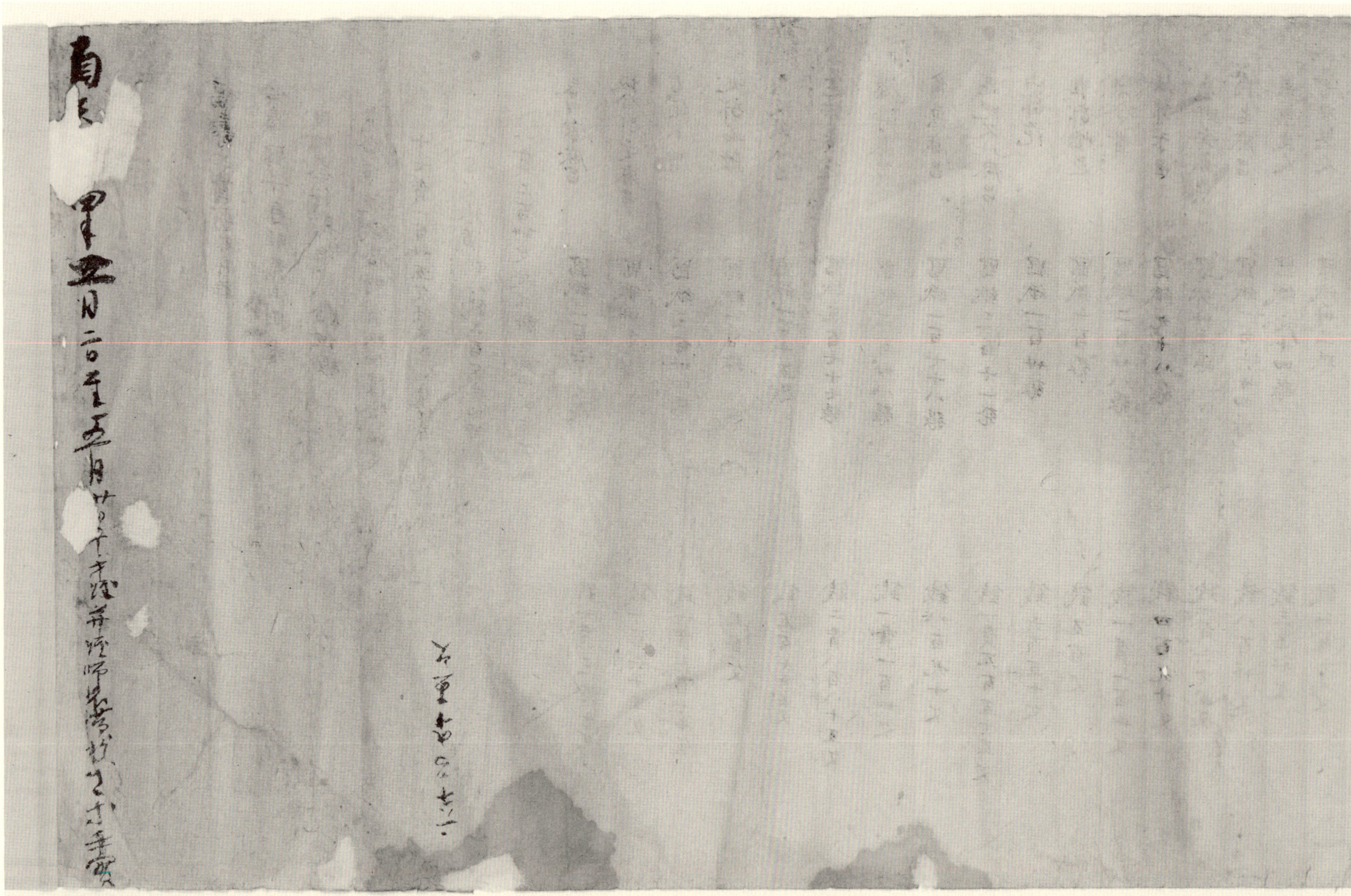

8
107

8
108

続修別集

第五十巻　裏

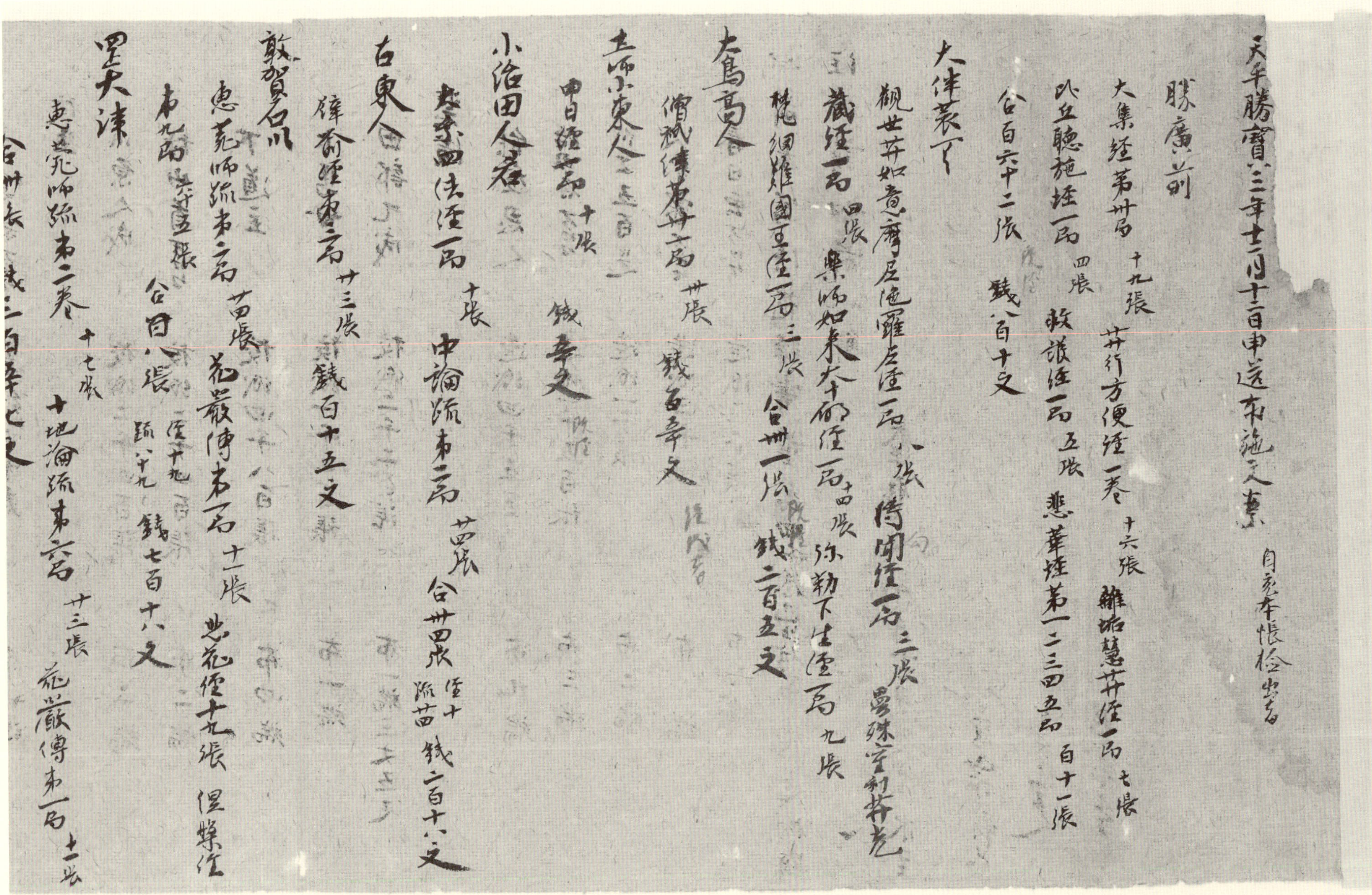

天平勝宝三年十二月十二日申送布施文人案　自元本帳検出者

勝広前
大集経第卌巻　十九張　菩薩行方便経一巻　十六張　離垢慧菩薩経一巻　七張
比丘聴施経一巻　四張　救護経一巻　五張　悲華経第一二三四五巻　百十一張
合百六十二張　銭八百十文

大伴蓑下
観世音菩薩如意摩尼陀羅尼経一巻　八張　得明経一巻　三張　曼殊室利菩薩呪
蔵経一巻　四張　薬師如来本願経一巻　十四張　弥勒下生経一巻　九張
梵網難国王経一巻　三張　合卌一張　銭二百五文

大鳥高人
僧祇律第卅六巻　卅張　銭百五十文

土師小東人
申日経一巻　十張　銭五十文

小治田人君
大乗四法経一巻　十張　中論疏第二巻　廿四張
合卅四張　経十　疏廿四　銭二百十八文

右東人
維摩経第二巻　廿三張　銭百十五文

敦賀石川
恵苑師疏第二巻　十四張　花厳伝第一巻　十一張　悲花経十九張　涅槃経
第九巻　廿五張　合百八張　経十九　疏八十九　銭七百十八文

罡大津
恵苑師疏第二巻　十七張　十地論疏第六巻　廿三張　花厳伝第一巻　十一張
合[illegible]張　銭三百[illegible]七文

合卅張　銭三百卌七文

忍坂麦依一人

恵苑師疏第二巻末　廿二張　銭百卌四文

東飯治廣債

恵苑師疏第二巻末　十六張　第三巻　廿張　中邊論疏第四巻　廿張

四分律疏第九巻　卅八張　合百四張　銭七百廿八文

河刀宅足

恵苑師疏第三巻　廿七張　花厳傳第二巻　九張　第三巻　八張　中邊論疏第三巻

十二張　四分律疏第十三巻　卅八張　涅槃経第四巻　廿六張　合百卅九

銭一貫卅三文

小長谷金村

花厳傳第四巻　十四張　涅槃経疏第十二巻　卅九張　第五巻　六張

十地論疏第六巻　廿張　无量義経疏第一巻　廿張　四分律疏第五巻

卅一張　第十六巻　卅一張　第十九巻　卅四張　入楞伽経疏第二巻　廿三張

第三巻　十二張　梵網経疏上巻　卅六張　下巻　卅張　僧祇律第卅巻　卅張

第廿三巻　廿七張　合五百廿三張　経卅七　疏四百六十六　銭三貫五百卅七文

粟前嗟万呂

法花経道栄師疏第六巻　十九張　銭百卅三文

竹野廣成

涅槃経疏第四巻末　卅五張　法花経道栄師疏第六巻　卅三張

第五巻　廿四張　第七巻　卅八張　十地論疏第四巻　六十九張　无量義経

疏第三巻　廿九張　四分律疏第六巻　卅五張　仁王経疏下巻　卅五張

疏第三巻 十 四分律疏第六巻 仁王経疏下巻 卅五張
入楞伽経疏第二巻 廿張 第五巻 廿四張 勝鬘経疏上巻 十五張
法花経疏第二巻 廿八張 第四巻 卅七張 梵網経疏上巻 卅九張
僧祇律第廿九巻 廿五張 第廿五巻 廿七張 第廿二巻 卅七張 第廿巻 廿四張
合六百七十四張 経百十三 疏五百六十一 銭四貫四百九十二文

山守馬人
法花経道栄師疏第二巻 五十紙 銭三百五十文

丹波宿奈万
法花経道栄師疏第三巻 卅六 花厳略疏第五巻 卅
十地論疏第五巻 七十 中論疏第五巻 五十三 四分律疏第十七巻 廿二
合二百五十二紙 銭一貫七百六十四文

八京寛円
法花経道栄師疏第四巻 卅六 第六巻 卅五 中論疏第四巻 卅四
中辺論疏第四巻 七十 四分律疏第七巻 卅六
合百八十紙 銭一貫二百六十文

大部人上
法花経道栄師疏第五巻 卅一 銭二百十七文

綾人足
花厳略疏第二巻 百紙 銭九十六文

間人道足
四分律疏第十六巻 十 梵網経私記一巻 卅 又第四巻 七
合卅七紙 銭二百五十九文

河辺小万
花厳略疏第三巻 十六 四分律疏第八巻 五十二 第十四巻 六
合七十四紙 銭五百十八文

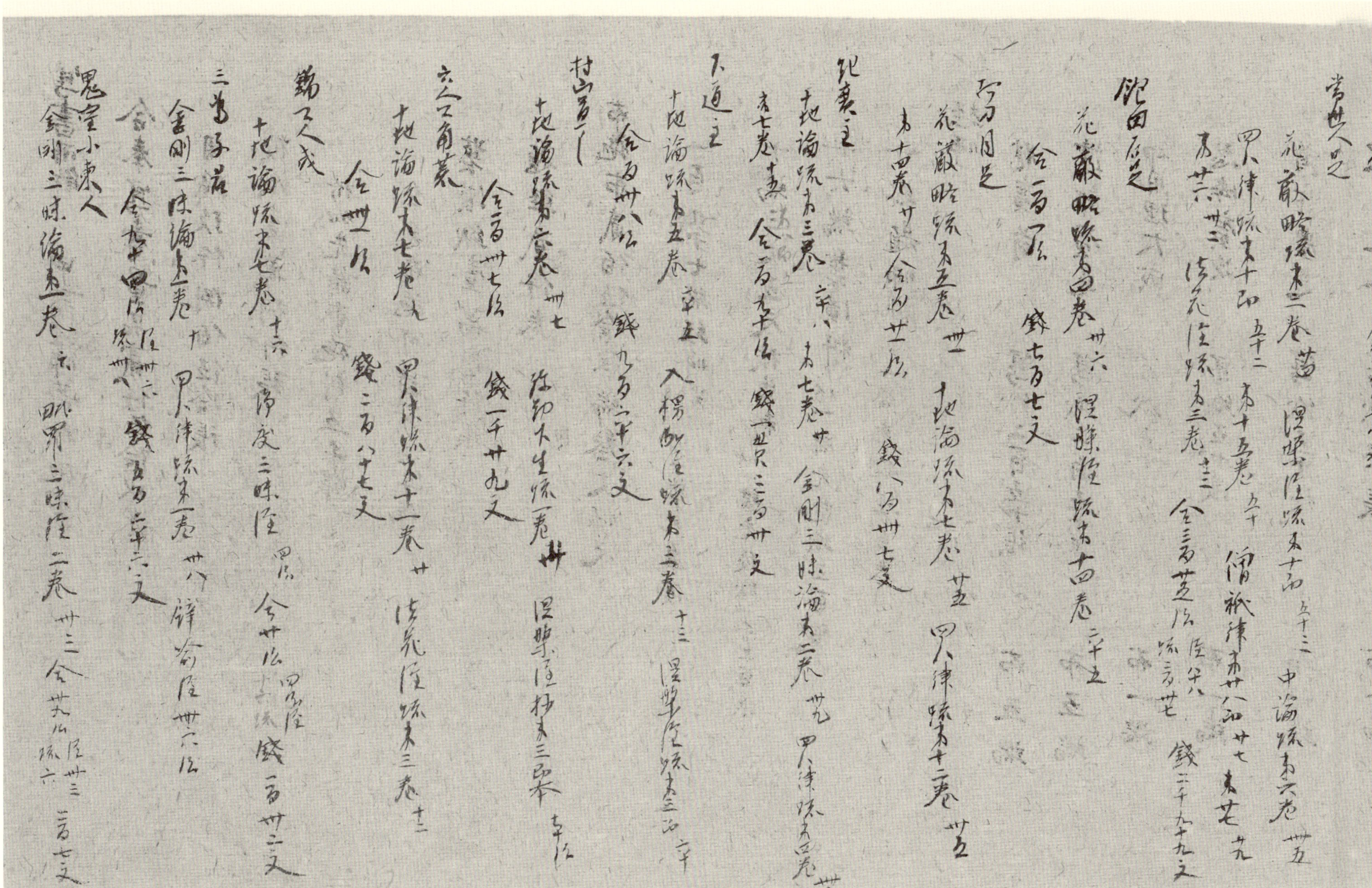

常世人足
花厳略疏第二巻 卅四　涅槃經疏第十帙 五十三　中論疏第六巻 卅五
四分律疏第十帙 五十二　第十五巻 五十　僧祇律第廿八帙 廿七　第廿七 九
第廿六 卅三　法花經疏第三巻 十三　合三百廿五紙　經廿八 疏三百卅七　錢二千九十九文

飽田石足
花厳略疏第四巻 卅六　涅槃經疏第十四巻 二十五
合一百紙　錢七百七文

阿刀月足
花厳略疏第五巻 卅一　十地論疏第七巻 廿五　四分律疏第十二巻 廿五
第十四巻 廿　合百廿紙　錢八百卅七文

紀豊主
十地論疏第三巻 廿八　第七巻 廿　金剛三昧論第二巻 廿九　四分律疏第四巻 廿三
第七巻 十五　合百五十紙　錢一貫三百卅文

下道主
十地論疏第五巻 廿五　入楞伽經疏第三巻 十三　涅槃經疏第三帙 廿
合百卅八紙　錢九百六十六文

村山首万呂
十地論疏第六巻 卅七　法印大生疏一巻 卅　涅槃經抄第三巻 十五紙
合百廿七紙　錢一千卅九文

六人部荒角
十地論疏第七巻 九　四分律疏第十一巻 廿　法花經疏第三巻 十二
合卅一紙　錢二百八十七文

錦部人成
十地論疏第七巻 十六　浄度三昧經 四紙　合廿紙 四紙經　錢一百卅二文

三嶋子君
金剛三昧論第五巻 十　四分律疏第一巻 卅八　維摩經 卅六紙
合九十四紙　經卅六 疏卌八　錢五百六十六文

鬼室小東人
金剛三昧論第一巻 六　明界三昧經 二巻 卅三
合卅九紙　經卅三 疏六　二百七文

金剛三昧論
明罪三昧経二巻

解説

解説例言

一、本解説は、図版本文の理解を助けるための各種のデータを簡略にまとめたものである。従って個々の文書の内容あるいは接続の問題についてはふれないこととして、現状の客観的な記述につとめた。

一、本解説の記載事項は概ね以下のごとくであるが、表記すべき内容に応じて、記述の方法は必ずしも一定はしていない。

1　各巻総記（各巻冒頭）

正倉院文書の種別・巻次

図版の縮小率（標紙、外題、本紙の総張数、軸等については第十二・十三冊解説を参照）

2　各紙記載

紙数、文書名、年紀

史料……『正倉院文書目録』の記載、

（法量……本冊では省略。第十二・十三冊解説を参照）

紙端……紙端（右・左）の現状、

界線……界線の種類、規格、（行数）、

本文……本文に関する事項、（行数）、

（印……印章に関する事項。本冊では該当するものなし）

その他……その他の事項、

解説の記述は、原則として、図版に見えている側についての記述に限定した。

一、本書での表・裏の用法は、成巻の現状における表・裏を基準としたが、個々の記述の中では、紛らわしくない限りで、図版に見えている側を表、反対側を裏、とする一般的な用法に従った場合もある。この場合には、本書の基本的な用法と区別しうるよう注記を加え、裏（現状の表）、などのように示した。

一、各紙の記載は、断簡のまとまりを勘案して一紙ごと、もしくは数紙をまとめて述べ、初めに紙数・文書名・年紀を標出した。

一、東京大学史料編纂所編纂『正倉院文書目録』の記載は、以下の項目を同書「大日本古文書対照目録」から摘記し、史料の小見出しの下に掲げた。

断簡番号、文書名、年紀、断簡符号、大日本古文書の巻・頁・行、

一、法量の記載は、第十二・十三冊との重複を避けて、本冊では省略した。

一、紙端の項は、紙端の小見出しの下に、まずその状態を示したが、紙端が切断されている場合は注記を省略し、破れ等の状態についてのみ示した。次いで現状での貼継の相手（継目の場合には、紙の打ち合せと糊代の幅についても記す）・界線・本文・印章・糊痕・横界のアタリ（特に注記しないものは刀子痕）・その他、紙端周辺に関する記述を列挙した。文字等の欠損について示す場合は、その程度に従って、半存、僅存（僅欠）、微存（微欠）、等の表現を用いた。

一、界線の項は、界線の小見出しの下に、縦界、横界それぞれについて、墨界、押界、折界の区別を記し、次いでその規格を図または文章によって示した。採寸は、断簡ごとに、最も標準的と思われる箇所で行なった。

一、行数は以下の方針で表示した。これは本文中の特定箇所を指示する際に、一定の基準を設けることを主たる目的としたものである。この際に、行数二〇行を示すときは、「20行」のように、第一行を示すときは略号を用

いて「l.1」、のように示した。また割注はあわせて一行と算え、双行のうちの片方を示す場合は、「l.1右行」「l.1左行」のごとく示した。

　1　縦の墨界もしくは明瞭な押界、折界がある場合。界線の行数を基準に算え、[界線]の項に、「墨界20行」「折界15行」のごとく示した。紙端において切断された行も、そこに墨痕等が認められることが少なくないので、原則として行数に算えた。

　2　押界・折界を認めうるが、界線と文字との対応あるいは界線自体が不明瞭な場合（界線の上に文字が書かれた場合、無界の場合もこれに準ずる）。この場合は、界線が図版に十分に表現されないので、書かれた文字を基準に算え、[本文]の項の最初に、単に「10行」のごとく示した。この際、傍書・割注・習書などを除く、一行をなすと見られる文字は、切断などによる欠損行も含め、原則として全て行数に算えた。

1、2いずれの場合でも、厳密な統一的基準は設け難く、行数は算え方によって異なることが予想されるので、紛らわしい場合には、適宜補足的に説明を加えた。

一、本文の項は、[本文]の小見出しの下に、本文字句の校訂に関わる点を挙げたが、主として挙げたのは、原本における文字訂正の箇所である。概ね以下のごとく示した。なお、『大日本古文書』の翻刻によって、その状況をうかがいうるものは注記を省略した。

　擦消書直　傍点を打った文字が、はじめ書かれていた文字（判読不能）を擦り消した上に書かれていることを示す。もとの文字が読める場合には、「……を擦消書直」のように示した。

　擦消　文字の擦り消しが認められる箇所を示す。もとの文字が読める場合には、「……を擦消」のように示した。

　重ね書　傍点を打った文字が、別の文字の上に重ねて書かれていることを示す。

原本の朱筆・白緑筆等については、その一々について注記するのは煩雑なので、これを『大日本古文書』の記載に譲ることとした。また、筆跡の同異・自署等の判定についてはふれなかった。

一、[その他]の項には、概ね以下の事項を記した。

　1　保存状態。破損、汚れ、補修箇所等のうち、特記すべき点について述べる。

　2　料紙に関しては第十二・十三冊との重複を避けて、記載を省略した。

一、本冊解説の執筆は、杉本一樹・飯田剛彦が担当した。

続修別集　第一巻　裏

本巻の縮小率　一／一・八六

第11〜9紙裏　左大舎人科野虫麻呂以下十八人歴名

【史料】続修別集一⑦3裏　奉写御願大般若経経師等歴名、十七ノ六6—七

【紙端】
- 11裏右　新補丁子引紙の下に貼継。
- 11裏左 10裏右　直接貼継（11裏が上。糊代〇・四—〇・九）。
- 10裏左 9裏右　直接貼継（10裏が上。糊代〇・三—〇・九）。
- 9裏左　新補白紙の下に貼継。

【本文】第11紙裏9行、第10〜9紙裏0行（第11紙裏左半から後は余白）。
第11紙裏 l.2「内竪…雑物」の下方、かすれた墨書「巻」あり。l.6下段「正八位下（上）」は「八位」の書きかけに重ね書き。

【その他】第11紙裏 l.9左方に押しキズあり。

第8紙裏　空

第7紙裏　綺下充帳

【史料】続修別集一⑤裏　綺下充帳　（天平宝字二年九月？）、十四ノ二六

【紙端】
- 右　糊痕（糊代〇・七）あり。新補白紙の下に貼継。
- 左　新補白紙の下に貼継。

【本文】5行（l.5「案」「不用」は表の文書の端裏書。互いに別筆）。l.2「廿五日下綺廿三丈九尺四寸」、「五」は「四」を擦消書直、「日下」は同字をなぞり書、「綺廿三丈」は「□□□紫」を擦消書直。

【その他】紙面全体に黒ずみ汚れ・皺・やつれ多し。所々に褐色シミあり。

第6紙裏　雑物収納帳

【史料】続修別集一④裏　後金剛般若経経師等食米幷雑物納帳　（天平宝字二年）九月九日始、
十四ノ五九—六〇

【紙端】
- 右　墨書（l.1。微存）切断。新補白紙の下に貼継。
- 左　新補白紙の下に貼継。

【界線】縦折界（折山が裏）。界幅二一・〇前後。本文の墨書と対応し、l.15の次行（空）を最後に、以降は不明瞭となる（行数は本文によって算える）。

【本文】16行（l.1は継紙の下に微存〈左払いの筆画の先端か〉。l.16「不用」は表の文書の端裏書）。l.5「又塩陸㪷」の上方は墨点（同じ行の文字と墨色異なる）。l.9「蘗二百斤」、擦消書直。l.10「上馬養」は別の文字の書きかけを擦消書直。l.11「廿三日…塩貳斗」および l.12「又納心太」、右上方に墨点あり。l.13「主典安都雄足」は「主典安都」を擦消書直。

【その他】中央下方に大きな褐色シミあり。この部分、紙質劣化して欠損あり、裏から繕う。左半はシミ、ももけが目立ち、全体にやつれ。

第5紙裏　空（右端下方に虫損箇所あり。これ以降巻首まで、本紙・新補白紙を通じて、虫損箇所が連続して現れる）

第4紙裏　食粮雑用帳

史料　続修別集一②裏　写千巻経所食物用帳　天平宝字二年六月廿一日始、十三ノ四七三―四七五

紙端　右　やや斜めに切断。新補白紙の下に貼継。
左　墨書（微存）切断。新補白紙の下に貼継。

本文　22行（l.22は継紙下に微存）。l.2傍書「又五升」「又五升」、互いに墨色異なる。l.5「酢一升」、旁は小さな紙面剝離箇所の上にかかる。l.6「菁六十四束」は「二」に重ね書か。同「水葱廿束」、重ね書。l.19「廿六日下米一石八斗」、字間右傍の墨線は文字ではないか。

その他　紙面に縦の谷折れ筋あり。右端付近および左半、やや黒ずむ。

第3～1紙裏　経巻進送按

史料　続修別集一①(2)(1)裏　奉写一切経司奉請文　神護景雲元年九月、十七ノ一四三―一四四

紙端　3裏右　墨書（微欠）切断。新補白紙の下に貼継。
3裏左 2裏右　直接貼継（3裏が上。糊代〇・三）。墨書（第2紙裏l.1および継目裏書「養」）またがる。
2裏左 1裏右　直接貼継（2裏が上。糊代〇・三）。墨書（第2紙裏l.3左行および継目裏書「養」）・朱勾またがる。
1裏左　墨書（僅欠）切断。継目裏書「養」、旧継目（表）の内側に半存。標紙に貼継。

本文　第3紙裏10行、第2紙裏3行、第1紙裏11行。
第3紙裏l.5「一部二巻玄範師」、重ね書。l.9「勝鬘経疏二巻无名」は「无名」を擦消書直。
第2紙裏l.3「発菩提心義」、重ね書。
第1紙裏l.6「法花経疏十巻」、擦消書直。l.9「法花統略」、重ね書。
〔朱書〕朱勾は全て赤褐色。そのほか第3紙裏l.5傍書「吉蔵師」（朱書）は紅色系、第1紙裏l.3行頭の朱圏点はオレンジ色の朱書を用いる。

その他　第3～2紙裏継目、糊のはみ出し汚れあり。第1紙裏左上隅に小墨点一あり。続修別集新補標紙の取付位置を示す。

続修別集　第二巻　裏

本巻の縮小率　一／一・八六

第９紙裏　奉写一切経司移造東大寺司　神護景雲二年九月二日　（継目裏書）

史料　続修別集二⑧裏　空

紙端
右　糊痕（糊代〇・九）あり。継目裏書「養」、旧継目の内側に半存。新補丁子引紙の下に貼継。
左　継目裏書「養」（半存）切断。新補白紙の下に貼継。

本文　２行（ともに継目裏書）。

第８紙裏　奉写一切経司移造東大寺司　神護景雲二年閏六月二日　（継目裏書）

史料　続修別集二⑦裏　空

紙端
右　糊痕（糊代〇・八）あり。継目裏書「養」、旧継目の内側に半存。新補白紙の下に貼継。
左　継目裏書「養」（半存）切断。新補白紙の下に貼継。

本文　２行（ともに継目裏書）。

その他　左端近くの上縁に黄色の糊痕（表の解説参照）あり。その左傍、僅かに赤色顔料付着。

第７紙裏　奉写一切経司移造東大寺司　神護景雲二年八月二十日　（継目裏書）

史料　続修別集二⑥裏　空

紙端
右　一部破れ。糊痕（糊代〇・七）あり。継目裏書「養」、旧継目の内側に半存。新補白紙の下に貼継。
左　継目裏書「養」（半存）切断。新補白紙の下に貼継。

本文　２行（ともに継目裏書）。

その他　中程上縁から下に赤色顔料の汚れ付着。

第６紙裏　奉写一切経司牒造東大寺司　神護景雲二年六月九日　（継目裏書）

史料　続修別集二⑤裏　空

紙端
右　糊痕（糊代〇・九）あり。継目裏書「養」、旧継目の内側に半存。新補白紙の下に貼継。
左　継目裏書「養」（半存）切断。新補白紙の下に貼継。

本文　２行（ともに継目裏書）。

その他　紙面全体にもけあり。

第５紙裏　奉写一切経司移造東大寺司　神護景雲二年六月四日　（継目裏書）

史料　続修別集二④裏　空

紙端
右　糊痕（糊代〇・七）あり。継目裏書「養」、旧継目の内側に半存。新補白紙の下に貼継。
左　継目裏書「養」（半存）切断。新補白紙の下に貼継。

本文　２行（ともに継目裏書）。

第4～3紙裏　奉写一切経司移造東大寺司　神護景雲二年四月二十九日　（継目裏書）

【史料】続修別集二③裏　空

【紙端】
4裏右　一部破れ。糊痕（糊代〇・八）あり。継目裏書「養」、旧継目の内側に半存。新補白紙の下に貼継。
4裏左 3裏右　直接貼継（4裏が上）。
3裏左　継目裏書「養」（半存）切断。新補白紙の下に貼継。

【本文】第4紙裏1行（継目裏書）、第3紙裏1行（継目裏書）。

第2紙裏　奉写一切経司移造東大寺司　神護景雲二年三月二十八日　（継目裏書）

【史料】続修別集二②裏　空

【紙端】
右　糊痕（糊代〇・八――一・二）あり。継目裏書「養」、旧継目の内側に半存。新補白紙の下に貼継。
左　継目裏書「養」（半存）切断。新補白紙の下に貼継。

【本文】2行（ともに継目裏書）。

【その他】全面にももけあり。

第1紙裏　奉写一切経司牒造東大寺司　神護景雲二年二月十九日　（奥裏書・継目裏書）

【史料】続修別集二①裏　空

【紙端】
右　下方大きく破れ。糊痕あるか。破れにかかって墨書（*l*.1。中程および下方に各一あり。後者は継目裏書「養」の一部か）微存。新補白紙の下に貼継。
左　下方に縦の折れ筋（やや左傾）あり。継目裏書「養」（半存）はこの折れ筋の内側で終わる（折れ筋から外の部分が畳み込まれた状態で書かれたか）。褾紙に貼継。

【本文】3行（*l*.2「俊大徳芳房」は表の文書の奥裏書。*l*.3は継目裏書）。

【その他】左半もももけあり。左上隅に小墨点一あり。続修別集新補褾紙の取付位置を示す。

続修別集　第三巻　裏　空

本紙六張。第6紙裏全面に、擦れによる墨汚れ・ももけあり。第5～4紙裏、各右端に糊痕あり。第3紙裏、右端に糊痕あり。左端上方に朱圏点および「勘了」（朱書）あり（大半が継紙の下に入る。挿図参照）。全面に褐色シミ・ももけあり。第2紙裏、右端にはがし取り痕あり。左端付近にももけあり。第1紙裏、右端付近に糊汚れあり。また左上隅に小墨点一あり。続修別集新補標紙の取付位置を示す。

続修別集　第四巻　裏　空

本紙一三張。第13紙裏、右端に糊痕（糊代一・二五）あり。左端表側の旧糊痕には紙付着。第12紙裏、紙面に糊汚れ点在。第12～11紙裏、継目の荒れ、糊のはみ出しあり。第11紙裏、左端表側の旧糊痕（糊代一・〇―一・二）には紙付着。第11～10紙裏、糊のはみ出しあり。第9紙裏、左端付近ももけあり。第8～6紙裏、各継目は糊のはみ出しあり。第8紙裏・第6紙裏、左端表側の旧糊痕には紙付着。第6～5紙裏継目、糊のはみ出しあり。第4紙裏、右端に糊痕あり。第4～1紙裏、各継目には糊のはみ出しあり。第1紙裏左方、幅約七糎ほど汚れ。また左上隅に小墨点一あり。続修別集新補標紙の取付位置を示す。

続修別集　第五巻　裏

本巻の縮小率　一／一・九一

第7紙裏　造東寺司請大般若経料紙并筆墨直銭文　天平宝字八年十月二十五日

史料　続修別集五⑦裏　造東寺司請奉写大般若経一部料紙銭注文（案）　天平宝字八年十月廿五日、十六ノ五五九―五六〇

紙端　右　やや不整に切断。糊痕あるか。新補丁子引紙の下に貼継。
　　　左　横界切断。新補白紙の下に貼継。

界線　左端に横押界の端あり。紙端から三・〇糎ほどで終わる。

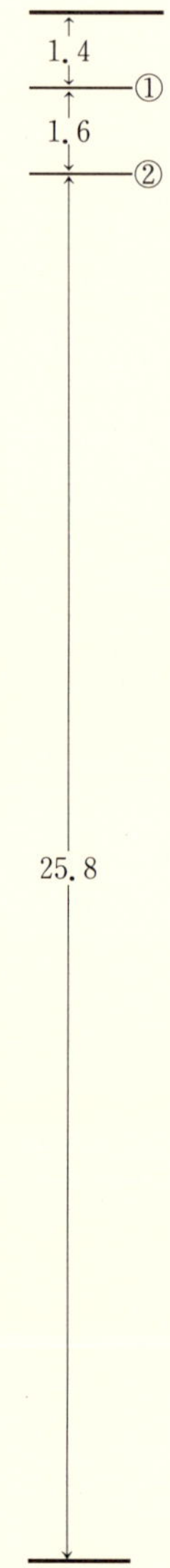

本文　13行。l.9「先請五貫七百六十文以寺家充」、擦消書直。l.10「今請一貫五百廿文」、「一」は「二」を擦消書直、「五」の右傍は「六」を擦消。l.12「料之紙銭」は擦消書直。

その他　縦の谷折れ筋あり。

第6紙裏　造石山寺所牒造物所　天平宝字六年正月二十三日
造石山寺所請雑物解

史料　続修別集五⑥裏　造石山寺所解移牒符案　天平宝字六年正月、十五ノ一四〇―一四一

紙端　右　下方一部破れ。糊痕（糊代〇・四）あり。新補白紙の下に貼継。
　　　左　新補白紙の下に貼継。

本文　18行（l.1の右半、l.18の過半は継紙の下に入る）。

その他　縦の谷折れ筋あり。

第5紙裏　空（左端付近にもけあり。折畳み痕とみられる縦の谷折れ筋あり。横方向にも折れ筋四本あり）

第4紙裏　大般若経裏紙

史料　続修別集五④裏　空

紙端　右　糊痕（糊代〇・五。紙付着）あり。新補白紙の下に貼継。
　　　左　新補白紙の下に貼継。

本文　1行。l.1「般若五十四帙」（天地逆）は過半が継紙下に入る。

その他　右端付近に糊汚れあり。左半黒ずみ汚れあり。

第3紙裏　雑物用残帳

史料　続修別集五③裏　奉写一切経所告朔案　宝亀三年十二月、二十一ノ四九九―五〇〇5

紙端　右　横界切断。糊痕（糊代〇・五。墨書のある紙付着）あり。新補白紙の下に貼継。
　　　左　横界切断。l.8 l.9間に横界のアタリ六あり。新補白紙の下に貼継。

界線　横押界（裏から押す）。横界のアタリは、通常の刀子痕とは異なり、やや鈍い圧痕による。このう

ち、上から五番目のアタリは対応する横界なし。アタリの付近に横界の引き継ぎ箇所あり。この箇所を挟んで、左右で規格僅かに異なる。

（右）

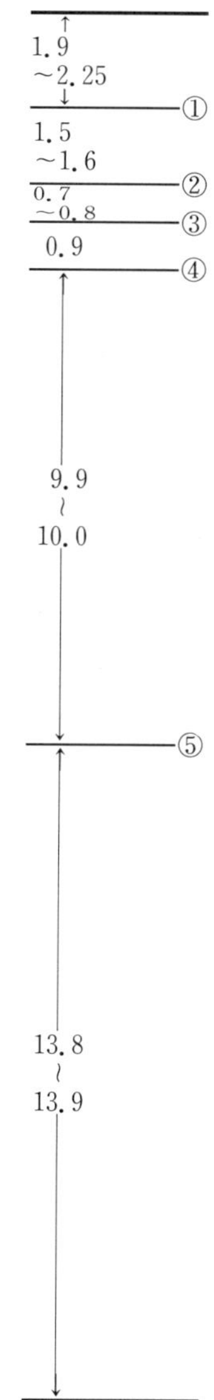

（左）

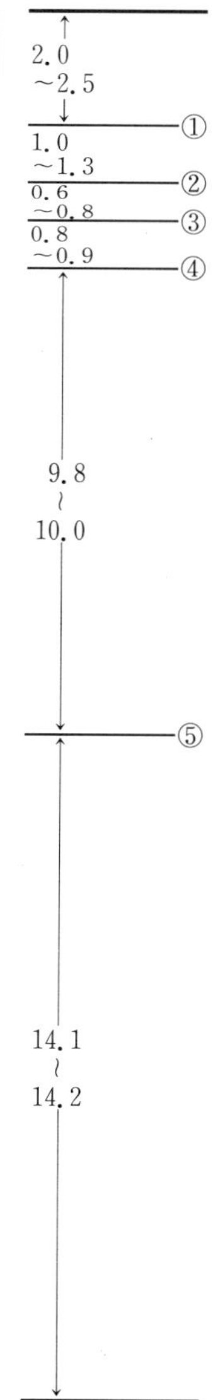

本文　10行。

その他　右端中程および*l.*6付近に糊汚れあり。

第2紙裏　雑物用残帳

史料　続修別集五②裏　奉写一切経所告朔案　宝亀三年十二月、二十一ノ五〇〇6—五〇一

紙端
- 右　中程一部破れ。糊痕（糊代〇・四—〇・五）あり。横界、継紙の下に入って端の状態不明。新補白紙の下に貼継。
- 左　横界・墨書（微存）切断。新補白紙の下に貼継。

界線　横押界（裏から押す）。*l.*4 *l.*5間に縦界状の折れ筋二本あり。

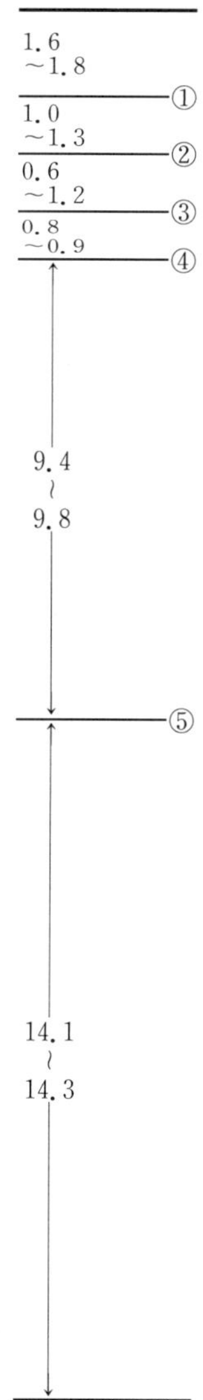

本文　13行。*l.*13（「残」か）は継紙下に微存。

その他　縦の谷折れ筋あり。*l.*7上方、行頭近くに押しキズあり。

第1紙裏　奉写一切経所八月告朔按

史料　続修別集五①裏　奉写一切経所告朔案　宝亀三年十二月、二十一ノ五一一—五一二

紙端
- 右　過半破れ。糊痕（糊代〇・四—〇・八）あり。横界、破れにかかって端の状態不明。横界のアタリ五（①〜④、⑥）あり。新補白紙の下に貼継。
- 左　横界・墨書（微欠）切断。横界のアタリ五（①〜④、⑥）あり。標紙に貼継。下方、標紙との間に細い紙片（縦二・五×横〇・〇五）挟まる。

界線　横押界（裏から押す）。

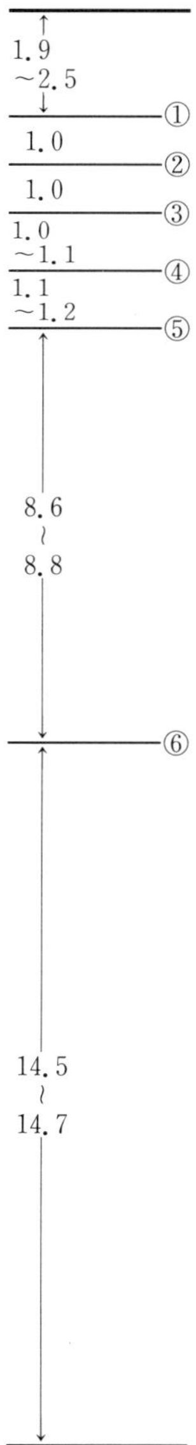

【本文】21行。

【その他】縦の谷折れ筋あり。中程に褐色シミ、墨汚れあり。左上隅に小墨点および小朱点各一あり。続修別集新補標紙の取付位置を示す。

続修別集　第六巻　裏

本巻の縮小率　一／一・七九

第９紙裏　空（右端に糊痕（糊代〇・四—〇・九）あり。左方上縁、黒ずみ汚れあり）

第８紙裏　嶋浄浜請暇解　天平宝字七歳正月二十四日

史料　続修別集六⑧裏　嶋浄浜請暇解　天平宝字七歳正月廿四日、十六ノ三二三

紙端　右　新補白紙の下に貼継。
　　　左　新補白紙の下に貼継。

本文　７行。l.4「辛苦」は字画の一部を擦消書直。

その他　l.3の右、l.7の左に墨汚れ点々と付着。紙面に縦の弱い谷折れ筋あり。文字との対応は弱い。折り畳み痕か。

第７紙裏　空

第６紙裏　造東大寺司牒僧綱務所　（裏　糊附痕）

史料　続修別集六⑥裏　空

紙端　右　新補白紙の下に貼継。
　　　左　下端破れ。新補白紙の下に貼継。

その他　朱汚れ僅かに付着。紙面の九箇所（右上隅から左下隅まで三段三列）に黄色の糊痕あり。糊痕の一部は、紙がめくれて薄れる。

第５～１紙裏　空（第５紙裏左方、黒ずみ汚れあり。第４紙裏中程下端に墨汚れあり。第３紙裏上方、横に擦れによる墨汚れ付着。また紙面に角筆様のキズ多数あり。第２紙裏左方、幅三・三糎にわたって黒ずみ汚れあり。第１紙裏、左半黒ずみ汚れあり。また左上隅に小墨点および小朱点各一あり。続修別集新補標紙の取付位置を示す）

続修別集　第七巻　裏

本巻の縮小率　一／一・八六

第16紙裏　空

史料　続修別集七⑯裏　上山寺悔過所油下帳　（天平宝字八年）、未収

紙端
［右　新補丁子引紙の下に貼継。
［左　新補白紙の下に貼継。

本文　0行。

その他　下端欠失、裏から繕う。墨汚れ・カビ痕あり。

第15紙裏　食口按

史料　続修別集七⑮裏　奉写一切経所食口案　宝亀三年二月、十九ノ一六三—一六五

紙端
［右　糊痕（糊代〇・六）あり。墨書l.1「馬養」の右端（継紙の下）は旧継目の内側で終わる。新補白紙の下に貼継。
［左　新補白紙の下に貼継。

本文　25行（四日—十日）。l.2「五日卌四（八）人」、「卌」は「卅」に筆画を加えて訂正、「八」は同字をなぞり書。同「米八斗三升二合」およびl.10「七日五十四人　米九斗五升六合」、『大日本古文書』が文字の訂正があるように記すのは誤り。原本にはその形跡なし。l.11注「已上卌五（六）人別二升」は同字をなぞり書。l.22「十日五十八人」は「九」に重ね書。朱書は二種あり。l.21の署名「（朱書）馬養」はやや濁ったオレンジ系、項目の頭に付された朱点は褐色。

第14紙裏　食口按

史料　続修別集七⑭裏　奉写一切経所食口案　宝亀三年二月、十九ノ一五八—一五九

紙端
［右　糊痕（糊代〇・八）あり。新補白紙の下に貼継。
［左　新補白紙の下に貼継。

本文　14行（二十一日—二十四日）。l.4「仕丁四人」は「自」に重ね書。l.7「廿三日五十一人　　」は「□升二合」を擦消書直。その右肩にあたる位置は「卌八人」を擦消。l.8「経師卅二人」、「卅二」は「廿九」を擦消書直、「人」は同字をなぞり書。同行注「別二升　　　」は「已上卅三人二升」を擦消書直。項目の頭に付された朱点は褐色。

その他　下端やつれ。

第13紙裏　上院務所牒石山院務所　（端裏書・封墨痕）

史料　続修別集七⑬裏　空

紙端
［右　糊痕（糊代〇・三）あり。新補白紙の下に貼継。
［左　新補白紙の下に貼継。

本文　1行（l.1「造寺司」は表の文書の端裏書。大半は継紙の下に入る）。また左端寄り中央に封墨痕あり（左方の墨線は継紙の下に入る。封の中程、墨の途切れる部分には、紙が僅かにはがしとられた痕跡あり）。

第12〜11紙裏　空（第12紙裏右端に糊痕（糊代〇・四）あり。第11紙裏右端に糊痕（糊代〇・三）あり）

第10紙裏　油用帳

［史料］続修別集七⑩裏　上山寺悔過所油下帳　（天平宝字八年）、十六ノ四九八—四九九

［紙端］［右　やや幅広の糊痕あるか。新補白紙の下に貼継。
［左　新補白紙の下に貼継。

［本文］16行。l.3「十七日」は「八」に重ね書。l.6には朱点はなく、l.9「廿三日…二合」の右傍は二画からなる朱書の書き入れ。

［その他］全体に黒ずみ汚れあり。下端に褐色シミ連続。

第9紙裏　充鉄幷作上帳

［史料］続修別集七⑨裏　造石山寺所鉄充幷作上帳　天平宝字六年、十五ノ二九七—二九八

［紙端］［右　横界切断。新補白紙の下に貼継。
［左　横界切断。新補白紙の下に貼継。

［界線］縦折界（折山が裏）、横押界（裏から押す）。折界13行（l.1は継紙の下に僅存。本文最終行はl.12 l.13にまたがって書かれる。l.13は半存）。

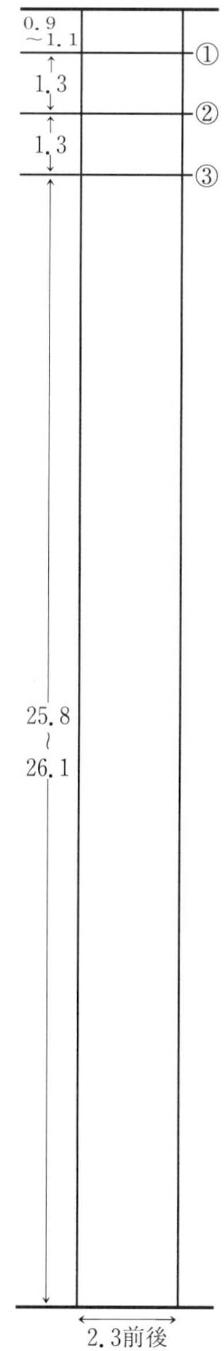

［本文］l.7書き出し（「充鐵二廷」の上方。補修紙の下）は「三月四日」か（残画により推定）。同「重七斤一両」の次の割注、右行「得五斤十二両」は墨書二字とその右傍の朱書二字、および左行「損一斤五両」字間右傍の朱書一字を擦消書直。同割注の左行につづく下方、「□□　残十一両」を擦消（「一両」字間右傍の朱書一字も同時に擦消）。l.8「八十八隻」は「七」「五」を擦消書直（中間の「十」は同字のなぞり書）。同行注「重四斤十両」の字間傍書「二」は朱傍書を擦り消した後に書く。l.9注「重二両」、右傍は朱書を擦消、下方は「二□」を朱筆で抹消したのち擦消か。l.13「十日充鐵二廷…重六斤（得四斤十五両・損一斤一両）」、「二」は重ね書、「六」は「二」に重ね書、割注部分は「十五両」を擦消書直。

朱書は褐色を帯びたオレンジ系、二種あり。l.11の自署「道主（朱書）」はやや明るく、その他はやや暗い色調。

［その他］左端もけあり。褐色シミあり。上端の欠損箇所、旧い繕いあり。

第8紙裏　経師等布施按

［史料］続修別集七⑧裏　奉写一切経所布施文案　宝亀四年、二十二ノ二〇三—二〇五

［紙端］［右　横界・墨書（微欠）・朱勾切断。l.12に横界のアタリ五あり。新補白紙の下に貼継。
［左　横界・墨書（半存）切断。新補白紙の下に貼継。

［界線］横押界（裏から押す）。アタリの付近に引き継ぎ箇所あり。横界⑤左半は、左端から始まってl.20を過ぎた辺りで下にずれ、あらためてl.19からアタリまでの範囲を引き直す。

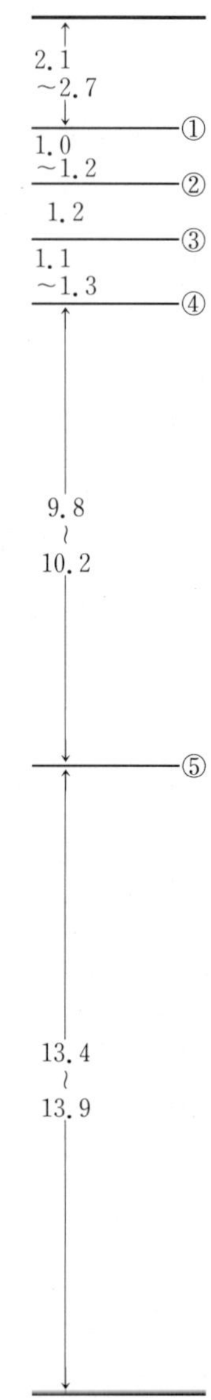

本文　28行。l.6～l.9の四行に書き出しの高さを下げる墨書の指示あり。l.9「采女五百相」、「百」の書きかけに重ね書。l.15（丸部）「用紙三百卅八張」、糸偏は重ね書。l.21（丈部新成）「七十六張」、重ね書。l.23（丈部益人）「用紙五百八十六張」、最終画に朱筆がかかる。朱抹を意図したか。l.27「校生十人」、重ね書。

朱書は二種あり。上端の朱圏点および人名右肩の朱勾はやや濃い赤褐色。l.3「加八」（朱書）、l.19「加十」（朱書）にかかる朱勾も同色。上端の朱圏点は、l.5行頭にはなく、l.11 l.17 l.19 l.21 l.23には存する。『大日本古文書』は訂正を要する。

中段にみられる端数の朱抹およびl.19「加十」（朱書）は同系統であるがやや淡い色調。

その他　上端にシミ連続。縦の谷折れ筋あり。

第7紙裏　奉写一切経所九月告朔按

史料　続修別集七⑦裏　奉写一切経所告朔案　宝亀三年三月、二十一ノ五一六―五一八

紙端
右　下方小欠あり。糊痕（糊代〇・七）あり。横界、継紙の下に入って端の状態不明。l.1 l.2行間⑥―l.2上（①～⑤）に横界のアタリ六あり。新補白紙の下に貼継。
左　横界・墨書（僅欠）切断。新補白紙の下に貼継。

界線　横押界（裏から押す）。

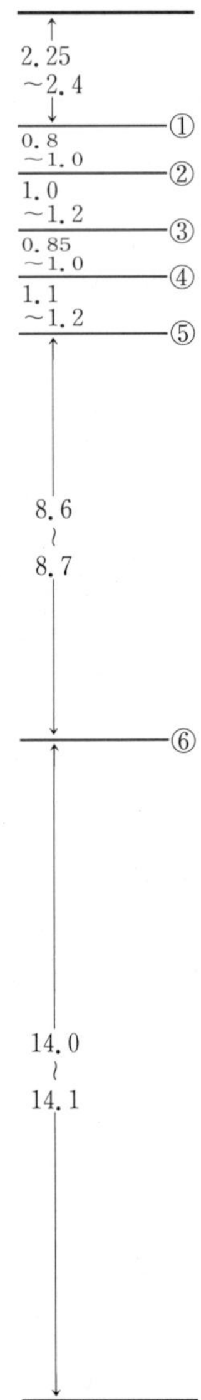

本文　24行（l.11は朱書で行間追記。l.24の過半は継紙の下に入る）。l.3「一千二百」は「九」を擦消書直。l.11（朱書依）「右六種」、朱書に重ね書か。l.15左行「長四尺五寸」、重ね書。l.16「商布十段」、重ね書。それに続く注は「六」か（或いは別の文字の書きかけか）。

その他　右端付近、糊汚れあり。右端下方、左端付近、黒ずみ汚れ、ももけあり。縦皺・縦の谷折れ筋多し。

l.11の朱書に用いられている赤色顔料は、X線回折装置による分析の結果、ベンガラ（酸化第二鉄）であることが確認された。同種の朱書はl.22 l.24にもあり。

第6～5紙裏　空（第5紙裏、全体にやつれ）

第4紙裏　写経并用紙勘帳

史料　続修別集七④裏　写疏料銭帳　（天平十九年二月）、九ノ三九八―四〇〇

紙端
右　新補白紙の下に貼継。
左　上方一部破れ。墨書（微存・微欠）切断。新補白紙の下に貼継。

界線　紙面をあらかじめ画する界線はないが、経師ごとの記載を縦の墨線で区切る。

本文　17行（経師ごとに一〜二行をあて、経師名は二行取りの大きさで書かれる）。l.1「唯識義燈」は「五十」に重ね書。l.3「唯識燈義第二巻用六十四」、「義」の右傍は転倒符、「四」は「三」に重ね書。l.4「合百卅九張」は「廿」に重ね書。l.8「第廿巻用廿一」は「二」に重ね書。同「合三百■（五）張」は「八十」を墨線で囲んで抹消。l.14「第廿一巻用卅二」は、全体を墨線で囲んだのち墨抹。l.15「合一百八十」は墨線で囲んで抹消。l.16「□倶舎論記第六巻…」およびl.17（その次行。微存）は継紙の下に入る。l.8上方の「三百五」、l.10注「用卅三」、l.14注「用七十四」等、『大日本古文書』に脱。

その他　下方に褐色シミあり。縦の谷折れ筋あり。l.8「第廿巻」の頭に圧痕あり。

第3〜1紙裏　空（第3紙裏左端近くに黒ずみ汚れあり。第2紙裏下端、裏からついた墨汚れあり。第1紙裏、左上隅に小墨点一あり。続修別集新補標紙の取付位置を示す）

続修別集　第八巻　裏

本巻の縮小率　一／一・八二

第6紙裏　銭用注文

史料　続修別集八⑥裏　写経銭用注文　（天平宝字七年？）、十六ノ一〇四―一〇五

紙端　右　新補丁子引紙の下に貼継。
　　　左　新補白紙の下に貼継。

本文　16行（l.1 l.2間下方に「不用」（朱書））。l.3右行「十段別百五十四文」は「五十」に重ね書。l.5「用十三貫廿四文」、字間右傍は「□」に「二百」を重ね書したのち、さらに朱抹。

その他　全体に皺多し。黒ずみあり。縦の谷折れ筋あり。

第5紙裏　食口按

史料　続修別集八⑤裏　奉写灌頂経所食口案　天平宝字六年十二月、十六ノ四三―四四

紙端　右　不整に切断。糊痕（糊代〇・四）あり。新補白紙の下に貼継。
　　　左　墨書（微存）切断。新補白紙の下に貼継。

本文　20行（二十日―二十一日。l.20は継紙の下に微存）。l.1中程に封墨痕（天地逆の「印」（僅欠））あり。l.9左の縦の墨線も同じ墨色、封に関連する。l.4右行「四人別一升四合」は「別」に重ね書。同「黒八合」は「夕」に重ね書か。l.15行末に「間」の擦消あり。l.17「画師四人」は「五」に重ね書。l.19「雇夫十四人六人干、四人紙打、二人温、二人雑使」、「四」は「三」に重ね書、割注部分は「四人別一升四合／十人別一升六合」を擦消書直。

その他　左方に比較的明瞭な縦の谷折れ筋四本あり。l.2「校生三人」の左傍およびl.19「従一人」の右傍に青色顔料付着。

第4紙裏　空（右端に糊痕あり）

第3紙裏　造作雑材注文

史料　続修別集八③裏　造石山寺所解移牒符案　天平宝字六年正月、十五ノ二二七

紙端　右　糊痕（糊代〇・四）あり。新補白紙の下に貼継。
　　　左　新補白紙の下に貼継。

本文　10行（l.1右半・同行傍書「宇助」（朱書）は継紙の下に入る。l.6 l.7はl.5の内訳の続きで本来細字双行となるべきもの）。l.3右行「四枝各長二丈」は「方七寸」を擦消書直。l.1「並方五寸」、l.8左行「広七寸、厚五寸」、同行注「各長一丈九尺」、l.9左行「径四寸」、傍点を付した文字の墨色はいずれも青みを帯びる。

その他　縦の谷折れ筋あり。

第2紙裏　空（右端に糊痕あるか）

第1紙裏　絵洗皮云々牒断簡　天平宝字六年七月二十五日

史料　続修別集八①裏　造石山寺所解移牒符案　天平宝字六年正月、十五ノ二三四

紙端　［右　上方破れ。横界、継紙の下に入って端の状態不明。糊痕あるか。新補白紙の下に貼継。
［左　横界切断。標紙に貼継。

界線　横押界（裏から押す）。

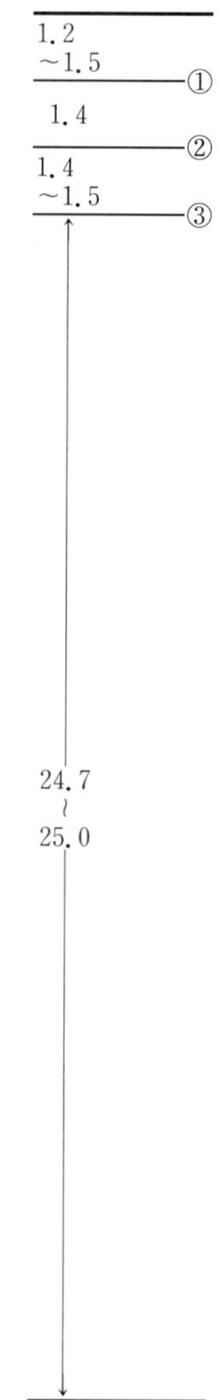

本文　6行。l.1行頭は「糹」（「繪」の書きかけか）。l.4「以前行事具件」、重ね書。

その他　左端付近に黒ずみ汚れあり。左上隅に小墨点一あり。続修別集新補標紙の取付位置を示す。

続修別集　第九巻　裏

本巻の縮小率　一／一・八六

第7紙裏　食口按

史料　続修別集九⑦裏　奉写一切経所食口案　宝亀三年二月、十九ノ一五九―一六一

紙端　右　中程一部破れ。糊痕（糊代〇・七）あり。新補丁子引紙の下に貼継。
左　墨書（微欠）切断。新補白紙の下に貼継。

本文　25行（二十五日―三十日。l.25の過半は継紙の下に入る）。l.13「廿八日五十二人」の下方、『大日本古文書』が空白のように記すのは誤り。l.14行頭の墨圏点、『大日本古文書』は朱圏点に誤る。l.22「米八斗九升六合」は「七」に重ね書。l.24「仕丁三人」は「五」に重ね書。朱書は二種あり。朱点は褐色。l.20の朱抹は濁った淡い朱書。

その他　縦の谷折れ筋あり。

第6～3紙裏　空（第6紙裏、右端に糊痕（糊代〇・四）あり。第5紙裏、右端に糊痕（糊代〇・四）あり）

第2紙裏　雑物用并残等注文

史料　続修別集九②裏　奉写一切経所告朔案　宝亀三年十二月、未収

紙端　右　下方破れ。糊痕二種あり。（i）糊代〇・五。継紙の下にもと貼り継がれていた紙付着。（ii）糊代一・七。横界は継目（ii）の下に入り、（i）の内側で終わるか。中央やや下にもと貼り継がれていた紙付着。l.1右行「去月残」の端は、この紙の下に入る。l.1右（①～⑤）―l.1左（⑥）に横界のアタリ六あり。新補白紙の下に貼継。
左　横界切断。新補白紙に貼継。

界線　横押界（裏から押す）。

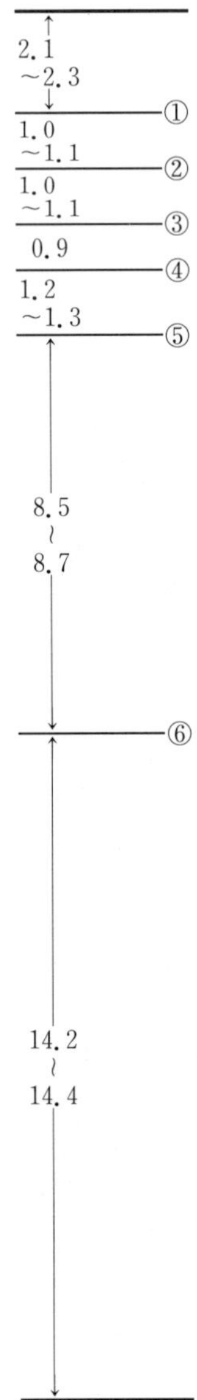

本文　22行。l.2「（朱書）用五十丈奉着二部一切経且料　残四百七十丈」は朱書・朱線で二行分の内容を行間に追記。l.8注「已上（朱書）「四」種去月残」は「五」に重ね書。l.15注「已上四（朱書）「五」種去月残」は傍書により訂正。l.19注「題師経師等曹司戸障料」は朱抹による訂正。l.22行頭、書き出しの高さを上げる墨書の指示あり。

その他　上端黒ずみ、小欠あり。縦の谷折れ筋あり。

第1紙裏　写書所奉写経用度解

史料　続修別集九①裏　写書所解（案）　天平勝宝九歳六月十五日、未収

紙端　右　横界切断か。糊痕（糊代〇・七）あり。l.3に横界のアタリ三あり。新補白紙の下に貼継。
左　中程一部破れ。横界切断。l.24右に横界のアタリ三あり。褾紙の下に貼継。

界線　縦折界（折山が裏）、横押界（裏から押す）。折界26行（l.1は空）。横界①は引直しのため二重となる（①の〇・五糎上方に①′あり）。

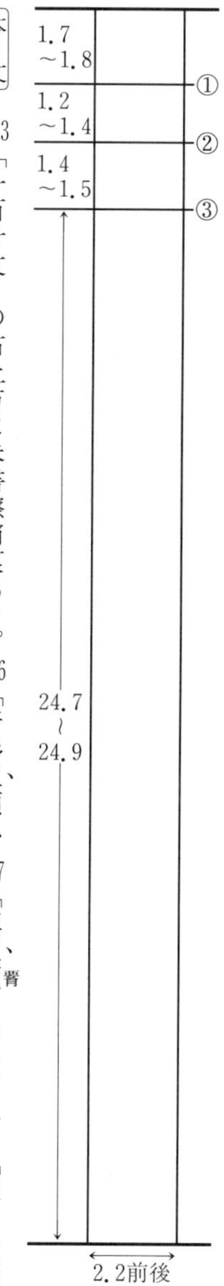

本文 l.13「一百廿文」の右上方に朱書擦消痕あり。l.16「汗衫五領」、l.17「褌五領胥」はいずれも「伍」を擦消書直。l.20「袴五胥料胥別七尺」、「袴」は重ね書、「別」は「料」に重ね書。l.23注「条別五尺」、重ね書。

その他 褐色シミあり。右端下方に墨付着。ほかにも擦れによる墨汚れ所々にあり。縦折界のほかに縦の山折れ筋あり。左上隅（標紙の下）に小墨点一あり。続修別集新補標紙の取付位置を示す。

続修別集　第十巻　裏

本巻の縮小率　一／一・八二

第8紙裏　楽具欠物注文　天平宝字八年四月二十五日

史料　続修別集十⑧裏　北倉代楽具等欠失文　（天平宝字八年？）、五ノ四八二―四八三、未収

紙端　［右　中程一部破れ。糊痕あるか。新補丁子引紙の下に貼継。
　　　左　新補白紙の下に貼継。

本文　12行。l.12「廿六日欠物」（大半が継紙の下）は、それ以前より墨色濃い。

その他　弱い縦の谷折れ筋あり。この折れの中程にやつれた箇所連続（一部は繕う。湿損によるものか）。

第7紙裏　請悔過僧并舎人等食物解按　（某）八年三月十七日　（カラー口絵）

可用器注文

吉祥悔過所請仏御供養雑物解按

史料　続修別集十⑦裏　吉祥悔過所解案　（天平宝字八年）、十六ノ四九五―四九七

続修別集十⑦裏　称讃浄土経奉請文　（天平宝字四年）六月十七日、十六ノ四九七―8

紙端　［右　糊痕（糊代〇・四）あり。墨書l.1（微欠）は旧継目の内側で終わる。新補白紙の下に貼継。
　　　左　墨書（微欠）・墨線切断。新補白紙の下に貼継。

本文　27行。l.1注「（朱書）「一斗」廿一日一斗（朱書）「廿八日一斗」四月三日三升二合」は大半が継紙の下に入る。l.8「七升直」、書きかけの文字に重ね書き。l.20「仏像」の次は「十四」に淡墨で筆画・傍書を加えて「廿八」に訂正。l.25左行「二分」、重ね書き。l.21～l.24、l.26の訂正箇所は、朱線・朱圏線で墨書を抹消したのち朱傍書するものと、墨書に直接朱書で筆画を重ねて加えるものとの二種あり。後者の箇所のみ示すと、l.21「合請米四斗四升」（「二」に加筆）、l.22「五斗六升飯料」（「二」「八」に加筆）、l.23「五升六合饘料」（「二」「八」に加筆）、l.24「塩五升六合」（「二」「八」に加筆）、同「滑海藻三斤十二両」（「一」に加筆）、l.26「未醤五升六合」（「二」「八」に加筆）。l.27「大和国奉請　称讃経十巻　六月十七日葛木舎人付十巻　遺一巻　小櫃一合」は表の文書の端裏書（全体を墨線で囲んで抹消。大半が継紙の下に入る）。

その他　全体に皺、縦の谷折れ筋あり。下端右寄りに墨汚れ（表から付着し、裏側にやや淡く広がる）あり。

第6紙裏　吉祥悔過所請雑物解按

史料　続修別集十⑥裏　吉祥悔過所解案　（天平宝字八年）、十六ノ四九三―四九五

紙端　［右　新補白紙の下に貼継。
　　　左　新補白紙の下に貼継。

本文　24行（l.4 l.5はl.3の内訳の続きで本来細字双行となるべきもの）。l.7「四斛四斗一升僧六十六口」は「七」に重ね書き。l.13「僧百五十四人」は「五」に重ね書き。

その他　墨汚れ、黒ずみ汚れあり。表の墨書の一部、褐色ヤケとなって紙面にあらわれる。

第5紙裏　空（右半黒ずみ汚れあり）

第4紙裏　写書所正月食口解按

史料　続修別集十④裏　写書所食口案　天平勝宝八歳、十三ノ一六一—一六二6

紙端　右　上端破れ。糊痕あるか。新補白紙の下に貼継。
　　　左　下端破れ。墨書（僅欠）切断。新補白紙の下に貼継。

本文　15行（l.15「舎人参拾陸人」（僅欠）は継紙の下に入る）。l.4「十一人」、擦消書直。l.5「一題法花并」は「経」の書きかけを擦消書直。l.6「六人引大殿石」は「□」「列」を擦消書直。l.7「二人遣使」、擦消書直。l.10「五人造常疏　五人造公文紙」は「八」に重ね書か。l.11墨抹の下は「一人列大殿石」。

その他　上下端に山形の欠損およびシミ連続。縦の谷折れ筋あり。右端付近、上方に糊汚れ付着。

第3紙裏　正月食口解按　天平勝宝八歳正月三十日
　写書所二月食口解按

史料　続修別集十③裏　写書所食口案　天平勝宝八歳、十三ノ一六二7—一六三

紙端　右　下端破れ。糊痕（糊代〇・四）あり。新補白紙の下に貼継。
　　　左　下端破れ。新補白紙の下に貼継。

本文　15行（l.12は行間追記。l.15「五人校常疏　十三人雑使」は継紙の下に入る）。l.1「六人遣使」、擦消書直。l.8「合単壹伯参拾貳人」は「貳」「捌」を擦消書直か。l.11「装潢壹拾貳人」は「壹」を擦消書直。その下方は注「並造常疏」を擦消。l.12「六人造公文紙」、擦消書直。

その他　下端に山形の欠損およびシミ連続。弱い縦の谷折れ筋あり。

第2紙裏　空（左端付近、黒ずみ汚れ・ももけあり）

第1紙裏　校生等布施按

史料　続修別集十①裏　奉写一切経所布施文案　宝亀四年、未収

紙端　右　中程一部破れ。糊痕（糊代〇・二五—〇・三）あり。横界、継紙の下に入って端の状態不明。
　　　l.6右に横界のアタリ五あり。新補白紙の下に貼継。
　　　左　切断面は上方から四・五糎下がった辺りから内側に入る。横界・墨書（微存）・朱勾切断。褾紙に貼継。

界線　横押界（裏から押す）。縦の谷折れ筋は一部で約八糎の等間隔であらわれ、記載時の目安となった可能性がある。

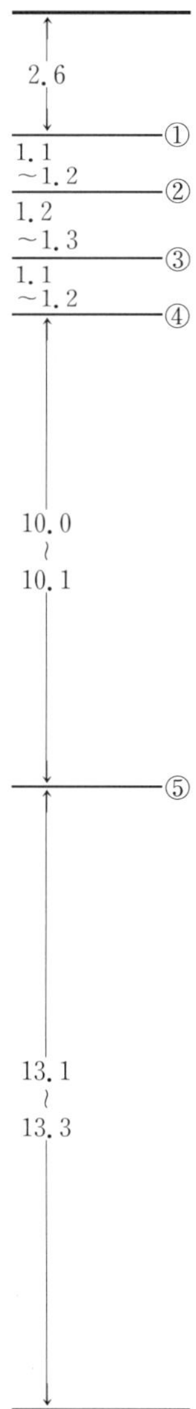

本文　16行（l.7は行間追記。l.16は微存〔人名および「校紙」「張」の一部か〕）。

その他　縦の谷折れ筋あり。糊汚れあり。左上隅に小墨点一あり。続修別集新補褾紙の取付位置を示す。

続修別集　第十一巻　裏

第12～6紙裏　奉写一切経所請経師等布施物解　（第8紙裏　習書）

史料　続修別集十一(2)裏　空

本文　第8紙裏に「（朱書）並　並」の1行のみ。これは表の布施物解に使用されている朱書D（やや濁った色調のオレンジ色）と同色。

その他　第6紙裏、左端上方に微かな墨痕あり。

第5～1紙裏　奉写一切経所請経師等布施物解　（端裏書）

史料　続修別集十一(1)裏　空

本文　第1紙裏左端に「（朱書）十二月」の1行のみ。これは表の布施物解に使用されている朱書A（紫色を帯びた赤褐色）と同色。

その他　第5紙裏、糊汚れあり。第2紙裏、墨汚れあり。第1紙裏、左半もも け・やつれあり。第1紙裏の朱書に用いられている赤色顔料は、本巻第6紙端の「（朱書）十月」と同種とみられることから、ベンガラ（酸化第二鉄）の使用が推定される。第1紙裏左上隅（褾紙の下）に小墨点一あり。続修別集新補褾紙の取付位置を示す。

続修別集　第十二巻　裏

本巻の縮小率　一／一・八二

第18～13紙裏　奉写一切経所請雑物等解按　宝亀三年八月十一日

史料
続修別集十二(2)裏　奉写一切経所解（案）　宝亀三年八月十一日、六ノ三七九―三八九

紙端
18裏右　横界切断。糊痕（糊代○・四）あり。l.1に横界のアタリ六、l.4右に横界のアタリ五（①～⑤。小さい刀子痕）あり。標紙に貼継。
1718裏裏右左　直接貼継（18裏が上。糊代○・二五）。横界またがる。第18紙裏l.24左に横界のアタリ六あり。
1617裏裏右左　直接貼継（17裏が上。糊代○・三）。横界またがる。第16紙裏l.1右に横界のアタリ六あり。
1516裏裏右左　直接貼継（16裏が上。糊代○・二五）。横界・朱書またがる。第16紙裏l.24左に横界のアタリ六あり。
1415裏裏右左　直接貼継（15裏が上。糊代○・二五）。横界またがる。第14紙裏l.1右に横界のアタリ六あり。
1314裏裏右左　直接貼継（14裏が上。糊代○・二五）。横界またがる。第14紙裏l.26左に横界のアタリ六あり。
13裏左　横界切断。第12紙裏と直接貼継（13裏が上。糊代○・五―○・八）。

界線
縦折界（折山が裏）、横押界（裏から押す）。第18紙裏右方のアタリ二組のうち、界線の規格と一致して次紙以降に続いていくのはl.1の一組であるが、l.4右のものも横界①～⑤にほぼ合致する。第15紙裏l.6～l.10の範囲に、横界⑤と平行する部分的な施界（○・二―○・三糎上方）の痕跡あり。第14紙裏l.25 l.26間、横界①いったん途切れる。

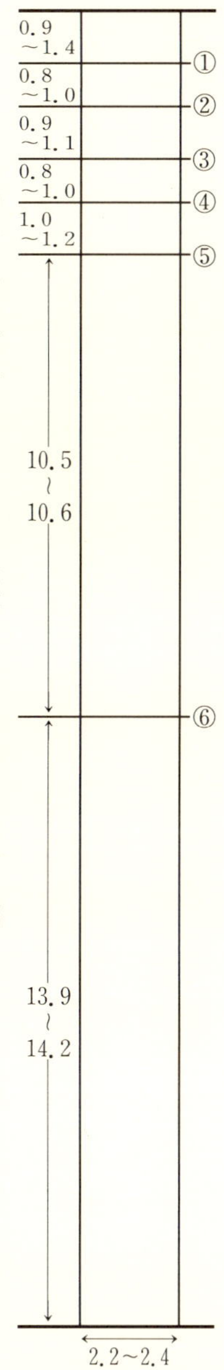

第18紙裏折界24行（l.1は空。l.2は朱書）、第17紙裏折界25行（l.25は幅一・二糎と狭い）、第16紙裏折界24行、第15紙裏折界25行、第14紙裏折界26行（l.26は幅三・○糎と広い）、第13紙裏折界18行（l.11 l.12 l.15～l.18は空）。

本文
第18紙裏l.4行頭の「不」(朱書)、l.18「二丈二尺…　一丈二尺」の右肩の朱圏点二、『大日本古文書』に脱。
l.24「調布三端」、擦消書直。
第17紙裏l.19行頭およびl.25行頭の朱勾各一、『大日本古文書』に脱。l.25「黒」、文字の下方に小朱点あり。「墨」の誤記であることを指摘か。
第16紙裏l.23「一石未納」、擦消書直。
第15紙裏l.7 l.8各下段の「合」(朱書)各一、『大日本古文書』に脱。
第14紙裏l.26「播磨」は「幡麻」に重ね書。
〔朱書〕第18～13紙裏の朱書は大別して四種あり。褐色系のもの（A）、淡いオレンジ系のもの（B）、やや暗くぼやけた紫褐色のもの（C）、褐色でAよりは赤みの少ないもの（D）の四種。このうちAは第18紙裏l.2「自本司…十六文」(朱書)および第13紙裏l.8傍書追記「并」(朱書)（『大日本古文書』に脱）に、Cは第15紙裏l.8「即充」(朱書)およびl.10「即充厨」(朱書)に、Dは第15紙裏l.16傍書追記「収」(朱書)に、それぞれ限定的に使用される。これ以外の「合」「問」「不」ほか朱書書き入れ、朱勾・朱圏点・朱抹はすべてBで書かれている。

その他　紙面の所々に押しキズあり。第17～16紙裏上端に欠損箇所連続。第16紙裏l.10に縦の谷折れ筋あり。第14紙裏l.18 l.19間に縦の谷折れ筋あり。第13紙裏、紙面に縦皺あり。

第12～1紙裏　奉写一切経所請雑物等解按　宝亀二年十二月二十九日

史料　続修別集十二(1)裏　奉写一切経所解（案）　宝亀二年十二月廿九日、六ノ二二三―二四七

紙端

12裏右　横界切断（②③は紙端に達しないか）。第13紙裏と直接貼継（12裏が下。糊代〇・五―〇・八）。

11裏右 12裏左　直接貼継（12裏が上。糊代〇・二）。横界またがる。第12紙裏l.25左に横界のアタリ七あり。

10裏右 11裏左　直接貼継（11裏が上。糊代〇・二五）。横界またがる。第10紙裏l.1右に横界のアタリ七あり。

9裏右 10裏左　直接貼継（10裏が上。糊代〇・二）。横界またがる。第10紙裏l.26左に横界のアタリ七あり。

8裏右 9裏左　両紙とも継目付近荒れる。直接貼継（9裏が上。糊代〇・三五）。横界不連続。第9紙裏、横界切断。第8紙裏右端、糊痕（糊代〇・二）あり。横界は現継目の下に入る。現状の横界は継ぎ直しによって〇・一五糎ずれた状態と見られる。第8紙裏l.1右に横界のアタリ七あり。

7裏右 8裏左　直接貼継（8裏が上。糊代〇・二）。横界またがる。第8紙裏l.27左に横界のアタリ七あり。

6裏右 7裏左　直接貼継（7裏が上。糊代〇・三）。横界またがる。第6紙裏l.1右に横界のアタリ七あり。

5裏右 6裏左　直接貼継（6裏が上。糊代〇・二五）。横界・墨書またがる。第6紙裏l.27左に横界のアタリ七あり。

4裏右 5裏左　直接貼継（5裏が上。糊代〇・二）。横界またがる。第4紙裏l.1右に横界のアタリ七あり。

3裏右 4裏左　両紙とも継目付近荒れる。直接貼継（4裏が上。糊代〇・四）。横界不連続。第4紙裏、横界切断。第3紙裏、横界は旧継目の直前で終わる。第4紙裏l.28左に横界のアタリ七あり。

2裏右 3裏左　直接貼継（3裏が上。糊代〇・二五）。横界またがる。第2紙裏l.1右に横界のアタリ七あり。

1裏右 2裏左　直接貼継（2裏が上。糊代〇・二）。横界またがる。第2紙裏l.26 l.27間に横界のアタリ七あり。

1裏左　破れ。横界の端、破れにかかる。往来軸に直接貼継。

界線　縦折界（折山が裏）、横押界（裏から押す）。第12紙裏右方、横界①は引き直しのため二重となる。第7紙裏、横界①⑦は引き直しのため二重となる。

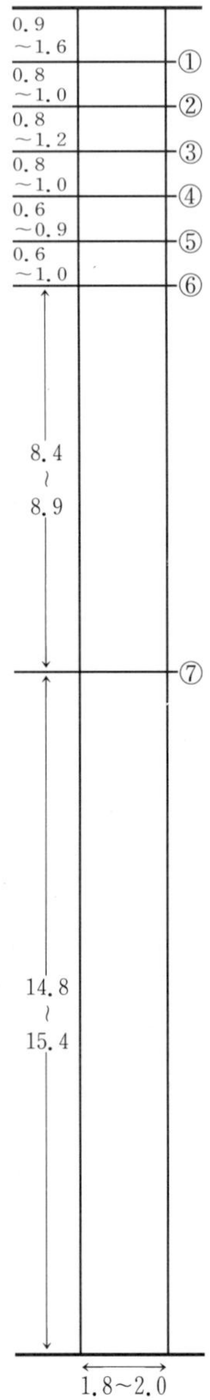

第12紙裏折界25行（l.1 l.2は空）、第11紙裏折界26行（l.26は幅二・六糎とやや広い）、第10紙裏折界26行、第9紙裏折界26行、第8紙裏折界27行（l.13 l.14間に朱書追記一行あり。l.27は幅〇・九―一・一糎と狭い）、第7紙裏折界26行（l.4 l.5間に胡麻油の項目を追記。l.26は幅三・〇糎と広い）、第6紙裏折界27行（l.27は幅一・一糎と狭い）、第5紙裏折界28行、第4紙裏折界28行（l.28は幅〇・七―一・八糎と狭い）、第3紙裏折界27行（l.27は幅一・二糎と狭い）、第2紙裏折界27行（l.23 l.24間に朱線で項目挿入の指示あり。l.27は幅〇・九―一・三糎と狭い）、第1紙裏折界23行（l.1 l.2間に朱線で項目挿入の指示あり。末尾の署名三行はl.20～l.23の四行を使って書く）。

本文　第11紙裏l.9右行「六十七圍」、擦消書直か。l.11左行「卌三把」、重ね書。l.13「雇夫」の右傍、朱書

一字を擦消。l.17「同荎（「苧」（朱書））一百十編」は墨抹したのち朱傍書を加える。l.19「残四貫七百卌二文」は「五」に重ね書。l.21「用盡」、擦消書直か。

第10紙裏l.15「校紙二十五万」は「千」に重ね書。l.18「題経」、擦消書直。

第9紙裏l.18行末は注「人別一升二合」を擦消。l.23「六百廿二人」は「六」に重ね書。

第8紙裏l.2「雇人廿五人」は「人」を擦消書直。l.4「四百五十八人」、擦消書直。l.9注「大炊充■、米三石」は「白」を墨抹。l.12「塩二石」の傍書「三」（朱書）は「二」（朱書）に重ね書か。l.15「用四石…四夕」、「四」は「二」に重ね書、「夕」は「合」を擦消書直。l.20「案主一百八十六人」、擦消書直。

第7紙裏l.24「舎人七百卅人」は「卌」に重ね書か。

第6紙裏l.6「僧已下装潢已上」は「下」を擦消書直か。l.15「用盡」、重ね書。

第5紙裏l.3左行「四斗十一月十七日」、擦消書直。l.13「校経僧已下舎人已上」は「下」に重ね書。

第4紙裏l.3「布乃利」、擦消書直。l.8「索餅」、書き損じのまま重ね書。l.19「雑茹齏料」の下方に「齏」の習書あり。l.26「葪羽」、右傍に付着する赤色顔料は、誤記を指摘する朱書か。

第2紙裏l.1「用十八廷」、擦消書直。l.7「薪七百十荷」は「八」に重ね書。l.10「廿四荷」は「二」に縦画を加えて訂正。同「索餅」、はじめ字形を「壹」のごとく書きはじめ、そのまま重ねて書く。l.21「一千二百二人自進」につづく注「六十八人大炊」は右半に欠損があるが、これは表の擦消によるもの。同「一千一百卅四人所」の右傍は「三」を擦消。

第1紙裏l.18「去年六月一日」、朱抹により訂正。l.20「宝亀二年十二月廿九日」、擦消書直。

その他

〔朱書〕第12～1紙裏の朱書は大別して二種あり。濁った淡褐色のもの（A）と、それと同系統でやや濃く赤みが少ないもの（B）との二種。このうちAは、第11紙裏l.13の擦消された朱書、l.17傍書「苧」（朱書）、第10紙裏l.12 l.13 l.16 l.17に見える指示（本文の一部を細字右寄せの注に改める記号）、第4紙裏l.26の朱傍点および第1紙裏l.18「去年六月一日」の朱抹に用いられる。Bは、第8、3、2紙裏の朱書すべて（このうち第3紙裏l.19 l.20上方紙端の朱点、第2紙裏l.14「提師」（題）の右肩に付された朱点は『大日本古文書』に脱）と、第1紙裏l.1～l.7の体裁を改める指示の朱線に用いられる。

紙面の所々に押しキズあり。項目の頭に付くものなど、一部は確認のためつけられたものか。第10紙裏、l.19～l.21にかけて縦の緩い谷折れ筋あり。第8紙裏中程上方に墨汚れあり。同紙下端には、抄造時のキズにより、紙の層が厚くなってめくれる箇所あり。第10～6紙裏、上端に褐色シミ連続。第6紙裏中程上半に墨の飛び散った汚れあり。第3～2紙裏、上縁に淡墨汚れが連続。第2紙裏中央下方に墨汚れあり。

続修別集　第十三巻　裏　空

本紙三六張。全体に褐色シミ・墨汚れ・糊汚れ・ヤケ等あり。第20紙裏に朱汚れ（表で使用している朱書と同色）あり。第18紙裏に墨汚れあり。第1紙裏、過半黒ずみ、やつれあり。

続修別集　第十四巻　裏　空

本紙三張。第1紙裏、黒ずみ汚れあり。

続修別集　第十五巻　裏

本巻の縮小率　一／一・八二

第6～5紙裏　（空）

第4紙裏　理趣経疏奉請注文

史料　続修別集十五②裏　空

本文　第4紙裏に「理趣経疏三巻／右以十一月三日奉請教輪師所付智憬師所」（天地逆）の2行のみ。

その他　第6紙裏中程上端、淡墨色の汚れあり。そこを中心に褐色シミ広がる。第4紙裏左半黒ずみ汚れあり。

第3～1紙裏　空（第1紙裏左半、ももけ・黒ずみ汚れあり。また左上隅に小墨点一あり。続修別集新補褾紙の取付位置を示す。）

続修別集　第十六巻　裏

本巻の縮小率　一／一・八六

第12紙裏　食口按

史料　続修別集十六⑪裏　奉写一切経所食口案　神護景雲四年七月、十七ノ四二一―四二二

紙端　右　新補丁子引紙の下に貼継。
左　下方一部破れ。新補白紙の下に貼継。

本文　14行（十八日―二十日）。l.2「舎人四人」は「三」に重ね書。同「雇女」は淡墨線で抹消。その右傍にも朱線あり。l.6「案主一人」は「上」を擦消書直（「案主」の右肩は紙に混入した繊維。『大日本古文書』は朱点に誤る）。l.11右行「卅人別二升」、重ね書。l.11「舎人四人」は「三」に重ね書。l.12注「已上廿九人別一升二合」、「廿」は「十」に一画加えて訂正、「九」は墨圏線で囲んで抹消。l.14「案主上」、同字をなぞり書か。

その他　不規則な縦の谷折れ筋あり。下端に褐色シミあり。

第11紙裏　食口按

史料　続修別集十六⑩裏　奉写一切経所食口案　神護景雲四年七月、十七ノ三九三―三九五

紙端　右　上方一部破れ。糊痕（糊代〇・四）あり。墨書（l.1傍書「五」）の右端、旧継目の内側で終わる。新補白紙の下に貼継。
左　墨書（微存）切断。新補白紙の下に貼継。

本文　27行（二十八日―二月五日。l.27は継紙の下に微存）。l.1右行「三人別一升二合」は「二」に一画加えて訂正。l.3「間八合」は墨線で抹消。l.8「米六斗四升八合」、「八」は墨圏点を付して抹消、「二」は「六」に重ね書。l.14注「已上十三人」は「二」に一画加えて訂正。l.20「米六斗九升八合」は「□斗□合」を擦消書直。l.21「案主一人」、同字を淡墨でなぞり書。
確認のため項目の上に付した点・圏点について『大日本古文書』の翻刻にはやや不十分な点があるので補足を行う。l.1～l.5（二十八日、二十九日）の点は、『大日本古文書』は墨点・朱点の二種とし、l.5「仕丁七人」の次の割注に付した点二つを脱するが、淡墨と朱の混じった色一種と見てよい。l.9以降、二月分では全て墨点を用いるが、l.14「二人」の上の圏点およびl.20「間用八合」の上の墨点を脱し、l.21「案主一人」の上は衍。

その他　縦の谷折れ筋あり。多くは料紙の糸目に一致。

第10紙裏　雑物用帳

史料　続修別集十六⑨裏　売料綿下帳　天平宝字六年、十五ノ二九二

紙端　右　新補白紙の下に貼継。
左　糊痕あるか。下方切断面に墨痕微存（表裏両面にまわる）。新補白紙の下に貼継。

本文　2行。l.1に傍書「先」（朱書）および朱圏点あり。

その他　右下方に墨汚れあり。左方縦に黒ずみ汚れあり。

第9紙裏　空

第8紙裏　充鉄幷作上帳

史料　続修別集十六⑦裏　造石山寺所鉄充幷作上帳　天平宝字六年、十五ノ二九六―二九七

紙端　右　糊痕（糊代〇・三。上方に紙付着）あり。横界は旧継目の内側で終わる。旧継目上に横界のアタリ二（①②）あり。新補白紙の下に貼継。

左　横界切断。新補白紙の下に貼継。

界線　縦折界（折山が裏）、横押界（裏から押す）。l.6に横界①～③の引き継ぎ箇所あり。中段の横界④はl.1～l.6までで終わる。折界14行（l.2 l.3は、施界時に一行〔界幅二・四〕であったものを二分割し、l.2のみを使う。l.4にはやや詰めぎみに墨書二行が入り、l.3は空のままとなる）。

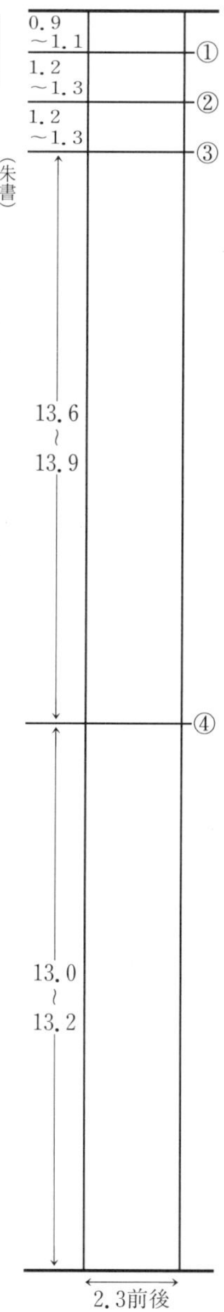

本文　l.6「五寸」（朱書）は、朱書の同字をなぞり書。

その他　下端やつれ。

第7紙裏　充鉄帳

史料　続修別集十六⑥裏　造石山寺所鉄充幷作上帳　天平宝字六年、十五ノ二九五―二九六

紙端　右　糊痕（糊代〇・四）あり。横界・墨書（初行の文字の右端。僅欠）、旧継目の内側で終わる。新補白紙の下に貼継。

左　横界・墨書（l.12「道主」の左端。継紙の下で微欠）切断。l.11 l.12間（④）―左端の旧継目上（①～③）に横界のアタリ四あり。新補白紙の下に貼継。

界線　縦折界（折山が裏）、横押界（裏から押す）。折界12行（l.1は継紙の下に僅存）。右半に谷折れ筋五本ほどあり。l.1～l.4の範囲に墨書の初四行を書くが、界線と文字との対応は悪く、初三行は折れ筋によってできる行と対応する。l.4以降は折界の行と対応する。

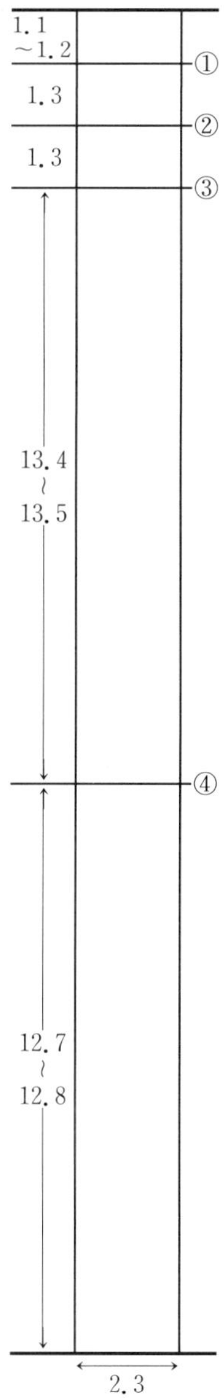

本文　l.9「十三日…十三斤三両」、擦消書直。

第6紙裏　軸等収納帳

史料　続修別集十六⑤裏　千手千眼幷新羂索薬師経料銭幷衣紙等納帳　天平宝字二年七月、十三ノ二五二―二五三

紙端　右　糊痕（糊代〇・四）あり。新補白紙の下に貼継。

左　小欠あり。新補白紙の下に貼継。

本文　15行。l.6「廿六日収納軸」、重ね書。l.15「不用」は表の「東寺写経所請経師解」の端裏書。

その他　紙面に縦の谷折れ筋あり。左方やつれる。

第5〜4紙裏

史料　造東寺司奉写経用度物解

　続修別集十六④裏　奉写経用度文案　（天平勝宝四年）、十二ノ三四七—三五〇

紙端　5裏右　一部破れ。糊痕（糊代〇・三五。紙付着）あり。新補白紙の下に貼継。

　5裏左 4裏右　直接貼継（5裏が上。糊代〇・二五）。墨書（第4紙裏 *l*.1）・墨書擦消痕またがる。

　4裏左　一部破損。新補白紙の下に貼継。

本文　第5紙裏30行、第4紙裏12行。

　第5紙裏、表に端裏書「用度文」あり。*l*.3「法花経一部八巻」は「応用紙捌伯□□□」を擦消書直。*l*.8「八百十張」、*l*.19「十九端一尺」、*l*.22注「題経一巻」、擦消書直。*l*.26「一百文墨二廷半」は「文」に重ね書か。*l*.29「四具経師四人料」、*l*.30「十五人装潢一人料」および第4紙裏 *l*.1「経師肆人装潢壹人校生貳人単壹伯肆拾捌人」の三行は、三行にわたる記載（現第4紙裏 *l*.2〜*l*.4に相当する内容か。三行目は継目上に書かれたもの）をまとめて擦消した上に書く。

　第4紙裏 *l*.5「米貳斛捌㪷」は「斗」に重ね書か。*l*.5左行「校生人別一升六合」は「人」に重ね書。

その他　第5紙裏右端付近および第4紙裏上方に黒ずみ汚れあり。第4紙裏下方に糊汚れあり。

第3〜1紙裏

　空（第3紙裏、右端に糊痕（糊代〇・六。紙付着）あり。糊汚れあり。第2紙裏左端、折れ筋の一本を境に、その外側に黒ずみ汚れあり。第1紙裏左上隅に小墨点一あり。続修別集新補褾紙の取付位置を示す）

続修別集　第十七巻　裏

本巻の縮小率　一／一・七五

第5～1紙裏　奉写経所可奉写経用受事解　（第1紙裏に端裏書。第5～2紙裏は空）

史料　続修別集十七裏　空

本文　第1紙裏に表の文書の端裏書「一部法花経用度文案」1行のみ。やや青みを帯びた墨色。

その他　第1紙裏、左端付近に汚れあり。左上隅に微小な墨痕あり。続修別集新補標紙の取付位置を示す小墨点に関連か。

続修別集　第十八巻　裏

本巻の縮小率　一／一・八二

第2～1紙裏　写経司請材直銭解・泉木屋所買進写経所材木解　（第1紙裏に端裏書。第2紙裏は空）

史料　続修別集十八(2)(1)裏　空

本文　第1紙裏に表の文書の端裏書「泉木屋木数注案知」1行のみ。その下方に「四」（書きかけの文字か）あり。

その他　第1紙裏左端付近、ももけあり。左上隅に小墨点一あり。続修別集新補褾紙の取付位置を示す。

続修別集　第十九巻　裏

本巻の縮小率　一／一・八二

第14～1紙裏　奉写一切経所雑物用残事解　（第1紙裏に端裏書。第14～2紙裏は空）

史料　続修別集十九裏　空

本文　第1紙裏に表の文書の端裏書「二年季案　潤三月四月五月告朔」（朱書）（左端切断、微欠）1行のみ。

その他　全体にわたって所々に墨・糊汚れ、褐色シミ、黒ずみ汚れ等あり。

第14紙裏、右端近くは黒ずみ、やつれあり。右方に墨汚れ、左方に朱汚れあり。第10紙裏、朱汚れあり。第7紙裏、油ジミ様の汚れあり。第1紙裏、墨・朱汚れあり、左端は不整に切断。また左上隅に小墨点一あり。続修別集新補褾紙の取付位置を示す。

第6～1紙裏　食物用帳

史料　続修別集二十裏　造石山寺所食物用帳　天平宝字六年、十五ノ三七八—三九〇

紙端
- 6裏右　糊痕二種あり。（i）糊代〇・一。下半にもと貼り継がれていた紙付着。（ii）糊代〇・六。中央やや下にもと貼り継がれていた紙付着。上記二種の付着紙、重なり方は不明。新補白紙の下に貼継。
- 5裏右 6裏左　直接貼継（6裏が上。糊代〇・二）。
- 4裏右 5裏左　直接貼継（5裏が上。糊代〇・二）。
- 3裏右 4裏左　直接貼継（4裏が上。糊代〇・二五）。
- 2裏右 3裏左　直接貼継（3裏が上。糊代〇・二）。
- 1裏右 2裏左　直接貼継（2裏が上。糊代〇・二）。
- 1裏左　墨書（l.27。微存）切断。幅の狭い白紙を補って標紙に貼継。

界線　裏の食物用帳のために引かれた界線はないが、行の並びや書出の高さを揃える目安として表の界線を利用するか。

本文　第6紙裏25行、第5紙裏26行、第4紙裏30行、第3紙裏27行、第2紙裏27行、第1紙裏27行（l.27は微存）。

第6紙裏l.6「九日…参斛」は「貳」を擦消書直。l.12右行「白一斗六升」は「斗」の書きかけに重ね書。l.18「又下米壹斛貳㪷〔白二斗 黒一石〕乗米七升二合　」は「□□〔白□ 黒□〕乗米□留□升六合」を、同「滑海藻陸斤　塩貳升」は「参」「壹」を擦消書直。

第5紙裏l.5左行「五升…運遣役夫等料充遣」は「付□（書きかけの文字）」に重ね書。l.13「又下米…滑海藻伍斤伍両」は下の墨書と傍書を擦消した上に書く。同「塩壹升貳合」は「肆」を擦消書直。l.16「又下黒米伍㪷　」、「伍」は「肆」を擦消書直、その下方は「肆升」を擦消。

第4紙裏l.5「十六日下滑海藻」は「米」を擦消書直。l.16「右…充遣如件」は書きかけの文字に重ね書。l.28「乗米三升　」は「塩壹升」を擦消書直。

第3紙裏l.1「廿一日下黒米壹斛伍㪷乗米九升」、「壹斛」は「伍㪷」を擦消書直。「九」は「五」を擦消して「六」とした上に重ね書か。l.4「廿二日下黒米壹斛」、擦消書直。l.7「廿三日…貳升捌合」は「醬」を擦消書直か。l.21「廿五日下米黒」、右傍は転倒符。

第2紙裏l.1「右仏殿檜皮」、l.6「又下米壹斛伍升」、擦消書直。l.7「附守部子万呂」、重ね書。l.13「付古万呂」、文字を書きかけた上に重ね書。l.18注「白買内」、墨書の上に朱書で同字をなぞり書。l.27「廿九日下」は「又」に重ね書。

第1紙裏l.15「仏殿中墨半葺」、重ね書。

〔朱書〕第6～1紙裏では、確認のための朱圏点が二度にわたって付され、「合」(朱書)などの書き入れが見られる。個々に濃淡・色調の差はあるが、変化は段階的で、一定基準による分類は困難である。

その他　全体にわたって褐色シミあり。第1紙裏左半、ももけ・黒ずみ汚れあり。第1紙裏左上隅に小墨点一あり。続修別集新補標紙の取付位置を示す。

続修別集　第二十一巻　裏

本巻の縮小率　一／一・七五

第4～1紙裏　東大寺写一切経所請疏師等布施解　（第1紙裏に端裏書。第4～2紙裏は空）

［史料］　続修別集二十一裏　空

［本文］　第1紙裏に表の文書の端裏書「勝宝元年秋季布施文」1行のみ。

［その他］　第1紙裏左上隅に小墨点一あり。続修別集新補褾紙の取付位置を示す。

続修別集　第二十二巻 裏

本巻の縮小率　一／一・八〇

第16～12紙裏　空（第16紙裏、右半やつれ。第15紙裏に糊汚れ、第12紙裏に墨・糊汚れあり。第12紙裏左端、糊痕（糊代〇・七）あり。もと貼り継がれていた紙の一部付着（上端から二七・五糎の高さまで）。もと現在と逆の打ち合わせ（12裏が下）で貼り継がれていたものを、はがし取って貼り直しか）

第11～8紙裏　写書所請千部法花経経師等布施解按（第8紙裏に端裏書。第11～9紙裏は空）

史料　続修別集二十二(3)裏　空

本文　第8紙裏左端に表の文書の端裏書「千部」1行のみ。

第7～2紙裏　空（第7紙裏右端、第5～4紙裏継目、糊のはみ出し汚れあり。第4～2紙裏に墨汚れあり）

第1紙裏　千部法花経布施文案標紙

史料　続修別集二十二(1)裏　空（「千部法花布施文案ノ表紙」）

本文　原標紙に発装・紐を補い、新補題簽を貼付して続修別集の標紙に転用。題簽の下に原外題「千部法花布施文案」を直書、1行のみ。

その他　外題の下方に貼紙のはがし取り痕（現存縦一・〇×横二・五。過半が新補題簽の下に入る）あり。紙面全体にもも け あり。

続修別集　第二十三巻　裏

本巻の縮小率　一／一・八二

第6～4紙裏　空（第6紙裏、第5～4紙裏とも所々に黒ずみ汚れあり）

第3～1紙裏　写書所請阿含経経師等布施解　（第1紙端裏に書入れ。第3～2紙裏は空）

史料　続修別集二十三①裏 空

本文　第1紙裏左端に「不」の1行のみ。

その他　第3～1紙裏の各継目、僅かに糊のはみ出しあり。第1紙裏左半、ももけ・黒ずみあり。また左上隅に小墨点一あり。続修別集新補褾紙の取付位置を示す。

続修別集　第二十四巻 裏

本巻の縮小率　一／一・八五

第7紙裏　造東大寺司奉請写経疏用度物解

【史料】　続修別集二十四②裏　造東大寺司解（案）　（天平勝宝四年二月）、十二ノ二二一―二二二

【紙端】　右　横界切断。横界のアタリ三（軸付紙の下）あり。新補丁子引紙の下に貼継。
左　下方一部欠け。墨書（僅存）・横界切断。新補白紙の下に貼継。

【界線】　縦折界（折山が裏）、横押界（裏から押す）。中央からやや下がった高さに、横方向のゆがんだ篦押し筋あり。右方は l.5 辺りまでで立ち消えとなる。折界23行（l.1～l.3 は空。l.1・l.23 は半存）。

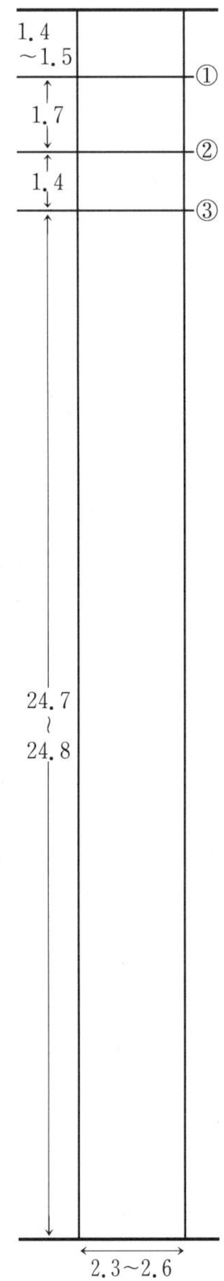

【本文】　l.10「応用紙漆伯玖拾張二百卅六張先請 五百五十四張更請」、「漆」「玖」「張」は擦消書直。また「張」に続く位置にあった一字（「張」か）を擦消、傍点を付した範囲の割注はそのあとに書かれる。l.11右行「二百廿張見写料」、l.11左行「可残六十張」、l.12「疏紙五百十四張」、l.14「布施…参丈捌尺」、l.15「十八端二丈九尺八寸」、擦消書直。l.15下方に習書「食口□人　朱朱朱朱」あり。l.16「五端二丈写経紙張料」、擦消書直。l.23は「銭捌伯捌拾貳文」（僅存）。

【その他】　中央下方に褐色シミあり。

第6～1紙裏

空（第3紙裏中程に縦の谷折れ筋あり。第3～2紙裏継目、糊のはみ出し汚れあり。第1紙裏左上隅に小墨点一あり。続修別集新補褾紙の取付位置を示す）

続修別集　第二十五巻　裏

本巻の縮小率　一／一・七九

第6～4紙裏　空（第4紙裏、黒ずみ汚れあり）

第3紙裏　貢石上部君嶋君状

史料　続修別集二十五①(3)裏　優婆塞貢進文　（天平十四年）、二ノ三二六―三二七

紙端　［右　墨書（微欠・微存）切断。新補白紙の下に貼継。
　　　　［左　第2紙裏と直接貼継（3裏が上。糊代〇・四）。

本文　7行（l.1右半は継紙の下に入る）。

その他　紙の上端切断（l.1 l.2 l.5の墨書僅欠）。l.1左に縦の山折れ筋あり。

第2紙裏　貢小治田朝臣某状　天平十四年十一月十五日

史料　続修別集二十五①(2)裏　優婆塞貢進文　天平十四年十一月十五日、二ノ三二五―三二六

紙端　［右　墨書（微存～半存）切断。第3紙裏と直接貼継（2裏が下。糊代〇・四）。
　　　　［左　第1紙裏と直接貼継（2裏が上。糊代〇・三一〇・四）。

本文　10行。l.1「小治田朝臣□□□左京六条一坊戸主大初位下小治田朝臣三立男」（過半が継目の下に入る）、墨書右方を切断。「左京」以下は割注双行の左行と見られる。l.5「理趣経」、l.6「千手経陀羅尼誦」、擦消書直。l.9「天平十四年十一月十五日」、重ね書か。

その他　紙の上端切断（l.1 l.10各行の一字目僅存）。所々に糊汚れあり。

第1紙裏　空（左上隅に小墨点一あり。続修別集新補褾紙の取付位置を示す。他巻に比して、やや本紙の内側に入った位置にあり）

第4紙裏　秦田村君有礒本籍勘注

史料　続修別集二十六(2)裏　経師勘籍　（年未詳）、二十四ノ二五七

紙端　右　破れ。新補白紙の下に貼継。
左　第3紙裏と直接貼継（4裏が下。糊代〇・五―一・〇）。墨書（継目裏書「志」）、第3紙裏にまたがる。

本文　2行。

その他　全体に黒ずみ汚れ、縦の谷折れ筋あり。

第3〜1紙裏　写疏所請疏師等布施解按　天平十八年十月一日

史料　続修別集二十六(1)裏　写疏所解（案）　天平十八年十月一日、二ノ五三九―五四二

紙端
3裏右　糊痕（糊代一・五〜二・〇）あり。ここにもと貼り継がれた紙（内側に典籍の墨書「荒癈用比久盡彷徨□□一□□□□東陽記晋」が残る）がはがし取られて付着。墨書l.1「同案」の右半はこの紙の下に入る。第4紙裏と直接貼継（3裏が上。糊代〇・五―一・〇）。墨書（継目裏書「志」）、第4紙裏にまたがる。
3裏左 2裏右　直接貼継（3裏が上。糊代〇・三）。墨書（第2紙裏l.1）またがる。
2裏左 1裏右　直接貼継（2裏が上。糊代〇・三）。墨書（第1紙裏l.1）またがる。
1裏左　墨書（l.13。微欠）切断。糊痕（糊代一・三）あり。墨書（l.13。継目裏書「志」）、旧継目の内側で終わる。標紙の下に貼継。

界線　第3紙裏右端に付着した紙に墨界あり。横界のみ確認可能。

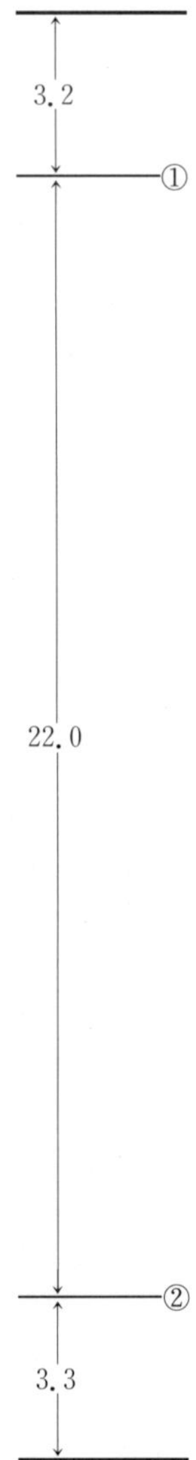

本文　第3紙裏5行、第2紙裏20行（l.2は行間追記）、第1紙裏13行。
第3紙裏l.4「用紙三千六百廿五張」、擦消書直。l.5「校紙七千二百■五十張」は「卌一」を墨抹・擦消ののち傍書で訂正。
第2紙裏l.3「応給布施銭廿八貫二百二文　」、「八」「二」は擦消書直、「二文　」は「□□文」を擦消書直。l.4「廿五貫三百七十五文」は「□」「九」「九」を擦消および「七」（別の文字を擦消書直）に重ね書で訂正。l.5「一貫四百■■五十文文」、墨抹の下は擦消上に書かれた「廿八」、のちに「文」まで含めた全体を墨圏線で囲み、傍書を加えて訂正。l.11（大友）「写紙三百五十一張　銭二貫四百五十七文」は「一張」「百七文」を、l.16（秦家主）「写紙百六十五張　銭一貫百五十五文」は「四」「卌八文」（「百」はなぞり書）を擦消書直。l.17（秦在礒）「写紙五百三張　銭三貫五百廿一文」、「百」は同字をなぞり書、「三」は「張」を、「廿一文」は「文」を擦消書直。
第1紙裏l.5（刑部）およびl.6（志斐）の「銭三百十四文」はともに「廿五」を擦消書直。l.11「以前従今年七月一日」、l.13「天平十八年十月一日志斐万呂」（文字左半は、はがし取りのため荒れる）、擦消書直。

その他

第2紙裏上方および第1紙裏ほぼ全面にもも けあり。第2～1紙裏、縦に黒ずみ汚れあり。第1紙裏左端付近、折れ筋多し。また左端上方に貼紙のはがし取り痕（墨付着）あり。

続修別集　第二十七巻 裏　空

本紙七張。第7紙裏に糊痕あり。第5紙裏、縦に黒ずみ汚れあり。第4紙裏、右端中程に紙の表面がはがれた箇所あり。また左方に糊汚れあり。第3～2紙裏、ももけ・黒ずみ汚れあり。第1紙裏、左方全体にももけ・黒ずみ汚れあり。左端、標紙との継目の下にもと貼り継がれていた紙、付着して残存。

続修別集　第二十八巻 裏　空

本紙五張。全面に、墨移りによる墨汚れあり。第1紙裏、左半僅かに黒ずみ、やつれあり。また左上隅に小墨点一あり。続修別集新補標紙の取付位置を示す。

続修別集　第二十九巻　裏

本巻の縮小率　一／一・七九

第4〜3紙裏　空（第3紙裏左半、皺多く黒ずみ汚れあり）

第2〜1紙裏　随求壇所雑物用残事解　（第1紙裏に書入れ。第2紙裏は空）

史料　続修別集二十九①裏　空

本文　第1紙裏に2行のみ。*l*.1「用一千四百五十八文」。*l*.2「公文」の左端は褾紙の下に入る。

その他　第2紙裏、右端付近に縦の谷折れ筋多くつく。また右下方に表の墨書「馬養」の移りあり。第1紙裏左半、ももけ・黒ずみ汚れあり。第1紙裏左上隅（褾紙の下）に小墨点一あり。続修別集新補褾紙の取付位置を示す。

続修別集　第三十巻　裏

本巻の縮小率　一／一・八五

第６～２紙裏　空（第６紙裏、僅かに黒ずみ汚れあり。第５紙裏に紫色の汚れ付着。第４紙裏、左端付近黒ずみ汚れあり。第３紙裏、左上方黒ずみ汚れあり。第２紙裏、左端付近に折れ筋あり。その外側黒ずむ）

第１紙裏　装潢所造紙事解　（裏　書入れ）

史料　続修別集三十①裏　空

本文　*l*.1「広国」、*l*.2「成」（左端下方、渇筆で天地逆に記す）の２行のみ。

その他　左半、ヤケ・やつれあり。左上隅に小墨点一あり。続修別集新補標紙の取付位置を示す。

続修別集　第三十一巻　裏　空

本紙二四張。第24紙裏右端付近から上縁にかけて褐色ヤケ、黒ずみ汚れあり。これ以降、紙の上下端に黒ずみ、やつれ等、断続的にあり。第4紙裏中央、やや広い範囲にわたって僅かに黒ずみあり。第3～1紙裏、上縁寄りに褐色のシミ、黒ずみ汚れあり。

第1紙裏左上隅（標紙の下）に小墨点一あり。続修別集新補標紙の取付位置を示す。

続修別集　第三十二巻　裏

本巻の縮小率　一／一・七九

第3～1紙裏　下銭帳

史料　続修別集三十二裏　造石山寺所造寺料銭用帳　天平宝字五年、五ノ三六二―三六九

紙端
- 3裏右　糊痕（糊代〇・五―〇・六）あり。横界・朱圏点（半存）、旧継目の内側で終わる。第3紙裏l.1右に横界のアタリ七あり。新補白紙に貼継。
- 3裏左 2裏右　直接貼継（3裏が上）。横界・朱圏点またがる。第2紙裏l.1右に横界のアタリ七あり。
- 2裏左 1裏右　直接貼継（2裏が上）。横界・墨書（第2紙裏l.27「領」の左端）またがる。第1紙裏l.1右（①②は継目にかかる）に横界のアタリ七あり。
- 1裏左　横界切断。l.28右に横界のアタリ七あり。標紙に貼継。

界線　横押界（裏から押す）。各紙の左端近くに引き継ぎ箇所あり。第3紙裏では横界がいったん途切れ、第2紙裏・第1紙裏では若干のずれが見られる。第1紙裏、横界⑦は初め左端のアタリを始点に大きく上にそれて引き、あらためて引き直す。

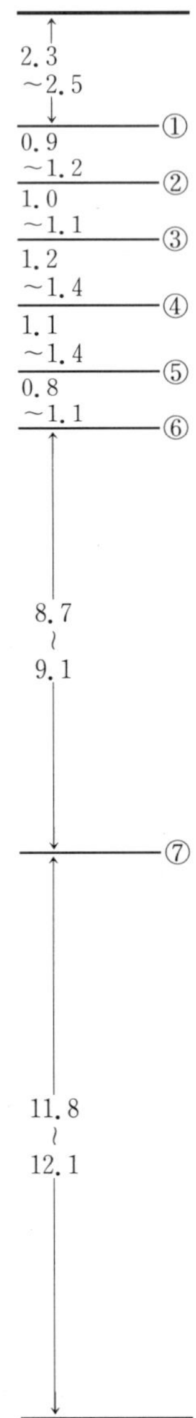

本文　第3紙裏27行、第2紙裏27行（l.9は二行分の内容を一行に詰めて書く）、第1紙裏28行（l.19は二行分の内容を一行に詰めて書く）。

第3紙裏l.6「又（下）銭伍拾捌文　糟壹㪷買価」は「肆」「捌升」を擦消書直。l.9「七日下銭肆（陸）拾文」、擦消書直。l.6 l.9の朱圏点、『大日本古文書』に脱。l.14「果子価等」、右傍に転倒符あり。l.19「六文茄子」は「四」を、l.22「又下銭伍拾文」は「又下銭貳拾文」を、同行注「（朱書）夏季告朔入了　　」は「□大豆四把直把別□文」を、l.23「右六月中雇役夫山守五箇日功下給如件」は「右□□□十五日等食料買如件」を擦消書直。l.22 l.25の朱圏点、『大日本古文書』に脱。l.26「右嶋高山」、右傍に転倒符あり。

第2紙裏l.3「又下銭拾文経所仕丁雇夫功内」は、行頭に朱勾を付し、行末に「（朱書）止」を加えて抹消の意を示す。l.5の朱圏点、『大日本古文書』に脱。l.6「右塗為仏堂」、右傍に転倒符あり。l.9「又下銭漆拾文雑用内　粉酒七升直」、「漆」は擦消書直、「七」は「五」に重ね書。l.10「右…如件」の下方行末は「以解」を擦消。l.12右行「二貫五十文白米」は「白米五俵賣□二貫」を、l.13「二貫二百七十八文」は「□五」を擦消書直。l.20「又下銭」の右傍は「又」を擦消。

第1紙裏l.11「一貫…白米四俵価買」、右傍に転倒符あり。l.15「右買黒米…下如件」は「如」に重ね書。l.16「又下銭貳拾捌文経所米賣内」の下方、「主典安都宿祢　領下」を擦消。l.19「又下銭肆拾文雑用内　　」は「経所米賣内」を擦消書直。同行の朱圏点、『大日本古文書』に脱。l.21「九百七文」は「五□」を擦消書直。l.22右行「五斗二百八十文」、「二百」はなぞり書、「八十文」は「七十六文」を擦消書直。l.22左行「五斗二百七十五文」、「二百七十」はなぞり書、「五」は「七文」を擦消書直。l.23行頭、書出しの高さを上げる墨書の指示あり。l.24「又下銭肆貫貳伯文…残四俵」は「五」に重ね書。l.28「右上件材同漕津」、右傍に転倒符あり。

その他

第1紙裏左方、褐色シミ等あり。l.26 l.27間の上方に貼紙痕（赤色罫を印刷した紙）あり。

第1紙裏左上隅に小墨点一あり。続修別集新補褾紙の取付位置を示す。

第6～1紙裏　作物并散役及官人上日解　天平宝字七年正月三日

史料　続修別集三十三裏　造東大寺司解（案）　天平宝字七年正月三日、五ノ三七五—三八三

紙端

6裏右　横界切断。褾紙に貼継。

5裏右 6裏左　直接貼継（6裏が上。糊代〇・二—〇・二五）。横界またがる。第6紙裏l.6左に横界のアタリ五（圧痕）あり。

4裏右 5裏左　直接貼継（5裏が上。糊代〇・二五—〇・三）。横界またがる。第5紙裏l.22左に横界のアタリ五（圧痕）あり。

3裏右 4裏左　直接貼継（4裏が上。糊代〇・二五）。横界またがる。第4紙裏l.22左に横界のアタリ三（圧痕。②～④）あり。

2裏右 3裏左　直接貼継（3裏が上。糊代〇・二五）。横界またがる。第3紙裏l.22左に横界のアタリ四（圧痕。①～④）あり。

1裏右 2裏左　直接貼継（2裏が上。糊代〇・三）。横界不連続。第2紙裏左端、横界は紙端直前で終わる。l.22左に横界のアタリ四（圧痕。①～④）あり。第1紙裏右端、横界は継目の下に入って端の状態不明。

1裏左　横界は継紙の下に入って端の状態不明。新補白紙の下に貼継。

界線　縦折界（折山が裏）、横押界（裏から押す）。

縦折界は、二次利用時に逆に折り返されて、現状では折山が表となる。第1紙裏、後半余白部分では界幅やや不安定となる。横界のアタリは、横の短い圧痕（箆押か）を用いる。横界と重なって確認できない箇所もある。

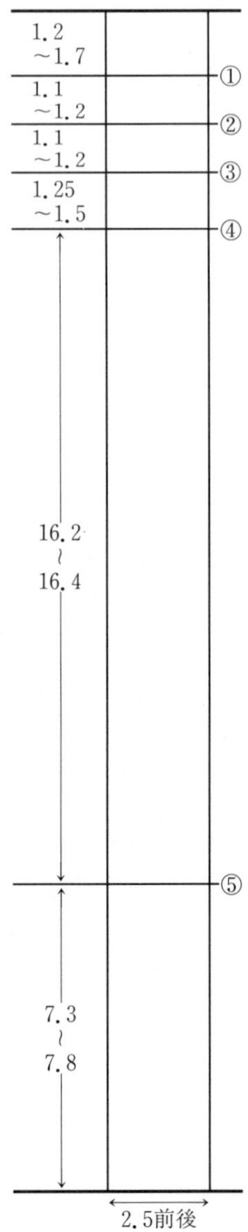

第6紙裏折界6行（l.1は微存）、第5紙裏折界22行、第4紙裏折界22行、第3紙裏折界22行、第2紙裏折界22行、第1紙裏折界21行（記載はl.9まで。l.10～l.21は空）。

本文　第2紙裏l.3「作物」の下方「人別絁三丈四尺　細布二丈五尺」は表と関連か。

第1紙裏l.7「主典正六位上志斐連麻呂」、l.9「主典正八位上安都宿祢雄足」、ともに右寄せの小字一字を擦消書直。

その他　第6紙裏、全体にももけ、上・下縁にやつれ・小欠あり。第5～2紙裏、各紙の右上隅ほぼ同じような位置に縦の刀子痕あり。第5紙裏、紙面に僅かなももけあり。擦れによる朱汚れあり。第4紙裏、中程上欄に墨汚れあり。第3～2紙裏の継目に、糊のはみ出しあり。第1紙裏、全面にももけ、左端付近に墨汚れあり。

続修別集　第三十四巻　裏

本巻の縮小率　一／一・八二

第10紙裏　安都雄足啓按　（某）五年十一月二十一日

［史料］続修別集三十四⑽裏　安都雄足啓（案）　（天平宝字）五年十一月廿一日、未収

［紙端］右　墨書（全体を墨抹。微存～微欠）切断。糊痕（白色）あり。標紙に貼継。
左　第9紙裏と直接貼継（10裏が上。糊代〇・四）。

［本文］3行。l.1「□□　□□□仍具状請処分」（全体を墨抹）、l.2「謹啓」およびl.3「五年十一月廿一安都宿」。

［その他］下端に褐色シミあり。

第9紙裏　下銭帳

［史料］続修別集三十四⑼裏　造石山院所銭用帳　（天平宝字六年）、五ノ三六九

［紙端］右　糊痕（糊代〇・七。もと貼り継がれていた紙の一部付着）あり。第10紙裏と直接貼継（9裏が下。糊代〇・四）。
左　第8紙裏と直接貼継（9裏が上。糊代〇・三—〇・五）。

［界線］縦折界（折山が裏）。現状では表に山折れ筋のように出ている箇所が多い。界幅一・七—二・四。折界9行（l.5～l.9は空）。

［本文］記載はl.4「九日…三管直卌文張兄万呂　卌文秦家主　卌文穴太雑物」まで。l.2「五日下銭肆拾伍文」は「参」を擦消書直。l.2三行割注左行「八文瓮一口」、擦消書直。

［その他］上方および下端にシミあり。

第8紙裏　空

第7紙裏　写紙并経師注文

［史料］続修別集三十四⑺裏　写経所解（案）　（天平宝字五年正月?）、二十一ノ五二六4—5

［紙端］右　糊痕あり。第8紙裏と直接貼継（7裏が下。糊代〇・二—〇・四）。
左　墨書（微存）切断。第6紙裏と直接貼継（7裏が上。糊代〇・一五—〇・三五）。

［本文］3行。l.3はもと第5紙裏l.1と同一行（本来の一紙を切断）。

［その他］縦の谷折れ筋あり。

第6紙裏　山作所雇工并夫等功料充遣符　（某）六年四月十五日

［史料］続修別集三十四⑹裏　造石山寺所符（案）　（天平宝字）六年四月十五日、五ノ二一五

［紙端］右　第7紙裏と直接貼継（6裏が下。糊代〇・一五—〇・三五）。
左　第5紙裏と直接貼継（6裏が上。糊代〇・三）。

［本文］6行。l.2に重なって大きく「不用」とあり（「用」の最終画は下方に長く延びる。『大日本古文書』はこれを墨抹に誤る）。l.5「領上馬養」は墨線で抹消。

［その他］下端にシミあり。中程、縦に黒ずみ汚れあり。

第5紙裏　経師等功食等按

史料　続修別集三十四(5)裏　写経所解（案）　（天平宝字五年正月?）、二十一ノ五二六6―五二七

紙端　右　墨書（微欠）切断。第6紙裏と直接貼継（5裏が下。糊代〇・三）。
左　墨書（微欠）切断。第4紙裏と直接貼継（5裏が上。糊代〇・二―〇・五）。

本文　15行（l.1 l.15は微欠）。l.1はもと第7紙裏l.3と同一行（本来の一紙を切断）、墨書の右端、継目の下に入る。l.1「、、无作物経師」、l.3「、、作物余人」、一字擦消。l.4右行「六百人別」、擦消書直。l.4左行「、、、一人一百張」は「一人」を擦消書直。l.11「史生一百卌四人別一升二合」の下方は「□□（雑使）一千六百十八人別」を擦消。

その他　下端にシミ、破損箇所連続。

第4紙裏　空（下端にシミ、黒ずみ、破損箇所連続）

第3紙裏　薬師像等彩色用度注文

史料　続修別集三十四(3)裏　仏像彩色料注文　（年未詳）、十二ノ二五六―二五七

紙端　右　第4紙裏と直接貼継（3裏が下。糊代〇・二―一・二）。
左　第2紙裏と直接貼継（3裏が上。糊代〇・三―〇・四）。

本文　8行。l.6「同黄三分」は「両」に、l.7「白緑一両二分」は「二」（第二画は「両」の第一画として利用か）に重ね書。

その他　下端に破損箇所連続。全体に折れ筋多し。

第2紙裏　空（全体に皺あり。下端に褐色シミ連続）

第1紙裏　牒案主等所条々事　（某年）三月十日

史料　続修別集三十四(1)裏　安都雄足牒（案）　（天平宝字六年）三月十日、十五ノ四三八

紙端　右　糊痕（白色）あり。第2紙裏と直接貼継（1裏が下。糊代〇・三―〇・五）。
左　往来軸に直接貼継。

本文　10行。l.2「於羽点中墨定令」、重ね書。l.3「又土取者今自」は「令」に重ね書。l.4「礎中有居」、重ね書。l.9「六月」、訂正のために加えた墨は、左側からほぼ平行に三本入っているので「三」とみる。ただし元の字画の一部を生かしたものとみれば、「六→五」の訂正を意図した可能性もあり。

その他　l.10「又工一人雄足□」は書きかけの文字か。縦の谷折れ筋あり。

続修別集　第三十五巻　裏

本巻の縮小率　一／一・八二

第5紙裏　空（下縁に淡い黒ずみ汚れあり）

第4紙裏　楽具検定注文

史料　続修別集三十五④裏　楽具検定文　（天平宝字八年？）、五ノ五四〇—五四一

紙端　右　墨書・墨勾（ともに微欠）切断。新補白紙の下に貼継。
　　　左　新補白紙の下に貼継。

本文　8行。l.1「呉女」にかかる墨勾は二重になる。l.6「行主三具」は墨線で抹消。l.7「行主四具」は「三」に重ね書。l.7右行「三具」、擦消書直。l.8注「槐田総足」、「田」は「日」に重ね書、「総」は擦消書直。

その他　l.6右、l.8左に縦の谷折れ筋あり。左端付近にもけあり。

第3紙裏　空（右半黒ずみ、やつれあり。右上隅、やや厚手の紙で補修）

第2紙裏　戸籍断簡

史料　続修別集三十五②裏　国郡未詳戸籍　（年未詳）　一ノ三二四—三二五

紙端　右　横界切断か。墨書（微欠）切断。新補白紙の下に貼継。
　　　左　横界切断か。墨書（l.11。微存）切断。中程に小欠あり。新補白紙の下に貼継。

界線　横押界（裏から押す）。

本文　11行。l.10は「女山直子姉」のみ。年齢ほか記入の痕跡なし。l.11は継紙の下に上段の記載（l.10の次行墨書の右端）が微存。

その他　下端やつれ。l.6上に谷折れ筋あり。

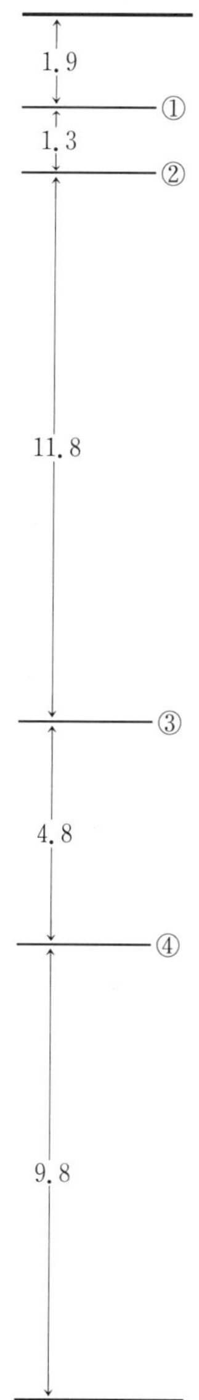

第1紙裏　呉楽欠物検定注文

楽具欠物検定注文

史料　続修別集三十五①裏　北倉代楽具等欠失文　（天平宝字八年？）、五ノ四八五—四八七

紙端　右　糊痕あり（糊代〇・二—〇・六）。墨書（l.1。半存）、旧継目の内側で終わる。新補白紙の下に貼継。
　　　左　墨書（l.25。半存）切断。標紙に貼継。

本文　25行（l.1「主　他主」、l.25「主典他田水主」はともに半存）。l.8「高麗楽頭単襖子」、右肩の墨点、『大日本古文書』に脱。l.10「弄人」は「玉」に異なる墨色で加筆して訂正。この墨色は前後の墨圏点に似る。l.16「古楽破陣楽」、重ね書か。l.18「右比校検財帳」は「材」に重ね書か。

その他

紙面全体にももけあり。右方、黒ずむ。縦の谷折れ筋あり。所々に墨汚れあり。左上隅に小墨点一あり。続修別集新補標紙の取付位置を示す。

続修別集　第三十六巻 裏　空

本紙五張。第5紙裏、右半やつれ、縦に黒ずみ汚れあり。第4紙裏、墨汚れあり。第3～1紙裏、各継目に糊のはみ出しあり。

続修別集　第三十七巻 裏　空

本紙一張。右端に糊痕（糊代〇・七。糊はさらに幅広くはみ出す）あり。かつて貼り継がれていた紙の一部、付着して残存。

続修別集　第三十八巻　裏

本巻の縮小率　一／一・七九

第10～9紙裏　空

第8紙裏　写経用度注文　(某)八年十月二十一日

史料　続修別集三十八(7)裏　写経用紙銭納文　(天平宝字)八年十月廿一日、五ノ四九七―四九八

紙端
- 右　第9紙裏と直接貼継（8裏が下。糊代〇・二―〇・六）。
- 左　第7紙裏と直接貼継（8裏が上。糊代〇・四―〇・六）。

本文　9行（l.1「卅八」の右端は継目の下に入る）。

その他　右端の継目付近、糊のはみ出し汚れあり。縦の谷折れ筋あり。

第7～6紙裏　空（第7紙裏右端、糊痕〔糊代〇・六。紙付着〕あり。第7～6紙裏継目、やや荒れる。継ぎ直しによるものか）

第5紙裏　請経状

史料　続修別集三十八(5)裏　某状　（年未詳）、二十二ノ五八

紙端
- 右　糊痕あるか。第6紙裏と直接貼継（5裏が下。糊代〇・五）。
- 左　墨書（微存）切断。第4紙裏と直接貼継（5裏が上。糊代〇・一―〇・七）。

本文　5行（l.5は微存）。

その他　右端下方、はみ出した糊の粒付着。

第4紙裏　空（右端、墨痕の端は継目の下に入る）

第3紙裏　奉写一切経所移散位寮

史料　続修別集三十八(3)裏　奉写一切経所移（案）　（年未詳）、十六ノ四

紙端
- 右　第4紙裏と直接貼継（3裏が下。糊代〇・二―〇・九）。
- 左　墨書（微存）切断。第2紙裏と直接貼継（3裏が上。糊代〇・五―〇・六）。

本文　11行（l.11は微存）。l.3「題経」は「紙」を擦消書直か（「題」は一部なぞり書）。l.7「写紙壹仟参伯伍拾張」は、はじめ「大初位上三嶋縣主」（l.8の書き出しと同文）を書き、擦消ののちそのやや右に現l.7（傍点の文字が擦消箇所に重なる）を書く。l.8「三嶋縣主」、なぞり書。

第2紙裏　納米注文

史料　続修別集三十八(2)裏　写経所納米等注文　（年未詳）、二十ノ三三五―三三六

紙端
- 右　第3紙裏と直接貼継（2裏が下。糊代〇・五―〇・六）。
- 左　第1紙裏と直接貼継（2裏が上。糊代〇・四―〇・八）。

本文　4行。l.1右行「一俵欠三升」の右端、継目の下に入る。l.2およびl.3上半は朱書。

その他　紙面に谷折れ筋あり。褐色シミあり。

第1紙裏　下帙注文　天平宝字七年十二月八日

史料　続修別集三十八(1)裏　写経所雑物出充帳　（天平）宝字七年十二月、五ノ四六三

紙端　［右　第2紙裏と直接貼継（1裏が下。糊代〇・四－〇・八）。
　　　［左　標紙に貼継。

本文　6行。ℓ1「宝字七年十、二、月」は「十□月」を擦消書直。擦消範囲の右方、一部継目の下に入るか。

その他　左上方に貼紙のはがし取り痕（現存縦一・四×横三・一）あり。

続修別集　第三十九巻　裏　空

本紙四張。第4紙裏左端、表の l.1（九部二帙）「大鳥祖足…廿日一、廿一日八、廿二日四」に当たる位置に「十九日七」の書入れあり。表と関連する。第4～1紙裏、濃淡さまざまの墨汚れあり。表からの移りによるものが点在するほか、第3～2紙裏には長く引きずるような線状の墨汚れもあり。第1紙裏、左半全体にももけ・黒ずみ汚れあり。また左上隅に小墨点一あり。続修別集新補褾紙の取付位置を示す。

続修別集　第四十巻　裏

本巻の縮小率　一／一・六三

第20～1紙裏　経師等上日帳　天平勝宝元年八月始

史料　続修別集四十裏　経師等上日帳　天平勝宝元年八月以来、三ノ二八〇―三一一7
続修別集四十裏　経師等上日帳（端裏書）　天平勝宝二年八月以来、三ノ三一一8

紙端

20裏右　横界、軸付紙の下に入り、紙端で切断か。新補白紙の下に貼継。

20裏左 19裏右　直接貼継（20裏が上。糊代〇・二五）。横界またがる。第20紙裏l.8右に横界のアタリ三あり。

19裏左 18裏右　直接貼継（19裏が上。糊代〇・二五）。横界・墨書（第18紙裏l.1。擦消の前後の文字とも）またがる。第18紙裏l.1左に横界のアタリ三あり。

18裏左 17裏右　直接貼継（18裏が上。糊代〇・二五）。横界・墨書（第17紙裏l.1右行）またがる。第18紙裏l.23左に横界のアタリ三あり。

17裏左 16裏右　直接貼継（17裏が上。糊代〇・二五）。横界・墨書（第16紙裏l.1右行。擦消の前後の文字とも）またがる。第16紙裏l.1に横界のアタリ三あり。

16裏左 15裏右　直接貼継（16裏が上。糊代〇・二五）。横界・墨書（第15紙裏l.1右行）またがる。第16紙裏l.25に横界のアタリ三あり。

15裏左 14裏右　直接貼継（15裏が上。糊代〇・二五）。横界・墨書（第14紙裏l.1右行）またがる。第14紙裏l.1右に横界のアタリ三あり。

14裏左 13裏右　直接貼継（14裏が上。糊代〇・二五）。横界・墨書擦消痕またがる。第14紙裏l.25左に横界のアタリ三あり。

13裏左 12裏右　直接貼継（13裏が上。糊代〇・二五）。横界・墨書（第12紙裏l.1右行）またがる。第12紙裏l.1に横界のアタリ三あり。

12裏左 11裏右　直接貼継（12裏が上。糊代〇・二）。横界・墨書（第11紙裏l.1注）・墨書擦消痕またがる。第12紙裏l.24左に横界のアタリ三あり。

11裏左 10裏右　直接貼継（11裏が上。糊代〇・三）。横界・墨書（第11紙裏l.23左行・第10紙裏l.1右行）またがる。第11紙裏l.23に横界のアタリ三あり。

10裏左 9裏右　直接貼継（10裏が上。糊代〇・三）。横界・墨書（第9紙裏l.1右行）またがる。第9紙裏の前にもと貼り継がれていた紙の一部、継目に挟まって上方に残存。第9紙裏l.1右に横界のアタリ三あり。

9裏左 8裏右　直接貼継（9裏が下。糊代〇・二五―〇・四）。横界不連続。第9紙裏l.1「十月日八夕七」の左半、継目下に入り、同「十一月日廿夕十九十二月日廿夕十八正月日三夕二二月日廿七夕廿五三月日十二夕十」は第8紙裏にまたがる。第8紙裏l.1右に横界のアタリ三あり。

8裏左 7裏右　第7紙下方、やや不整に切断。直接貼継（8裏が上。糊代〇・二五―〇・六）。第8紙裏の横界、第7紙裏から引き始め、継目を越えてまたがる。第7紙裏の横界、継目の下に入って端の状態不明。第8紙裏l.20左に横界のアタリ三あり。

7裏左 6裏右　直接貼継（7裏が上。糊代〇・二五―〇・三）。横界・墨書（第6紙裏l.1右行）またがる。第7紙裏l.20左に横界のアタリ三あり。

6裏左 5裏右　直接貼継（6裏が上。糊代〇・二五）。横界またがる。第5紙裏l.1右に横界のアタリ三あり。

4裏右5裏左　直接貼継（5裏が上。糊代〇・二五）。横界・墨書（第4紙裏l.1右行）またがる。第5紙裏l.22左に横界のアタリ三あり。

3裏右4裏左　直接貼継（4裏が上。糊代〇・二五）。横界またがる。第3紙裏l.1右に横界のアタリ三あり。

2裏右3裏左　直接貼継（3裏が上。糊代〇・二五）。横界・墨書（第2紙裏l.1）またがる。継目上に横界のアタリ三あり。

1裏右2裏左　直接貼継（2裏が上。糊代〇・二—〇・九）。横界不連続。墨書（第2紙裏l.21）またがる。

1裏左　横界はl.9付近で終わり、紙端に達せず。標紙に貼継。

界線

縦折界（折山が裏）、横押界（裏から押す）。縦折界は、二次利用時に逆に折り返されて、現状では折山が表となる。料紙の最末行の界幅は、調整のために通常の行より広狭いずれかに振れる場合が多い。

第20紙裏、横界③の下方、前紙からの引き流れ③′あり。l.3付近まで続く。

第12紙裏、l.10「六月廿七…」を挟んで縦の谷折れ筋二本あり（ともに斜めにつく）。一行増やすため加えた折界か（初めl.6「久米熊鷹」の後には、通例より一行多く三行の間明きを置いてl.10「錦部連人成」が書かれる。後にこの明きを利用して山下造公足の項目二行を追加した際のものか）。

第10紙裏は、当初の料紙の中間に別の紙を挿入したもの。横界は前後紙に合わせて引くが、押界の線質はそれより鋭く、所々に筋切れが見られる。

第8紙裏折界は明瞭でなく、特に後半では文字との対応が失われる（第8紙裏の行数は本文によって算える）。

第1紙裏、横界①②は左へ進むに従って不明瞭となる。横界③は終始比較的明瞭である。第1紙裏の縦折界は、皺や料紙の糸目と紛れて不明瞭。本紙で施界が確認されるのは右端から余白部分の途中に及ぶ一二行ほどであるが、その左方になお余白が続き、合わせて一四〜一六行ほどとなる（第1紙裏の行数は本文によって算える）。

（第20〜2紙裏。ただし第9〜8紙裏の縦界は、図示した規格に一致しない）

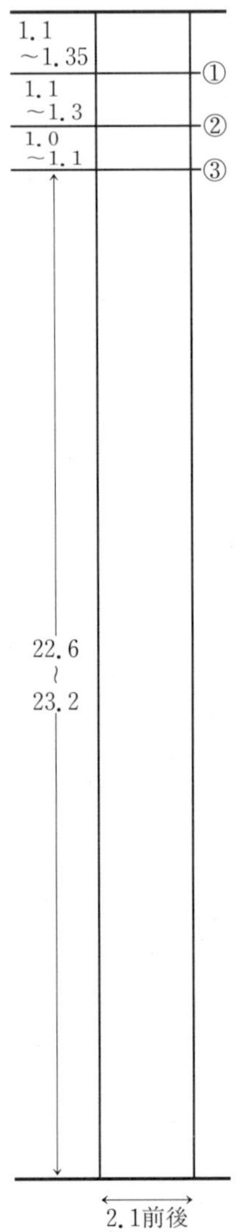

（第1紙裏）

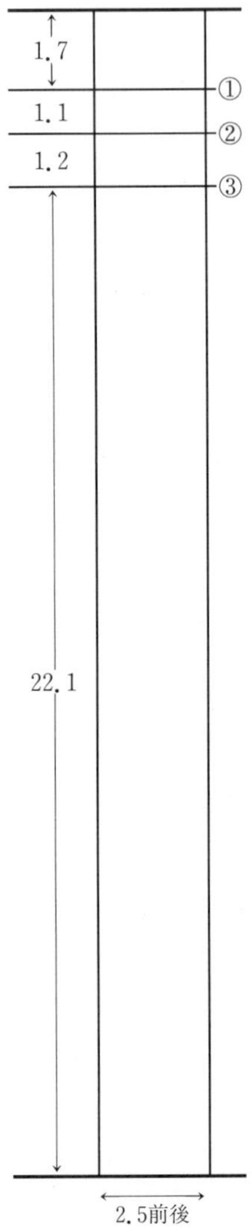

第20紙裏折界8行（すべて空）、第19紙裏折界22行（l.1・l.6は空）、第18紙裏折界24行（l.13〜l.16・l.24（界幅〇・九—一・三と狭い）は空）、第17紙裏折界25行、第16紙裏折界25行（l.17・l.18は空）、第15紙裏折界25行（l.25は界幅二・九と広い）、第14紙裏折界25行（l.10・l.22は空）、第13紙裏折界26行（l.26は界幅〇・九と狭い）、第12紙裏折界24行（l.2・l.18・l.24は空）、第11紙裏折界23行、第10紙裏折界26行、

本文

第9紙裏折界1行（実際には左右を画する縦界を確認できず）。第8紙裏に折界二一行あるか。第7紙裏折界20行（l.18は空。l.20は界幅三・五と広い）、第6紙裏折界22行（l.17は空）、第5紙裏折界22行（l.2 l.21は空。l.22は界幅三・〇と広い）、第4紙裏折界23行（l.14は空）、第3紙裏折界23行（l.12は空。l.23は界幅三・七と広い）、第2紙裏折界21行（l.9 l.12は空）。第1紙裏に折界一四～一六行あるか。

（第20～9紙裏の行数は界線によって算える）、第8紙裏20行（l.6は行間に記入。l.14以降、行間が広くなる）、（第7～2紙裏の行数は界線によって算える）、第1紙裏9行（l.1～l.8を折界の初九行分の中に書く。l.9は表の上日帳の端裏書）。

本巻各紙の訂正箇所を通覧すると、単純な誤記の訂正のほかに、記載の体裁変更に関わる一連の訂正が認められる。これは、上日が最初に記入される八月の項を、（i）はじめ経師名の下に続けて書き、（ii）のちに、最初に書いた八月の記載を擦消して、改行一字下げに書き改める、という変更に伴うものである。本解説では、これらの箇所についても「擦消書直」の語を用い、傍点で擦消の行われた範囲にかかる文字を示した。このため、擦消された文字の位置・実際に紙面を擦った範囲は不十分な形でしか示されていない。また擦消の前後で置き換わる文字は、いわゆる訂正に限らず、ただ空間的に同じ場所を占めているに過ぎない例を含む。

第19紙裏l.4「大初位上志斐連麻呂」の下方は「八月日十四夕十三」を擦消。l.5「八月日十四夕十三」は「四」に重ね書。l.7「阿刀連酒主供奉礼仏奉鋳大仏二度一唯麻…」は「八月日廿六夕廿五」を擦消書直。l.9「三月日廿七夕廿七」は「九」「六」に重ね書か。l.11「正八位下大鳥連高人共奉礼仏」は「八月不」を擦消書直。l.13「四月日卅夕廿七」、重ね書か。l.14「大初位上河原倉人人成上日二百六十九校紙六千四百五十」、「日二百六十」は「八月日□八夕廿七」を擦消書直、「五」は「百」の書きかけに重ね書か。l.15「勝宝二年正月日十八夕十二」は「三」に重ね書。l.16「三月日廿五夕廿四」、「五」は「七」「□」（順序不明）に、「四」は「六」に重ね書。l.17「无位下村主道主上日二百卌三」は「八月日□□夕十□」を擦消書直。l.18「八月日十一夕十」、重ね書。l.20「楢許智蟻石」は「許智」を擦消書直。同行注「上日二百卌四」は「□月□□□□□五」を擦消書直。l.21「十月日廿二夕十五」は「十七」に重ね書。同「二月日廿四夕廿」、重ね書か。

第18紙裏l.1「爪工連家万呂上日二百十八写一千四百」は「八月□□□□八九」を擦消書直。l.2「正月日六夕一二月日廿五夕廿二」は「六」「三」に重ね書か。l.3「三月日十七夕十六」は「廿」を擦消書直か。l.4「史戸大立上日二百卌」は「八□日十□夕十六」を、l.7「他田水主上日二百卅五」は「八月日十六□□□」を擦消書直。l.9「五月日廿六夕廿三」は「□」「五」に重ね書。l.10「秦家主」の下方は、「□□□六□五」を擦消。l.10傍書「服」はこの破損個所を避けて書く。l.12「五月日■■夕■■二■■四」、墨抹の下は「廿五」「□」。l.14 l.15間下方に習書「八月」あり。l.17「従八位上国足万呂正八位下」は「下」を、同行注「上日一百八十六」は「八月日五夕四」を擦消書直。l.18「正月日廿夕十八」、「廿」は「十」に筆画を加えて訂正。その下方は「八」を擦消。l.20「従八位上建部広足正八位下上日二百廿」は「八月日廿七夕廿六」を擦消書直。l.22「七月日廿九夕廿五」は重ね書。l.23「従正八位上山部花」は「下」に重ね書。同行注「上日百卌九」、「上日百」は「八月不」を擦消書直、「卅」は「廿」に重ね書か。

第17紙裏l.1「十月日十九夕十五…正月日十五夕十二」は「八」「日」に重ね書。l.3「大初位上治田連石万呂従八位下上日二百十五」は「八月日廿七夕廿六」を擦消書直（「治」はなぞり書）。l.4「二月日廿一夕十八」は「九」に、l.5「五月日十七夕十五」は「廿」に重ね書。l.6「大初位上能登臣忍人共奉礼仏大仏二礼二上日二百六十五…」、「上」は「下」に重ね書。双行部分は「八月日□三夕廿□」を擦消書直。l.9「紀志県主久比万呂上日六十…礼三仏」、「志」の右傍に転倒符あり（l.9傍書「大上」に重なる）。「上日六十」は「八夕八□」を擦消書直。l.10「正月不二月日十三夕十二」は「日二夕一」を擦消書直。l.11「六月五三 七月不」は「夕」「不」に重ね書か。l.12「无位柞井馬甘上日卌二」は「□不」を擦消書直。l.14「四月不」、重ね書。l.15「丈部造子虫供奉礼仏上日二百廿…礼仏三」は「八月日□□夕十九」を擦消書直。l.17「七月日廿一夕廿」は「二」に重ね書。l.18「難万君共奉礼仏上日九十四」は「八月日九夕八」を擦消書直。l.19「十二月日九夕八」は「十」に重ね書。l.21「河内民首屯万呂 、上日百七十六」は「八月日廿七夕廿六」を擦消書直。l.23「六月六四」、重ね書。l.24「錦部行大名上日百七十五…礼仏四」は「八月不」および行間の墨書を擦消書直。

第16紙裏l.1「三月日十八夕十六」は「六」「四」を擦消書直。同「六月廿一十九」は「十九」「八」に重ね書。l.2「楊広足上日百九十四」は「八月□夕□六」を擦消書直。l.4「六月十五十三」は「三」に重ね書か。l.5「粟田朝臣船守上日六十九」は「八月日廿□夕廿□」を擦消書直。l.6「十二月日十五夕十三」は「五」に重ね書か。l.8「中臣村山連首万呂共奉礼仏上日二百十八」は「八月日□卅夕廿九」を擦消書直。l.9「十月日三夕二」は「四」に重ね書。l.10「三月日十一夕九 四月日廿一夕十九」、「十」は擦消書直。l.11「阿刀連足嶋上日二百十九写千百十二」は「八月日廿夕十八」を擦消書直。同行下方に習書「仏」あり。l.12「十月日廿夕十六」は「十八」に重ね書。l.14「倭史人足上日百五十七」は「八月不」を擦消書直。l.17 l.18間「仏仏□□(仏仏)」、l.18行頭「□□(仏仏)」はともに擦消。l.19「阿閇広人共奉礼仏上日二百十一」は「八月不」を擦消書直。l.22「万昆多智」の下方は「八月不」を、l.25「秦田村公蟻礒」の下方は「八月日廿夕十九」を擦消。

第15紙裏l.1「十一月日廿夕十八」は「廿」に重ね書。l.3「岡屋連石足共奉礼仏上日百八十九」は「八月日廿□夕廿一」を擦消書直。l.4「十一月日廿三夕廿二…正月日十一夕十」は「□」「九」に、l.5「七月日十五夕十二」は「十」に重ね書。l.6「余乙虫共奉礼仏上日二百」は「八月日十五□□四」を、l.9「坂上忌寸建万呂共奉礼仏上日百九十一」は「八月□□夕廿二」を、l.12「大友日佐広国共奉礼仏」は「八月日廿九□□八」を擦消書直。l.15「大伴連蓑万呂」の下方は墨書を擦消。l.16「十月買銅使」は「不」に重ね書。l.17「六月廿四廿一」、重ね書。l.18「羽栗臣国足上日七十一」は「八月日七□六」を擦消書直。l.21「大原史魚次」の下方は「八月日廿三夕廿二」を擦消。l.23「五月日廿三夕廿一」は「五」に重ね書。l.24「韓鍛広浜」の下方は「八□日廿九□□八」を擦消。l.25「九月日五夕四」は「□夕」に重ね書。同「十二月日三夕二」、擦消書直。

第14紙裏l.1「五月日廿八夕廿七 六月廿三廿二」は「九」「□」に重ね書。l.2「大田公広嶋上日百九十二写六百六十」は「□日□□七夕□六」を擦消書直。l.3「九月日十九夕十七…三月日四夕二」は「廿」「十」に重ね書。l.4「四月日廿九夕廿八」、重ね書。l.5「采女臣国嶋上日百廿三」は「□□□□□」を擦消書直。l.7「六月十六十二」、重ね書。l.8「常世連馬人共奉礼仏上日八十四」は「八月日卅夕廿九」を、l.11「赤染人足共奉礼仏上日二百卌」は「八月日□□夕廿八」を、l.14「茨田連兄万呂共奉礼仏上日二百十二」は「八月日十九夕十八」を擦消書直。l.17「丈部臣曽祢万呂」の下方は「八月日□八夕十七」を擦消。l.18「正月日十八夕十一」は「三」に重ね書。l.20「山下造咋万呂服」は「□不」を擦消書直。l.21「十二月日十一夕十」は「八」に重ね書。l.23「大伴宿祢蓑万呂」の下方は「八□日廿七夕□六」を擦消書直。

第13紙裏l.1「春日部虫万呂共奉礼仏」は「八月日廿二夕廿一」を、l.4「史戸木屋万呂共奉礼仏上日百十二」は「八月日十七夕十六」を擦消書直。l.5「十二月日十三夕十一」は「九」に重ね書か。l.7「鴨書手共奉礼仏上日三百二」は「八□□六夕□五」を、l.10「上村主馬甘供奉礼仏上日二百卌六」は「□□□□廿」を擦消書直。l.12「三月日十七夕十五」は「廿」に重ね書。l.13「秦東人供奉礼仏上日二百卌二」は「□□五」を、l.16「飽(田)史石足供奉礼仏上日二百五十三」は「□月日□五夕廿四」を擦消書直。l.17「二月日廿二夕十八」は「廿」に重ね書。l.19「小治(田)宿祢人公供奉礼仏上日」は「八□□□夕廿四」を擦消書直。l.21「三月日廿九夕廿七 四月日廿一夕十八」は「八」「六」「廿」に重ね書。l.22「調行呰万呂」の下方は「八□日卅夕廿九」を擦消。l.23「十月日廿九夕廿七」は「八」に重ね書。l.25 l.26間「土師連小東人」

の下方は「八月不」を擦消。

第12紙裏l.3「賀陽臣田主上日九十八」は「八□夕五□」を擦消書直。l.4「十月」に続く注、「堂并政所」は「使」に、l.5「三月日十九夕十七」は「廿」に重ね書。l.6「久米熊鷹供奉礼仏上日二百八十四」は「□□九□」を擦消書直。l.8「三月日廿四夕廿二」は「二」に重ね書か。同「六月廿三廿」、重ね書か。l.10「錦部連人成供奉礼仏上日二百卌二」は「八月夕□六□」を擦消書直。l.12「七月」は「六」に重ね書か。l.13「久米直家足供奉礼仏上日百九十二」は「八月日□一□」を擦消書直。l.14「正月日五夕四」は「七」「九」に重ね書。l.16「上毛野公伊加万呂」の下方は「八月銅使」を擦消。l.17「十月使銅」は重ね書か。l.19「鬼室石次上日百十八」、「室」は「石」の書きかけに重ね書か。「上日百十」は「□月不」を擦消書直。l.22「難子公上日廿六」、擦消書直。l.23「十一月日九夕八」、重ね書。

第11紙裏l.1「河原継万呂上日百七十八写四百卌」は「□夕三□」を擦消書直。l.2「十一月日廿六夕廿五」は「五」に、l.3「四月日廿九夕廿七」は「八」に重ね書。l.4「山部宿祢針間万呂供奉礼仏上日二百卌」は「八□夕□六□」を擦消書直。l.6「四月日廿二夕廿」は「夕」に重ね書か。l.7「若犬甘宿祢木積万呂供奉礼仏」は「八□□□□□」を擦消書直。l.8「十一月日十九夕十八」は「廿」に重ね書。l.9「七月日廿夕十八」は「六」に重ね書か。l.10「小竹原乙万呂上日百卌五」は「八□日十三夕十二」を擦消書直。l.12「五月不」は「日」に重ね書。l.13「大伴若宮大淵上日二百廿八」は「八月日廿四夕廿」を、l.16「大舎人五百嶋上日三百卌五」は「八□□□」を、l.19「大鳥春人上日二百卌五」は「八月□廿六□□□」を擦消書直。l.22「三嶋県主子公供奉礼仏」、擦消書直（擦消の範囲はl.23「十月日廿八夕廿」に及ぶ）。l.23「八月日八夕七…二月日十夕九」は「十」「十一」に重ね書か。

第10紙裏l.2「田部宿祢乙成」の下方、「八月日九夕八」を擦消。l.4「六月卅廿八」は「九」に重ね書。l.5「若倭部益国供奉礼仏」は「八月夕十三□四」を擦消書直。l.8「糸井市人」の下方、「八月日十二夕□」を擦消。l.11「大宅家長供奉礼仏」「大宅朝臣家長長家（習書）」は「八月□廿九□廿八」を擦消書直。l.13「不」に続いて習書「謹白諸足諸謹謹謹白啓申　供奉礼仏」あり。l.14「勇山八千石」「勇山八千石　男足（習書）」は「□日廿一夕廿」を擦消書直。l.16「四月日十四夕八」は「十二」を擦消書直（「夕」は同字をなぞり書）。l.17「椯曰佐広足」「椯広足（習書）」は「八□日廿夕十九」を擦消書直。l.18「十一月日十二夕十一…正月日十二夕十■」、「日」は重ね書。「■」は初め「四」に「二」を重ね書、のち墨抹か。l.20「椯原内万呂」は「□□嶋八月日四夕三」を擦消書直。l.24「三月廿一十九」、重ね書。l.25「四月日十九夕十七」、擦消書直。

第8紙裏l.2「佐伯宿祢諸上十一月　」、擦消書直（「月」の下は「夕」か）。l.6「六月十七十五」は「夕」に、l.9「四月日廿五夕廿二」は「三」に重ね書。l.10「阿倍長田朝臣万呂」、擦消書直。l.14「日置蓑万呂　四月日廿一夕十九」は「廿」に重ね書。l.14 l.15間は「大宅次友日十九夕十八」を擦消。l.15「上毛野家継」の右下方は「日」を墨抹か。l.16「紀国継」の右傍は同字を擦消。l.17「雀部都知万呂　四月日卅夕廿八」は「廿」に重ね書か。l.20「井門馬甘…五月日十四夕十二」、重ね書か。

第7紙裏l.3「无位鬼室小東人」の下方、「□日廿五夕廿四」を擦消。l.4「十月日廿八夕廿四」は「四」に重ね書。l.6「若桜部朝臣梶取」の下方、「八月□卅□廿九」を擦消。l.10「従八位下矢集宿祢小道」、右肩の墨勾を擦消（文字を避けるように擦消か）。またその下方、「八□□（不カ）」を擦消。l.13「大初位上古能善」の下方、「□□□□□二」を擦消。l.16「少初位上大市首大山」、右肩の注記（横界①の高さから書き出す）を擦消、「上」は「下」に重ね書。行末下方は「八□□」を擦消。l.19「无位田辺史秋上供奉礼仏」は「八月□廿六夕廿五」を擦消書直。l.20「九月日廿八夕廿七十月日十七夕十六」は「□」「六」に重ね書。

第6紙裏l.3「正八位下古乎万呂」以下は「□□八月夕□□」およびその右傍の「正八位上忍海原連広次　十月日廿八夕廿五」を擦消書直。訂正後の文字は全体に行内左寄りに書く。l.4「八月日十三夕十二九月日廿六夕廿五十月日五夕四」は「従八位上□□」を擦消書直。l.6「従八位上錦部小豆公万呂」の下方、「□□日十四□」を擦消。l.9「従八位下史戸足人供奉礼仏」は「□□十二□」を、l.12「鯀恵万呂供奉礼仏」は「八月不」を擦消書直。l.13「十一月日廿夕十八」は「廿」に重ね書。同「二月日五夕三」、重ね書。l.15「馬史道足」の下方およびl.18「大初位上黄公万呂」の下方、墨書を擦消。l.19「九月日廿■夕十九」は「九」を墨抹。同「正月日九夕七」は「月」に重ね書か。l.21「大初位上秦姓弟兄」の下方は「八月不」を擦消。

第5紙裏l.4「正七位下勝広埼供奉礼仏」は「□日十夕九」を擦消書直。l.5「二月日廿八夕廿六」は「七」に重ね書。l.7「従七位下達沙牛甘服」の下方は「八月日八夕七」を擦消。l.9「四月日廿■夕十八」は「五」を墨抹か。l.10「秦常秋庭」の下方は「八月日十七□」を擦消。l.11「九月不」は「日」に重ね書。l.13「正八位上三嶋県主宗万呂」の下方は「八月不」を擦消か。l.15「四月日卅夕廿九…七月日廿七夕廿四」は「五」「七」に重ね書か。l.19「正八位下山辺公諸君」の下方は「八月不」を擦消。l.20「十一月不十二月日四夕二」、擦消書直か。l.22「大鳥連祖足」の下方は「八月□十□」を擦消。

第4紙裏l.3「従八位上物部人万呂供奉礼仏」、擦消書直。l.4「九月日十九夕十八…十二月日十五夕十四」は「七」「廿」に重ね書。l.6「従八位下呉原忌寸生人」の下方、「□月□□□」を擦消。l.7「二月日廿■六夕廿三」、墨抹の下は「四」。l.9「大初位上物部足人供奉礼仏」は「八月廿□九」を擦消書直。l.10「二月日十六夕■四三月日廿二夕廿一」は「四」「三」に重ね書、墨抹の下は「十」。l.12「田辺史水主」の下方、墨書を擦消（対応する他の箇所より字数が多い）。l.18「无位既母辛白万呂」の下方は「□月□□□□」を擦消。l.19「三月廿日夕十八」字間右傍に転倒符あり。l.20「四月日廿一夕廿」は「二」に重ね書。l.22「既母辛武万呂」の上方は「大初位下」を擦消。この結果生じた孔に補修紙を当てる（表の文字はこの紙にかかる）。

第3紙裏l.2「无位臺忌寸万呂供奉礼仏」は「□月日廿夕十九」を擦消書直。l.6「従八位上高橋朝臣乙万呂」の下方は「□月日□□」を擦消。l.10「正八位下酒豊足」の下方は「八月不」を擦消か。l.11「九月不…十二月日三夕二」は「日」「□」に重ね書。l.13「従八位下祁用理大成」の下方は「□月□□□」を、l.16「大初位上万昆公万呂」の下方は「□□□九」を擦消。l.19「古東人供奉礼仏」は「□□□十五」を擦消書直。l.22「従八位下爪工造五百足」の下方は「□□□□八」を擦消。

第2紙裏l.3「村国連益人」の下方は「八月日□九夕十八」を、l.6「道守朝臣豊足」の下方は「□月日夕□□」を擦消。l.16「三嶋岡万呂…七月日廿四夕廿二」は「三」に重ね書。l.18「里人」（「里」は重ね書）～l.20「九月日廿夕十九…」の三行、墨線で大きく囲んで抹消。

第1紙裏l.1墨抹の下は「里人」。l.3「息長真人首名…三月日廿三夕廿二」、重ね書か。l.5「大石村主諸廿二月…」、l.6「里人 氏直根万呂　二月日三夕二三月日廿九夕廿七五月」、l.7「紀国継　□月日□夕□」、l.8「雀部都知万呂　□月日廿七夕□□」の四行、紙面の荒れのため、墨書の残り悪し。l.9「天平勝宝二年上日帳」は表の上日帳の端裏書。

その他

巻首・巻末にやつれあり。縦の皺・谷折れ筋あり。巻の中央部分を除き、褐色シミ連続。右方からついたもの、左方からついたものの両方ある。また上下端などに欠損・小孔あり（一部に旧補修紙あり）。

第20～19紙裏継目、第11～10紙裏継目に糊のはみ出し汚れあり。第11紙裏、中程上端近くに墨汚れあり。第7紙裏l.18～l.20の三行にわたって、上端から大きく褐色シミあり。他のシミと異なって前後に連続しない。

続修別集　第四十一巻　裏

本巻の縮小率　一／一・七九

第5〜1紙裏　食口按

【史料】 続修別集四十一(3)〜(1)裏　奉写一切経所食口案　宝亀三年二月、六ノ三三五―三四二

【紙端】
5裏右　下方小欠あり。糊痕あるか。新補丁子引紙の下に貼継。
5裏左 4裏右　直接貼継（5裏が上。糊代〇・三―〇・五）。
4裏左 3裏右　直接貼継（4裏が上。糊代〇・三―〇・五）。
3裏左 2裏右　直接貼継（3裏が上。糊代〇・二五―〇・五）。墨書（第2紙裏 l.1）またがる。
2裏左 1裏右　直接貼継（2裏が上。糊代〇・二五―〇・五）。
1裏左　墨書（l.27。微存）切断。標紙の下に貼継。

【本文】 第5紙裏2行、第4紙裏18行、第3紙裏24行、第2紙裏18行、第1紙裏27行（l.27は標紙の下に微存）。

第4紙裏l.2「経師廿八人」は「一」に重ね書。同行注「已上卌二人別二升」、重ね書か。l.5「十二日卌七人」は「下」に重ね書か。l.9「米八斗八升八合」は「合」を、l.11「自進三人」は「舎人」を擦消書直。l.18「経師卅三人　装潢四人已上卅七人別二升」は「二」「三」「五」に重ね書。

第3紙裏l.1「案主一人」は「十」に重ね書か。l.4注「已上卅八人」は書きかけの文字に重ね書か。l.7「十七日五十五人」は「六」に、l.8「経師卅四人」は「二」に、同「校生五人」は「六」に重ね書。l.24「経師卅■(三)人」、初め「四」に「三」を重ね書、ついで墨抹。

第2紙裏l.1「仕丁七人」は「舎人二」に重ね書。l.5「装潢三人」、重ね書。l.9注「已上廿九人」は「八」に重ね書。l.17「装潢三人」、右肩は「已上」を擦消（「装」は擦消箇所を避けるように書く）。

第1紙裏l.7「装潢四人已上卅七人別二升」、重ね書か。l.12「仕丁七人」は「舎人」を擦消書直。l.19「一日五十一人　米八斗一升二合」は「二」「二」「八」に重ね書。l.20「経師廿九人廿三人別二升六人別八合」は「卌一」「八」に重ね書。同「校生五人四人別一升六合一人八合」、擦消書直。l.23「二日五十三人　米九斗三升二合」は「二」「一」に重ね書。l.24「経師卅人」は「一」に重ね書か。

【その他】 第4〜3紙裏下端および第3〜2紙裏上端、黒ずみ・やつれあり。第2〜1紙裏継目、白色の糊はみ出す。第1紙裏左上隅（標紙の下）に小墨点一あり。続修別集新補標紙の取付位置を示す。

続修別集　第四十二巻　裏　空

本紙六張。第6紙裏右端に糊痕（糊代〇・五）あり。第5～4紙裏、継目の糊がはみ出して前後に付着。第3紙裏、右方に墨汚れあり。第2～1紙裏継目、白色の糊はみ出す。第1紙裏左上隅（標紙の下）に小墨点一あり。続修別集新補標紙の取付位置を示す。

続修別集　第四十三巻　裏

本巻の縮小率　一／一・七九

第6〜1紙裏　造東大寺司牒大安寺三綱務所　（第1紙裏に端裏書。第6〜2紙裏は空）

史料　続修別集四十三裏　空

本文　第1紙裏に表の文書の端裏書「経請大安寺案」1行のみ。

その他　第5〜4紙裏、糊汚れあり。第2〜1紙裏継目、糊はみ出す。第1紙裏左半、黒ずみ・ももけあり。

第8～1紙裏　未分経目録（端裏書・奥裏書）

史料　続修別集四十四裏　空

紙端

8裏右　新補白紙の下に貼継。

8裏左 7裏右　直接貼継（8裏が上。糊代〇・二）。

7裏左 6裏右　直接貼継（7裏が上。糊代〇・二五—〇・五五）。表側、第7紙右端に糊痕（旧糊代〇・二五）あり。もと貼り継がれていた紙の一部、第7紙裏左端から糊とともにはみ出して残る（この糊に赤色顔料も付着）。

6裏左 5裏右　直接貼継（6裏が上。糊代〇・二）。

5裏左 4裏右　直接貼継（5裏が上。糊代〇・二—〇・三五）。

4裏左 3裏右　直接貼継（4裏が上。糊代〇・三—〇・四）。表側、第4紙右端に糊痕（旧糊代〇・二）あり。

3裏左 2裏右　直接貼継（3裏が上。糊代〇・二五）。

2裏左 1裏右　直接貼継（2裏が上。糊代〇・二五—〇・三）。表側、第2紙右端に糊痕（旧糊代〇・三）あり。

1裏左　墨書（微欠）切断。標紙に貼継。

本文　第8紙裏右端に表の文書の奥裏書「未分経目録」1行、第1紙裏左端に表の文書の端裏書「未分経目録」（左端は切断されて微欠）1行。

その他　第4～5紙継目および第3～4紙継目、表側に糊のはみ出しあり。第5・3紙裏に淡紫色の紐痕あり。両紙は本来同一紙か。第2紙裏、右上方、左端下方（第1紙裏には及ばず）など数箇所に朱汚れあり。左方黒ずみあり。第1紙裏、全体にやつれ、黒ずみあり。

続修別集　第四十五巻　裏　空

本紙一二張。第1紙裏、左半全面に補修紙（裏打）あり。

続修別集　第四十六巻　裏

本巻の縮小率　一／一・九〇

第10～9紙裏　写経破紙（第9紙端裏に書入れ。第10紙裏は空）

【史料】続修別集四十六⑧裏　空

【紙端】
10裏右　中程および下方の一部破れ。糊痕（糊代〇・二五）あり。新補丁子引紙の下に貼継。
10裏左 9裏右　直接貼継（10裏が上。糊代〇・二五―〇・三）。
9裏左　新補白紙の下に貼継。

【本文】第9紙裏左端に表の文書の端裏書「不用」（左半は継紙の下に入る）1行のみ。

【その他】第10紙裏に縦の山折れ筋あり。右方では明瞭。間隔二・七―三・〇糎。
第9紙裏に墨汚れあり。

第8～7紙裏　空（両紙にわたって縦に黒ずみ汚れあり。第8～7紙裏継目、糊のはみ出しあり。第7紙裏に墨汚れ・黄色のシミあり）

第6紙裏　空（右端に糊痕（糊代〇・二五。下方に紙付着）あり。上下縁から広がった濃褐色シミあり）

第5紙裏　充紙帳　天平十八年

【史料】続修別集四十六⑤裏　間紙充帳　天平十七年五月廿五日、二十四ノ三五二―三五三

【紙端】
右　下方小欠あり。糊痕（糊代〇・七）あり。継目裏書「志」（表に半存）切断。新補白紙の下に貼継。
左　継目裏書「志」（表に半存）、表側旧継目の内側で終わる。新補白紙の下に貼継。

【本文】12行（経師名はやや大きく二行取りの大きさで書く）。l.1「廿四日黄紙廿張」（右半は継紙の下に入る）、字間右傍に小字の「充」あり。l.2「廿日充廿張」は同字をなぞり書。l.4「黄紙八十張十七日充八十（卌一）張」、重ね書か。l.9「十二日充卅一張」は「已上八」を擦消書直。l.12「十一日充黄紙廿張」、なぞり書か。

【その他】墨・糊汚れあり。l.12にヤニ様の汚れあり。

第4紙裏　空

第3紙裏　空（右端に糊痕あるか。紙面全体、ほぼ規則的に谷折れ筋あり。間隔三・三糎前後）

第2紙裏　第四櫃盛文　天平二十年二月五日以後

【史料】続修別集四十六②裏　納本経第四櫃盛文　天平廿年二月五日、三ノ三六―三八5

【紙端】
右　上方欠失。糊痕（糊代〇・三）あり。新補白紙の下に貼継。
左　新補白紙の下に貼継。

【界線】縦折界（折山が裏）。現状では表に山折れ筋のように出ている箇所が多い。前半は皺のため不明瞭。後半に至ってやや明瞭となり、墨書とも対応する。界幅二・一前後。折界二三行分あり（行数は

本文　本文によって算える。l.19の後に折界四行分の余白あり）。19行。右上方の欠失箇所に紙を当てて補修。l.1「□櫃盛文四櫃」、l.2「□卅巻…」、l.3「大集月蔵経一巻一帙未校…」（上段全体、「□経□巻」を擦消書直か）、l.4「□十輪経八巻一帙未校」、l.5「雑九帙九巻…」の各行上方は補修紙の下に入る。l.6「又法華経一部八巻」は「普曜□八巻一帙」を墨線で囲み、さらに全体を擦消した上に書く。l.8「雑十四帙十巻」は「弓」（「巻」の異体）に重ね書。l.9下段は「雑九帙九巻」および墨点・墨勾を擦消。l.17「注法華経七巻」の右傍は、「七」を見せ消ちののち加えた傍書「八」を擦消。

記載の確認のために、墨勾（やや淡い墨）・墨点（やや濃い墨。一つないし二つ）の二種が項目の頭ほかに加えられる。このうち、『大日本古文書』の翻刻では、前者のみが採られる。以下に確認された墨勾・墨点の所在をあらためて示す。l.2上段（勾の一部残存）、l.2下段（行頭に勾・点二。内訳「第一第二第三第七」の右傍に点各一）、l.3下段（勾・点）、l.4下段（点。「未納」と重なる）、l.5上段（勾残存）、l.5下段（勾・点。ここまでの行の各上段は欠損・補修）、l.6上段（勾・点二）、l.6下段（勾）、l.7上下段（勾・点）、l.8上下段（勾・点）、l.9上段（勾・点）、l.9下段（勾・点を擦消）。

その他　右上隅を中心として上端・右端に破損、やつれあり。

第1紙裏　第六櫃盛文

史料　続修別集四十六①裏　納本経第六櫃盛文　天平廿年二月五日、三ノ三八6―四〇

紙端　［右　弧を描いて切断。新補白紙の下に貼継。
［左　表に糊痕（標紙の下。糊代〇・一五）あり。標紙に貼継。

界線　紙面に縦の山折れ筋あり。間隔の狭いところでは約三糎（l.1 l.2付近）、広いところでは五―七糎で、範囲は紙面全体に及ぶ。線の質としては折界と同等と認められるが、文字との対応は規則性を欠く。

本文　24行。l.2下段「華手経十五巻」は「一」に重ね書。l.7上段「佛名経十二巻一帙」（「佛」は淡墨）、擦消書直。のち全体を墨線で囲んで抹消。その右下の「納写本并第六櫃公文」は擦消。l.10上段「雑五十八帙廿五巻」は「六」に重ね書。l.15下段「雑五十九帙廿巻」、「雑五十九帙」は「優婆塞戒経一帙」を擦消書直。「廿」は重ね書か。l.17「雑第卌八帙九」、重ね書か。l.20の墨勾、『大日本古文書』に脱。l.21「僧承教師所」、重ね書。

その他　右端近くに縦の黒ずみ汚れあり。また左上隅に小墨点一あり。続修別集新補標紙の取付位置を示す。

続修別集　第四十七巻 裏

本巻の縮小率　一／一・八二

第16紙裏　食口按

史料　続修別集四十七⑮裏　奉写一切経所食口案　宝亀四年十二月、二十二ノ三〇四1—12

紙端　右　糊痕（糊代〇・六。紙付着）あり。墨書（l.1）および同行右傍の朱点、旧継目の内側で終わる（はがし取りによる欠失箇所は「経師卅七人」の右半に及ぶ）。新補丁子引紙に貼継。
左　墨書（微存）切断。新補白紙の下に貼継。

本文　13行（十八日—二十二日。l.13は継紙の下に微存）。

その他　上縁に褐色シミあり。

第15紙裏　食口按

史料　続修別集四十七⑭裏　奉写一切経所食口案　宝亀四年十二月、二十二ノ三〇三7—13

紙端　右　糊痕（糊代〇・三—〇・五）あり。新補白紙の下に貼継。
左　墨書・朱点（ともに中程に微存）切断。上方、もと貼り継がれていた紙の一部、表に付着して僅存。l.8上方の墨書はこの紙にまたがる。新補白紙の下に貼継。

本文　8行（十七日—十八日。l.8は継紙の下に微存）。l.2注「已上卅八人別一升六合」、「八」は「九」に重ね書、「六合」は「八」と同じ墨色。l.3「校生五〈六〉人」は墨抹ののち傍書。l.3注「已上七人別一升二合」、「七」は「六」に重ね書か。「一」は墨色異なる。l.5「仕丁八人別一升二合」、墨色異なる。

その他　料紙の糸目ほか、縦の谷折れ筋となって紙面に現れる。下端、不整に切断。

第14紙裏　食口按

史料　続修別集四十七⑬裏　奉写一切経所食口案　宝亀四年十二月、二十二ノ三二六—三二七

紙端　右　糊痕（糊代〇・五）あり。墨書（l.1）は旧継目の内側で終わる。新補白紙の下に貼継。
左　墨書（微存）切断。新補白紙の下に貼継。

本文　10行（二十三日—二十五日。l.10は継紙の下に微存）。l.1「米七斗七升八合」は「六」「六」に重ね書。l.2右行「已上卅七人」、右傍に小墨点あり。l.4「米七斗一升八合」は「九」に重ね書か。

その他　l.5下方、擦れによる僅かな赤色汚れあり。

第13紙裏　食口按

史料　続修別集四十七⑫裏　奉写一切経所食口案　宝亀三年二月、十九ノ一七二—一七三

紙端　右　墨書・朱点（ともに微欠）切断。新補白紙の下に貼継。
左　一部破れ。墨書（l.11。微存）切断。新補白紙の下に貼継。

本文　11行（四日—六日。l.1右半は継紙の下に入る。l.11は継紙の下に微存）。l.4「装潢四人」の下方に墨痕あり（「校」の第一画を書きかけたか）。l.7「六日五十四人」、前後と墨色異なる。l.8右行「卅三人別二升」は「合」に重ね書か。
食米受給の内訳ごとに確認の朱点を付す。点の形状は、単純に筆を打ち込んだだけのものと、圏点風に円く筆を使うものとがある。同じ項目をたどって日を逐ってチェックしていった結果で、

厳密な区別ではないか。本断簡では、案主・校生に圏点風の朱点を用い、経師・装潢・舎人・仕丁・自進には単純な形の朱点を打つ（l.9の案主はこちらの形式）。

その他　横皺多し。

第12紙裏　食口按

史料　続修別集四十七⑪裏　奉写一切経所食口案　宝亀三年二月、十九ノ一九五—一九六

紙端　右　下端斜めに破れ。糊痕（糊代〇・七）あり。新補白紙の下に貼継。
左　墨書（l.8。僅存）切断。新補白紙の下に貼継。

本文　8行（十九日—二十日。l.8は継紙の下に微存）。l.2「校生四人」ははじめ「四」を書きかけたか。l.3「案主一人」は「上」に重ね書（訂正の指示のためあらかじめ「上」の右上方に墨点を打つか）。食米受給の内訳ごとに確認の朱点を付す（本巻第13紙裏 解説 参照）。本断簡では、校生・仕丁に圏点風の朱点を用い、経師・装潢・舎人・自進には単純な形の朱点を打ち、案主には朱点を加えない（『大日本古文書』がl.7の案主に朱点を付すのは誤り）。

その他　紙面全体に褐色シミあり。

第11紙裏　空

第10紙裏　奉写三部経経師等布施按　天平宝字八年十一月二十九日
経所仕丁等月粮解按

史料　続修別集四十七⑨裏　奉写二部大般若経解移牒案　天平宝字六年十二月、五ノ五〇八—五〇九

紙端　右　下半やや斜めに切断。糊痕（糊代〇・八）あり。旧継目の際（継紙の下）に墨痕あり。もと貼り継がれていた紙にまたがる墨書の一部か。新補白紙の下に貼継。
左　墨書（僅欠）切断。新補白紙の下に貼継。

本文　13行（l.13「合仕丁五人立丁三人 廝二人」は僅欠。過半、継紙の下に入る）。l.7「先帝奉写」、字間右傍の墨抹の下は小字の「所」。l.8「布施物」、重ね書か。l.11「案主建部」は「建」を擦消書直か。

その他　下端やつれ。補修紙あり。

第9～8紙裏　雑物収納帳

史料　続修別集四十七⑧裏　造石山寺所雑材幷檜皮及和炭納帳　天平宝字六年、十五ノ二七五—二八〇

紙端　9裏右　やや不整に切断。糊痕（糊代〇・七。中程に紙付着）あり。新補白紙の下に貼継。
9裏左 8裏右　直接貼継（9裏が下。糊代〇・一五—〇・三）
8裏左　新補白紙の下に貼継。

本文　第9紙裏28行（l.5 l.6は本来の行間に追記）、第8紙裏32行。
第9紙裏l.1右行「四枚…三尺屁」、l.3「架卅四枝」、擦消書直。l.9上方およびl.10 l.11間の空きは、（朱書）「以前／檜皮四百八□□□〔十七圍司買／四百八十九圍田上〕」の二行の擦消あと。この朱書は前後の朱圏点よりやや明るい色に見えるが同系統か。l.13「卅六圍」、重ね書。l.14「右自大石山」は「山」に重ね書か。l.25「榲榑捌拾肆村（朱書）「告朔着了」」、擦消書直（「榑」はなぞり書）。l.26「右…為買検納如件」、重ね書。

第8紙裏 l.8「五日」は「六」に重ね書。l.12「右自田上山作所」、l.15「右…王（ママ）作子綿等」、擦消書直。
l.24「右山作所」、字間右傍に「自」を追記。
第9紙裏 l.15 l.18 l.28、第8紙裏 l.11 l.14の各行、上方右傍に付く朱圏点の中に小墨点あり。

［その他］ 第8紙裏左半、上縁部に墨汚れあり。

第7紙裏　政所符写経所領等充玉軸事　天平勝宝七歳七月十二日

［史料］ 続修別集四十七⑦裏　造東大寺司紙筆墨軸等充帳　天平勝宝五年、四ノ六九

［紙端］ 右　新補白紙の下に貼継。
左　新補白紙の下に貼継。

［本文］ 9行。l.9「天平勝宝…即付生人」、「即」は重ね書、「生」は擦消書直。

［その他］ 上端から下方に向かって、短い縦の黒ずみの筋あり。

第6紙裏　経巻奉請返納帳

［史料］ 続修別集四十七⑥裏　経巻出入検定帳（第五櫃）　天平十九年四月、三ノ二六〇—二六一

［紙端］ 右　中程小欠あり。糊痕（糊代〇・三—〇・五）あり。新補白紙の下に貼継。
左　下半破れ。

［本文］ 9行。l.8「奉仙寂師」、重ね書。

第5紙裏　経師等行事按　天平十五年十月十六日

［史料］ 続修別集四十七⑤裏　写法花経所解（案）　天平十五年十月十六日、八ノ三五一

［紙端］ 右　糊痕（糊代〇・二）あり。横界切断か。新補白紙の下に貼継。
左　横界切断か。新補白紙の下に貼継。

［界線］ 縦折界（折山が裏）、横押界（裏から押す）。折界7行（l.7は空）。

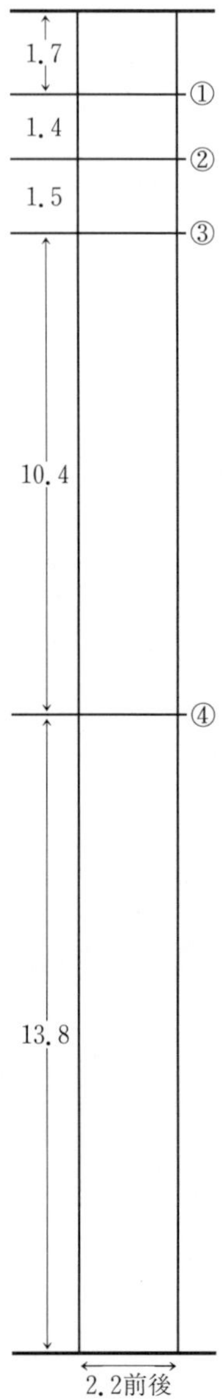

［本文］ l.5 l.6にまたがって「僧正私」を書く。

［その他］ l.4に縦の谷折れ筋あり。上縁近くに横向きの刀子痕あり。谷折れ筋をはさんで対称の位置に外向きに相対する状態で、計二組四個あり。下縁にシミあり。

第4紙裏　空

第3紙裏　布施可充歴名

［史料］ 続修別集四十七③裏　写一切経疏校正勘出帳　天平十六年、二十四ノ三二七

［紙端］ 右　糊痕（糊代〇・四—〇・七。墨書のある紙付着）あり。新補白紙の下に貼継。
左　新補白紙の下に貼継。

［本文］ 6行。l.6「武丘広立」は「合」に重ね書。

その他　皺あり。左端近く、縦の褐色汚れ・ももけあり。

第2紙裏　校帳

史料　続修別集四十七②裏　常疏校帳　天平十五年十二月、二十四ノ二八七―二八八

紙端　右　やや斜めに切断。糊痕（糊代〇・四）あり。新補白紙の下に貼継。
左　新補白紙の下に貼継。

界線　縦押界（表から押す）。界幅一・八―二・三。本文の初め四行は、縦界を利用して文字の中軸を揃える。残る七行は、押界を通常の界線として使用する（行数は本文によって算える）。

本文　11行（l.5は一行抹消。l.11左半は継紙の下に入る）。l.1「第一帙十巻且校八巻遣第一六」は「□」「九」に重ね書。同「二校紙三百九十二張」、重ね書。l.2右行「廿九馬甘　卅一村主」、「九」は「八」に重ね書、「一」は朱筆で抹消。l.3注「廿八馬甘」は「七」に重ね書。l.5「解三蔵義一巻二校用…」、はじめ「巻」に続けてやや小さく右寄せで「用」と書き、ついでそれに重ねて「二校用…」以下を書き、さらに「用」および「二」の右半を擦消して右傍に「用十八」と訂正。その後、最後に行全体を墨線で囲んで抹消。l.10上方「第三九」およびl.11上方「第三九」、全体を墨線で囲んで抹消。l.10「合廿六張」は「卅五」に重ね書。l.11「合廿一」は初め「廿一」だけを墨線で囲み、「十二」を傍書。ついで傍書を除く全体を囲んで抹消する。l.10 l.11は中程に大きく「廿二日　无」（表と関連か）と書いたのを擦消したあとに書く。
朱書は、墨書に用いた筆で書かれたもののごとく、筆画中に墨の溜まりがみられる。l.1右行「百十七万呂」、l.4右行「百廿二万呂」、l.7右行「第七用卅一　一校万呂」の各上方の朱圏点は、中に別の朱点がある。

その他　l.10 l.11間、爪で付けたような十字形の押しキズあり。

第1紙裏　自西宅請中嶋和上所経巻歴名　（某年）四月二十六日

（天地逆。解説の内容・行数は文書の正位を基準に述べる。カラー口絵）

史料　続修別集四十七①裏　請本経帳　天平八年九月廿九日始、三ノ一四七―一四九

紙端　左　糊痕（糊代〇・八。紙付着）あり。l.1の文字の右端は旧継目の下に入る。標紙に貼継。
右　墨書（微欠）・墨勾・朱圏点切断。新補白紙の下に貼継。

本文　18行（l.1下方に「舎人」（文書に対して天地逆。表と関連か）あり。l.18「今　留」（朱圏点・墨勾あり）の過半は第2紙との継紙の下に入る）。
l.1下段「観世音…」の上方に小字で「下」「不」、l.2下段「諸仏心…」の上方に小字で「不」の書き入れあり。l.4下段「欠第二」は「一」に重ね書、のち全体を墨線で囲んで抹消。l.9下段注記は「自西宅請以天平十年二月廿一日件七巻受額田小目」。l.11下段「蘇悉地経」、重ね書。l.16は「四月廿六日赤万呂」。l.17は「自西宅中嶋請和上所経合一百廿四巻」。
本文書には、墨朱の傍書・墨圏点・墨勾・朱点・朱圏点・朱抹ほか、数次にわたる書き入れがなされ、複雑な様相を呈する。墨勾には濃淡二種あり（l.4 l.5行間下段「法蘊足論」には二重にかかる）。朱点・朱圏点は、墨書に用いた筆で書かれたもののごとく、筆画中に墨の溜まりがみられる。
朱点はl.13上段、l.14上段、l.15上下段の経巻名の頭に付され、『大日本古文書』に脱。

その他　紙面に縦の山折れ筋あり。余白部分では、ほぼ二・七糎間隔で認められる箇所あり。全体にやつ

れ・皺、擦れによる朱汚れ等あり。

標紙との貼継側である第1紙裏左端上下の隅に、小墨点各一あり。続修別集新補標紙の取付位置を天地両方に示したものか。

続修別集　第四十八巻　裏

本巻の縮小率　一／一・八二

第13紙裏　某牒　(某)六年閏十二月二十三日

司符盗人勘問事　(某)六年閏十二月二十三日

経所上日解　天平宝字六年閏十二月二十九日

(経所上日解)　天平宝字六年閏十二月二十九日

史料　続修別集四十八⑩裏　奉写二部大般若経解移牒案　天平宝字六年十二月、五ノ三三三―三三五

紙端　右　糊痕(糊代〇・三。墨痕のある紙付着)あり。新補丁子引紙に貼継。
左　新補白紙の下に貼継。

本文　26行。l.15「合玖人」は「捌」に重ね書。l.19「装潢能登忍人上日卅五夕卅四」は「建部広足上日十五夕十□」を擦消書直か(割注右行の「五」はいったん「九」と書いた上に重ね書)。

その他　皺多し。左半全面に、擦れによる朱汚れあり。

第12紙裏　東大寺作石山院所返抄愛智郡租米事　天平宝字六年四月二十八日

造東大寺司請二月料要劇銭事　天平宝字六年五月二日

史料　続修別集四十八⑨裏　造石山寺所解移牒符案　天平宝字六年正月、十五ノ一九六―一九七

紙端　右　糊痕(糊代〇・五)あり。横界、継紙の下に入って端の状態不明。新補白紙の下に貼継。
左　横界、継紙の下に入って端の状態不明。新補白紙の下に貼継。

界線　縦折界(折山が裏)、横押界(裏から押す)。右半に折界六～七行分あるが、文字との対応不十分(行数は本文によって算える)。

本文　11行。

その他　弱い谷折れ筋、全面に付く。

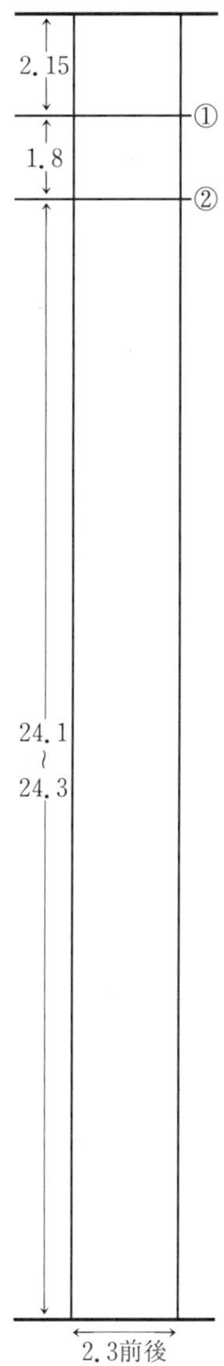

第11紙裏　常食料下充帳

史料　続修別集四十八⑧裏　造石山寺写経所食物用帳　天平宝字六年八月、五ノ三〇―三二

紙端　右　糊痕(糊代〇・五―〇・九)あり。旧継目の内側に墨書(l.1)半存。新補白紙の下に貼継。
左　墨書(l.27。微欠)切断。新補白紙の下に貼継。

本文　27行(l.1「塩四合」は半存。l.27は過半が継紙の下に入る)。l.4行頭「白米」は補修紙の下に入る。l.7「十九日…乗米二升四合」はなぞり書か。l.10「又下白米捌升」は「四」を擦消書直。

その他　上端黒ずみ汚れ、二箇所に欠失あり、裏から繕う。

第10紙裏　作石山寺所上日解按　天平宝字六年正月三十日

牒造寺司政所応施行五経布施按　天平宝字六年二月一日

造石山寺所役夫充遣状

【史料】続修別集四十八⑦裏　造石山寺所解移牒符案　天平宝字六年正月、十五ノ一四六—一四七

【紙端】右　糊痕（糊代〇・二）あり。新補白紙の下に貼継。
左　新補白紙の下に貼継。

【本文】20行（l.20の過半は継紙の下に入る）。l.5「右人」に続く墨抹の下は「上日」か。l.9「牒　造寺司政所」、擦消書直。

【その他】紙面の数箇所に押しキズあり。

第9紙裏　空（第8紙裏との継目下方に補修紙あり）

第8紙裏　校経注文　天平十八年三月二十一日始

【史料】続修別集四十八⑥(1)裏　先写一切経校帳　天平十八年三月廿一日始、二十四ノ三五四—三五五

【紙端】右　第9紙裏と直接貼継（8裏が下。糊代〇・六）。墨書の一部（l.1右端）、継目の下に入る。
左　下方一部破れ。墨書（微欠）切断、一部は破れにかかる。新補白紙の下に貼継。

【本文】21行（l.21の過半は継紙の下に入る）。l.6「郁迦長者経廿七枚鬼室一校道主」は「廿」に、l.9「大宝積経五帙一巻廿四柞井一道主」は「枚」に重ね書か。l.12「大宝積経第二巻十七祖足一校道主」は「二帙十一」「□」に、l.13「大品般若第四帙」は「四」に重ね書。l.14「七巻十五秦乙万呂一校荒田井」、この三字は上と墨色異なる。l.15「大品般若三帙十巻九」は、「九」に「十」を重ね書（このとき一旦墨抹か）ののち、さらに「九」を傍書して訂正。l.18「合一千廿二張　了給」、「合一千廿二張」は墨書を朱書でなぞり書。「了給」は「未給」を朱抹した上に淡墨で重ね書。l.20「廿九巻十六楊侯一校粟田」は「八」に重ね書。同「大宝積巻第十四二帙」は「十」に重ね書か。l.21、「六日十八巻」に続く双行左行の「一道主」、「廿七日…十巻」に続く双行左行の「一荒田井牛甘」、行下方の記載を囲む墨線三箇所、ともに『大日本古文書』に脱。

【その他】紙面全体に僅かなもものけあり。

第7〜6紙裏　校経注文　天平十六年十月二十七日始

【史料】続修別集四十八⑤裏　常疏校帳　天平十六年十月廿七日始、八ノ五一二—五一三

【紙端】7裏右　墨痕（僅存）切断。新補白紙の下に貼継（第6紙裏との継目まで、第7紙裏全体がこの継紙の下に入る）。
7裏左 6裏右　直接貼継（7裏が上。糊代〇・二）。墨書（第6紙裏l.1）またがる。
6裏左　新補白紙の下に貼継。

【本文】第7紙裏0行、第6紙裏19行（l.1傍書「天平十六年十月廿七日始校」は継紙の下に入る）。第6紙裏l.3「要集第十六用卅四」は「三」に、l.11「廿六日入楞伽第二」は「三」に重ね書。l.12「廿七日入楞伽第二巻」、重ね書。同「廿九日成唯識論巻三」は「第」に、l.15「四日成唯論巻第二」は「華厳三巻廿二」に、l.18 l.19間「天平十六年　已上給了」は「七」に重ね書。

【その他】l.6 l.7間下方に青色顔料の付着あり。

第5紙裏　得考舎人等考内行事

【史料】続修別集四十八④裏　得考舎人等考内行事注文　（天平十六年）、二十四ノ二八四―二八五

【紙端】
右　糊痕（糊代○・二）あり。横界は旧継目の内側で終わる。新補白紙の下に貼継。
左　横界・墨書（僅欠）切断。新補白紙の下に貼継。

【界線】写経料紙用の縦横の墨界あり。墨界六行分あり。

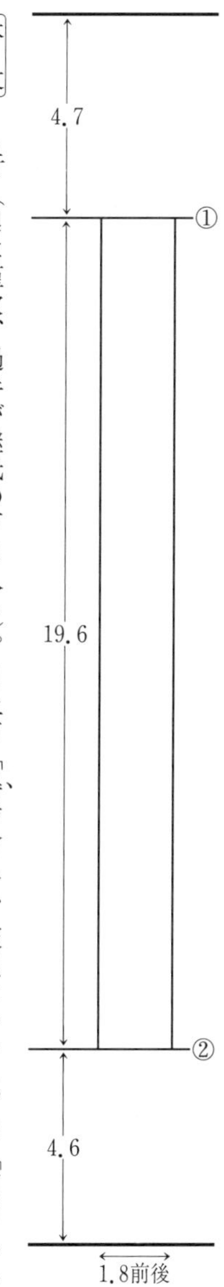

【本文】4行（l.4は僅欠、過半が継紙の下に入る）。l.1上方「得考舎人」、破損にかかる。l.3「阿刀息人写紙七百五十九張」、右傍に細い墨線を引き、その右傍に「一千十八」を書く。一種の抹消符か。l.4傍書「七百五十九」の下方は「又位記百七十張」。

【その他】上端破損部を繕う。紙面に谷折れ筋あり。

第4紙裏　食口按

【史料】続修別集四十八③裏　奉写一切経所食口案　神護景雲四年七月、十七ノ四一九―四二〇

【紙端】
右　糊痕あるか。新補白紙の下に貼継。
左　墨書（微存）切断。新補白紙の下に貼継。

【本文】18行（十三日―十六日。l.18は左端中程、継紙の下に微存）。l.1左行「一人八合」、「一」は「二」に重ね書。「人八」は初め「人別八」とあり、「別」を擦消の後残った二文字を再度なぞり書。l.6「経師卌四人卌四人別二升一人八合」は「七人卌六人別二升一人八合」を擦消書直（ただし「四」は一度「五」とした上にやや淡い墨で重ね書。双行右行の「四」を傍書「三」（やや淡い墨）に改めるのはこの訂正と連動か）。l.7「仕丁十人」の右傍の朱点、『大日本古文書』に脱。l.16「舎人三人」に付した朱点二個のうち、文字に重なる位置にあるほうは『大日本古文書』に脱。

【その他】下端に褐色シミあり。

第3紙裏　受紙注文　（裏　書入れ）

【史料】続修別集四十八②裏　空

【紙端】
右　新補白紙の下に貼継。
左　新補白紙の下に貼継。

【本文】右端に「合一月料役八十九張写了」（「料」は「断」に重ね書）の1行のみ。

【その他】繕い多し。中央上部の大きい補修紙は他の箇所と紙質異なる。縦の折れ筋多し。

第2～1紙裏　銭用帳

【史料】続修別集四十八①(2)(1)裏　造石山寺所造寺料銭用帳　天平宝字五年、五ノ三六〇―三六二

【紙端】
2裏右　糊痕あるか。横界、継紙の下に入って端の状態不明。第2紙裏l.1 l.2間に横界のアタリ三あり。新補白紙の下に貼継。
2裏左 1裏右　直接貼継（2裏が上。糊代○・二―○・三）。横界またがる。第2紙裏l.15に横界のアタリ三

あり。

1裏左　小欠あり。横界切断。表側、標紙との継目の下に糊痕（糊代〇・四。紙付着）あり。第1紙裏l.15に横界のアタリ二（②③。①は欠失箇所にかかって存否不明）あり。標紙に貼継。

界線

縦折界（折山が裏）、横押界（裏から押す）。

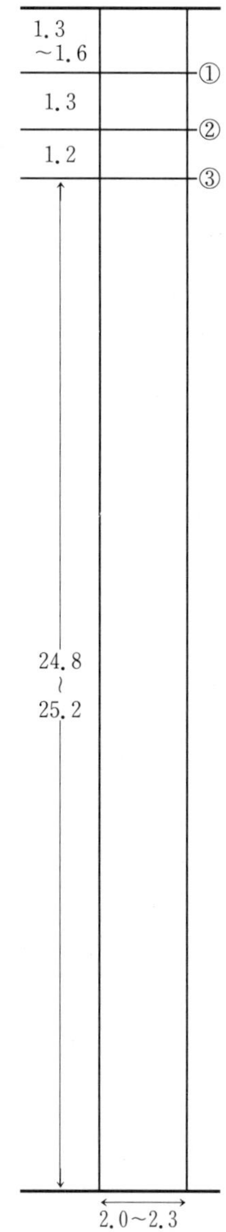

本文

第2紙裏折界16行（l.16は界幅二・七と広い）、第1紙裏折界15行（l.9 l.10は朱書）。

第2紙裏l.5「廿五日下銭…藁貳拾圍価（捌）（廿圍別五文／八圍別四文）」、行頭右傍、「末（朱書）」を擦消。「藁貳」の右傍は「□□五圍」を擦消。右行「圍」は擦消書直。l.9「右自甲賀進山材」、右傍に転倒符あり。l.10「又下銭」には朱勾の他にもう一本斜めの朱線がかかる。l.12「又下銭伍文」、右傍の朱圏点は『大日本古文書』に脱。l.14「廿六日銭貳伯漆拾文」は「文」を擦消書直。l.15「秦広万呂功（廿七人）且下給如件」、墨圏線で囲んで抹消。

第1紙裏l.4「葺作僧房」は「僧」の書きかけに重ね書。l.6「又下銭伯貳文」、字間右傍に転倒符あり。l.9「（朱書）惣附秦足人下銭五貫（百）二九十九文」、「（朱書）下」は「（朱書）銭」の書きかけを擦消書直か（その右上方の朱圏点は『大日本古文書』に脱）。「（朱書）九十九文」は擦消書直。l.13「五月二日下銭」、右傍の朱圏点は『大日本古文書』に脱。

その他

第2～1紙裏、上下端やつれ。

また左上隅に小朱点一、左下隅に小墨点・小朱点各一あり。続修別集新補標紙の取付位置を示す。

続修別集　第四十九巻 裏

本巻の縮小率　一／一・八二

第2～1紙裏　福寿寺写一切経所奉写経行事并布施解　（端裏書・裏書）

【史料】　続修別集四十九裏　空

【紙端】
2裏右　糊痕（糊代一・〇以下。墨書のある紙付着）あり。新補白紙の下に貼継。
2裏左 1裏右　直接貼継（2裏が上）。
1裏左　標紙の下に貼継。

【本文】　第1紙裏 *l*.1「六千百九十五文」（天地逆）、*l*.2「自、天□□四年二、月二日至五月卅日千手経并経師装潢校生等手実」（表の文書の端裏書。「自」は重ね書。「二」は「五」に重ね書）の2行のみ。

【その他】　第2～1紙裏、全体に黒ずみ汚れあり。

続修別集　第五十巻　裏

本巻の縮小率　一／一・八二

第4〜1紙裏　布施文按　天平勝宝三年十二月十二日

〔史料〕　続修別集五十裏　写書所布施文案　天平勝宝三年十二月十五日、三ノ五二八―五三五

〔紙端〕
4裏右　上方および下端欠失。補修のうえ新補白紙の下に貼継。
3裏右 4裏左　直接貼継（4裏が上。糊代〇・二五）。墨書（第3紙裏 *l*.1）またがる。
2裏右 3裏左　直接貼継（3裏が上。糊代〇・二―〇・三）。
1裏右 2裏左　直接貼継（2裏が上。糊代〇・二―〇・三）。墨書（第1紙裏 *l*.1）またがる。
1裏左　標紙の下に貼継。

〔本文〕　第4紙裏17行、第3紙裏25行、第2紙裏26行、第1紙裏29行。
第3紙裏 *l*.3（敦賀石川）「合百八張」は「八」に重ね書。
第2紙裏 *l*.4（竹野広成）「法花経疏第二巻」は「三」の初二画に朱筆を重ねて訂正。*l*.10（丹波宿奈万呂）「法花経道栄師第三巻卌六」は「卌」に朱筆で縦画を加えて訂正。*l*.18（土師人上）「法花経道栄師疏第五巻廿「一」（朱書）」は朱書による追記。
第1紙裏 *l*.13（紀広主）「第七巻十五」の下方、右の行間を利用して「第八巻五」（朱書）を追記。*l*.18（村山首万呂）「弥勒下生疏一巻卅」、重ね書。*l*.20「六人部角荒」、字間右傍に転倒符あり。*l*.24（錦部人成）「合廿張…銭一百卅二文」の中間の割注、右行は「四張経」、左行は「十六疏」（朱書）。

〔その他〕　第4紙裏右上隅に補修紙あり。第4紙裏 *l*.8注「四張」の上ほか、白色顔料微量が付着。第1紙裏左上隅（標紙の下）に小墨点一あり。続修別集新補標紙の取付位置を示す。

正倉院古文書影印集成 十四

続修別集裏 巻一～五〇

発行 平成十三年八月三十一日

定価 本体二〇、〇〇〇円
*消費税を別途お預かりいたします

蔵版 宮内庁

編集 宮内庁正倉院事務所
奈良市雑司町一二九

発行所 株式会社 八木書店
代表 八木壮一
東京都千代田区神田小川町三―八
電話（営業）〇三―三二九一―二九六一
（編集）〇三―三二九一―二九六九
FAX〇三―三二九一―二九六二

製版・印刷 天理時報社

用紙（特漉中性紙） 三菱製紙中川工場

製本 博勝堂

ISBN4-8406-2114-4 第二期 第6回配本